MANFRED BOMM
Lauschkommando

MANFRED BOMM
Lauschkommando
Der 15. Fall für August Häberle

Bisherige Veröffentlichungen im Gmeiner-Verlag:
Machtkampf (2014), Grauzone (2013), Mundtot (2012), Blutsauger (2011),
Kurzschluss (2010), Glasklar (2009), Notbremse (2008),
Schattennetz (2007), Beweislast (2007), Schusslinie (2006),
Mordloch (2005), Trugschluss (2005), Irrflug (2004),
Himmelsfelsen (2004)

*Personen und Handlung sind frei erfunden.
Ähnlichkeiten mit lebenden oder toten Personen
sind rein zufällig und nicht beabsichtigt.*

Besuchen Sie uns im Internet:
www.gmeiner-verlag.de

© 2015 – Gmeiner-Verlag GmbH
Im Ehnried 5, 88605 Meßkirch
Telefon 07575 / 2095 - 0
info@gmeiner-verlag.de
Alle Rechte vorbehalten
1. Auflage 2015

Lektorat: Claudia Senghaas, Kirchardt
Herstellung: Mirjam Hecht
Umschlaggestaltung: U.O.R.G. Lutz Eberle, Stuttgart
unter Verwendung eines Fotos von: © ra2studio / shutterstock.com
Druck: GGP Media GmbH, Pößneck
Printed in Germany
ISBN 978-3-8392-1663-7

Gewidmet allen, die sich mit Mut und Ausdauer für den Schutz der Meinungsfreiheit und der Privatsphäre einsetzen. Lassen wir es nicht zu, dass finstere Kräfte allerorts versuchen, die Kommunikationswege und die Errungenschaften der Technik für ihre Machtinteressen missbrauchen.

Möge verhindert werden, dass eine digitale Parallelwelt das reale Leben beherrscht. Dazu bedarf es auch engagierter Menschen, die mit fundierter Recherche und objektiver Berichterstattung ans Licht bringen, was sich im Grauzonen-Bereich unserer Gesellschaft abspielt. Die Journalisten müssen sich ihrer Verantwortung bewusst sein und nicht kritiklos und ohne zu hinterfragen den einseitigen Verlautbarungen von Interessenvertretern Glauben schenken. Deshalb sollten sich die Medien davor hüten, ihre Hauptaufgabe, nämlich »vierte Gewalt« im Staate zu sein, kampflos dem allgegenwärtigen Zeitdruck und der aufs Minimalste reduzierten »Online-Sprache« zu opfern.

Seien wir alle wachsam und misstrauen wir denen, die uns mit Halbwahrheiten, Schönreden und falschen Behauptungen manipulieren wollen.

1

Nie hatte er mit jemandem darüber reden können. 28 Jahre lang. Das Leben, das er lebte, war nicht seines. Alles, was er erzählte, war eine schöne Geschichte, die er sich detailgenau ausgedacht hatte. Sie war stimmig und logisch und dank zuverlässiger Helfer jederzeit nachvollziehbar. Hieb- und stichfest, vor jeder Behörde, und, wenn es sein musste, auch vor der Justiz.

Johannes Mehlfurt galt in dem kleinen Dorf am Rande der Schwäbischen Alb als gut situierter Familienvater, war irgendwann Mitte der 90er-Jahre mit Frau und Sohn in ein kleines schmuckes Eigenheim gezogen und tat alles, um dem Image eines vollbeschäftigten Freiberuflers zu entsprechen, der oftmals tagelang unterwegs war, um als Servicetechniker Kunden der Elektronikbranche aufzusuchen und zu betreuen. An seinem Dienstwagen, einem schwarzen Audi ohne Firmenaufschrift, war ein HDH-Kennzeichen des Kreises Heidenheim angebracht. Doch bei Bedarf konnte er es mit wenigen Handgriffen austauschen. Für solche Fälle hatte er die dazugehörenden Fahrzeugpapiere in einer feuersicheren Box versteckt.

Denn es kam durchaus vor, dass er in Regionen unterwegs war, in denen er mit seinem Heidenheimer Kennzeichen nicht gleich als Fremder auffallen wollte.

Sobald Mehlfurt auf Geschäftsreise ging, war er nicht mehr der Mehlfurt, den seine Nachbarn und Freunde als den sportlichen Endfünfziger kannten, der joggte, radelte und sich bei den Dorffesten in geselliger Runde wohlfühlte.

Wenn er dies alles hinter sich ließ, schien es ihm so, als würde er mit Beginn einer Dienstreise dieses bürgerliche Leben abstreifen und in eine andere Dimension eintauchen – in eine Scheinwelt, aus der es längst kein Entrinnen mehr gab. Er fühlte sich wie ein Schauspieler, der seit Jahr und Tag in die Hauptrolle einer mittelmäßigen Fernsehserie gezwängt wurde. Manchmal überkamen ihn sogar Zweifel, welches seiner beiden Leben nun die Realität war.

Anfangs hatte er dies alles wie ein großes Abenteuer genossen – als ein spannendes Spiel, in dem er die Rolle des Helden übernehmen durfte. Schließlich war er damals erst 28 Jahre alt gewesen, ein Draufgängertyp und bereit, die Welt einzureißen, wenn man ihm nur genügend dafür bezahlte. Die Begegnung, die er damals in Göppingen hatte, war deshalb geradezu schicksalhaft gewesen, ja sogar eine wichtige Weichenstellung für seine persönliche Zukunft. Er hatte in dieser Stadt unter dem Hohenstaufen bei der Telekom gearbeitet und ganz in der Nähe der sogenannten ›Cooke Barracks‹, dem Kasernengebiet der 1. US-Infanteriedivision, größere Verkabelungsarbeiten vorgenommen. Es waren die Jahre, als das digitale Zeitalter erst aufzuziehen begann. Noch hatte der Kalte Krieg die Weltmächte im Klammergriff. 1986, als US-Präsident Ronald Reagan in Reykjavik mit dem sowjetischen Ministerpräsidenten Michail Gorbatschow zusammengekommen war und die Welt einen Nachmittag lang auf einen ›historischen Durchbruch‹ gewartet hatte, von dem bis heute keiner weiß, ob er damals tatsächlich in greifbare Nähe gerückt war. Zumindest ist nie etwas davon an die Öffentlichkeit gedrungen.

An diesem Ereignis konnte Mehlfurt nach all den Jahren seine ganz persönliche historische Wende festmachen. Oktober 1986. Vor 28 Jahren. So lange war das nun her.

Wann immer er sich in diese Tage zurückversetzte, überkamen ihn all die Gefühle wieder und manches von dem, was er dann in Gedanken durchlebte, bescherte ihm bisweilen eine Gänsehaut. Er hatte sich so wichtig und bedeutsam gefühlt. Damals. Als Geheimnisträger. Im Auftrag einer Weltmacht unterwegs, ein kleines Rädchen zwar nur – aber immerhin. Und dies in einer Zeit, als niemand daran glaubte, dass die Teilung Deutschlands jemals ohne einen dritten Weltkrieg beendet werden würde.

Jetzt, mit zunehmendem Alter und nahezu eine Menschheitsgeneration nach der großen weltpolitischen Wende, beschlichen ihn zunehmend Zweifel, ob er länger ein Teil dieses Systems und seiner alles umfassenden Machtstrategie sein wollte.

Die Männer, die ihn 1986 bei der deutsch-amerikanischen Freundschaftswoche angesprochen hatten – allesamt gutsituierte US-Bürger – waren gewiss längst im Ruhestand, irgendwo im sonnigen Florida, falls sie überhaupt noch lebten.

Er selbst konnte sich nie beklagen. Die Honorare flossen, versteckt über ein fiktives Berliner Software-Unternehmen, reichlich und pünktlich, sehr üppig auch zusätzliche Zuwendungen in bar und seine Ehefrau hatte nie über seine unregelmäßigen Arbeitszeiten und manchmal wochenlangen Dienstreisen gemurrt. Aus dem Sohn Ralf war ein ehrgeiziger Student und seit Kurzem ein erfolgreicher Elektronik-Spezialist in Frankfurt geworden. Allerdings hatte sich Ralf frühzeitig vom Elternhaus abgenabelt. Viel zu früh, wie Mehlfurt es empfand. Vielleicht hatten sie sich auch viel zu wenig um ihn gekümmert.

Mit zunehmendem Alter beschlich Mehlfurt das Gefühl, seinen Job nicht bis zum Eintritt ins Rentenalter durchhalten zu können. Er wollte nicht mit einem Doppelleben in den Ruhestand gehen. Natürlich wusste er, dass es ihm unter Androhung allerschwerster Sanktionen verboten war, jemals Außenstehenden etwas über seine Arbeit zu erzählen. Nicht mal seine Frau hatte er einweihen dürfen. Inzwischen wunderte er sich, dass sie ihm stets all die erfundenen Geschichten über seinen Arbeitsalltag abgenommen hatte. Nie war sie mit bohrenden Fragen in ihn gedrungen. Manchmal kam ihm diese Gleichgültigkeit und Interesselosigkeit schon verdächtig vor.

Aber vermutlich hatte ihn sein Job allzu sehr geprägt, der ihn hinter allem und jedem eine Gefahr lauern sah. Misstrauen war schließlich oberstes Gebot. Er ertappte sich immer öfter dabei, während eines Gesprächs mit seiner Frau völlig abwesend zu sein. Wie würde sie reagieren, wenn er ihr eines Tages trotz des strengen Verbots die Wahrheit sagen würde? Eines Tages, wenn sie irgendwo in einem fernen Land ein neues Leben anfingen. Für ihn wäre es schon das dritte. Und die Weichen dafür hatte er bereits gestellt.

Aber würde Silke dann mit ihm gehen? Wäre sie bereit, ihren mit viel Herzblut paradiesisch angelegten Garten zu verlassen, den beschaulichen Ort, die Schwäbische Alb? Sie hatten sich vor 28 Jahren in Göppingen kennengelernt, kurz nachdem er in diesen Job eingestiegen war. Silke hatte im deutsch-amerikanischen Verbindungsbüro der ›Cooke Barracks‹ als Sekretärin des örtlichen US-Generals gearbeitet, wo er einige Male tätig gewesen war – damals noch im Auftrag der Telekom. Seltsamerweise, so dachte er jetzt, hatten sie den Beginn ihrer Freundschaft, streng genommen, seinem Doppelleben zu verdanken. Ohne diesen Job hätte er das Mädchen vermutlich nie kennengelernt.

Doch nun drängten sich ihm bohrende Fragen auf: Konnte er es mit seinem Gewissen vereinbaren, all die Dinge, die seither geschehen waren und die er mitverantwortet hatte, eines Tages mit ins Grab zu nehmen? Hatte er nicht einst geglaubt, einen winzigen Beitrag für eine bessere Welt zu leisten? War er nicht geradezu in einen Taumel verfallen, als im November 1989 plötzlich die Welt eine andere zu werden schien?

Zugegeben, so mahnte ihn sein Gewissen, auch er hatte in diesen Wochen und Monaten Sorge gehabt, den Job zu verlieren oder – noch schlimmer – von der falschen Seite entlarvt zu werden. Dann jedoch war alles ganz anders gekommen: Als die Grenzen offen waren und sowohl politisch als auch gesellschaftlich eine völlig unübersichtliche Lage entstand, mussten erst recht aus allen Bereichen des Lebens Informationen und Erkenntnisse gewonnen werden. Immerhin hatte die DDR ganze Heerscharen von Spitzeln, Spionen und informellen Mitarbeitern – wie die Denunzianten genannt wurden – mit in die staatliche Ehe gebracht. Und nach wie vor stand bei den Weltmächten, zumindest dort, wo noch immer Betonköpfe an den Schalthebeln saßen, die Frage im Raum: Kann man dem anderen trauen?

Als Mehlfurt an diesem Sommermorgen über die einsame und karge Hochfläche fuhr, waren seine Gedanken so weit weg, dass er beinahe den Traktor übersehen hätte, der bei Lonsee mit einem Güllefass aus einem Feldweg eingebogen war. Ein paar Kilometer weiter fädelte er sich in Urspring in die Bundesstraße 10 ein, um in Richtung Stuttgart abzubiegen. Die Nordkante der Schwäbischen Alb war noch in sanfte Morgennebel gehüllt. Wie jetzt, so hatte er seit Monaten bei seinen einsamen Fahrten über die Zukunft nachgegrübelt. Und mehr und mehr schoben sich dabei auch Ängste in den Vordergrund, was geschehen würde, wenn eines Tages etwas schieflief. Bisher hatte er oft genug mehr Glück als Verstand gehabt. Einige Male war er sogar nur dank wohlwollender Netzwerke und vielfältiger Kontakte seiner Auftraggeber aus der Schusslinie genommen worden.

Natürlich konnte er jederzeit in brenzlige Situationen geraten, die nicht auf geheimen und dezenten Wegen aus der Welt zu schaffen wären. Vor allem musste er auf der Hut vor diplomatischen Verwicklungen sein, bei denen sich erfahrungsgemäß zuerst die ›hohen Herrschaften‹ in Sicherheit brachten und notfalls ein Bauernopfer auf der Strecke blieb. Das konnte sehr schnell er selbst sein.

Während sich der schwarze Audi Q5 im morgendlichen Berufsverkehr langsam der berühmten Geislinger Steige näherte, versuchte Mehlfurt, sich auf seinen Auftrag zu konzentrieren, an den ihn die Stimme aus dem Navigationsgerät erinnerte. Noch vor der Gefällstrecke wies sie ihn nach rechts in ein großes Waldgebiet, abseits von Bundesstraße und Eisenbahnstrecke. Seit über zehn Jahren bereits wurden ihm die sogenannten Service-Termine nicht mehr direkt übermittelt. Nachdem es die digitale Funk- und Ortungstechnik erlaubte, sämtliche Spuren in den Datennetzen nachzuvollziehen, galten Botschaften auf diesen Wegen als äußerst gefährlich – trotz der Möglichkeit, sie zu verschlüsseln. In den USA, so schien es Mehlfurt, hatten sie offenbar nach den Anschlägen des 11. September 2001 Technologien entwickelt, die bis dahin ins Reich der Science-Fiction verwiesen worden waren. Weil aber zu befürchten war, dass nicht nur die USA über solche Möglichkeiten verfügten, sondern sich auch andere hoch technisierte Länder derartiger ›Waffen‹ bedienten oder gar schon Abwehrmethoden dagegen entwickelt hatten, durfte die Kommunikation auf den untersten Ebenen nur über Kanäle geführt werden, die sich mit elektronischen Spürgeräten nicht nachvollziehen ließen. Das alte System der ›toten Briefkästen‹ war modifiziert worden – und dies auf eine ganz simple Weise, die trotzdem kein Außenstehender entschlüsseln konnte. Es sei denn, es gab einen Verräter.

Deshalb erhielt er alle sechs Monate auch einen neuen Verschlüsselungskatalog zugespielt, der die Standorte der ›toten Briefkästen‹ in codierten Längen- und Breitengraden enthielt. Ein Navigationsgerät führte ihn bis auf wenige Meter genau an den genannten Geländepunkt, wo er stets Punkt acht Uhr sein musste, um ein versteckt angebrachtes Speichermedium mit den weiteren Aufträgen abzuholen und gegen jenes auszutauschen, das die Ergebnisse seiner Arbeit der vergangenen Monate enthielt.

Die Sticks oder Chips waren immer kleiner geworden, sodass sie in einer unscheinbaren verrosteten Hülse mit magnetischer Ummantelung Platz fanden. Diese konnten an Metallpfosten oder an die Rückseite von Verkehrs- oder Werbeschildern, an Leitungsrohre in Autobahntoiletten oder an Geländer geheftet werden, ohne dass sie einem flüchtigen Betrachter auffielen. Zwar war es nicht möglich, solche ›toten Briefkästen‹ mit den Koordinaten zentimetergenau zu orten, aber da die üblicherweise benutzten Objekte von vornherein feststanden, hatte Mehlfurt im Lauf der Zeit einen geübten Blick entwickelt, sodass ihm bereits beim Annähern an den Zielort klar war, wohin er sich unauffällig begeben musste.

Meist konnte er im Vorbeischlendern den kleinen Magnetkassiber mit einem unauffälligen Griff gegen den anderen austauschen. Die Hülsen waren äußerlich so beschaffen, dass sie wie ein Teil der Vorrichtungen aussahen, an denen sie hingen. Niemand käme auf die Idee, darin brisante, gespeicherte Informationen zu vermuten. Und selbst wenn jemand das Speichermedium fände, bräuchte er die passende Software, um den Text überhaupt sichtbar zu machen. Alles war mehrfach gesichert, codiert und verschlüsselt.

Welcher Standort jeweils aktuell war, unterlag einem Zufallsprinzip, das erst wenige Stunden vor der Abholung entschlüsselt werden konnte: durch die Lottozahlen.

Dr. Eva Langbein konnte energisch sein – insbesondere wenn sie den Eindruck hatte, nicht alles, was in Konferenzen und Meetings besprochen wurde, würde geheim bleiben. Seit sie dieses Forschungszentrum im Ulmer ›Science-Park‹ leitete, wie der moderne Komplex auf einer Anhöhe am nordwestlichen Stadtrand von Ulm genannt wurde, war sie strikt darauf bedacht, keines der Ergebnisse, das sie und ihr Team bei der Erforschung zur Speicherung elektrischer Energie erzielt hatten, nach außen dringen zu lassen. Als promovierte Physikerin war ihr klar, dass ein globales Wettrennen um diese Technologien begonnen hatte. Zwar versicherten Politiker und Wissenschaftler immer wieder, dass die effiziente Stromspeicherung für die gesamte Menschheit von nahezu existenzieller Bedeutung sei, weshalb sich die Forscher gegenseitig unterstützen sollten, doch letztlich wollte jede Gruppe die Nase vorn haben. Noch immer waren die Akkus – egal ob in Handys oder Autos – nicht leistungsfähig genug. Die elektrische Mobilität, daran bestand kein Zweifel, würde erst dann ihren Durchbruch erleben, wenn die Problematik des Stromspeichers gelöst war. Eva Langbein, gerade 27 geworden, wurde hinter vorgehaltener Hand nachgesagt, als ein ›Kind des Schwabenlandes‹ den Ehrgeiz und das Tüfteln bereits in die Wiege gelegt bekommen zu haben. Hinter ihr stand eine lange Familientradition fleißiger und erfindungsreicher Männer. Noch heute lebten einige Nachkommen, einschließlich sie selbst, von Patenten, die Vater und Großvater angemeldet hatten. Die geschützten Entwicklungen waren freilich meist mechanischer Art. Heute, so schien es Eva Langbein, war gewiss alles erfunden, was sich mit Zahnrädern und herkömmlicher Motorenkraft bewegen ließ. Inzwischen funktionierte die Welt digital. Doch die Energie, die man dazu brauchte, musste meist im selben Augenblick irgendwo produziert und in die Leitungen geschickt werden. Ein ungeheurer Nachteil. Die Menschheit hatte zum zweiten Mal in ihrer Geschichte ihre Zivilisation auf eine wacklige Technologie gesetzt. Nach der Kernkraft, für deren hochgefährliche Abfallstoffe es bis heute keine Entsorgungslösung gibt, war es nun die Elektronik, die so empfindlich und zerbrechlich war, dass die gesamte Zivilisation durch einen Ausfall der Stromversorgung lahmgelegt werden konnte. Man brauchte heute keine Panzer und Bomben mehr, um Länder in die Knie zu zwingen.

»Liebe Kollegen«, begann sie und blickte in die Runde ihrer vier engsten Mitarbeiter, die sich in einem weiß getünchten Besprechungszimmer an einem ovalen Tisch versammelt hatten, »dass wir uns heute ausnahmsweise hier in dieser etwas unpersönlichen Umgebung treffen, hat einen Grund, den ich euch gleich erklären werde. Ich muss euch nämlich etwas mitteilen, das mich seit Längerem umtreibt, aber seit gestern ernsthaft beschäftigt, ja sogar schockiert hat. Und ich will verhindern, dass etwas davon nach außen dringt.« Sie wischte sich eine Strähne ihrer schulterlangen Haare aus dem Gesicht und setzte ein ernstes Gesicht auf, das so gar nicht zu der legeren Atmosphäre passte, die bei solchen Gesprächsrunden normalerweise herrschte. Die jungen Männer, die gerade erst ihr Studium hinter sich gebracht hatten, mochten diese Art der kollegialen Zusammenarbeit. Vor allem aber schätzten sie es, ihrem Forscherdrang freien Lauf lassen zu können, und nicht, wie sie es von vielen ihrer einstigen Kommilitonen zu hören bekamen, in die Hierarchie eines Industrieunternehmens gepfercht zu sein. Ganz zu schweigen davon, dass sie sich dort als Anzug- und Krawattenträger von jenen abheben mussten, die in den Produktionsstätten mit Billiglöhnen abgespeist wurden, damit sich die Chefetagen und die Aktionäre bestens versorgen und Bonuszahlungen einsacken konnten.

Hier in diesem Forschungsinstitut galten andere Gesetze. Denn nur wer nicht tagtäglich um Macht und Ansehen kämpfen musste, hatte einen freien Kopf, um der Menschheit wirklich wichtige Dinge zu bescheren. Eva Langbein konnte sich noch gut der Worte ihres Großvaters entsinnen, der stets die Leistungen seiner Mitarbeiter geschätzt und bei vielen Gelegenheiten betont hatte, dass sie es seien, denen das Unternehmen den Erfolg zu verdanken habe. Und er hatte es nie bei »schönen Worten« belassen, sondern alle auch mit finanziellen Zuwendungen daran teilhaben lassen. »Mit zufriedenen Mitarbeitern«, so hörte ihn Eva Langbein noch heute sagen, »können wir jeden Konkurrenten aus dem Feld schlagen.«

Sie lächelte charmant in die Runde der Kollegen, die sie mit betretenen Gesichtern betrachteten. So ernst hatten die Männer ihre Teamleiterin noch nie erlebt. »Ihr wisst, dass mir sehr viel daran gelegen ist, dass alles, was bei uns hier geschieht, unter Verschluss bleibt.« Die Zuhörer, die nacheinander Kaffee in die bereitgestellten Tassen gegossen hatten, nickten voller Spannung auf das, was kommen würde.

»Ihr wisst aber genau so gut wie ich, was im vergangenen Sommer geschehen ist. Stichwort ›Snowden‹.« Sie brauchte keine weiteren Ausführungen dazu zu machen. Alle wussten, dass es der Name jenes ehemaligen Mitarbeiters des US-Geheimdienstes NSA war, der brandheiße Dokumente an die Öffentlichkeit gebracht hatte. Seither war die Diskussion um Bespitzelungen und Abhöraktionen nie mehr verklungen. »Ich gehe davon aus«, fuhr die promovierte Physikerin fort, »dass nur die berühmte Spitze des Eisbergs bekannt geworden ist. Vermutlich können wir uns gar nicht vorstellen, wie groß das Ausmaß dessen ist, womit die Geheimdienste – und zwar nicht nur jene der Amerikaner – weltweit operieren.« Sie nahm einen Schluck Kaffee, wobei an ihrer Hand ein goldener Ring aufblitzte. »Es wäre zu kurz und zu einfach gedacht, dass sich diese Netzwerke nur auf angebliche Terroristen konzentrieren. Ich denke, dass aus den Abhörsystemen alles herausgeholt wird, was möglich ist. Oder glaubt ihr, man könnte durch Datenschutzgesetze etwas verhindern, das ohnehin so geheim ist, dass selbst Politiker, die es kraft ihres Amtes wissen müssten, keine Ahnung davon haben? Mein Gott«, resümierte sie, »was allein im letzten Jahr bekannt geworden ist, ist so unglaublich, dass man's in keinen Kriminalroman einbauen könnte, weil es derart weit hergeholt erscheint, dass jeder Verleger sagen würde: Nein danke, für Science-Fiction haben wir keinen Platz.«

Die jungen Männer nickten. Keiner hatte, wie ansonsten bei den Meetings üblich, an seinem Smartphone herumgefingert. Jeder von ihnen wartete gespannt, worauf die Team-Chefin an diesem Sommermorgen hinauswollte. Schließlich kam es äußerst selten vor, dass sie auf diese offiziell erscheinende Weise mit ihnen kommunizierte. Meist waren es kurze, oft auch flapsige Gespräche. Aber heute, das spürten sie, hatte sie offenbar ein ernstes Anliegen.

»Um es kurz zu machen«, sagte sie, als habe sie die Ungeduld ihrer Zuhörer erraten, »ich befürchte Hacker-Angriffe auf uns. Auf das Institut, aber auch auf jeden Einzelnen von uns.«

Die Männer sahen sie ungläubig an. Bisher hatten sie über eine solche Gefahr zwar Witze gerissen, aber dass sie plötzlich selbst im Fokus stehen könnten, war ihnen nie ernsthaft in den Sinn gekommen. Außerdem waren ihre Computer mit allerlei Schutzprogrammen ausgerüstet.

Nach zwei Sekunden betretenen Schweigens fuhr Eva Langbein fort: »Was ich euch jetzt sage, liebe Kollegen, das muss unbedingt unter uns bleiben. Ich sage es euch, damit ihr erkennt, wie ernst es mir ist. Und weil ich möchte, dass ihr Augen und Ohren offen haltet, insbesondere in eurem Familien-, Freundes- und Bekanntenkreis.«

Die Zuhörer gierten förmlich nach den Gründen, die die Frau bewogen hatten, diese Warnung auszusprechen. »Ich habe gestern in meiner Wohnung etwas gefunden, das mich zutiefst schockiert hat«, machte sie langsam weiter und hob eine kleine Schachtel auf den Tisch, die sie auf einem Stuhl neben sich liegen gehabt hatte. Alle Augen waren darauf gerichtet, als sie die zusammengefalzten Papplaschen öffnete und hineingriff. Zum Vorschein kam das Innenteil einer Steckdose, wie sie üblicherweise in Neubauten unter Putz verlegt wurde. Ein ziemlich profanes Objekt, das so gar nicht zu ihrem elektronischen Forscheralltag passen wollte.

»Ihr kennt das«, machte die Team-Chefin sachlich weiter und hielt die Steckdose hoch, von der nur das matte Metall der Schutzkontakte und der beigefarbene isolierende Sockel zu sehen waren. Eva Langbein umfasste die viereckige Metallhalterung vorsichtig mit Daumen und Zeigefinger, als handle es sich um ein wissenschaftliches Beweismittel. »Auf den ersten Blick nichts Besonderes«, stellte sie fest. »Hat jeder von uns dutzendweise in der Wohnung. Und doch solltet ihr eure Aufmerksamkeit darauf richten.« Sie deutete mit einem Kugelschreiber auf eine der beiden Öffnungen für die Kontaktstifte des Steckers. Die Männer standen auf und kamen näher, worauf ihre Chefin erläuterte: »In dieses Loch hier kriegt ihr keinen Stecker rein.« Sie reichte das Objekt herum, sodass sich jeder davon überzeugen konnte.

»Da steckt schon was drin«, stellte einer der Männer erstaunt fest.

»Volltreffer, mein lieber Oliver«, erwiderte die Naturwissenschaftlerin. »Und ich kann euch auch gleich zeigen, was es ist.« Sie ließ sich die Steckdose wieder geben, holte aus der Schachtel eine Pinzette hervor und stocherte, über den Rand ihrer Brille blickend, in das verstopfte Loch. Nach mehreren Versuchen zog sie einen knapp einen Zentimeter langen Metallstift heraus, der im Schein der durchs Fenster strahlenden Sonne glänzte. Sie hob ihn vorsichtig in die Höhe. »Was so aussieht, als sei's das abgebrochene Stück eines Steckers, ist ein Hightechgerät«, erklärte sie triumphierend und fügte an: »Spionage vom Feinsten, liebe Kollegen.«

Die Gespräche verliefen zäh. Karl-Eugen Misselbrünn, das wussten alle, die er während seiner Dienstreise besuchte, legte allergrößten Wert auf seinen Titel, der bankintern ›Financial Director of Science-Economy-Solution Bank (›Sesoba‹)‹ lautete. Obwohl niemand so genau wusste, welche Aufgaben seinem Einmannresort oblagen und um welche Art von Bank es sich handelte, war diese Bezeichnung immerhin dazu angetan, jedem Leser seiner Visitenkarte Respekt einzuflößen. Die »Sesoba«, die sein Brötchengeber war, hatte sich in den Jahren der allgemeinen Finanzkrise an den Geldtransfers und Rettungsschirmen gesundgestoßen, wobei selbst für die meisten Mitarbeiter im Dunkeln blieb, auf welch wundersame Weise und vor allem wovon die Gelder abgeschöpft wurden. Aber weil die Geschäftstätigkeit im Einklang mit den EU-Mitgliedsstaaten stand, entzog sich die Bank auch den Kontrollen der Einzelstaaten – ganz abgesehen auch davon, dass nur wenige Abgeordnete der jeweiligen Regierungen überhaupt in der Lage gewesen wären, Bilanz und Geschäftsbericht auch nur annäherungsweise zu verstehen.

Misselbrünn war nach unterschiedlichen Jobs bei großen internationalen Banken vor wenigen Jahren dank der vielfältigen Beziehungen eines einflussreichen Freundes beim Bundesfinanzministerium zu ›Sesoba‹ gekommen. Diesem hatte er als Gegenleistung ein kleines Landhäuschen in der Toskana besorgt, wobei natürlich die wahren Besitzverhältnisse dort elegant verschleiert wurden.

Auch Misselbrünn hätte gerne seinen Wohnsitz an eine exklusivere Adresse verlegt. Doch einerseits hing er an seinem großen Anwesen auf dem sonnigen Hochplateau der Schwäbischen Alb und andererseits schien es ihm sogar angeraten, in der Anonymität eines kleinen Dorfes zu leben, fernab der Gefahren, wie sie eine Großstadt immer in sich barg. Deshalb verschwieg er auch, so gut es ging, seine Anschrift und verwies stets nur auf ein Postfach in Ulm. Auch seine Frau liebte diese Gegend, zumal sie aus dem nahen Oberschwäbischen stammte, aus einem Ort mit dem schönen Namen Grünkraut.

Misselbrünn hatte das Dorfidyll in all den Jahren nie richtig genießen können, auch nicht, als die Tochter, die inzwischen nach München geheiratet hatte, noch klein war. Sein Beruf hatte es notwendig gemacht, oftmals wochenlang unterwegs sein zu müssen. Inzwischen empfand er es zunehmend als lästig, so weit von den Flughäfen München oder Stuttgart entfernt zu wohnen, was jedes Mal eine einstündige Taxifahrt notwendig machte. Manchmal, wenn die Verbindungen günstig waren, nutzte er auch Flüge von und nach Memmingen.

Diesmal hatte das Auto ausgereicht, zumal er nur in Österreich unterwegs sein musste und anschließend einen Abstecher nach Südtirol plante. Außerdem liebte er lange Fahrten mit seinem S-Klasse-Mercedes – auch wenn ihn die Tempolimits inzwischen überall ausbremsten. Bis vor Kurzem hatte er sie meist ignoriert, doch als er im vergangenen Juli mit 140 durch ein 80-km/h-Baustellenlimit gedonnert und geblitzt worden war, hätte er beinahe für einen Monat den Führerschein abgeben müssen. Dann jedoch gelang es seinem Anwalt und einigen Freunden bei Innen- und Justizministerium des dafür zuständigen Bundeslandes, die Sanktionen zu entschärfen: Die Bußgeldbehörde verdreifachte das Bußgeld und verzichtete auf ein Fahrverbot. Wieder einmal hatte sich Misselbrünn in der Bedeutung seines Jobs im Geld- und Finanzwesen bestätigt gefühlt: Geld ist nützlich. Mit Geld ist alles möglich.

Jetzt war er bereits zwei Tage unterwegs, ohne seine Frau am Telefon erreicht zu haben. Mehrfach hatte er sie inzwischen angerufen, sowohl auf dem Festnetz als auch auf dem Handy. Doch jedes Mal hörte er nur den Anrufbeantworter sagen, dass im Moment niemand erreichbar sei.

Auch jetzt versuchte er es vom Auto aus noch einmal. Und wieder erfüllte die Automatenstimme aus der Freisprechanlage den Innenraum des Mercedes. Misselbrünn unterbrach die Verbindung, sah auf die digitale Uhr im Armaturenbrett und blickte dann in den Rückspiegel. Sein Gesicht war fahl, Schweißperlen standen ihm auf der Stirn. Vermutlich, so dachte er, wirkte er heute nicht wie ein 50-Jähriger, sondern ein um Jahre älterer Mann. Er musste sich mehr Ruhe gönnen, sich zurückziehen – und versuchen, die Spuren seines Wirkens unauffällig zu beseitigen.

Johannes Mehlfurt hatte die Adresse, die ihm auf dem jüngsten Speicherchip übermittelt worden war, problemlos gefunden: ein kleines Dörfchen auf der Alb, das offenbar ein Stadtbezirk von Geislingen an der Steige war.

Wieder einmal empfand er die Art und Weise, wie er mit seinem Auftraggeber kommunizierte, als ideal. Das System basierte auf dem Zufallsprinzip der Lottozahlen, sodass niemand im Voraus den Übergabeort für die Speicherchips kennen konnte – weder er noch sein Auftraggeber. Erst wenn die Zahlen am Samstagabend gezogen waren, ergab eine kurze Berechnung, welche der 49 Koordinaten aus dem zweimal jährlich wechselnden Codierungskatalog in dieser Woche Gültigkeit hatten. Im wöchentlichen Wechsel war dies die erste oder letzte Zahl der gezogenen Lotto-Glücksnummern. Ein Vorgehen, das keine digitalen Spuren hinterließ, wusste Mehlfurt. Allerdings lagen die Übergabepunkte teilweise weit auseinander. Einmal hatte er bis zu einer Autobahntoilette unweit von Crailsheim fahren müssen und befürchtet, in eine Falle gelockt worden zu sein. Meist allerdings waren die Entfernungen deutlich geringer.

Die Aufträge in dieser Woche ließen keine großen Probleme befürchten. Alles Routine. Was er dazu brauchte, hatte er in seinem Alukoffer verstauen können. Bei dem Ehepaar Misselbrünn war er mit einem offiziellen Schreiben als Servicetechniker der Kabelgesellschaft angekündigt worden, von der das Haus mit Telefon, Internet und Fernsehen versorgt wurde. Vermutlich befand sich die Technik im Keller, wo er erfahrungsgemäß ungestört seiner Aufgabe nachgehen konnte. Und selbst wenn Leute wie dieses Banker-Ehepaar dabeistehen würden, könnten sie als technische Laien nicht nachvollziehen, welche angeblichen Verteilersysteme er da austausche.

Routiniert und souverän, wie er dies seit Jahren tat, holte Mehlfurt seine Utensilien aus dem Kofferraum und ging zu dem schmiedeeisernen Gartentor, das in einen Mauerbogen eingelassen war. Bunte Sommerblumen säumten den Weg. Er drückte den Klingelknopf, an dem es keinen Namen gab – wie üblich in vornehmen Wohngebieten, in denen sich niemand nach außen hin präsentieren wollte. Mehlfurt verglich noch einmal die Hausnummer, um sicherzugehen, dass er hier richtig war. Doch obwohl ihm sein Auftraggeber mitgeteilt hatte, dass Frau Misselbrünn auf ein entsprechendes Anschreiben hin den Termin bestätigt hatte, blieb die Türsprechanlage auch nach dem dritten Klingeln stumm. Nur das aufgeregte Zwitschern der Vögel lag in der Luft. Die anderen Häuser in dieser ruhigen Straße versteckten sich hinter hohen Hecken. Aus einer Hofeinfahrt schräg gegenüber ragte das Heck eines silberfarbenen Porsches.

Mehlfurt blickte sich um und drückte vorsichtig auf die Metallklinke des Tores. Wider Erwarten ließ es sich öffnen und schwenkte nach innen. Er blieb kurz stehen, dann entschied er, die etwa 20 Meter bis zum Eingang des Hauses zu gehen, dessen mächtiges Vordach von zwei weißen Säulen getragen wurde.

Mehlfurt erspähte mit Kennerblick zwei Überwachungskameras, mehrere Bewegungsmelder und eine rote Alarmleuchte an der Fassade. Vermutlich wurde er auch bereits gefilmt. Damit jedoch musste er so ziemlich bei jedem seiner Aufträge rechnen. Deshalb war es besonders wichtig, die Arbeit so auszuführen, dass frühestens nach einer Woche Verdacht geschöpft wurde. Länger blieben die automatischen Aufzeichnungen der Videoüberwachungskameras meist nicht gespeichert. Allerdings bestand auch die Möglichkeit, dass sie beim Erkennen eines Menschen irgendwohin einen Alarm sendeten, von wo aus ein Sicherheitsdienst die Videobilder direkt sehen konnte. Das war aber meist nur dort der Fall, wo ein Gebäude über einen längeren Zeitraum hinweg leer stand. Deshalb erschien es bei Objekten, die eine besonders gute Sicherung zu befürchten ließen, stets angebracht, sich auf ganz normale Weise und offiziell Zutritt zu verschaffen.

Er staunte dann immer wieder, wie leichtfertig manche Leute ihn ins Haus ließen, wenn er sich als Mitarbeiter einer vertrauenserweckenden Institution ausgab. Am einfachsten klappte es mit der Behauptung, von den Stadtwerken oder dem Stromversorger zu kommen. Zwar wurde er gelegentlich nach einem entsprechenden Ausweis gefragt, doch hatte ihm sein Auftraggeber längst alle wichtigen

Papiere als Fälschungen besorgt. Kritisch wurde es nur, wenn jemand derart misstrauisch war, dass er bei dem jeweiligen Unternehmen telefonisch nachfragen wollte. Bisher jedoch hatte er dies dank seines überzeugenden Auftretens verhindern können.

Er war nur noch ein paar Schritte von dem überdachten Vorplatz des Eingangs entfernt, als er den schmalen Spalt zwischen Tür und Rahmen bemerkte. Er verharrte, um zu überlegen, was dies bedeuten konnte. Die Tür stand tatsächlich einen Spaltbreit offen. Ziemlich leichtsinnig, durchzuckte es ihn. Das Haus war rundum offensichtlich stark gesichert, auf sein Klingeln hin hatte sich niemand gemeldet – und nun war nicht einmal die Tür ins Schloss gezogen?

War es nicht besser, die ganze Aktion abzubrechen? Mehlfurt musste blitzschnell eine Entscheidung treffen.

Misselbrünn hatte Mühe gehabt, sich auf das Gespräch mit dem Banker einer Provinzbank bei Lienz zu konzentrieren. Als ihn der Mann mit dem jugendlichen Lächeln und den reichlich gegelten Haaren durch den langen Flur zum Ausgang begleitete und zum Abschied ein paar kurze unverbindliche Sätze im breitesten österreichischen Dialekt von sich gab, die persönlich klingen sollten, blieb Misselbrünn stehen und sah sein Gegenüber verständnisvoll an: »Wir alle haben unsere Probleme, Herr Simmering – und doch gleichen sie sich. Sie unterscheiden sich nur in Größe und Tragweite.«

Simmering nickte. »Aber glauben S' mir, es fällt uns bei der ländlich strukturierten Bevölkerung besonders schwer, das durch die Finanzkrise verspielte Vertrauen wieder zurückzugewinnen.«

Misselbrünn hatte zwar in seiner Position keinen direkten Kundenkontakt, wusste aber, wie schwer sich die Kollegen sogar in kapitalkräftigen Kreisen taten, Kunden von den neuen und natürlich wohlklingenden Anlageformen zu überzeugen. »Ach, entschuldigen Sie, Herr Simmering«, nahm er die Gelegenheit zu einer persönlichen Bitte wahr, »könnte ich mal kurz telefonieren? Ich mach mir nämlich Sorgen um meine Frau. Ich kann sie seit gestern nicht erreichen und jetzt ...«, er zuckte mit den Schultern, »... scheint auch mein Handy nicht mehr richtig zu funktionieren. Irgendwie hat's mit dem Einloggen ins hiesige Netz nicht richtig geklappt.«

»Kein Problem«, gab sich der Provinzbanker großzügig, »kommen S' kurz in mein Büro.« Er bog in einen Seitengang, an dessen Ende er eine schwere Holztür aufschloss. »Wir gehen direkt hier rein«, sagte er, um anzudeuten, dass er in diesem Fall den Umweg über das Zimmer seiner Sekretärin vermeiden wollte.

»Hier bitte«, bot er seinem Besucher den Platz am Schreibtisch an, wo sich Misselbrünn niederließ.

»Nur die Null vorwählen«, empfahl Simmering und setzte sich auf die lederne Couch, die für Besucher bereitstand.

Misselbrünn tippte die Nummer in das Gerät und lauschte. »Sie hat nämlich nicht gesagt, dass sie verreisen will ...«, murmelte er. »Das beunruhigt mich.«

»Hat sie kein Handy?«, fragte Simmering interessiert nach.

»Doch, natürlich hat sie das. Aber auch da schaltet's auf die Mailbox.« Misselbrünn unterbrach die Leitung und wählte neu, diesmal die Handynummer.

»Haben S' Nachbarn, die mal nachschauen könnten?«, hakte Simmering nach und musste sich gleich eingestehen, dass diese Frage ziemlich naiv war. Ein Mann von der Position eines Misselbrünn wohnte gewiss weit abseits in einem Villengebiet und pflegte keine sozialen Kontakte zur Nachbarschaft.

»Das haben wir schon«, stellte Misselbrünn überraschend fest, »aber es gibt kaum Berührungspunkte. Jeder hat bei uns sein eigenes Reich.« Er verzog das Gesicht zu einem gequälten Lächeln und legte den Hörer zurück. »Wieder nichts.« Er stand auf und bedankte sich für die Gelegenheit zum Telefonieren.

»Keine Ursache, Herr Misselbrünn«, sagte der junge Banker und fügte an: »Vielleicht sollten S' mal die örtliche Polizei nachschaun lassen, ob alles in Ordnung ist.«

»Polizei?« Misselbrünn drehte sich im Hinausgehen um. »Was glauben Sie, was das für ein Aufsehen geben würde! Wahrscheinlich findet sich ohnehin eine ganz vernünftige Erklärung«, lächelte er. »Wie halt Frauen manchmal so sind.«

»Auch die brauchen manchmal eine Auszeit«, stimmte ihm Simmering zu, als habe er damit schon bittere Erfahrungen gesammelt.

»Danke jedenfalls«, erwiderte Misselbrünn, »ich hoffe, Sie behalten unser Gespräch in guter Erinnerung.« Er schüttelte seinem Gesprächspartner die Hand und verließ das Gebäude.

Simmering blieb stehen und schaute ihm nach.

Silke Mehlfurt war gleich, nachdem ihr Mann das Haus verlassen hatte, mit ihrem Mercedes SLK-Cabrio losgefahren. Die Strecke von ihrem Wohnort Niederstotzingen, am Rande des Donaurieds gelegen, bis zur Autobahnraststätte Seligweiler bei Ulm-Ost hatte sie innerhalb weniger Minuten zurückgelegt. Sie war es ohnehin gewohnt, spontan etwas zu erledigen. Allein schon ihre Tätigkeit als Handelsvertreterin eines internationalen Kosmetikkonzerns erforderte jede Menge Flexibilität.

Wenn sie jetzt Frank Rimbledon traf, den Mann, den sie seit vielen Jahren kannte und verehrte, dann war dies mehr als ein unverhofftes Rendezvous, dem sie mit gewissem Herzklopfen entgegenfieberte. Wie vereinbart, parkte sie abseits des Rasthauses beim Gebäude der Fastfoodkette. Rimbledon hatte sie gestern Nachmittag auf ihrem Handy angerufen und zu einem »dringenden Gespräch« gebeten. Allein schon diese Formulierung war ihr unangenehm aufgestoßen. Rimbledon pflegte normalerweise einen viel sanfteren Umgangston. Jetzt aber schien es ihr, als habe er ein ernstes Problem.

Wie immer tauchte sein eher unauffälliger silbergrauer Porsche mit dem DLG-Kennzeichen für Dillingen fast auf die Minute genau auf. Der Mann parkte zwei Reihen weiter, stieg aus und kam sofort auf das Cabrio zu. Silke Mehlfurt winkte und bewunderte diese große, stattliche Gestalt. Rimbledon war mit seinen 52 Jahren nur drei Jahre älter als sie, wirkte jedoch jugendlich und mit seinem braun gebrannten Gesicht stets freundlich und ausgeglichen. Er war das uneheliche Kind einer deutsch-amerikanischen Beziehung aus den Zeiten des Kalten Krieges. Seinen Vater, einen GI der US-Armee, hatte er nie kennengelernt. Frank Rimbledon war genau wie Silke bei den Göppinger ›Cooke Barracks‹ zivil in der Verwaltung angestellt gewesen und hatte nach dem Abzug der US-Besatzungsmacht seinen Job verloren.

Er handelte anschließend mit Gebrauchtwagen, verdiente sich offenbar eine goldene Nase damit, indem er nach der politischen Wende den ›Ossis‹ allerlei Schrottkübel andrehte, die mit ihrem fürstlich in deutsche Westmark umgetauschten Geld gerne Unsummen für eine zehn Jahre alte Luxuslimousine hinblätterten. Inzwischen, so schien es Silke Mehlfurt, war er ziemlich erfolgreich auf dem Versicherungssektor tätig. Aber nicht nur dort.

Dass sie sich in all den Jahren nie aus den Augen verloren hatten, war ein Zeichen gegenseitiger Sympathie. Zu mehr hatte es zu Silkes Bedauern damals nicht gereicht – und so waren sie ihrer eigenen Wege gegangen, bis Frank eines Tages plötzlich wieder anrief, und sie sich irgendwann Ende der 90er-Jahre zu einem Treffen im Autobahnrasthaus Seligweiler verabredeten und sich näherkamen.

Es war deshalb auch nicht bei diesem einzigen Treffen geblieben – und das Rasthaus zum Symbol ihrer aufgeflammten Liebe geworden. Ihr Job als Handelsvertreterin bot ihr schließlich genügend zeitlichen Spielraum für ein heimliches Abenteuer. Frank war aufgeschlossen für alles – nicht so verbissen und verklemmt wie Johannes, der überdies manchmal tagelang nicht nach Hause kam, dann meist wenig redete und verschlossen wirkte.

Frank hingegen gab sich großzügig, konnte lachen und blödeln und schien alle Zeit der Welt zu haben. Silke genoss seine Nähe, seinen Charme, seine Zärtlichkeiten und freute sich auf die Nächte, die sie viel zu selten gemeinsam in seiner Wohnung am Ufer der Donau verbrachten.

Jetzt aber, das spürte sie, lag etwas zwischen ihnen. Etwas, das Franks Stimmung völlig verändert hatte. Als er zu ihr in den Wagen stieg, ließ sie das Verdeck des Cabrios zugleiten. Sie küssten sich flüchtig, seine Umarmung war herzlich. »Liebes«, versuchte er seine Stimme wie üblich sanft und ruhig klingen zu lassen, »es tut mir unendlich leid, dich ein bisschen beunruhigt zu haben.«

»Du hast mich nicht beunruhigt«, log sie und fühlte ihren Herzschlag bis zum Hals. »Du weißt, dass ich immer zu dir komme, wenn du mich brauchst.«

»Danke, Liebes«, erwiderte er und rang sich ein Lächeln ab. »Du weißt, es gibt Zeiten der Freude und Zeiten der Lust – es gibt aber auch Zeiten, in denen man den ganzen Ernst der Lage erkennen muss.«

Sie erschrak zwar über diese Worte, staunte jedoch, wie gelassen er in allen Situationen reagierte. Frank war für sie so etwas wie der Fels in der Brandung eines stürmischen Meeres. Immer, wenn sie von Zweifeln geplagt und von ihrem bisweilen schlechten Gewissen hin- und hergerissen wurde, schaffte er es, sie wieder aufzumuntern. Dass er sie auch gefügig machen konnte, wollte sie sich aber ebenso wenig eingestehen wie die Mahnung des Gewissens, sie sei ihm geradezu hörig. Nein, stemmte sie sich gegen solche Bedenken, sie liebte ihn einfach. Ja, Frank gelang es, die viel beschriebenen Schmetterlinge in ihrem Bauch zum Flattern zu bringen. Frank bescherte ihr Abwechslung und Befriedigung, ja natürlich auch den unwiderstehlichen Reiz des Abenteuers, wie er aus dem heimlichen Tun und der Gefahr des Entdecktwerdens heraus entsteht. Dies alles zusammen war so aufregend und spannend, anregend und erotisch, dass es ihre tägliche Eintönigkeit haushoch überragte.

»Liebes«, hörte sie seine Stimme dicht an ihrem Ohr säuseln, als folge nun eine Liebeserklärung und nicht etwa eine beunruhigende Feststellung: »Was geschehen ist, dagegen erscheint mir ein Stich in ein Wespennest noch ziemlich harmlos zu sein.«

2

Eva Langbein legte den Stift, den sie aus einem der beiden Steckdosenlöcher gezogen hatte, vorsichtig auf die weiße Tischplatte. »Niemand würde dahinter ein raffiniertes Spionagegerät vermuten«, sagte sie, während sich die vier jungen Männer um sie scharten, um das Objekt aus der Nähe betrachten zu können.

»Es handelt sich um eine winzige Videokamera, ein Mikrofon und einen Sender, der vermutlich die Null-Phase des Stromnetzes nutzt – wie auch immer«, erläuterte sie und deutete mit der Pinzette auf eine der beiden abgerundeten Enden des Stifts. »Man kann hier die Öffnung für die Kamera sehen, deren Blickwinkel natürlich stark eingeengt ist, wenn das Ding in der Steckdose drin ist. Aber ich denke, dass der Erfassungswinkel trotzdem etwa 90 Grad entspricht.«

»Das ist ja geil«, entfuhr es Oliver Garrett, einem der jungen Männer, die staunend um sie herum standen. »Und das Ding war bei dir in der Wohnung?«, fragte er ungläubig nach.

»Ja«, erwiderte Eva Langbein, »und ich weiß nicht mal, wie lange schon. Die Steckdose befindet sich etwa in Augenhöhe in meiner Regalwand. War wohl mal für einen Fernseher oder ein Radio gedacht, wird aber nie benutzt, weil ich über den Computer in meinem Arbeitszimmer fernsehe. Erst jetzt hat meine neue Putzfrau dort den Staubsauger einstecken wollen und gemerkt, dass etwas in der Steckdose drinsteckt.«

»War das Ding denn noch funktionsfähig?«, wollte ein anderer wissen.

»Schwer zu sagen. Vielleicht gelingt es uns, das rauszufinden.«

»Aber so etwas sieht nicht gerade nach der Arbeit eines zweitklassigen Privatdetektivs aus«, schaltete sich ein weiterer Zuhörer ein. »Das ist professionell. Wer kann denn in deine Wohnung rein?«

»Normalerweise niemand außer mir. Und die Putzfrau. Sowohl die bisherige hat das gekonnt als auch die neue. Sie kommt aber nur, wenn ich da bin.«

»Aber auch die bisherige Putzfrau hätte das Ding unbemerkt reinstecken können?«, konstatierte der Vierte aus der Runde, der bisher geschwiegen hatte.

»Natürlich. Und jeder, der mich besucht. Man ist ja schließlich auch mal kurz nicht im Raum. So ein Ding da reinzustecken, ist Momentsache. Allerdings muss man wissen, welches die Null-Phase ist, aber das lässt sich ruck, zuck mit einem Phasenprüfer-Schraubenzieher feststellen.« Für ihre naturwissenschaftlich gebildeten Zuhörer wären solche Erklärungen nicht notwendig gewesen. Und dass es in jedem Baumarkt Schraubenzieher gab, mit denen sich der Strom führende Plusleiter anhand einer Glimmdiode schnell herausfinden ließ, war ihnen natürlich auch geläufig.

»Das heißt, es könnte sein, jemand hat dich seit Langem abgehört und bespitzelt?«, meinte Oliver Garrett, der ein paar Jahre älter war als die anderen. Dies mochte auch der Grund sein, dass Eva Langbein ihn schon einmal zu sich nach Hause eingeladen hatte. Daran musste er jetzt denken, als er mit den anderen wieder an seinen Platz zurückging.

»So ist es«, hörte er die Frau sagen und musste sich vergegenwärtigen, dass sie damit seine Frage beantwortete, ob sie möglicherweise seit Langem abgehört wurde. »Aber dass es jemand ausgerechnet auf meine Wohnung abgesehen hat, in der ich mich nur selten über unsere Forschung mit jemandem unterhalte, beunruhigt mich ganz besonders.« Eva Langbein wickelte den Spionagestift sorgfältig in einen Wattebausch und legte ihn zusammen mit der Steckdose in die Schachtel zurück. »Wenn schon bei mir daheim spioniert wird, dann müssen wir davon ausgehen, dass wir hier im Institut noch viel heftigeren Angriffen ausgesetzt sind.« Sie sah sich demonstrativ in dem Besprechungsraum um. »Ich hab euch extra hierhergebeten, weil ich befürchte, dass mein Büro und möglicherweise auch jedes der eurigen verwanzt ist.«

Für ein paar Augenblicke machte sich eisiges Schweigen breit, ehe Oliver zögernd nachfragte: »Und was glaubst du, wer hinter all dem steckt?«

Die Physikerin zuckte mit den Schultern. »Seit dieser Sache mit der NSA halte ich alles für möglich. Nur eines scheint mir ziemlich sicher zu sein: Niemand wird in unserem Fall behaupten können, es gehe um Terrorabwehr. Deshalb stecken mit hoher Wahrscheinlichkeit massive wirtschaftliche Interessen dahinter.«

»Du meinst, unsere Forschungsergebnisse …?«

Eva Langbein nickte und zögerte. »Denkt nur an den Angriff auf die E-Mail-Adressen in den vergangenen Monaten. Die Bundesanstalt für Datensicherheit war ja ziemlich ratlos.«

Keiner wollte etwas dazu sagen.

Mehlfurt hatte kurz gezögert. Er stellte fest, dass der bewachsene Vorgarten von keinem der umliegenden Häuser aus einsehbar war. Was sprach eigentlich dagegen, bis zur offenen Tür weiterzugehen? Falls die Videoüberwachungsanlage scharf geschaltet war, hatte sie ihn ohnehin bereits erfasst. Möglich aber auch, dass sie nur in den Nachtstunden oder bei Abwesenheit der Hausbewohner ihre Bilder aufzeichnete. Jetzt aber, wenn jemand daheim sein musste, zumal ihm sein Termin bestätigt worden war, konnte die Anlage auch abgeschaltet sein. Außerdem, so stellte er für sich beruhigend fest, hatte er angesichts des vorausgegangenen Schriftverkehrs allen Grund, sich bemerkbar zu machen. Wenn er jetzt also zur Tür ging, die einen Spaltbreit offen stand, tat er nichts Unrechtes.

Mehlfurt näherte sich mit wenigen Schritten und drückte mit dem Handrücken zaghaft gegen die weiße Alutür, die langsam nach innen schwenkte. »Hallo«, rief er, »Frau Misselbrünn, hallo!« Er entdeckte neben der Tür einen Klingelknopf, drückte ihn mit dem Knöchel des rechten Zeigefingers und vernahm einen dezenten Gong aus dem Innern des Gebäudes. »Hallo, Frau Misselbrünn?«

Doch er bekam weder eine menschliche Stimme zu hören noch irgendein Geräusch, das auf die Anwesenheit eines Bewohners hindeutete. Ob sie im Garten hinterm Haus war?, überlegte Mehlfurt. Er besah sich den schmalen, von Blumen gesäumten Weg, der sich zur Stirnseite des einstöckigen Gebäudes schlängelte. Es war durchaus zu vertreten, als angemeldeter Besucher nach der Bewohnerin zu sehen, dachte er. Aber einfach ins Haus zu gehen, das verbot ihm die Höflichkeit. Er entschied sich deshalb, im Garten nachzuschauen. Vorbei an prächtig blühenden Sommerstauden und im Schein der heißen Vormittagssonne gelangte er hinter das Gebäude, an das sich eine hölzerne Terrasse anschloss, die an einen Swimmingpool grenzte, dessen Wasserfläche noch im Schatten lag. Mehlfurt hatte in dieser Wohngegend nichts anderes als eine solch großzügig dimensionierte Gartenanlage erwartet. Die Misselbrünns hatten sich eben ein standesgerechtes Domizil ausgesucht – und dies im Vorort einer Kleinstadt, wo niemand einen global agierenden Banker vermuten würde. Eigentlich genial, musste sich Mehlfurt eingestehen. Wenn es gelang, die Adresse geheim und die Nachbarschaft im Unklaren über das eigene Tun zu halten, brauchte man hier gewiss keine Bodyguards.

Er ging vorsichtig weiter, noch einmal »Hallo, Frau Misselbrünn« rufend, und näherte sich zaghaft, vorbei an zwei Liegestühlen, der geschlossenen Terrassentür. Vielleicht konnte er durch die große Glasfront ins Innere blicken.

Noch bevor er dort ankam, ließ ihn ein Geräusch innehalten. Es war der elektronische Ton eines Telefons, das offenbar dicht an einem gekippten Fenster stand. Mehlfurt verharrte regunglos. Er wollte abwarten, ob sich jetzt im Haus etwas rührte. Doch das Telefon verstummte erst nach dem siebten oder achten Rufton. Mehlfurt war sich ziemlich sicher, dass niemand abgenommen hatte und der Anrufer jetzt vermutlich auf die Mailbox sprechen konnte. Nun musste er also davon ausgehen, dass er Frau Misselbrünn nicht antreffen würde. Aber wieso stand dann die Eingangstür offen?

Er entschied, einen Blick durch die Glasfront der Terrasse zu werfen. Als er darauf zuging, sah er sein Spiegelbild vor dem Bewuchs, der hinter ihm den gepflegten Rasen begrenzte. Die Terrassentür bestand aus zwei Flügeln, die fest verschlossen waren. Mehlfurt vergewisserte sich, dass es in diesem weitläufigen Garten niemanden gab, der ihn beobachtete. Ganz ausschließen konnte er dies natürlich nicht, denn Büsche und Sträucher boten genügend Deckung.

Er trat dicht an eine Scheibe heran, schirmte neben seinem Kopf mit beiden Händen die Tageshelle ab, um die lästigen Spiegelungen im Glas abzudecken, ohne es zu berühren. Zunächst mussten sich seine Augen an die Dunkelheit im Inneren gewöhnen, doch dann zeichnete sich das helle Mobiliar ab: eine Schrankwand, ein voluminöser Sessel und ... Er kniff die Augen zusammen, um genauer erkennen zu können, was neben der Couch auf dem Boden lag. Kleider? Waren das Kleider? Mehlfurt kam mit dem Kopf ganz nah an das Glas und hielt beide Hände dicht an die Schläfen gepresst, um jegliche Spiegelung auszuschließen. Kleider? Da war aber auch ein Fuß – und auch ein Arm.

Mehlfurts Blutdruck schoss in die Höhe. Er versuchte, sich auf das Gesehene zu konzentrieren und Ruhe zu bewahren. Genau so, wie er es gelernt hatte – und genau so, wie er es in den vergangenen Jahrzehnten oft genug angewandt hatte. Aber jedes Mal, wenn er in eine solche Situation geriet, spürte er, dass es nicht einfach war, im Angesicht des Todes gelassen zu bleiben.

Es war höchste Zeit, dass er diesen Ort verließ.

»Und jetzt? Was bedeutet das für uns?«, wollte einer der jungen Männer um Eva Langbein aufgeregt wissen.

»Wir werden mit unseren sensiblen Daten noch behutsamer umgehen müssen«, erwiderte sie jetzt eine Spur kühler. »Unsere internen Computer dürfen keinen Internetzugang mehr haben, und bei Telefonaten ist Zurückhaltung geboten. Wir müssen davon ausgehen, dass alles, was im Zusammenhang mit unserem Projekt ›Akku 21‹ steht, den Angriffen von Hackern und Geheimdiensten ausgesetzt ist.«

»Geheimdiensten?«, staunte der Stillste unter den jungen Kollegen, die alle fieberhaft an der Entwicklung einer völlig neuartigen Stromspeichermethode arbeiteten.

»Exakt, mein Herr«, entgegnete sie jetzt wieder charmanter, aber distanziert. »Die ›Schlapphüte‹ haben es nicht nur auf Terroristen abgesehen, sondern nutzen ihre technischen Möglichkeiten auch für andere Dinge. Oder habt ihr schon vergessen, was voriges Jahr alles enthüllt wurde? Und glaubt mir«, sie wandte sich wieder an alle, »wir dürfen nicht meinen, dass nur diese NSA von den Amerikanern in den Netzen lauscht. Die Israelis stehen ihnen technologisch gewiss in nichts nach – und auch die Chinesen haben längst ein Level erreicht, das vermutlich unsere Vorstellungen weit übertrifft. Dies vor allem unter Bedingungen, bei denen Datenschutz, wie wir ihn kennen, nur eine untergeordnete Rolle spielt. Mit Russland dürfte sich das ähnlich verhalten.«

»Wenn man dich so reden hört«, wandte Oliver Garrett ein, »dann könnte man meinen, der Kalte Krieg sei noch nicht zu Ende.«

»Der Kalte Krieg als solcher schon, aber ich würde sagen, er ist inzwischen digitalisiert. Und sollte uns mit ›Akku 21‹ ein Durchbruch gelingen, dann sind unsere Daten mehr als Gold wert.« Ein stolzes Lächeln huschte über ihr Gesicht. »Gerade wir hier in Ulm sind schließlich der Vergangenheit verpflichtet. Vergesst nicht, dass hier eines der größten Physikgenies aller Zeiten geboren wurde.« Natürlich wussten alle, wen sie meinte: Albert Einstein.

Nach einer kurzen Stille des Nachdenkens wollte Oliver Garrett wissen:

»Was wirst du gegen den Angriff auf dich unternehmen?« Er goss sich Kaffee nach. Zwischen ihr und ihm hatte sich in den vergangenen Monaten eine vertrauensvolle Kollegialität entwickelt – weit mehr, wie er es empfand, als zu den anderen.

»Vorläufig nichts«, antwortete sie zum Erstaunen ihrer Zuhörer auf seine Frage, »ich werde selbst versuchen rauszukriegen, wer in meiner Wohnung sein Unwesen getrieben hat.« Sie überlegte kurz. »Ganz schlimm wär's natürlich, wenn es hier im Haus eine Sicherheitslücke gäbe. Und damit meine ich nicht nur die Computernetzwerke, sondern auch Personen.« Sie sah ernst in die Runde. Die Gesichter der vier Männer versteinerten. »Ich möchte euch deshalb bitten, zu jedem Zeitpunkt wachsam zu sein und mir sofort mitzuteilen, wenn ihr etwas Verdächtiges bemerkt.«

Sie nickten betroffen, hatte ihre erste Bemerkung doch zunächst so geklungen, als habe die Physikerin auch sie im Verdacht, Geheimes weiterzugeben.

»Ich werde einen Studienfreund zurate ziehen«, entschied sie. Manchmal, so glaubte Oliver Garrett zu spüren, schien es so, als genieße sie es, hier das Sagen zu haben. Auch wenn der Umgangston, den sie untereinander pflegten, bisweilen sehr freundschaftlich war, so gab es doch eine gewisse Distanz zu der Frau, die einige wenige Jahre älter war als die meisten aus dem Team. Dank ihrer preisgekrönten Doktorarbeit und hervorragenden Leistungen während des Studiums hatte sie diesen verantwortungsvollen Posten bekommen. Dass dabei auch väterliche Beziehungen über diverse honorige Clubs zuträglich waren, ließ sich natürlich niemals beweisen. Bisher hatte sie auch alle Annäherungsversuche männlicher Mitarbeiter abgewehrt, mochten sie es noch so charmant und intelligent angestellt haben, wie dies Oliver Garrett tat, den sie – das musste sie sich eingestehen – sehr sympathisch fand. Dennoch galt ihr Interesse eher den bereits gut situierten Männern aus Wissenschaft oder Wirtschaft. Bisher jedoch waren die meisten Herrschaften, die ihr den Hof machten, nahezu ums Doppelte älter, während die jüngeren Semester oft genug glaubten, ihr geistig überlegen sein zu müssen. Dies konnte sie ebenso wenig ausstehen wie eine primitive Anmache, die nur auf ein schnelles Abenteuer abzielte. Dass ihr Äußeres dazu angetan war, männliche Begierden zu wecken, war ihr durchaus bewusst, weshalb sie es vermied, diese Vorzüge auch noch mit entsprechender Kleidung hervorzuheben.

»Ist dieser Studienfreund bei der Spionageabwehr?«, zeigte sich Oliver Garrett neugierig.

»Der?« Sie war für Sekunden in Gedanken versunken gewesen. »Nein, nicht Spionageabwehr, sondern ein IT-Experte, Informatiker, aber spezialisiert auf solcherlei Dinge. Er hat mir mal erzählt, dass es auch im ländlichen Bereich nur so von ›James Bonds‹ wimmle. Sogar ein kleiner Betrieb, ein Zulieferer von irgendetwas für ›den Daimler‹, sei vor ihnen nicht sicher.«

»Industriespionage«, gab einer das Stichwort.

»Ja natürlich. Ihr solltet nicht vergessen, dass die wahre Macht heutzutage von der Wirtschaft ausgeht, vom Kapital, von Banken und Großkonzernen, die wiederum ihre Macht und ihren Einfluss nur erhalten können, wenn sie auch in den Besitz von Know-how gelangen, wenn sie also etwas entwickeln, womit sie gegenüber der Konkurrenz die Nase vorn haben. Nur wer es schafft, mit neuen Produkten bei den Verbrauchern neue Bedürfnisse zu wecken, kann als ›Global Player‹ bestehen. Andererseits gibt es natürlich auch Entwicklungen, vor denen sich kapitalstarke Branchen fürchten und die deshalb alles daran setzen, Innovatives, das ihren eigenen Interessen zuwiderläuft, mit allen Mitteln zu verhindern.«

»Wie die Ölmultis dies möglicherweise tun«, kam es aus der Runde.

»Zum Beispiel. Auch wenn's natürlich offiziell keiner sagt, aber alle, die am Öl fürstlich verdienen, haben kein Interesse daran, dass wir möglichst bald elektrisch Auto fahren. Oder dass wir den Öko-Strom speichern können, der meist dann reichlich produziert wird, wenn er gerade nicht gebraucht wird. Auf unsere Arbeit bezogen, bedeutet das: Entweder wir werden sabotiert oder man will uns die Grundlagenforschung strittig machen.« Sie räusperte sich. »Bedenkt bitte, dass denen, die's drauf abgesehen haben, jedes Mittel recht ist. Ich betone: jedes. Und darauf müssen wir uns einstellen. Ein jeder von uns.« Sie sah direkt zu Oliver, was dieser als Aufforderung verstand, nach dem Meeting ihre Nähe zu suchen. »Wir sollten uns heute Abend mal in Ruhe darüber unterhalten«, sagte sie, als sie mit großem Abstand zu den anderen auf dem Flur nebeneinander hergingen. Es war nicht das erste Mal, dass sie sich außerhalb des Instituts zu einem Diskussionsabend trafen. Einmal war er sogar schon bei ihr in ihrem Haus in Albeck gewesen. Vier Stunden lang hatten sie sich irgendwann im Frühjahr über Technik, Natur und Schöpfung die Köpfe heiß geredet. Er war unsicher gewesen, andere – persönliche – Themen anzusprechen, weil sie ebenfalls keine Anstalten gemacht hatte, sich ihm anzunähern. Und so war der Couchtisch immer trennend zwischen ihnen gestanden. »Wenn du Lust hast, können wir wieder plaudern«, sagte sie jetzt. »So ab acht oder so …« Sie lächelte ihn von der Seite an, wartete sein Nicken ab und verschwand in ihrem Büro.

Oliver wusste nicht so recht, ob er sich über die Einladung freuen sollte oder ob es wieder anstrengend werden würde. Immerhin schien das Angebot offenbar in direktem Zusammenhang mit dem Fund in ihrer Wohnung zu stehen.

Mehlfurt schwitzte. Die Sonne knallte gegen die Windschutzscheibe, als er auf kleinen Nebenstraßen über die Albhöhe fuhr. Hatte er richtig reagiert – oder war er wie ein amateurhafter Einbrecher abgehauen, als ihm die Lage zu heiß erschien? Doch was wäre ihm auch anderes übrig geblieben? Er hätte gar nicht an dem Ort sein dürfen, an dem sich offenbar Schreckliches zugetragen hatte. Was, verdammt noch mal, wenn die Videoüberwachungsanlage doch ›scharf‹ war und es Fotos oder gar einen Film gab? Meist freilich taugten die Aufnahmen nicht zur Identifizierung von Personen, beruhigte ihn sein Gewissen. Außerdem, so rief er sich in Erinnerung, hatte er beim Betreten des Gartens die tief stehende Sonne im Rücken gehabt, sodass die Kameras am Gebäude vermutlich durch starkes Gegenlicht geblendet waren und er lediglich als schwarze Silhouette zu sehen sein würde. Aber gute Bilder, mahnte ihn eine andere innere Stimme, konnten in solchen Fällen in der Fernsehsendung ›Aktenzeichen XY … ungelöst‹ gezeigt werden, sodass ihn seine Nachbarn in seinem Heimatort Niederstotzingen natürlich auf Anhieb erkennen würden.

Spuren hatte er keine hinterlassen. Da war er sich ganz sicher. Die Tür hatte er nur mit dem Handrücken berührt, den Klingelknopf mit dem Knöchel des rechten Zeigefingers. Fingerabdrücke gab es also keine. Und DNA? Vielleicht winzige Hautpartikel am Klingelknopf. Oder an der Fensterscheibe, an die er ganz nah herangetreten war?

Aber niemand konnte ihn deswegen mit jenem Geschehen in Verbindung bringen, dessen Folgen er in der Wohnung erkannt hatte. Er käme nur in Erklärungsnot, falls man ihn fragte, weshalb er ums Haus geschlichen sei und nach dem Blick durch die Terrassentür nicht die Polizei gerufen habe. Wenn ihn dabei niemand gesehen hatte und es keine Bildaufzeichnung gab, könnte er sich in Sicherheit wiegen, tröstete er sich. Denn dass er bei seinen ›Einsätzen‹ keine digitalen Spuren hinterlassen durfte, galt als eisernes Gesetz. Sein Smartphone war deshalb immer abgeschaltet. Er nutzte es nur, wenn er sich an Orten aufhielt, die fernab seines Tätigkeitsbereichs lagen.

Er schloss zu einem Traktor auf, der mit einem Anhänger voll dampfendem Mist unterwegs war. Auf der kurvenreichen und unübersichtlichen Straße erschien Mehlfurt ein Überholmanöver allzu riskant. Er war ohnehin viel zu sehr mit seinen Problemen beschäftigt, als dass er sich auf den Straßenverkehr hätte konzentrieren können. Vielleicht war es ja jetzt an der Zeit, einen Schlussstrich zu ziehen. Auszusteigen und sich seinem wirklichen Leben zu widmen. Vielleicht war der heutige Tag ein Zeichen des Himmels, das seine persönliche Wende markieren sollte. Wenn jetzt tatsächlich jemand gestorben war, womöglich wegen all der Machenschaften, zu deren Räderwerk auch er gehörte, dann hatte alles ein Ausmaß erreicht, das er nicht länger mittragen wollte.

Seit dieser sogenannte ›Whistleblower‹ Edward Snowden in den USA für sich ›reinen Tisch‹ gemacht hatte, keimte auch in ihm immer stärker das Bedürfnis, all das Unrecht ebenfalls laut in die Welt hinauszuschreien. Dass auch die deutsche Regierung behauptet hatte, von den Abhöraktionen nichts gewusst zu haben, beflügelte ihn in seinen Plänen. Die Bürger sollten endlich erfahren, welch geheimes Netz um sie gesponnen wurde. Natürlich machte es Sinn, Terrorverdächtige zu durchleuchten, um ihre teuflischen, von religiösem Fanatismus geprägten Vorhaben zu verhindern. Aber wer setzte dem ungezügelten Schnüffeln Grenzen, vor allem aber den Methoden, mit denen inzwischen vorgegangen wurde? Mehlfurt war voriges Jahr schockiert gewesen, als der britische Abhördienst GCHQ in der Redaktion von ›The Guardian‹ die Pressefreiheit buchstäblich mit Füßen getreten und eine Festplatte mit den Daten zum Skandal um den US-Geheimdienst NSA zerstörte. Damals hatte ein US-Journalist im ›Guardian‹ mehrere Artikel über die Spähaffäre sowie den britischen Geheimdienst verfasst. Dieser und die NSA, so schoss es Mehlfurt durch den Kopf, wurden weltweit als die Internationale Schnüffelallianz der ›Fünf Augen‹ bezeichnet, zusammen mit den Geheimdiensten von Kanada, Australien und Neuseeland.

Die Aktion in Großbritannien war nach Überzeugung Mehlfurts eine Abschreckungsaktion gewesen. Ein Warnschuss für alle anderen Medien, die möglicherweise auch mit dem Gedanken spielten, heimlich zugespielte Akten zu veröffentlichen. Vermutlich würde dies auch den einen oder anderen Verleger davon abhalten, ein Enthüllungsbuch zu diesem Thema auf den Markt zu bringen. Schließlich musste nicht unbedingt mit der Zerstörung von Datenträgern gedroht werden, sondern nur mit wirtschaftlichen Einbußen, die über vielfältige, wenn es sein musste, auch geheimdienstliche Kanäle anzuzetteln waren.

Mehlfurt quälte sich seit Monaten mit der Idee, sein Wissen publik zu machen und es einem Verlag anzubieten. Er könnte gewiss Informationen liefern, die einen Aufschrei des Entsetzens durch die Republik zur Folge hätten. Denn während sich die Berichte bisher auf nationale und internationale Ebenen bezogen, würde er beweisen, dass ein viel weitreichenderes Netz der Überwachung gezogen war und die Finger der Geheimdienste krakenähnlich in nahezu jede Kommune reichten. Erst wenn sich jeder einzelne Bürger davon bedroht fühlte, so dachte Mehlfurt, während er noch immer hinter dem Mistwagen herfuhr, dann war die Brisanz dieser Themen an der Basis angekommen. Denn dann musste auch dem Letzten klar werden, wie sehr die Meinungsfreiheit bereits in Gefahr war.

Mehlfurt rief sich eine Zahl in Erinnerung, die er im Sommer letzten Jahres gelesen hatte. Demnach beschäftigte die National Security Agency, die man kurz NSA nannte, weltweit 30 000 Mitarbeiter und fing tagtäglich 1,7 Milliarden E-Mails, Anrufe und SMS ab. Sogar an den Namen eines dieser gigantischen Speicher konnte er sich noch entsinnen: *Marina*.

Dies alles war kein Geheimnis mehr. Doch eben nur ein Teil dessen, was in den vergangenen Jahrzehnten aufgebaut wurde.

Mehlfurt hätte jetzt nicht mehr sagen können, wie er die letzten Kilometer zurückgelegt hatte. Sein Unterbewusstsein hatte den Audi gesteuert, an dem jetzt wieder ein anderes Kennzeichen angebracht war, als während seines Einsatzes. Auch dieser Wechsel, der per Knopfdruck erfolgte und einen speziellen, äußerlich nicht erkennbaren Umklapp-Mechanismus in Bewegung setzte, war eine Vorsichtsmaßnahme. Selbst wenn jemand während seiner Tätigkeiten das Kennzeichen ablas, konnte damit seine wahre Identität nicht festgestellt werden. Die Kfz-Zulassungsstellen hielten für Personen wie ihn ein gewisses Kontingent an Buchstaben- und Zahlenkombinationen bereit.

Oft schon hatte er sich überlegt, wie das Leben ›danach‹ aussehen würde. Ein erstes Mal hatte er dies vor einigen Monaten in einer Botschaft an seine Kontaktleute angedeutet, darauf jedoch keine Antwort erhalten, und sein Ansinnen deshalb vor einigen Tagen bekräftigt.

Jedenfalls wertete er es selbst als Glücksfall, dass er bereits zu Beginn der globalen Finanzkrise damit begonnen hatte, sein nicht gerade geringes Vermögen auf Geldinstitute mehrerer Länder zu transferieren. Und zwar nicht allein der steuerlichen Vorteile wegen, sondern um es irgendwo sicher zu bunkern, wenn er eines Tages samt seiner Frau in ein Land verschwinden würde, wo er vor einer Auslieferung sicher war und trotzdem Zugang zu seinen Konten hatte. Ob derlei Aktivitäten jedoch seinen Auftraggebern verborgen geblieben waren, wagte Mehlfurt zunehmend zu bezweifeln. Vielleicht war er selbst bereits im Visier eines ›Kollegen‹.

Möglicherweise blieb gar nicht mehr viel Zeit. Jetzt, nachdem er einem Verbrechen ganz nah gekommen war. Oder, so durchzuckte es ihn plötzlich, oder hatten sie ihm bereits eine Falle gestellt?

3

Misselbrünn war gleich nach dem Besuch der kleinen Bank in der Nähe von Lienz weitergefahren. Er hatte am Abend noch eine Verabredung, die er auf keinen Fall verpassen durfte. Der Termin war nicht nur geschäftlicher Natur, sondern diente auch der Pflege einer langen Freundschaft, die ihn mit einem Großindustriellen verband, der ganz in der Nähe der berühmten Drei Zinnen, also in den Dolomiten, eine romantische Bergvilla besaß. Schon einmal hatten sie dort gemeinsam mit anderen Unternehmern erholsame Tage, aber auch ziemlich ausgelassene Stunden verbracht. Gregori Carlucci, Vorstandsvorsitzender eines großen italienischen Textilproduzenten, pflegte in der Beschaulichkeit und Abgeschiedenheit der Dolomiten nicht nur Wirtschaftsbosse, sondern auch politische Größen zu empfangen und zu hofieren. Misselbrünn hatte gerüchteweise davon gehört, dass eine dieser ›Bunga-Partys‹, die dem früheren italienischen Ministerpräsidenten Berlusconi nachgesagt wurden, auch in Carluccis Berghütte stattgefunden haben sollte.

Denkbar erschien es ihm, denn dass Carlucci die Puppen tanzen lassen konnte, hatte er selbst schon einige Male erlebt. Der Italiener deutscher Abstammung sprach perfekt Deutsch und war geradezu prädestiniert, Geschäfte zwischen Italienern und deutschsprachigen Ausländern einzufädeln und politische Strippen zu ziehen.

Misselbrünn war jedoch nicht daran gelegen, auf Partygirls zu treffen. Viel mehr hoffte er, dass auch Carluccis rassige Ehefrau Mariangela da sein würde, die ein unglaubliches italienisches Temperament an den Tag legen konnte und sein Seelenleben, wann immer sie sich trafen, auf nie gekannte Weise in Wallung brachte. Sie hatten sich beim letzten Mal lange und ausgiebig auf der Terrasse unterhalten, im vergangenen Sommer, als die gegenüberliegenden Berge, die Rotwand und die charakteristische Schusterspitze, in das sanfte Licht des Vollmondes getaucht waren und sich die anderen Gäste bereits ans wärmende Kaminfeuer der villenartigen Hütte zurückgezogen hatten. Mariangela war um die 40 und schien sich ihren jugendlichen Elan bewahrt zu haben. Sie hatte ein charmantes Lächeln, konnte mit den dunklen Augen rollen, und die Art, wie sie sich anzog, ließ vermuten, dass sie sich der Wirkung ihrer äußerst attraktiven Figur durchaus bewusst war.

Während Misselbrünn über den noch kühlen Brenner südwärts fuhr, bei Brixen die mautpflichtige Autobahn verließ, um ins erst frühlingshafte Pustertal zu fahren, hatte er wieder mehrfach vergeblich versucht, seine Frau auf Festnetz und Handy anzurufen. Er wollte die Gedanken an seine Frau zerstreuen und sich auf das bevorstehende Treffen konzentrieren. Beim Blick zu den Bergspitzen stellte er zufrieden fest, wie sich jetzt gegen Abend die Bewölkung auflöste. Es sah ganz danach aus, als sollte der Wetterbericht recht behalten, wonach sich in den kommenden Tagen südlich der Alpen ein Hochdruckgebiet bemerkbar machen würde.

Misselbrünn war, von Toblach und Innichen kommend, nach Sexten hineingerollt. Als er sich dem Dorfmittelpunkt näherte, den er aufgrund der zunehmenden Zahl von Fußgängern als solchen deutete, setzte er den Blinker nach links und bog vorsichtig ab, um keinen der dahinschlendernden Touristen zu gefährden. Für einen Augenblick war er unsicher, ob er die richtige Abzweigung zu der schmalen Bergstraße erwischt hatte, die vorbei an Höfen und Almen zu Carluccis Villa hinaufführte.

Über ein kurzes Steilstück, entlang der ehemaligen Schule, die nun ein Museum über den Ersten Weltkrieg in den Dolomiten beherbergte, erreichte er die Kirche, die sich alles überragend an den Steilhang schmiegte. Misselbrünn war dieser Anblick vertraut, weshalb er nun zufrieden feststellte, auf dem richtigen Weg zu sein. Allerdings musste er mit seinem S-Klasse-Mercedes auf der engen Ortsstraße noch mehrfach anhalten und scharf nach rechts ausweichen, um entgegenkommenden Autos den Vorrang einzuräumen.

Nach einer Rechtskehre gewann er über dem Wiesensteilhang von Sexten schnell an Höhe. Während die Bergspitzen jenseits des Örtchens noch von den Strahlen der tief stehenden Sonne getroffen wurden, lag die Talaue bereits im abendlichen Schatten.

Nach mehreren Serpentinen und zwei entgegenkommenden Traktoren, denen er respektvoll den Weg frei machte, tauchte vor ihm ein geradezu monströses Bauwerk auf, das ihn an eine restaurierte Burg erinnerte. Bereits bei seinem letzten Besuch in Carluccis Hütte war ihm dieses seltsam anmutende Objekt aufgefallen, das wie ein Fremdkörper in der Landschaft stand, umgeben von Metallgittern und hölzernen Absperrungen, was darauf schließen ließ, dass entweder akute Einsturzgefahr bestand oder Sanierungsarbeiten im Gange waren. Vermutlich wurde aber gerade gebaut, denn das glänzende Metalldach schien nagelneu zu sein.

Voriges Mal hatte Misselbrünn beim Vorbeifahren beschlossen, das Bauwerk eines Tages genauer zu besichtigen. Jetzt blieb ihm tatsächlich Zeit dafür. Er parkte den Mercedes auf einem geschotterten Platz, an dem eine ganze Reihe vandalensicherer Briefkästen darauf hindeutete, dass hier die Post für die abgelegenen Almen und Aussiedlerhöfe deponiert wurde. Misselbrünn las die Namen, die fein säuberlich an den weinroten Metallbehältern angebracht waren. Alle klangen einheimisch oder italienisch. Noch bevor er sie studiert hatte, schreckte ihn von hinten eine Männerstimme auf. »Suchen S' etwas Bestimmtes?« Misselbrünn zuckte zusammen, als sei er soeben bei etwas Verbotenem ertappt worden. Er drehte sich ruckartig um und sah in ein freundliches Gesicht mit breitem Lachen. Ein Mann, dessen Alter er auf knapp 70 schätzte, sehr gepflegt, sportlich und von großer Statur, blickte ihn an. »Jetzt san S' aber erschrocken.« Er lachte laut auf. »Es kommt nicht oft vor, dass sich feine Herrschaften hier oben rumtreiben.«

Misselbrünn war konsterniert und nicht gleich in der Lage, spontan etwas zu erwidern.

»Aus Deutschland kommen S'?«, fuhr der Mann deshalb fort und grinste. »Mit so einem dicken Schlitten«, er deutete auf den Mercedes, »besuchen S' wahrscheinlich den Italiener dort oben.«

Misselbrünn wusste, dass manche Südtiroler, obwohl selbst italienischer Staatsangehörigkeit, angesichts der wenig erfreulichen politischen Vergangenheit noch immer ein verkrampftes Verhältnis zu den übrigen Italienern von außerhalb der autonomen Provinz hatten. Zwar lag die Protestbewegung, als mit Anschlägen und der Sprengung von Hochspannungsmasten gegen die italienische Unterdrückung Widerstand geleistet wurde, schon rund 50 Jahre zurück, aber noch immer konnten sich viele, insbesondere die Älteren, nicht damit abfinden, dass ihr Land, das 1.200 Jahre lang zu Österreich gehört hatte, italienisch geworden war.

Misselbrünn beschloss, nicht auf die Bemerkung des Mannes einzugehen. »Mich interessiert, was das hier für ein Bauwerk ist«, sagte er.

»Das da?« Der Fremde stand aufrecht und selbstbewusst vor ihm. »Das ist noch aus der Zeit vor dem Ersten Weltkrieg. Ein Sperrfort, wenn Sie wissen, was das ist.«

Misselbrünn zeigte sich informiert. »Für Geschütze. Zum Schutz des Tales vor den angreifenden Italienern.«

»So ähnlich, ja.« Der Mann nickte. »Man versucht gerade, diese Bauwerke zu erhalten. Um zu verhindern, dass vergessen wird, was hier geschehen ist. Heut gehen hier die Touristen spazieren oder fahren Ski.« Er überlegte kurz und wirkte nachdenklich. »Aber wer will auch schon daran erinnert werden, dass hier viele Menschen gestorben sind.« Sein Gesicht wurde ernst. »Gestorben im Winter, müssen S' wissen. Die Generäle, die keine Ahnung g'habt ham vom Winter im Gebirge, haben die jungen Soldaten dort raufgejagt.« Es klang bitter. Vielleicht hatte seine Familie einst jemanden verloren, der später sein Onkel hätte sein können, vermutete Misselbrünn.

Er war von dieser Vorstellung betroffen. »Es gibt wohl noch viele solche Anlagen hier«, sagte er, um überhaupt etwas zu sagen.

»Viele, ja«, erwiderte der Mann und sah traurig ins dämmrige Tal hinab. »Und g'lernt hat die Menschheit nichts draus. Dabei sagen s' alle, die Gefallenen sollen Mahnung sein, dass sich so was nicht wiederholt. Und doch wiederholt es sich. Immer und immer wieder. Schau'n S' nur in die Ukraine.«

Misselbrünn spürte, wie ihn ein kalter Hauch streifte. »Sind wir froh, dass zumindest nach heutigem Ermessen in Mitteleuropa so was nicht wieder geschehen kann.«

»Oh«, zeigte sich der Mann ungläubig und sah zum klaren Himmel hinauf. »In Europa vielleicht nicht, aber an vielen Ecken und Enden der Welt.« Er musterte sein Gegenüber misstrauisch aus den Augenwinkeln. »Da lässt man die Menschen sich gegenseitig totschlagen, und die Reichen auf der Welt verdienen daran. Hab ich recht?«

Misselbrünn zuckte bei diesen Worten erneut zusammen. Eigentlich müsste er jetzt widersprechen, argumentieren, diskutieren. Er wäre dem Mann gewiss rhetorisch haushoch überlegen. Schließlich war er solche Kritik gewohnt, wenn Banker, wie in den letzten Jahren immer häufiger, mit Themen dieser Art konfrontiert wurden. Aber jetzt spürte er einen Kloß im Hals. Ausgerechnet hier, wegen dieses Mannes, den er nicht einzuschätzen vermochte. Denn es war die Art, wie der Mann sprach, wie er dastand, ihn von oben bis unten musterte, was ihn verunsicherte. Wo war der Kerl überhaupt hergekommen? Misselbrünn konnte sich nicht entsinnen, beim Herfahren jemanden gesehen zu haben. Aber es gab genügend Büsche und Sträucher, hinter denen er hervorgetreten sein konnte.

Misselbrünn beschloss, den Rückzug anzutreten. »Vermutlich haben Sie recht«, bemerkte er kleinlaut und ging einen Schritt auf seinen Mercedes zu. »Da könnten wir uns noch lange drüber unterhalten, aber ich muss leider weiter.«

»So?«, kam es schnell zurück, während der Mann ihm folgte. »Eilig haben S' es auch noch. Also doch rauf zum Italiener, hab ich recht?« Es klang energisch, gerade so, als erwarte er eine klare Antwort.

Misselbrünn hatte jetzt das Heck seines Wagens erreicht und ärgerte sich insgeheim, ihn nicht in Fahrtrichtung abgestellt zu haben.

»Sie g'hören also auch zu denen, die zum Italiener kommen«, blieb der Mann hartnäckig und verzog sein Gesicht wieder zu einem breiten Grinsen, das ihn überaus sympathisch erscheinen ließ. Nur der energische Ton mochte nicht dazu passen. »Eines Tages, das dürfen S' mir glauben, brennt die Bude dort oben ab.«

»Wie?« Misselbrünn musterte ihn argwöhnisch. »Was sagen Sie da? Soll das …?«

»Nichts soll das«, fuhr ihm der Mann jetzt eloquent über den Mund und sah ihm fest in die Augen. »Gar nichts soll das heißen. Nur ein gut gemeinter Rat, mein Herr. Nicht allen hier im Tal gefällt, was da oben geschieht.« Er wandte sich ab. Misselbrünn nahm es erleichtert zur Kenntnis und ließ das Türschloss seines Wagens aufspringen. Doch als er einsteigen wollte, drehte sich der Fremde im Weggehen noch einmal zu ihm um: »Es könnte sein, dass manche hier im Tal mehr wissen, als dem Italiener und seiner feinen Gesellschaft lieb ist. Denken Sie dran, wenn Sie droben sind. Ich wünsche Ihnen noch einen schönen Abend.« Dann verließ er den geschotterten Platz und verschwand auf einem Trampelpfad, der sich zwischen zwei Sträuchern verlor, hinab ins Tal.

Misselbrünn fühlte sich unwohl.

»Wer? Die Misselbrünn?« Kriminalhauptkommissar August Häberle war sich sofort bewusst, was dies bedeutete. *Misselbrünn*. Ein Name, der in seinem Zuständigkeitsbereich wohlbekannt war. Die Frau eines Prominenten, eines Mannes, für den ein gewisses Gefahrenpotenzial bestand – insbesondere seit die Großbanken nicht mehr den allerbesten Ruf genossen. Mindestens einmal in der Nacht musste deshalb eine Polizeistreife durch das Wohngebiet im Geislinger Stadtbezirk Weiler fahren, um Präsenz zu zeigen. Häberle hatte in seinem langen Berufsleben im Umgang mit VIPs, also mit angeblich wichtigen Personen, jede Menge leidvolle Erfahrungen gesammelt. Aber jetzt, kurz vor der Pensionierung, konnte ihn nichts mehr erschüttern. Seine enorme Körperfülle und seine besonnenen Worte strahlten Gelassenheit aus. Er hatte längst die höchste Beförderungsstufe erklommen, durfte sich also ›Erster Kriminalhauptkommissar‹ nennen und brauchte sich von den jungen Schnöseln, die sich als stolze Beamte des höheren Dienstes mit dem Titel ›Polizeirat‹ schmückten, nichts vormachen zu lassen. Er war ohnehin über die jüngste Polizeireform in Baden-Württemberg nicht begeistert. Denn dass er sich so kurz vor der Pension auch noch an eine andere vorgesetzte Dienststelle hatte gewöhnen müssen, war ihm ziemlich gegen den Strich gegangen. Seine Heimatdirektion Göppingen war im neuen Polizeipräsidium Ulm aufgegangen, immerhin rund 50 Kilometer entfernt, dazu noch jenseits der Schwäbischen Alb. Immerhin hatte er es durchsetzen können, gemeinsam mit seinem jungen, engagierten Kollegen Mike Linkohr weiterhin in Göppingen Dienst tun zu können – zusammen mit einem geschrumpften Kollegenkreis. Hinzu kam, dass sie nun auch in die benachbarten Landkreise gerufen werden konnten, nach Heidenheim, in die Alb-Donau-Region und sogar bis ins ferne Biberach, sofern es dort komplizierte Fälle zu bearbeiten gab. Nach bayrischem Vorbild war der Zuständigkeitsbereich nun nicht mehr deckungsgleich mit den politischen Landkreisen. Das versprach zwar mehr

Abwechslung, erforderte aber auch mehr Flexibilität und weite Anfahrten. Auf beides hätte Häberle liebend gern verzichtet, zumal ihm sein Familienleben über alles ging. Mit Susanne, seiner Ehefrau, plante er große Reisen – und auch die Enkel bereiteten ihm sehr viel Freude.

Jetzt aber konnte er erst mal für die nächsten Tage alle privaten Termine streichen. Und dies ausgerechnet in dieser Woche, in der die Fußballweltmeisterschaft in Brasilien ihrem Höhepunkt entgegenstrebte und Deutschland auf dem besten Weg war, den Pokal zu holen. Allerdings musste morgen Abend noch Gastgeber Brasilien aus dem Feld geschlagen werden. Ein dicker Brocken. Daran musste Häberle denken, als er den Namen, den er soeben gehört hatte, vor sich hinmurmelte: »Misselbrünn«, wiederholte er und schrieb den Namen wie automatisch auf das ohnehin bereits ziemlich verschmierte Blatt seiner Schreibtischunterlage. Ein Kollege der Schutzpolizei schilderte kurz und knapp, was soeben in Weiler festgestellt worden war: »Erschossen, aus allernächster Nähe. Haustür offen. Ich vermute mal, dass es vergangene Nacht passiert ist.«

Häberle sah auf seine Armbanduhr. 19 Uhr. Hätte er sich nicht zu bürokratischer Kleinarbeit hinreißen lassen, wäre er längst zu Hause gewesen. Aber die Sesselfurzer, wie er die Kollegen aus der Ulmer Präsidiumsverwaltung despektierlich titulierte, nötigten ihn unablässig, irgendwelche Formulare auszufüllen, Dienstreiseabrechnungen korrekt vorzulegen und neuerdings auch, Begründungen zu schreiben, weshalb Druckerpapier nicht beidseitig bedruckt wurde. Weil manche schrottreifen Drucker oder die veraltete Software der Rechner gar nicht für diese Funktion ausgelegt waren, die Kollegen aber Angst vor einer Rüge hatten, wurde inzwischen kiloweise Papier verbraucht, um den Apparaten überhaupt ein oder zwei beidseitig bedruckte Blätter zu entlocken. Von Papiersparen konnte also keine Rede sein. Dies hatte Häberle zwar einem heißspornigen Jungspund aus der Verwaltung schon mehrfach am Telefon erklärt, doch weil dieser die Argumente eines Praktikers ignorierte, gab es jetzt nur eines: eine geharnischte E-Mail. Doch noch ehe sie vollständig geschrieben war, hatte ihn der Anruf des Kollegen unterbrochen. »Ich bin in einer halben Stunde oben«, sagte er, legte auf und klickte die begonnene Mail weg. »Verwerfen« oder »Speichern«?, fragte der Computer. Häberle entschied sich für »Verwerfen«. Es war ihm einfach zu dumm, sich mit vorder- oder rückseitig Bedrucktem auseinanderzusetzen. Er hatte jetzt Wichtigeres zu tun. Dass Linkohr auch noch im Haus war, empfand er als Glücksfall. »Kommen Sie runter zum Auto«, war alles, was er ihm am Telefon mitteilte.

»Ist was passiert?«, fragte Linkohr schnell nach.

»Tötungsdelikt«, entgegnete Häberle kurz. »Die Frau Misselbrünn.«

Kurze Pause. Der Chefermittler nahm sich die Zeit, Linkohrs übliche Reaktion abzuwarten – und sie folgte tatsächlich: »Da haut's dir 's Blech weg.« Seine längst legendäre Redewendung als Zeichen allerhöchsten Erstaunens.

Auch Linkohr wusste also, dass dieser Fall gewissen Sprengstoff in sich barg.

Albeck ist eine kleine Gemeinde unweit von Ulm. Kaum jemand, der den Ort auf dem Weg von oder zur Autobahnanschlussstelle Ulm-Ost passiert, würde ahnen, dass hier eine geniale Unternehmerpersönlichkeit geboren wurde: Robert Bosch, der mit seiner Zündkerze die Autos erst richtig zum Laufen gebracht hat. Allerdings hatte der Sohn einer Bauernfamilie immer wieder betont, dass die Erfindung zu einem Großteil das Verdienst seiner engen Mitarbeiter war.

Obwohl Eva Langbein keinerlei verwandtschaftliche Verbindungen zu den Boschnachfahren hatte, verwies sie gerne mit gewissem Stolz darauf, aus Albeck zu kommen – um jedes Mal hinzuzufügen, dass es nicht mit dem gleichklingenden Ahlbeck an der Ostsee, direkt an der polnischen Grenze gelegen, verwechselt werden dürfe.

Ihr Urgroßvater hatte im Dunstkreise Boschs ebenfalls getüftelt, sich jedoch nicht mit Automotoren, sondern mit dem Bau mechanischer Maschinen für die Industrie befasst. Die unzähligen Patente, die er angemeldet hatte und für deren Fortbestand ein großes Anwaltsbüro in München sorgte, ernährten noch heute ein weitverzweigtes Familienimperium. Eva Langbein hatte jedoch nicht darauf vertrauen wollen, bis ins hohe Alter davon leben zu können. Außerdem galt ihr Interesse den Naturwissenschaften, sie hatte inzwischen einen gut dotierten Job und sich finanziell unabhängig gemacht.

Von Albeck, wo sie tief verwurzelt war, wollte sie zu keinem Zeitpunkt weg. Um sich trotzdem von den betagten Eltern abnabeln zu können, hatte sie die Gelegenheit ergriffen und ein kleines Bauernhaus erworben, das sie schrittweise sanieren ließ.

Inzwischen war das Erdgeschoss bereits liebevoll renoviert, wobei sie großen Wert darauf gelegt hatte, möglichst viel von der historischen Substanz zu erhalten. So wurden Balken freigelegt, Einbauschränke belassen und windschiefe Türen nicht gerade gerückt. Auch die neue Einrichtung orientierte sich am Stil eines alten Bauernhauses.

Seit sie gestern zwischen den Büchern ihrer neuen Regalwand den Minispion in der Steckdose entdeckt hatte, war das Gefühl von Geborgenheit zerstört. Was sie bisher als Rückzugsgebiet nach stressiger Arbeit empfunden hatte, erschien ihr nun plötzlich fremd und feindlich. Die Vorstellung, dass ein Fremder in ihrer Wohnung herumgestöbert hatte, ließ sie erschaudern.

Während sie die Haustür entriegelte, achtete sie darauf, ob das Schloss noch zweimal eingerastet war – eben genau so, wie sie es am Vormittag verlassen hatte. Beim Betreten der dunklen Diele knipste sie sofort das Licht an und prüfte mit kritischem Blick den Eingangsbereich. Nichts schien verändert zu sein. Aber wenn sie es mit Profis zu tun hatte – und darauf ließ das raffinierte Abhörgerät schließen –, dann waren sie keinesfalls so stümperhaft und würden Spuren hinterlassen. Möglicherweise hatten sie bereits bemerkt, dass die Vorrichtung nicht mehr funktionierte.

Eva Langbein hatte den winzigen Spion im Institut gelassen. Bei ihrer genaueren Analyse waren sie und ihre Mitarbeiter zu der Erkenntnis gelangt, dass das Gerät seine Funkimpulse über ein WLAN-Netz weiterleitete, wie es sie heutzutage in vielen Wohnungen gab, um Computer und andere elektronische Geräte kabellos zu verbinden. Ebenso war es möglich, mobile WLAN-Netze von Fahrzeugen aus abzustrahlen und kompatible Abhörapparaturen in der Nähe zu betreiben. Eva Langbein ging davon aus, dass in ihrem Fall irgendwo ein Auto mit entsprechender Technik geparkt war, von dem aus die aufgefangenen Ton- und Bildsignale per Internet weitergeleitet wurden. Wenn es sein musste, bis zur NSA nach Amerika.

Dies schoss ihr alles noch einmal durch den Kopf, als

sie ihre Jacke an die Garderobe hängte und in die Küche ging, um sich ein Glas kühlen Orangensaft einzuschenken.

Während sie sich mit dem Gesäß gegen die Arbeitsplatte lehnte und den Blick zwischen den freigelegten Wandbalken hinüber zur rustikalen Essecke schweifen ließ, blieben ihre Augen am blinkenden Display des Telefons hängen, das auf einer eichenen Kommode stand. Sie stellte ihr Glas ab und hatte mit wenigen Schritten das Gerät erreicht, das ihr einen ›Anruf in Abwesenheit‹ signalisierte. Einige Tastenklicks genügten und sie erkannte, dass keine Nachricht auf der Mailbox hinterlassen worden war. Es gab nur eine ziemlich lange Nummer, die auf dem Display erschien. Sie begann mit zwei Nullen, was auf einen Anrufer aus dem Ausland schließen ließ. Null-null-drei-neun. Italien. Sie besah sich die Nummer, doch konnte sie diese keinem einzigen ihrer wenigen Kontakte zuordnen, die sie mit Italien pflegte. Vermutlich eine Handynummer, dachte sie. Denn nach der Landesvorwahl fehlte die Null der jeweiligen Ortsvorwahl, wie sie bei Auslandsgesprächen nur in Italien mitbenutzt werden musste. Zumindest fiel ihr auf Anhieb kein anderes Land ein, das diese Besonderheit im Telefonverkehr hatte. Sie konnte sich allerdings auch nicht entsinnen, mit welchen Zahlen die italienischen Handynetze begannen.

Eine Abzock-Falle? Schließlich siegte ihre Neugier und sie drückte den Befehl zum Anwählen dieser Nummer.

Während sie sich gespannt auf dem gepolsterten Esszimmerstuhl niederließ, klickte und rauschte es in der Leitung, doch bereits nach dem dritten Rufzeichen meldete sich eine Männerstimme, die allerdings keine Zeit für eine Entgegnung ließ. Sie kam von einem Automaten und verriet beim mühsamen Deutschsprechen einen unüberhörbar italienischen Akzent.

»Attenzione«, drang es an Eva Langbeins Ohr, »Signorina Langbein, wir wissen alles über Sie. Wenn Leben ist wichtig für Sie, dann Mund halten und cooperazione mit uns. Warten auf neue istruzioni.« Klick. Leitung tot.

Eva Langbein war bleich geworden. Sie spürte eisige Kälte und schauderte. Sie starrte auf den Hörer, den sie vom Ohr genommen hatte, aber noch immer krampfhaft festhielt. Was hatte dies zu bedeuten? Eine klare Drohung, hämmerte es in ihrem Kopf. Eine Drohung. Kooperieren oder sterben, hieß das doch wohl. Aber kooperieren mit wem? Hatten sie schon bemerkt, dass ihnen das Spionagegerät abhandengekommen war?

Sie legte den schnurlosen Hörer mit zitternder Hand beiseite und schrieb in aller Eile die Nummer vom Display ab. Unterdessen wurde ihr bewusst, dass es eine eigenartige Methode war, sie zu bedrohen. Woher konnte der Unbekannte wissen, dass sie die Einzige sein würde, die diese Nummer anrief? Der Automat hätte sich ja wohl auch eingeschaltet, wenn zufällig jemand anderer angerufen hätte. Oder war die Nummer keinem anderen bekannt?

Ob es möglich sein würde, über diese Nummer den Anrufer ausfindig zu machen, war mehr als fraglich. Raffinierte Banden hatten längst Mittel und Wege gefunden, sogar das Anmeldeverfahren für ein Handy auszutricksen. Oder sie benutzten gestohlene Prepaid-Karten. Es gab, das wusste Eva Langbein, mannigfache Möglichkeiten, auf diese Weise seine wahre Identität zu verschleiern.

Italien, durchzuckte es sie. Bandenkriminalität und Italien. Was aber, wenn alles noch viel schlimmer war? Wenn die Mafia sich für ihr Projekt ›Akku 21‹ interessierte? Oder sollte sie Schutzgeld bezahlen – für sich und ihr Team, für ihr ganzes Institut?

Nein, versuchte sie sich zu beruhigen. Sie hatte zwar davon gehört, dass es in Süddeutschland angeblich kaum noch eine Pizzeria gab, die nicht von der Mafia um Schutzgeld erpresst wurde. Aber dass davon auch Forschungsprojekte betroffen sein könnten, war ihr nie zu Ohren gekommen. Denkbar wäre es, mahnte sie eine innere Stimme. Mittlerweile sind doch alle Bereiche des öffentlichen Lebens von Korruption, Bestechung und Schmiergeldaffären durchdrungen, dachte sie. Alles, was man früher nur in Südeuropa für möglich gehalten hatte und worüber hierzulande gewitzelt worden war, gab es längst auch in Deutschland. Vermutlich sogar mit typisch deutscher Gründlichkeit perfektioniert.

Eva Langbein spürte den Herzschlag bis zum Hals. Von innerer Unruhe ergriffen, stand sie auf, ging in die Küche, trank ihr Glas leer und eilte von einem Zimmer ins andere, um sorgfältig zu prüfen, ob während ihrer Abwesenheit etwas verändert worden war. Sie musste sich allerdings eingestehen, dass dies ein sinnloses Unterfangen war. Denn falls wieder jemand hier gewesen war und ein neues Spionagegerät installiert hatte, wäre es gewiss nicht mit ein paar flüchtigen Blicken zu erkennen. Aber vielleicht war auch längst ihre Telefonleitung angezapft. Wenn ganze Botschaften verwanzt werden konnten und sogar Büros der UN in New York Lauschangriffen ausgesetzt waren, dann musste es ein Leichtes sein, ein altes, verwinkeltes Bauernhaus zu präparieren.

Warum aber, so begannen die Gedanken in ihrem Kopf wieder Karussell zu fahren, warum hatte man es ausgerechnet in ihrer Wohnung auf sie abgesehen? Zwar musste sie davon ausgehen, dass auch das Institut überwacht wurde – aber hier, bei ihr daheim, da gab es doch keinen Grund, solche Geräte anzubringen. Es würde ausreichen, das Telefon abzuhören – denn mit wem sollte sie sich schon in ihren eigenen vier Wänden über brisante Forschungsergebnisse unterhalten?

Oder …? Plötzlich fiel ihr ein Termin ein. Ein Gespräch, das sie für Ende der Woche anberaumt hatte. Ein Gespräch über die weitere Finanzierung des Vorhabens. Jemand hatte sich über die Institutsleitung angekündigt und weitere Forschungsgelder aus irgendwelchen EU-Fördertöpfen in Aussicht gestellt. Sie hatte dies nicht sonderlich ernst genommen, weil sie von politisch gesteuerten Zuschüssen nichts verstand. Meist waren es doch nur irgendwelche Gelder, die ohnehin geflossen wären, doch wollten es sich machtbesessene Provinzpolitiker nicht nehmen lassen, eine solche Finanzspritze als ihr Verdienst bejubeln zu lassen.

Irgendwo, so entsann sich Eva Langbein, hatte sie den Namen jenes Mannes notiert, der sie nicht im Institut, sondern privat aufsuchen wollte. Von der Bank, die er vertrat, hatte sie nie zuvor etwas gehört.

Sie kramte in einer Schublade, stieß auf unzählige Blätter und Schriftsätze, bis sie endlich jenen Notizblock entdeckte, auf dessen oberster Seite der gesuchte Name stand.

Misselbrünn hatte soeben in Gedanken versunken seinen Mercedes ausgeparkt, um wieder in die Steilstrecke einzubiegen, als vom Tal her ein schwarzer BMW auftauchte, dessen aggressives Scheinwerferdesign an ein angriffslustiges Raubtier erinnerte. Das Trienter Kennzeichen ließ vermuten, dass es Silvio Bronso war, mit dem ihn seit Jahren so etwas wie eine Zwangsgemeinschaft verband, die ihren Ursprung eher im Geschäftlichen hatte.

Bronso, ein braun gebrannter Endvierziger mit kurzen schwarzen Haaren und einem immerwährenden Lächeln im Gesicht, stoppte seinen Siebener-BMW, worauf auch Misselbrünn anhielt. Die beiden Männer stiegen aus und begrüßten sich mit einer Umarmung, was Misselbrünn jedes Mal als unpassend empfand. »Ziemlicher Zufall, was?«, gab sich Bronso locker. »Damit hättest du jetzt nicht gerechnet, stimmt's?« Er war Nachkomme einer Gastarbeiter-Familie und im Großraum München aufgewachsen, sprach deshalb perfekt Deutsch und nutzte seine vielfältigen Kontakte in Europa, um ›Export-Geschäfte‹ zu machen oder für andere welche einzufädeln, wie es offiziell hieß. »Was treibst du denn an diesem alten Gefechtsstand, um Gottes willen?«

Misselbrünn rang sich ebenfalls ein Lächeln ab. »Interesse an Historischem«, antwortete er einsilbig. Ihm ging der seltsame Fremde nicht aus dem Sinn. Man konnte nicht wissen, wer sich sonst noch hier oben in der aufkommenden Dämmerung herumtrieb. Er deutete mit dem Kopf vorsichtig in Richtung der Sträucher, zwischen denen der Mann verschwunden war. »Wir sind nicht ganz allein hier«, stellte er mit gedämpfter Stimme fest.

Bronsos Gesicht verfinsterte sich. »Wie? Du hast hier jemanden getroffen?« Er kniff die Augen zusammen und sah angestrengt zu dem strauchbestandenen Abhang hinüber. Misselbrünn wusste, dass Bronso jederzeit bereit war, einen Angriff zu starten, falls es notwendig wäre. Der Mann erschien ihm vom ersten Tag an, als er ihn kennengelernt hatte, als furchtlos. Bronso war trotz seines Alters durchtrainiert, zwar nicht sonderlich groß, aber offensichtlich ein Kraftpaket. Jeder Schritt, jede Geste, ja alles, was er sagte, ließ darauf schließen, dass er bereit war, alle Hindernisse rücksichtslos aus dem Weg zu räumen.

Misselbrünn sah ihn mit einer Mischung aus Hochachtung und Skepsis von der Seite an und nickte. »War wohl nur ein harmloser Einheimischer. Aber nach dem, was er gesagt hat, ist unser Freund Gregori hier nicht sonderlich beliebt.«

»So?« Bronso blickte sich nach allen Seiten um, wie dies Leute tun, die gelernt haben, Verdächtiges in der Umgebung sofort zu erspähen. »Was hat der Typ denn gewollt?«

»Er hat gesagt, es gäbe im Tal Leute, die mehr wüssten, als ›dem Italiener‹ – so hat er sich ausgedrückt – lieb sei.«

»Ach?« Bronso scannte noch einmal die grau gewordene Gegend ab, während im Hintergrund die steil aufragenden Berggiganten bereits langsam ihr drohendes Nachtschwarz anlegten – links die Rotwand und rechts, am Ende des Fischleintales, jene Gipfelgruppe, hinter der sich die Drei Zinnen verbargen.

»Wie hat er denn ausgesehen?«, bohrte Bronso weiter.

Misselbrünn zuckte mit den Schultern. »Groß, knapp 70, schätz ich mal, eigentlich ziemlich fit und sportlich. Sehr gepflegt.«

»Okay«, brummte Bronso, als wisse er, um wen es sich handelte. »Dann sollten wir vorsichtig sein.« Er ging zu seinem Wagen zurück. »Man kann heutzutage nie wissen, wer sich alles für unsere Geschäfte interessiert. Und du als Banker«, er grinste, »genießt ja ohnehin nicht den besten Ruf, stimmt's?«

Misselbrünn fühlte sich plötzlich nicht mehr so ganz wohl in seiner Haut. Er wusste nicht, ob Bronso die Bemerkung ironisch oder ernst gemeint hatte. Er wollte lieber nicht nachfragen. Nicht jetzt, nicht hier. Und auch sonst keine Bemerkung machen. Er musste nachher noch einmal versuchen, Hiltraud, seine Frau, anzurufen. Das war ihm viel wichtiger. »Sonst alles klar?«, fragte er zweifelnd.

»Alles okay, Chef«, erwiderte Bronso süffisant. »Keine besonderen Vorkommnisse, falls du das meinst. Oder hast du etwas anderes erwartet?« Es klang beinahe wie eine Drohung.

Auf der Hochfläche der Schwäbischen Alb schien jetzt abends noch die Sonne. Sie tauchte die Landschaft in ein angenehmes bräunliches Licht, und ihr flacher Winkel sorgte für lange Schatten. »Traumhaft dort oben«, stellte Häberle fest, der den Dienst-Mercedes die Weiler Steige hinauf steuerte, während Linkohr den Blick hinab auf Geislingen genoss, das sich im Schnittpunkt von fünf Albtälern breitgemacht hatte.

»Kennen Sie denn die Misselbrünns?«, fragte der junge Kriminalist, der seinen Oberlippenbart so exakt wie selten gestutzt hatte, weshalb Häberle überlegte, ob dies möglicherweise einer neuen Freundin geschuldet war.

»Persönlich kenn ich die Misselbrünns nicht«, brummte Häberle und jagte den Mercedes durch die nächste Haarnadelkurve. »Aber er zählt zu den ganz Großen im internationalen Finanzgeschäft.«

»Und der wohnt ausgerechnet bei uns hier oben, in der Provinz?«

»Er stammt wohl aus dem Raum Tübingen, hab ich mal gehört. Und seine Frau kommt aus dem Oberschwäbischen. Warum soll so einer nicht in der Provinz wohnen, weit vom Schuss?«

»Weit vom Schuss«, wiederholte Linkohr grinsend. »Aber wohl doch nicht weit genug davon entfernt, befürchte ich.«

Häberle sah seinen Kollegen von der Seite an. »Leider haben Sie recht. Mir stellt sich nur schon jetzt die Frage, warum nicht er das Opfer war, sondern seine Frau. Das ist doch völlig untypisch.«

»Nicht ganz«, konterte Linkohr, während sie sich nun dem kleinen Dörfchen Weiler näherten, wo sie in den vergangenen Jahren schon zweimal gemeinsam hatten ermitteln müssen. Einmal war's um einen dubiosen Disco-Besitzer gegangen, ein andermal um eine geheimnisvolle Höhle. »Denken Sie an Heidenheim«, fuhr der Jungkriminalist fort. Häberle wusste Bescheid. Dort war die Frau eines Bankdirektors entführt und ermordet worden. Ein Fall, der bis heute rätselhaft blieb. Häberle hoffte inständig, dass es jetzt keine Zusammenhänge mit diesem Verbrechen gab, das durch eine spektakuläre ›XY … ungelöst‹-Sendung für bundesweites Aufsehen gesorgt hatte. Und seit der Polizeireform waren jetzt sogar Göppinger Kollegen für dieses Verbrechen zuständig.

»Wo ist der Misselbrünn denn vergangene Nacht gewesen?«, fragte Linkohr unvermittelt nach.

»Das rauszukriegen, ist unsere Aufgabe«, erwiderte Häberle, der den Wagen jetzt dem höchsten Punkt des Ortes entgegensteuerte – ziemlich genau dorthin, wo sie vor Jahren einen mysteriösen Fall hatten klären müssen, bei dem ein Täter in die dortige Laierhöhle geflüchtet war. In einer der ruhigen Seitenstraßen, in denen die Gärten ihre ganze bunte Sommerblumenpracht entfalteten, trafen sie auf die Fahrzeuge der Einsatzkräfte – Polizei und Rotes Kreuz. »Es gibt wahrscheinlich ziemlich viel Arbeit«, murmelte Häberle, als er ausstieg und von einem uniformierten Kollegen begrüßt wurde, der die beiden Kriminalisten auf dem Weg zur Haustür knapp informierte: »Es sieht so aus, als habe sie den Täter selbst ins Haus reingelassen.«

4

Johannes Mehlfurt hatte sich auf der Heimfahrt vorgenommen, unter alles einen Schlussstrich zu ziehen. Die Zeit war reif für seinen ganz persönlichen Notfallplan. Es würde ihn große Überwindung kosten, seiner Ehefrau Silke reinen Wein einzuschenken. Doch er hatte sich die Worte und Formulierungen bereits zurechtgelegt. Es würde kein Zurück mehr geben. Er fuhr den schwarzen Audi Q5, an dem das ortsübliche Heidenheimer Kennzeichen angebracht war, in die Garage, ließ das Tor nach unten gleiten und traf seine Frau im angrenzenden Bügelzimmer. Sie war blass und nervös.

»Hallo, Schatz«, begrüßte er sie und drückte ihr einen flüchtigen Kuss auf die Wange. Sie stellte ihr Bügeleisen auf die Ablage. Mehlfurt hatte den Eindruck, dass sie gedanklich abwesend war.

Sie sahen sich für einen Augenblick an, als hätte keiner von ihnen mit der Anwesenheit des anderen gerechnet. Silke war vom ermatteten Eindruck ihres Mannes irritiert. »Hattest du viel Stress heute?«

»Es geht«, erwiderte er kühl und räusperte sich. »Ich hab nur viel nachgedacht.« Er sah ihr tief in die unruhigen Augen. »Nachgedacht über uns und meine Zukunft.«

»Über deine Zukunft?«, zeigte sich Silke überrascht. »Wie darf ich das verstehen? Geht's dir nicht gut oder was?« Sie war es nicht gewohnt, dass er über sich und seine Zukunft reden wollte.

»Silke«, er legte einen Arm um ihre schmale Schulter, »es gibt da etwas, das wir besprechen sollten.«

Sie wich zurück. »Besprechen? Ist denn etwas passiert?« Ihre Stimme verriet Unsicherheit.

»Wir müssen das in Ruhe besprechen – aber noch heute«, blieb er entschlossen, fügte jedoch an: »Allerdings nicht hier unten. Mach erst fertig.« Er deutete auf die ungebügelte Wäsche und verließ ohne eine weitere Bemerkung den Raum.

Silke stand wie vom Donner gerührt und war für einen Augenblick außerstande, einen klaren Gedanken zu fassen. Sie hörte, wie sich seine Schritte auf dem gefliesten Boden entfernten und schließlich vom Treppenhaus verschluckt wurden.

Hatte er gesagt, es gehe um seine Zukunft? Aber wenn es um seine Zukunft ging, dann auch um die ihre. Sie atmete tief durch und schloss die Augen. Was konnte so schwerwiegend sein, dass er es ihr nicht sofort anvertraute und stattdessen nur vage Andeutungen machte?

Hatte er seinen fürstlich dotierten Job verloren? Oder – der Gedanke traf sie wie ein Blitz – oder hatte er …? Sie wollte sich dieses Szenario gar nicht ausmalen.

Häberle und Linkohr hatten sich einen Plastikschutz über die Schuhe gezogen, ehe sie das Haus der Misselbrünns betraten. Der Anblick im Wohnzimmer war alles andere als erfreulich: Die tote Frau lag zwischen Glastisch und Couch auf dem Boden, wobei der Oberkörper schräg an der ledernen Sitzfläche lehnte. Aus der linken Brustseite war offenbar eine größere Menge Blut ausgetreten und hatte die dunkelblaue Bluse rot eingefärbt.

»Frau Misselbrünn war möglicherweise auf der Couch gesessen, als der Schuss sie traf und sie dann zu Boden gerutscht ist«, fasste der Gerichtsmediziner emotionslos zusammen. Während Häberle den schrecklichen Anblick auf sich wirken ließ und sich die letzten Momente im Leben dieser Frau vorstellte, erkundigte sich Linkohr nach einer möglichen Tatwaffe und erfuhr, dass bislang keine gefunden worden war. Er blickte sich in dem modern und teuer eingerichteten Wohnzimmer um, wo bereits die Kollegen der Spurensicherung eine Bestandsaufnahme machten. Doch bislang gab es nichts Auffälliges.

Häberle hörte unterdessen, wie immer in solchen Augenblicken, dieselben Worte des Gerichtsmediziners: »Näheres kann ich natürlich erst nach der Obduktion sagen. Vermutlich steckt das Projektil noch im Körper.«

»Todeszeitpunkt, nur ganz ungefähr?«, hakte Häberle nach.

»Grob geschätzt vor 24 Stunden.«

Der Chefermittler nahm es wortlos zur Kenntnis und nickte, um sich dann an einige Kollegen zu wenden, die bereits sorgfältig einen großformatigen Apple-Computer entkabelten. »Die Haustür stand offen?«, stellte Häberle, in die Runde fragend, fest. »Keinerlei Einbruchsspuren?«

»Nein«, erwiderte ein Mitarbeiter der Spurensicherung, »wir müssen davon ausgehen, dass sie den Täter selbst ins Haus gelassen hat.«

»Dass sie ihn also gekannt hat«, konstatierte Häberle und fragte weiter: »Was ist mit dem Ehemann?«

»Er ist seit Sonntagfrüh, also seit gestern, auf Dienstreise. Hat sich Sorgen gemacht, dass seine Frau über einen Tag lang nicht ans Telefon gegangen ist, und hat in der Nachbarschaft angerufen. Eine Frau…«, der Beamte musste auf seinen Notizblock sehen, »… Primus von schräg gegenüber hat dann nachgeschaut und die Haustür offen stehen sehen.«

»Und sie hat die Leiche entdeckt?«

»Ja, sie ist dann im Schock rausgerannt.«

»Der Ehemann – ist der bereits verständigt?«

»Nein, wir wissen nicht, wo er sich aufhält – und eine Handynummer haben wir noch nicht ausfindig machen können.«

Häberle überlegte. »Aber wenn er bei der Nachbarin angerufen hat, hat er vielleicht eine Nummer im Speicher hinterlassen. Bitte prüft das.«

Inzwischen war ein Uniformierter näher gekommen. »Entschuldigen Sie«, wandte er sich an Häberle, »draußen hat sich eine Frau gemeldet, der heute früh eine verdächtige Person aufgefallen ist. Sie hat sogar das Autokennzeichen notiert.«

Eva Langbein war erleichtert, als sie feststellte, dass sie die neue Handynummer ihres ehemaligen Kommilitonen in ihrem Adressbuch gespeichert hatte. Er meldete sich bereits nach dem dritten Rufzeichen und versicherte, dass er sich keinesfalls gestört fühle. Ganz im Gegenteil – er freue sich sehr, dass sie sich wieder einmal bei ihm melde. Sie tauschten einige freundschaftliche Worte aus, doch der angerufene Mann bemerkte sofort, dass es ihr um etwas anderes ging. Er machte es ihr deshalb leicht und fragte nach, ob sie denn ein Problem habe. Sie schilderte kurz den seltsamen Fund in der Steckdose und machte aus ihrer Angst kein Hehl: »Mir ist nicht ganz wohl bei der Sache«, gestand sie ihrem Studienfreund.

Ihre Formulierung klang verharmlosend, doch in Wirklichkeit hatte sie Mühe, sich ihre Aufregung nicht anmerken zu lassen.

»Beunruhigen würde mich dies auch«, sagte die Männerstimme, »aber ein Grund zur Panik ist das nicht. Dass sich für eure Art von Forschung auch die Konkurrenz interessiert, damit wirst du dich abfinden müssen. Ich bin davon überzeugt, dass die Spur bis nach China führen könnte. Und die Sache mit dem dubiosen Italiener am Anrufbeantworter sehe ich als Einschüchterungsversuch.«

»Du siehst das ziemlich cool, mein lieber Ralf.« Eva Langbein war in ihren Sessel gesunken und entschied, ihr Anliegen nun deutlicher vorzutragen. »Ich hab eine Bitte an dich, Ralf, eine riesengroße. Ich weiß, auf dich ist Verlass. Du könntest mir einen riesigen Gefallen tun, wenn du mein Haus und mein Institut nach Abhörgeräten durchsuchen würdest.«

Ihr Gesprächspartner zögerte. »Mein liebes Evchen« – er sprach sie mit dem Kosenamen aus studentischen Zeiten an – »ganz so einfach, wie du dir das vorstellst, ist das leider nicht. Man braucht dazu ziemlich aufwendige Messgeräte, und selbst dann ist nicht auszuschließen, dass etwas verborgen bleibt, weil wir die Frequenzen nicht kennen.«

»Aber wenn das einer kann, dann du, Ralf. Du hast doch selbst gesagt, du seist eine der größten elektronischen Spürnasen der Republik. Und erst vor einigen Monaten hab ich im Zusammenhang mit der NSA-Affäre deinen Namen in einem Nachrichtenmagazin gelesen.«

»Du schmeichelst mir«, kam es zurück und die Stimme wurde sanfter. »Aber gerade das, was seit über einem Jahr – seit die Sache mit der NSA bekannt geworden ist – bundesweit läuft, beschäftigt mich beinahe Tag und Nacht. Du kannst dir nicht vorstellen, wie aufgeschreckt die Politiker sind. Gleich nach der Bundestagswahl im vorigen Jahr hatten wir in Berlin Aufträge wie nie zuvor. Viele Abgeordnete, insbesondere die neuen, haben Büros, Telefonanlagen und Computer überprüfen lassen. Ja selbst noch einige Rausgeflogene der FDP hatten wissen wollen, ob ihr schlechtes Abschneiden womöglich auf eine Abhörattacke zurückzuführen gewesen sein könnte.«

»Ralf«, unterbrach Eva Langbein den Redefluss ihres ehemaligen Kommilitonen, »das freut mich für dich – aber könntest du nicht einer alten Freundin einen Gefallen tun?«

»Evchen, ich bin in halb Europa unterwegs«, er überlegte, »gerade bin ich ausnahmsweise wieder mal in Frankfurt – wie soll ich da für ein paar Tage nach Ulm kommen? Das ist zeitlich …«

»… nicht möglich, willst du sagen«, unterbrach sie ihn, um charmant anzufügen: »Aber wir beide erinnern uns doch noch gerne an die wilden Zeiten, in denen wir alles daran gesetzt hätten, uns zu sehen.«

Es war eine Bemerkung, die ihm den Atem raubte. Mit einem Schlag war alles wieder da: die beiden Semester, die sie gemeinsam in München verbracht hatten, die stundenlangen Diskussionen über Gott und die Welt – und, natürlich, die heißen Sommernächte, die sie damals genossen hatten. Unbeschwert, sorgenfrei, ein ganzes Leben noch vor sich habend. Doch dann war ihnen die eigene Karriere wichtiger erschienen und außerdem hatte Eva einen älteren Mann kennengelernt, einen Industriellen aus dem Ruhrgebiet, den sie möglicherweise nicht nur seines guten Aussehens wegen angehimmelt hatte.

»Evchen«, rang Ralf hörbar nach Worten, »was du da jetzt sagst, stimmt mich wehmütig, ganz ehrlich.«

»Vielleicht sollten wir etwas unternehmen, dass es nicht mehr wehmütig klingt, und einfach mal drüber reden«, erwiderte sie keck. »Wehmut muss nicht sein. Alte Liebe rostet nicht, sagt man doch, oder?«

»Evchen«, seufzte Ralf und es klang so, als sei er nicht

abgeneigt, ihr Angebot anzunehmen. »Du weißt, wie sehr ich dich einmal geliebt habe.«

»Geliebt *habe*?«, hakte sie nach und betonte das »habe«. »Bist du dir da ganz sicher?«

Ralf hatte an ihrem Tonfall bemerkt, worauf sie hinaus wollte. »Ja, ich habe dich geliebt, Evchen.«

»Du bist ein Feigling«, flüsterte sie zurück, »du traust dich bloß nicht zu sagen, dass du noch immer in mich verknallt bist, stimmt's?« Sie grinste.

»Evchen, mach es mir nicht so schwer.«

»Quatsch nicht rum, Ralf. Ich mach's dir sogar ziemlich leicht.« Weil er nichts sagte, holte sie ein weiteres Argument hervor: »Wann hast du eigentlich zuletzt deine Eltern in Niederstotzingen besucht?«

»Wieso fragst du?«

»Besuch sie doch mal wieder und komm auf ein Gläschen Wein bei mir vorbei. Von Niederstotzingen bis Albeck sind's nur ein paar Minuten, aber das brauch ich dir ja nicht zu sagen.«

Ralf seufzte erneut. Natürlich hätte er mit dem neuerlichen Hinweis auf seine Termine das Gespräch beenden können. Doch der Gedanke, dass Eva noch immer auf ihn stehen könnte, war allzu verlockend. »Evchen, ich kann aber unmöglich in ein, zwei Stunden feststellen, ob du Opfer eines Lauschangriffs bist«, lenkte er vorsichtig ein.

Sie verstand sofort. »Aber vielleicht könntest du dich wenigstens auf meine schnuckelige Wohnung konzentrieren und ein bisschen das Lauschkommando übernehmen ...«

Er lachte. »Überredet«, sagte er und tat so, als fiele ihm die Entscheidung schwer. »Nächste Woche am Dienstag bin ich in Süddeutschland, morgens ein Termin in Friedrichshafen, am Mittwoch in München. Dazwischen könnte es passen.«

Eva Langbein sprang von ihrem Sessel hoch. »Supi, Ralf, supi!« Dann flüsterte sie, als dürfe es nur er allein hören: »Du brauchst dich um kein Hotel zu kümmern. Du darfst bei mir schlafen, wie damals.« Ihr fiel plötzlich ein, dass sie in der Euphorie, Ralf am Telefon zu haben, möglicherweise einen riesigen Fehler begangen hatte. Was, wenn sie noch immer abgehört wurde? Hier, in ihrer Wohnung? Warum hatte sie nicht vom Handy aus telefoniert, von draußen? Aber wenn's einen Lauschangriff auf sie gab und professionelle Agenten dahinter steckten, dann war natürlich auch ihr Handyanschluss nicht vor ihnen sicher, dachte sie.

Eine halbe Stunde nur hatte das Gespräch gedauert. Doch eigentlich war es gar keines gewesen. Silke Mehlfurt war stumm dagesessen, ohne eine äußerlich erkennbare Regung zu zeigen. Ob er sie mit seinen Offenbarungen schockiert hatte oder ob ihr dies alles egal war, vermochte er auch jetzt bei einer Radtour über asphaltierte Feldwege und Nebenstraßen zur Donau nicht nachzuvollziehen. Sie war einfach dagesessen, hatte zugehört und ihn reden lassen – kühl und geradezu abwesend, wie in eine andere Welt entrückt, aber kreidebleich und innerlich zitternd, wie er es empfunden hatte. Es war nur ein einziger Satz, mit dem sie seinen Vorschlag, alles aufzugeben und auf den Seychellen ein neues Leben anzufangen, kurz quittiert hatte: »Du kannst tun, was du für richtig hältst, aber ich werde hierbleiben.« Dann war sie wie in Trance aufgestanden und hatte das Wohnzimmer verlassen.

Er hätte sich gewünscht, mit ihr über alles reden zu können, seine Gefühle, seine Vergangenheit, seine Fehler, seine

Hoffnungen, vor allem aber über seine Ängste. Doch sie war nicht einmal auf seine Idee eingegangen, sein Gewissen dadurch zu erleichtern, indem er zumindest einen Teil der schmutzigen Geschäfte, zu denen er sich des Geldes wegen hatte jahrzehntelang drängen lassen, an die Öffentlichkeit zu bringen.

Er hatte, wie so oft, wenn er allein schwierige Probleme bewältigen musste, sein Trekkingrad genommen und war in den Abendstunden einfach losgefahren – seine übliche Strecke über Asselfingen und Rammingen nach Langenau, wo der Radweg die vielen Verknüpfungen des Autobahnkreuzes von A8 und A7 unterquerte und an Elchingen vorbeiführte. Von dort radelte er zur Donau, um durch den Auwald flussabwärts wieder den Rückweg einzuschlagen. Abseits von Leipheim zog er es dann vor, über Riedheim noch einmal in diese einsame Ebene hinauszufahren und sich hier den sanft ansteigenden Hängen der Schwäbischen Alb zu nähern, in die das Örtchen Rammingen beschaulich eingebettet war. Dies war seine Lieblingsroute, die ihm Zeit und Ruhe zum Nachdenken gab. Oftmals kehrte er erst nach Einbruch der Dunkelheit wieder zurück.

Meist waren zu dieser Zeit nur noch wenige Radler und Spaziergänger unterwegs.

Die Bäume warfen in der tief stehenden Sonne bereits lange Schatten. Manchmal gönnte er sich bei Leipheim einen kleinen Abstecher. Nur ein paar Hundert Meter von seiner Route entfernt, versprach nämlich das Schützenhaus ›Güssen‹ von Leipheim, das sich in den Uferbewuchs der Donau duckte, einen deftigen Wurstsalat und ein kühles Weizenbier. Heute erschien ihm dies besonders angebracht zu sein. Er musste seine Gedanken und die tausend streitenden Stimmen im Kopf mit einem Bier besänftigen – wohl wissend, dass Alkohol natürlich überhaupt kein Ausweg war und alles nur noch verschlimmerte.

Nachdem er sein Rad in Sichtweite abgestellt hatte, ließ er sich an einem der vielen freien Tische an der Hauswand nieder. Die freundliche Bedienung lächelte ihm zu und fragte charmant: »Wie immer?« Er nickte wortlos, lehnte sich zurück und sah zum frischen Grün der Baumwipfel empor.

Das Gespräch mit Silke, das eigentlich gar keines gewesen war, markiert nur den Anfang, hämmerte es in seinem Kopf. Wesentlich schwieriger würde es werden, wenn er seinen Auftraggebern seinen Entschluss mitteilte. Ganz besonders vorsichtig musste er natürlich sein, sollte er sein brisantes Material der Öffentlichkeit zugänglich machen. Vieles hatte er bereits auf diversen Datenträgern und sogar in der ›Cloud‹ gespeichert, aber auch in verschiedenen Banksafes deponiert. Außerdem lagen Kopien davon in einem Rechtsanwaltsbüro mit dem Auftrag, das Material für den Fall, dass ihm etwas zustoßen sollte, jenem Juristen zuzuleiten, der auch Snowden vertrat. Dies war eine reine Vorsichtsmaßnahme und notfalls auch so etwas wie eine Lebensversicherung, falls jemand versuchen würde, ihn auf andere Weise aus dem Verkehr zu ziehen. Die Abmachung lautete: Sollte einmal seine Leiche irgendwo gefunden werden, hatten die Anwälte automatisch grünes Licht für die sofortige Veröffentlichung der Dokumente. Würde er hingegen gekidnappt oder daran gehindert, frei über seine Daten zu verfügen, mussten sie nach Ablauf einer 50-tägigen Wartefrist ebenfalls weitergegeben werden.

Mehlfurt war so tief in diese Gedanken versunken, dass er aufschreckte, als ihm die Bedienung das schäumende Weizenbierglas mit einem fröhlichen »zum Wohl« auf den Tisch stellte.

Er nahm einen kräftigen Schluck und versuchte, den Gedanken an seine vormittägliche Entdeckung zu verdrängen. Dieser Anblick des Grauens, der ihn psychisch aus der Bahn geworfen hatte, würde ihn sein Leben lang verfolgen. Es war für immer in seine Erinnerungen eingebrannt.

Viel Illegales hatte er getan in den vergangenen Jahrzehnten, doch soweit er es überblicken konnte, war durch ihn niemals ein Mensch zu Tode gekommen. Jedenfalls nicht direkt, meldete sich seine innere Stimme und mahnte: Wozu wurden denn die Informationen genutzt, die du herbeigeschafft hast? Welchen Intrigen hast du Vorschub geleistet, wie viel Leid ist damit über unzählige Menschen gekommen? Vielleicht wurden Unschuldige verurteilt, womöglich sogar zum Tode? In den USA oder anderswo. Hast du nicht auch Wirtschaftsunternehmen in den Ruin getrieben? Vielleicht hast du den Selbstmord eines Verzweifelten auf dem Gewissen, mahnte ihn sein Inneres weiter. Er versuchte, die Stimme mit einem weiteren Schluck Bier zu dämpfen. Doch er würde all das, worauf er sich seit 1986 eingelassen hatte, nie wieder loswerden. Man hatte ihn instrumentalisiert, ihn mit Geld gelockt, mit viel Geld – und er war immer weiter in den Sumpf hineingeraten, wie ein Rauschgifthändler, der selbst drogensüchtig wird.

Würden sie ihn nun auch rund um den Erdball jagen, wie Snowden, der in seiner Verzweiflung in Russland Asyl beantragt hatte? Ausgerechnet in Russland – ein US-Amerikaner. Wie verrückt war die Welt doch geworden? Ein Mann aus Amerika, dem angeblich freiesten Land der Welt, musste um sein Leben fürchten, weil er nicht mundtot gemacht werden konnte – und dann bittet er in Russland um Asyl, das noch vor nicht allzu langer Zeit von einem

US-Präsidenten als ›Reich des Bösen‹ bezeichnet worden ist. Allerdings konnte es dies angesichts der Ukraine-Krise auch schon bald wieder werden.

Mehlfurt musste an seinen Sohn Ralf denken, der beruflich in die Fußstapfen des Vaters getreten und längst ein erfolgreicher Elektroniker war. Zwar hatte es in jüngster Vergangenheit immer seltener Gelegenheiten gegeben, miteinander zu reden. Ralf schob dies auf seinen stressigen Job, doch manchmal beschlich Mehlfurt das ungute Gefühl, sein Sohn gehe womöglich bewusst auf Distanz, um nicht über seine Arbeit reden zu müssen. Nicht auszudenken, so durchzuckte es Mehlfurt, wenn eines Tages der eigene Sohn auf etwas stieß, was sie beide in Bedrängnis brachte. Dieser Gedanke war so elektrisierend, dass er die Bedienung, die ihm den üppigen Wurstsalat und einen Brotkorb auf den Tisch stellte, zunächst gar nicht zur Kenntnis nahm. »Einen guten Appetit«, wünschte sie und sah den geistig abwesenden Gast skeptisch von der Seite an. Mehlfurt bedankte sich und machte sich über den Wurstsalat her. Die finsteren Gedanken allerdings hafteten an ihm wie ein Fluch. Wieso hatte eigentlich Silke so wenig gesagt?, begann es wieder in seinem Kopf zu rumoren. War sie so sehr geschockt gewesen? Enttäuscht, verbittert, zornig? Wieso hatte sie nach allem, was er über seine jahrelang geheime Arbeit offenbart hatte, nicht auch Ralf erwähnt, dessen Job es war, gerade solche Machenschaften aufzudecken? Wieso war Silke so still geblieben?

Er stocherte in dem Wurstsalat herum, der zwar wieder vorzüglich schmeckte, ihm jedoch heute viel zu üppig erschien. Sein Magen fühlte sich an, als stecke ein Kloß darin, seine Gedärme spielten verrückt. Er nahm einen kräftigen Schluck Bier und versuchte, an etwas anderes zu denken. An die Zeit »danach«, an die große Freiheit. Finanziell war er abgesichert – und seinen Plan hatte er bereits vor Jahren eingefädelt. In dieser Branche musste man schließlich rechtzeitig vorsorgen und auf alle Eventualitäten gefasst sein. Sich auf Zufälle zu verlassen oder auf Zusagen zu vertrauen, konnte tödlich sein. Niemand gab ihm etwas schriftlich. Und wenn etwas schiefging, würde man ihn im Regen stehen lassen. Hätte man ihn heute Morgen vor dem Haus der Misselbrünns ertappt, säße er vermutlich bereits in Untersuchungshaft, und niemand würde ihm abnehmen, dort nur zufällig aufgetaucht zu sein. Natürlich hätte er auspacken können, doch das wäre übelster Verrat an seinen Auftraggebern gewesen, die einerseits alles abstreiten und andererseits alles daransetzen würden, ihn möglichst schnell aus dem Verkehr zu ziehen. Deshalb war es ihm bereits vor rund zehn Jahren für angeraten erschienen, seine stets bar ausbezahlten Zusatz- und Erfolgshonorare diskret in Länder zu transferieren, in denen keine Institution nach der Herkunft des Geldes fragte. Einen Teil hatte er natürlich auch in die Schweiz gebracht.

Außerdem hatte er sich dank seiner vielfältigen Beziehungen in Agentenkreisen entsprechende Dokumente besorgt, mit denen es ihm und sogar Silke leichtfallen würde, irgendwo ein neues Leben zu beginnen.

Dass Silke im ersten Schock über seine Pläne nichts dazu sagte, war zu erwarten gewesen. Natürlich musste sie das Gehörte zuerst verdauen, beruhigte er sich. Außerdem hatten sie sich in den letzten Jahren ziemlich auseinandergelebt. Und plötzlich war er da, dieser Gedanke, den er bisher immer verdrängt hatte: Vielleicht war es ihr gar nicht mal so unrecht, wenn er verschwand? Silke hatte in all den Ehejahren ihr eigenes kleines Geschäft aufgebaut. Sie war gleich nach ihrer Heirat Ende der 80er -Jahre aus dem Zivildienst der US-Armee ausgeschieden, wo sie nach der politischen Wende ohnehin nicht mehr gebraucht worden wäre. Bereits wenige Monate später hatte sie sich als Beraterin einer großen Kosmetikfirma selbstständig gemacht und war als freie Handelsvertreterin tageweise in ganz Süddeutschland unterwegs. Der Job war ideal, weil sie sich ihre Zeit weitgehend selbst einteilen konnte und ihn sogar während Ralfs Kindheit nicht hatte aufgeben müssen.

Mehlfurt musste sich eingestehen, dass das Familienleben trotzdem bisweilen stark gelitten hatte. Zwar war es ihnen meist gelungen, ihre Dienstreisen so aufeinander abzustimmen, dass jeweils ein Elternteil daheim beim Sohn war – zumindest, solange er sich nicht selbst versorgen konnte -, aber besonders förderlich war dies für die Entwicklung des Kindes nicht gewesen. Als umso erfreulicher empfand es Mehlfurt, dass Ralf dennoch Schule und Studium bestens bewältigt hatte. Vielleicht war es auch eine Trotzreaktion gewesen, die ihn im positiven Sinn beflügelt hatte, um sich möglichst schnell von den Eltern abnabeln zu können. Zumindest deutete Ralfs wenig ausgeprägter Familiensinn darauf hin.

Und vielleicht, so überkam es Mehlfurt erneut, war Silkes ziemlich emotionslose Reaktion auch ein Zeichen dafür, dass sie sich ebenfalls gerne von allem gelöst hätte, jetzt, wo Ralf auf eigenen Beinen stand. Womöglich empfände sie es nicht einmal als schlimm, wenn nun der Ehemann einfach verschwinden würde. Das Wort bemächtigte sich mit einem Schlag all seiner Gedanken. Verschwinden. Vielleicht war es sogar am einfachsten, tatsächlich

Hals über Kopf zu verschwinden. Schließlich gab es doch immer wieder Geschichten von Vermissten, die wie vom Erdboden verschluckt waren, die angeblich mal schnell Zigaretten holen gegangen und nie wieder aufgetaucht waren. Denkbar, dass es sich bei einigen solcher Personen um Kollegen von ihm gehandelt hatte, die auch schnell von der Bildfläche verschwinden wollten.

Mehlfurt musste wieder an Ralf denken. Wie würde der reagieren, wenn er eines Tages erfuhr, womit sich sein Vater befasst hatte? Der Vater ein Handlanger jener, denen der Sohn nachspürte?

Der Wurstsalat war – wenngleich wenig genussvoll und eher beiläufig – nahezu aufgegessen, als die Sonne ihre letzten Strahlen flach durch das Blätterdach der Bäume dringen ließ. Mehlfurt deutete der Bedienung, dass er bezahlen wolle, worauf diese sofort mit einem Zettel kam und kassierte. »Heute kommen Sie aber in die Nacht rein«, stellte die junge Frau lächelnd fest.

»Sieht so aus«, gab er einsilbig zurück und schob ihr ein Trinkgeld zu. »Aber ich fürchte mich in der Dunkelheit nicht. Ein lauer Sommerabend wie heute ist doch traumhaft.«

Sie nickte ihm vielsagend zu. »Dann passen Sie gut auf sich auf«, empfahl sie ihm und verschwand im Gastraum.

Mehlfurt schwang sich auf sein Fahrrad, um die Rückfahrt anzutreten. Dass auf der nahen Straßenbrücke, die Leipheim und Riedheim über die Donau hinweg verbindet, ein Mann stand und ein Handy ans Ohr hielt, nahm er nicht zur Kenntnis. Mehlfurt unterquerte die Brücke, verließ den Donauuferweg nach rechts und radelte zu den Tennisplätzen hinüber, deren rostroter Belag einsam und verlassen in der aufziehenden Dämmerung lag. Mehlfurt kannte den schmalen Weg, der am Rand einer Siedlung in eine Asphaltstraße mündete. Schon nach 100 Metern erreichte er das abendliche Dunkel des Laubwaldes, der sich ins angrenzende Donauried hinein erstreckte. Die Luft war frisch und feucht, der Boden weich. Die Vögel boten ein Konzert, wie es schöner nicht sein konnte. Irgendwie erinnerte es Mehlfurt an längst vergangene Jugendtage – an diese lauen Maiabende, an denen die ganze Erde vor Leben und Energie zu vibrieren schien.

Innerhalb weniger Minuten hatte er den Waldweg hinter sich gebracht, der nun in die kleine Asphaltstraße überging, die von Riedheim herkam und hier, in idyllischer Umgebung, bei einer eingezäunten Ferienhaussiedlung endete. Durchs offene Tor waren einige der schnuckeligen Holzhäuschen zu sehen, die sich um einen Baggersee gruppierten. Jedes Mal, wenn Mehlfurt hier vorbeikam, wünschte er sich, dort, inmitten der Natur, ein neues Leben beginnen zu können. Eine utopische Vorstellung, musste er sich allerdings eingestehen. Denn dass er hier für immer anonym bleiben könnte, war natürlich völlig abwegig und unrealistisch.

Auf der Weiterfahrt verdeckte links hoher Bewuchs den Blick auf die Häuschen, von denen nur die Spitzen der Dächer zwischen frischem Grün hochragten.

Nach wenigen Pedaltritten wich die Ferienanlage zurück, worauf ein Feld mit Fotovoltaik-Modulen auftauchte, die schräg zum Südhimmel gewandt waren. In der zunehmenden Dämmerung wirkten die Gestelle futuristisch und fremdartig.

Mehlfurt sah in Gedanken versunken zu der Anlage hinüber, die mit einem hohen Erdwall zur nahen Autobahn A8 begrenzt wurde. Der Straßenlärm war deshalb nur als gedämpftes Rauschen zu vernehmen, das den Bewohnern der Feriensiedlung und des Örtchens Riedheim allerdings unablässig in den Ohren lag.

Er sann darüber nach und wurde erst jetzt auf einen Kastenwagen aufmerksam, der links des Weges in seiner Fahrtrichtung parkte, vermutlich an jener Stelle, an der sich der Asphaltbelag zum Tor des Fotovoltaik-Areals hin ausbuchtete. Noch konnte er das Kennzeichen nicht ablesen, wie er es – berufsbedingt – in solchen Fällen meist sofort versuchte. Auch Farbe und Typ des Fahrzeugs vermochte er bei diesen Lichtverhältnissen aus einer Distanz von knapp 100 Metern nicht eindeutig zu erkennen. Ganz sicher aber war es einer dieser Kastenwagen, wie sie auf den Straßen tagtäglich zuhauf für die Paketdienste unterwegs waren. Vielleicht ein Mercedes Sprinter oder ein Ducato von Fiat, schätzte er und spürte, wie ihn sein jahrzehntelang auf verdächtige Beobachtungen getrimmtes Unterbewusstsein auf diesen Wagen fixierte.

Eigentlich Unsinn, versuchte er, sich gegen antrainiertes Misstrauen zu wehren. Aber andererseits war hier nie zuvor um diese Uhrzeit ein Fahrzeug gestanden, sagte ihm sein Verstand, doch was sprach dagegen, dass eine solch große Fotovoltaik-Anlage auch mal gewartet werden musste? Und dies tat man wohl am besten, wenn keine Sonne schien, also zwischen Sonnenunter- und Sonnenaufgang.

Nirgendwo war ein Mensch zu sehen – zumindest, so weit er dies über die akkurat ausgerichteten Module hinweg überblicken konnte. Aber ganz sicher gab es hier auch irgendwo Schaltkästen oder einen Technikcontainer.

Inzwischen war Mehlfurt nah genug herangekommen, um das Kennzeichen des Fahrzeugs ablesen zu können.

BC für Biberach. Er stutzte und hörte erschrocken auf, in die Pedale zu treten.

BC und die anschließende Buchstaben- und Zahlenkombination kamen ihm bekannt vor, schoss es ihm durch den Kopf. Das Kennzeichen war eines aus jener Serie, die für besondere Fälle zur Verfügung standen.

Noch bevor er die Bedeutung seiner Beobachtung realisieren konnte, wurden wie auf Kommando die beiden Türen der Fahrerkabine aufgerissen – und gleichzeitig öffnete sich blitzartig die zweiflügelige Heckklappe. Mehlfurt verfiel in eine Schockstarre.

Die verschneiten Berggipfel waren noch in das verblassende Tageslicht gehüllt, während tief unten im Hochpustertal längst die Straßenlampen heraufunkelten. Misselbrünn hatte noch einmal vergeblich versucht, seine Frau zu erreichen, und dann die Nachbarin angerufen und sie gebeten, nach dem Rechten zu sehen. Allerdings hinterließ er keine Nummer – zumal die Rufübertragung noch nie aktiviert worden war. Gemeinsam mit Silvio Bronso ging er in der Kühle des Abends über den gekiesten Weg zu dem villenartigen Blockhaus, das sich in rund 2000 Metern Seehöhe an den Steilhang duckte, der sich hinüber zur Bergstation der Helm-Seilbahn zog. Dass Carlucci dort hatte bauen dürfen, war vielen in Sexten ein Dorn im Auge gewesen. Irgendwie hatte es aber der schwerreiche Industrielle aus Mailand dann doch geschafft, eine behördliche Genehmigung durchzusetzen, was – wie man munkelte – mit gewissen »finanziellen Zuwendungen« verbunden war. Carlucci hatte das Grundstück von einer alteingesessenen Bergbauernfamilie erworben und dann damit argumentiert, dass ganz in der Nähe ohnehin zwei Gehöfte stünden und somit keine Rede von einer weiteren Zersiedlung der Landschaft sein könne, wenn er dort baue. Überdies war er bereit gewesen, den gemeinsamen Zufahrtsweg auf seine Kosten frisch asphaltieren zu lassen. Carlucci, ein kahlköpfiger Mittfünfziger mit schwarzem Schnauzbart, Designerbrille und leichtem Bauchansatz, galt als begeisterter Bergwanderer, bisweilen auch als vorsichtiger Kletterer, der die Region um die Drei Zinnen ins Herz geschlossen hatte. Ebenso sehr liebte er aber auch den Gardasee, an dessen südlichem mediterranem Zipfel, in Lazise, er erst vorletztes Jahr ein Ufergrundstück samt Villa gekauft und diese von Grund auf sanieren hatte lassen – einschließlich eines zum See hin geneigten parkähnlichen Gartens und eines Bootshauses. Ein weiteres Rückzugsgebiet hatte er sich schon vor Jahren mit einem ähnlichen Anwesen am Lago Lugano zugelegt. Ein Stützpunkt in der Schweiz konnte schließlich nie schaden.

»Buongiorno in meinem Reich zwischen Himmel und Erde«, begrüßte er die beiden Gäste unter der schweren hölzernen Eingangstür, schüttelte jedem die Hand und klopfte ihnen auf die Schulter. »Habt ihr euch verabredet oder ist das Zufall, dass ihr gemeinsam auftaucht?«

»Zufall«, gab Misselbrünn zu verstehen, »ich hab mir dort unten noch dieses alte militärische Ding angeschaut.«

»Erster Weltkrieg«, kommentierte Carlucci, »hier war vor 100 Jahren der Teufel los. Die Front zwischen Italien und Österreich-Ungarn verlief gleich da drüben am Helm und droben am Kreuzbergpass, aber das braucht uns heutzutage nicht mehr zu interessieren.« Er nestelte an seinem dicken Wollpullover und bat die beiden Männer ins angenehm temperierte Innere des Holzhauses, das vollständig im Tiroler Stil eingerichtet war: viel Holz, ziemlich massiv wirkende Möbel mit diversen Schnitzereien sowie einer dunklen Ledercouch vor einem offenen, bereits knisternden Kaminfeuer. Aus einem Herrgottswinkel in einer Zimmerecke blickte der gekreuzigte holzgeschnitzte Jesus leidend herab.

Misselbrünn war erst ein einziges Mal hier oben gewesen und staunte erneut über dieses geschmackvolle Ambiente, das keinesfalls kitschig oder folkloristisch anmutete, sondern sich auf dezente Weise an die traditionelle landesübliche Wohnkultur anlehnte. Allerdings hätte ihn mehr interessiert, wo Carluccis Frau Mariangela war, die er noch so herzerfrischend italienisch und sexy in Erinnerung hatte. Wenn er ganz ehrlich zu sich selbst war, musste er sich eingestehen, dass ihn weniger die Geschäfte der beiden Männer interessierten als viel mehr diese Frau.

»Angela«, sagte Carlucci plötzlich, als habe er Misselbrünns Gedanken erraten, »macht sich gerade noch schick.« Er nannte sie der Einfachheit halber nur *Angela*, was Misselbrünn bedauerte, denn *Mariangela* hatte doch einen viel schöneren Klang. Noch während er dies dachte, betrat sie das Zimmer: lange schwarze Haare, große, strahlende, dunkle Augen, zierlich, aber von einer Ausstrahlung, die raumfüllend zu sein schien. Ihr knielanges Kleidchen, so empfand es Misselbrünn mit einem Blick, hob die weiblichen Formen dezent hervor.

»Hallo«, hauchte sie und schüttelte den beiden Männern die Hand.

Misselbrünn lächelte verlegen. »Hallo, Mariangela, freut mich, dich zu sehen.« Sie hob eine Augenbraue, was Carlucci aufmerksam zur Kenntnis nahm, ohne sich dies aber anmerken zu lassen. Er deutete auf die vier Aperitifgläser, deren orange-rötlicher Inhalt auf einen Aperol schließen ließ. »Greift zu – auf unser Wohl«, forderte Carlucci seine Frau und die beiden Gäste zum Anstoßen auf.

»Angela wird uns in der Küche was zaubern«, sagte er, nachdem sie getrunken hatten und mit den Gläsern in den Händen zum üblichen Small Talk beisammenstanden.

»Wir haben uns ja vorgenommen, ein paar wichtige Angelegenheiten zu klären«, fühlte sich Carlucci bemüßigt, mit einer scheinbar belanglosen Bemerkung die Konversation fortzuführen. »Dazu brauchen wir erst mal eine gute Grundlage. Italienisch, natürlich. Angela hat ein paar feine Sachen vorbereitet.« Wieder trafen sich Misselbrünns und Mariangelas Blicke. Auch Bronso war dies jetzt nicht entgangen und er grinste süffisant.

Misselbrünn nippte noch einmal an seinem Glas, während Carlucci für einen Augenblick konsterniert wirkte und schließlich sagte: »Ich halte es für dringend geboten, unsere Geschäftsbeziehungen neu zu ordnen.«

Bronso räusperte sich. »Die Entwicklung der letzten Tage bereitet auch mir Sorge, mein lieber Gregori. Es könnten sich Dinge anbahnen, bei denen die Gefahr besteht, dass sie außer Kontrolle geraten.«

Mariangela sah die drei Männer verwundert an. »Was soll das heißen? Ist etwas geschehen, das ich wissen müsste?«

Carlucci fuhr energisch dazwischen: »Bei uns gerät nichts außer Kontrolle, keine Sorge.« Nach kurzer Pause fügte er an: »Es müssen nur klare Verhältnisse geschaffen werden. Deshalb sind wir doch hier, oder?«

Stephanie Kustermann war eine aufgeregte Frau um die 30, ungekämmt, und auch sonst mochte ihr Äußeres nicht so recht zu dieser vornehmen Wohngegend passen. Sie trug verschlissene Jeans und einen verwaschenen Wollpullover.

Häberle bat sie in den blau-weißen Transporter der uniformierten Kollegen und bot ihr an dem Klapptisch einen Platz an. »Danke, dass Sie sich als Zeugin zur Verfügung stellen«, begann er und verschränkte die Arme vor seinem voluminösen Leib.

»Was heißt da ›Zeugin‹?«, erwiderte die Frau schnell, »ich hab ja nicht gesehen, wie es passiert ist.«

»Zeuge ist man auch, wenn man nur etwas Wichtiges am Rande beobachtet hat – und das haben Sie ja wohl, sagen meine Kollegen.«

»Ich hab nur dieses Auto und diesen Mann gesehen, heute früh, so um halb zehn muss es gewesen sein.« Sie spielte nervös mit ihren ungepflegten Fingern.

»Es ist richtig, dass Sie schräg gegenüber wohnen?«, stellte Häberle klar, um auszuschließen, dass er es mit der Angestellten eines der vornehmen Villenbesitzer zu tun hatte.

»Ja, das ist richtig. Ich hab gerade ein Dachfenster geputzt, da ist dieses Auto vorgefahren, ein großer schwarzer Wagen, so einer mit Heckklappe, vorn mit den Ringen von Audi drauf. Ein Fremder, hab ich mir gleich gedacht. Und ich konnte sogar das Nummernschild lesen, müssen Sie wissen.« Ihr Redefluss war nicht zu stoppen. »Eines mit ›MTK‹, wie man es hier nicht so oft sieht. Ich weiß nicht einmal, wohin das gehört.«

»Main-Taunus-Kreis«, stellte Häberle klar.

»Ach so, das wusste ich nicht. Na ja, und der Mann, der da ausgestiegen ist, hat bei den Misselbrünns am Gartentor geklingelt und ist dann zur Haustür. Dort ist er kurz stehen geblieben, hat auch da geklingelt und hat dann die Tür aufgedrückt.«

»Die Tür aufgedrückt«, hakte Häberle nach. »War sie denn offen?«

»Muss ja wohl so gewesen sein«, erwiderte Frau Kustermann ratlos. »Wie hätte sie sonst aufgehen sollen?«

»Elektrisch oder vielleicht war sie nur ins Schloss gezogen und nicht verriegelt.«

»Nein, so hat es nicht ausgesehen. Er hat nur mit dem Handrücken kurz dagegen gedrückt – und schon ging sie auf.«

»Mit dem Handrücken«, echote Häberle. »So genau konnten Sie das von Ihrem Dachfenster aus sehen?«

»Natürlich. Aber denken Sie jetzt bloß nicht, ich sei neugierig.«

Häberle lächelte. »Überhaupt nicht. Wir sind dankbar für so gute Beobachter wie Sie.« Er wollte nicht weiter darauf eingehen. »Und dann? Was hat der Mann dann getan?«

»Er hat nach der Frau Misselbrünn gerufen und ist dann ums Haus gegangen. Links rum.«

»Der Mann ist also nicht in die Wohnung rein?«

»Nein, er ist ums Haus, und dann konnte ich ihn natürlich nicht mehr sehen.« Frau Kustermann hielt kurz inne. »Aber es gibt doch Überwachungskameras. Da müsste das doch alles zu sehen sein.«

»Das müssen wir noch genau prüfen. Wann kam der Mann dann wieder in Ihr Blickfeld?«

»Ziemlich schnell wieder, vielleicht drei, vier Minuten später.«

»Und dann?«

»Dann ist er sofort in sein Auto gestiegen und weggefahren.«

»Hatte er es eilig?«

»Es hat so ausgesehen, ja.«

»Und wie sah er aus? Können Sie ihn uns beschreiben?«

»Hm«, sie zuckte mit den Schultern, »na ja, wie hat er

ausgesehen … Normal, würd ich sagen. Um die 50 vielleicht, groß, schlank, dunkle Haare, nicht so lang, eher kurz.«

»Wie war er gekleidet?«

»Freizeitjacke, ja, ganz normal.«

»Sonst ist Ihnen nichts aufgefallen?«

»Was sollte mir sonst noch aufgefallen sein?«

»Dass die Haustür jetzt offen stand, als er gegangen ist, hat Sie nicht beunruhigt?«

»Wieso sollte mich das beunruhigen? Ich dachte noch, er hat vielleicht hinten im Garten die Frau Misselbrünn getroffen. Außerdem stand die Tür nicht sperrangelweit offen. Sie ist wieder langsam zugegangen.« Frau Kustermann wollte sich keines Vorwurfs ausgesetzt fühlen. »Wissen Sie, hier oben kümmert man sich nicht so genau um andere Leute. Nicht so wie anderswo, wo jeder dem anderen nachspioniert.« Sie grinste. »Hier oben ist es manchmal besser, man sieht nicht genau hin, wenn Sie verstehen, was ich meine. Am besten, man kümmert sich um den eigenen Kram.«

Häberle wollte noch etwas fragen, als das Licht der Innenbeleuchtung auf Linkohrs Gesicht fiel, der vor der halb zugezogenen Schiebetür des Wagens erschienen war. »Wir haben das Kennzeichen gecheckt«, sagte er und ließ durchblicken, dass er das Ergebnis im Beisein der Frau nicht preisgeben wollte. Häberle sah jedoch an Linkohrs Gesicht, dass es keine gute Nachricht sein würde.

Im Donauried, der weiten Ebene an der südlich flach auslaufenden Schwäbischen Alb, war abendlicher Bodennebel aufgezogen. Wie ein gespenstischer weißer Schleier lag er in der fortschreitenden Dämmerung über den Wiesen und Feldern. Mächtige Silberpappeln hoben sich tiefschwarz von der dunklen Umgebung ab und markierten den Verlauf der Wege, die sich irgendwo in dieser Landschaft verloren, die früher sumpfig und unwirtlich gewesen war. Diesen Charakter hatte man ihr aber schon vor vielen Jahren durch Entwässerungsmaßnahmen geraubt. Trotzdem gab es noch vereinzelt Wassergräben und feuchte Areale, die man besser nicht betrat. Schon gar nicht, wenn es Nacht wurde und sich niemand mehr in dieser orientierungslosen Ebene aufhielt. Es gab Stellen, von denen aus man auch tagsüber nicht einmal den Kirchturm von Langenau oder die Dampfwolke der Kühltürme des ostwärts gelegenen Kernkraftwerks Gundremmingen sehen konnte.

Der Kastenwagen, der am Rande des Rieds, direkt vor dem Fotovoltaik-Feld geparkt hatte, war verschwunden. Dass im aufstrebenden Getreidefeld am Wegesrand ein Fahrrad lag, hingeworfen oder vergessen, würde vermutlich erst am nächsten Morgen jemandem auffallen. Nicht mehr aber an diesem Abend.

Mariangela konnte wirklich ausgezeichnet kochen, stellte Misselbrünn zufrieden fest, nachdem das Geschirr abgetragen worden war und eine Flasche Südtiroler Rotwein entkorkt wurde. Sie hatten sich zu der kleinen gemütlichen Sitzgruppe vor dem offenen Kamin zurückgezogen und es bisher vermieden, über das Geschäftliche zu reden.

Misselbrünn war bei der Sitzverteilung darauf bedacht gewesen, gegenüber von Mariangela Platz zu nehmen, womit sich die Gelegenheit für unauffällige Blickkontakte ergab.

Carlucci goss den Wein in die Gläser und wurde nebenbei offiziell. »Ich hab euch beide, dich, mein lieber Karl-

Eugen, und dich, mein lieber Silvio, zu uns gebeten, weil es ein paar Dinge zu klären gilt, die man nicht einfach am Telefon besprechen kann.« Er rückte eines der Gläser zu Misselbrünn hinüber. »Um ehrlich zu sein, ich befürchte, dass es Schwierigkeiten gibt. Ich sage nur ›Prism‹, falls euch das ein Begriff ist.« Mit diesen Worten reichte er Bronso das zweite Glas – als wolle er mit diesen theatralischen Gesten gleich klargestellt sehen, wem welche Aufgabe obliegen würde.

»Jetzt trinken wir aber zuerst auf das Wohl unserer Küchenchefin.« Er hob das Glas und stieß zuerst mit seiner Frau und dann mit den beiden Männern an, während das Buchenholz im offenen Kaminfeuer knisterte und gelegentlich ein Funken knackend in den Abzug hochstieg.

»Prism«, wiederholte Bronso, nachdem sie ihre Gläser zurückgestellt hatten. Alle im Raum wussten natürlich, was gemeint war: das amerikanische Abhörprogramm, das seit Monaten Schlagzeilen machte. »Wir haben bereits vergangenen Herbst darüber diskutiert«, reagierte Bronso zurückhaltend und versuchte, seine Verwunderung über Carluccis Bemerkung zu verbergen. »Hast du denn neue Erkenntnisse?«

Carlucci lehnte sich selbstgefällig zurück. »Nun«, er ließ sich gerade noch den Wein auf der Zunge zergehen. »Ich kann euch beruhigen. Nichts deutet in unseren Kreisen darauf hin, dass es irgendeine Reaktion gegeben hat. Bis jetzt jedenfalls.« Er legte seine hohe Stirn in einer Mischung aus Überheblichkeit und Siegessicherheit in Falten. »Sogar einige bewusst gestreute Falschmeldungen sind ohne erkennbare Folgen geblieben.«

»Daraus ist zu schließen, dass die Yankees doch nicht so clever sind, wie bei euch in Deutschland alle meinen?«

Bronso wandte sich an Misselbrünn, der mit den Schultern zuckte. »Angeblich«, so entgegnete er, »gibt es knapp über 16 000 Begriffe, nach denen die Amis den internationalen Datenverkehr durchforsten. 13 000 davon sollen aus dem Bereich des Waffenhandels stammen. So jedenfalls hat's das Parlamentarische Kontrollgremium des Bundestags behauptet.«

»Leider sind die Zahlen alt«, stellte Carlucci fest, »alt und natürlich geschönt. Wir müssen von einem Vielfachen ausgehen. Glaubt bitte nicht, dass auch nur eine einzige Regierung der Welt zu diesem Thema die Wahrheit sagt.« Er strich sich über die Glatze. »Es heißt doch ›Geheimdienste‹, oder? Wären die geheim, wenn sie alles ausplaudern würden?« Er sah in die Runde und bemerkte mit leichtem Unbehagen, dass Mariangelas Blicke an Misselbrünn hingen. Trotzdem ließ er sich nicht von seinem Thema abbringen. »Die Änderung der benutzten Begriffe wird nicht sehr viel gebracht haben – und wenn, dann nur zeitweilig. Ich geh mal davon aus, dass heute niemand mehr das Wort ›Bombe‹, ›Anschlag‹ oder ›Sprengstoff‹ verwendet. So dilettantisch dürften nicht mal mehr die dümmsten und meistverblendeten Selbstmordattentäter der Islamisten sein.«

»Da stimme ich dir voll und ganz zu«, unterbrach ihn Misselbrünn. »Außerdem hat unsere Regierung in Berlin vorigen Sommer, als das alles so hochgekocht ist, zu den Aktivitäten des Bundesnachrichtendienstes keinen Ton gesagt. Ich kann mich noch sehr gut an die Formulierungen erinnern: *Einzelheiten zu den technischen Fähigkeiten des BND können in diesem Zusammenhang nicht öffentlich dargestellt werden.*«

»Eben«, bekräftige Carlucci und nippte an seinem Glas. Misselbrünn fügte an: »Im Spiegel, unserem Nachrichtenmagazin, hieß es, dass noch keine Bundesregierung jemals ihre Ahnungslosigkeit nachhaltiger als in der NSA-Affäre zur Schau getragen habe.«

»Na siehst du«, fühlte sich Carlucci bestätigt, »die halten sich alle bedeckt. Dabei ist aus den Unterlagen von diesem Snowden ersichtlich, dass die NSA Monat für Monat allein in Deutschland auf eine halbe Milliarde Kommunikationsvorgänge zugreift – unter anderem am zentralen Glasfaserknoten in Frankfurt.«

»Das ist in der Öffentlichkeit hinlänglich diskutiert worden – im vergangenen Sommer«, betonte Misselbrünn genervt und schielte wieder zu Mariangela hinüber. Er durfte sich von ihr jetzt nicht ablenken lassen. Noch war unklar, worauf Carlucci hinauswollte und weshalb er sie herbestellt hatte.

»Wir haben unsere Strategie seither grundlegend geändert«, warf Bronso ein. »Neue Fünffach-Verschlüsselung, andere Bezeichnungen – das wisst ihr doch.«

»Allora«, verfiel Carlucci kurz ins Italienische, »so weit, so gut, liebe Freunde. Wären die Kommunikationswege nicht vollständig umgeleitet worden, hätten wir längst unangenehmen Besuch bekommen, das dürft ihr mir glauben.«

»Es wird alles unternommen, die Kanäle dicht zu halten«, unterbrach ihn Misselbrünn. Ihm schien es plötzlich, als wolle sich Carlucci dezent zurückziehen.

»Das ist der Punkt, lieber Karl-Eugen«, mischte sich Bronso ein, »die Mittel, die wir einsetzen müssen, um den Securitydiensten immer einen Schritt voraus zu sein, werden aufwändiger.«

»Die finanziellen, meinst du?«, entgegnete Misselbrünn fragend. »Von welchen Summen sprechen wir?«

»Allora«, begann Bronso, »zehn Millionen sofort, danach geschätzte zwei Millionen monatlich.«

Misselbrünn schluckte. »Das ist verdammt viel Kohle.«

Bronso fuhr ihm über den Mund: »Lieber weniger Gewinn, als diesen verdammten Amis in die Finger zu fallen.«

Carlucci ließ sich nicht beirren und wandte sich an Misselbrünn: »Wie sagt eure verehrte Frau Kanzlerin immer, die ihr so treu und brav letzten Herbst wiedergewählt habt? Alles sei alternativlos. Genau so würde ich Silvios Forderung auch umschreiben. Alternativlos, mein lieber Freund.« Er begann, sein Glas nervös zu drehen. »Aber das geht mir zu weit.«

Stille. Eisiges Schweigen machte sich breit. Nur das Knistern des Feuers war zu hören. Nacheinander trafen sich die Blicke der Männer. Mariangela beobachtete die Szenerie. Sie verspürte plötzlich Angst. Um ihren Gregori und um sich selbst.

»Main-Taunus-Kreis«, wiederholte Linkohr, nachdem Frau Kustermann den Polizeiwagen verlassen hatte. »Aber ansonsten hilft uns das Kennzeichen nicht weiter.«

Häberle kletterte aus dem Fahrzeug in die Kühle der aufziehenden Nacht hinaus. »Wie muss man das verstehen?«

Linkohr nahm seinen Chef beiseite, als ob nicht jeder hören dürfe, was er sagte: »Sonderkennzeichen«, flüsterte er. »Ausgegeben für die ›Dienste‹.«

Häberle sah seinen jungen Kollegen überrascht an. »Ach? BND, Staatsschutz, MAD?«

Linkohr zuckte mit den Schultern. Man hatte ihm nicht sagen können, ob das Kennzeichen für den Bundesnachrichtendienst, den Verfassungsschutz, den Staatsschutz, den Militärischen Abschirmdienst oder irgendwelche andere Sondereinheiten reserviert war. Jedenfalls handelte es sich um eine Buchstaben- und Zahlenkombination, die nicht ohne Weiteres einer bestimmten Person zugeordnet werden konnte. Linkohr verkniff sich seine typische Bemerkung, die ihm in Anbetracht allergrößten Erstaunens seit Jahr und Tag entfuhr und deretwegen er im Kollegenkreis oft gehänselt wurde.

Häberle hatte in seinem langen Berufsleben hinlängliche Erfahrung im Zusammenhang mit den Geheimdiensten gesammelt – und meist war er gegen eine Mauer des Schweigens gerannt.

Linkohr wartete gespannt auf eine Reaktion des Chefermittlers, der sich sofort der Tragweite dessen bewusst war, was auf sie zukam: »Wenn das so ist, werden sich sehr schnell unsere ›hohen Herren‹ einschalten und womöglich kalte Füße kriegen. Darauf müssen wir uns gefasst machen.« Er deutete zum Hauseingang, der inzwischen ins gleißende Halogenlicht der Spurensicherung getaucht war. »Und es sieht ganz danach aus, als ob einige schon aufgeschreckt sind.«

Im Gegenlicht eines der Scheinwerfer näherte sich eine Gestalt in einem langen Mantel, die Häberle sofort an der Silhouette als den Leitenden Oberstaatsanwalt Schwehr aus Ulm identifizierte. Der Behördenchef galt als wortkarg. Entsprechend knapp begrüßte er die beiden Kriminalisten und bat Häberle ohne Umschweife zu einem kurzen Gespräch in den Kleinbus. Nachdem sie beide dort Platz genommen und die Schiebetür zugezogen hatten, kam Schwehr, ein überaus korrekt wirkender Mann mittleren Alters, gleich zur Sache: »Mir ist bereits zu Ohren gekommen, dass der Fall den üblichen Rahmen sprengt.«

Häberle nickte und sah in sein blasses Gesicht. »So scheint mir das auch.«

»Wir werden das weitere Vorgehen entsprechend abstimmen müssen«, fuhr der Chef der Staatsanwaltschaft leise und bedächtig fort. »Es gilt vermutlich, einiges abzustimmen.«

Häberle wusste noch aus der Zeit, als er Sonderermittler in Stuttgart war, dass sich die Geheimdienste meist nicht in die Karten blicken ließen – mochte der Fall für die Kriminalpolizei noch so schwierig sein. Es hatte schwere Verbrechen gegeben, da waren die Ermittlungen parallel gelaufen und Häberles Bitten, Akteneinsicht zu bekommen, ungehört geblieben.

»Misselbrünn«, fuhr der Behördenleiter fort, ohne auf eine Bemerkung Häberles zu warten, »ist ein ganz Großer in der europäischen Bankenbranche. Wenn sich der gewaltsame Tod seiner Frau erst einmal herumgesprochen hat, werden sich die Medien auf uns stürzen. Ich brauche wohl nicht extra zu betonen, dass sämtliche Presseauskünfte über die Staatsanwaltschaft laufen. Und zwar ausschließlich.« Seine Stimme bekam plötzlich einen scharfen Unterton. Es klang wie ein Befehl. »Vorläufig«, so stellte er klar, »werden wir uns zur Identität der Frau nicht öffentlich äußern. Offiziell werden wir von einer 48-jährigen Frau sprechen – so alt ist sie ja wohl –, die von einem Einbrecher erschossen wurde.«

»Aber von Einbruch kann keine Rede sein«, wandte Häberle ein.

»Ich sagte: offiziell.« Schwehr sah den Kommissar streng an. »Und dabei bleibt es.«

Häberle ließ sich nicht beirren: »Es gibt zwei Zeuginnen – die Nachbarin von gegenüber und eine andere, die später nach Frau Misselbrünn sehen wollte. Beide haben die Tür offen stehen sehen«, blieb Häberle hartnäckig. »Die werden das nicht sehr lange für sich behalten. Frauen neigen dazu …«

Schwehr ließ ihn nicht ausreden: »Wozu die neigen, ist mir egal. Und was morgen im Dorf geredet wird, ist kein Kriterium für unser Vorgehen.«

Häberle spürte, dass jeglicher Widerspruch sinnlos war. Er hatte sich ohnehin vorgenommen, diese jungen aufstrebenden Führungsbeamten einfach machen zu lassen. Sie waren beratungsresistent und an den Erfahrungen, die Ältere reichlich hatten sammeln können, nicht im Geringsten interessiert. Sollten sie sich doch ihre Hörner abstoßen und sich blamieren.

Häberle staunte jedes Mal darüber, dass offenbar ganze Generationen von leitenden Polizisten und Staatsanwälten noch immer nicht gelernt hatten, wie Heimlichtuerei und Halbwahrheiten die Bevölkerung verunsicherten und dazu angetan waren, das Vertrauen in die Ermittler zu schädigen.

»Und eines dürfen Sie nicht vergessen, Herr Häberle«, wurde Schwehr deutlich, »auch Zeuginnen können sich irren. Wer kann schon sicher sein, ob die eine das Autokennzeichen richtig abgelesen hat? Sie wissen selbst, wie oft sich Zeugen schon getäuscht haben.« Schwehrs Gesichtszüge hatten sich versteinert.

Häberles innere Stimme riet zur Vorsicht. Hatte der Behördenchef jetzt etwas gesagt, dessen Bedeutung zwischen den Zeilen lag? Ja, dachte er, am einfachsten wäre es wirklich, die Frau hätte sich beim Ablesen des Kennzeichens geirrt. Häberle unternahm einen neuerlichen Vorstoß: »Es gibt einige Überwachungskameras, die möglicherweise auch das besagte Auto erfasst haben.«

»Sie wissen genauso gut wie ich, Herr Häberle, dass diese privaten Videokameras meist nicht viel taugen. Außerdem wird sich ja erst noch zeigen, inwieweit die Dinger überhaupt funktionsfähig gewesen sind.«

Häberle wollte nichts mehr dazu sagen.

5

»Mariangela, bring deinem Gemahl einen doppelten Grappa«, rief Bronso in die Küche, nachdem sie das Geschirr abgetragen hatte. »Er hat's heute dringend nötig.«

Die Stimmung war auf dem Nullpunkt, seit Carlucci seinen Geschäftsfreunden klargemacht hatte, dass er diese Alternativlosigkeit nicht akzeptieren wollte. Bronso war zwar bemüht gewesen, ihn umzustimmen. Doch als alle guten Worte nichts halfen, hatte er sich ungehalten gezeigt, sodass die Diskussion lauter und aggressiver geworden war. Jetzt, eine Stunde danach, schienen sich die Gemüter wieder beruhigt zu haben, doch von einer Einigung konnte nicht die Rede sein.

Misselbrünn fühlte sich müde. Am liebsten hätte er sich in eines der Gästezimmer zurückgezogen, wohl wissend, dass er kein Auge würde zutun können. Aber er war jetzt nicht in der Verfassung, weiter zu streiten. Viel zu viel war ungeklärt. Das Geschäftliche und das Private, die Zukunft und die möglichen Angriffe, denen sie ausgesetzt sein würden.

Er hatte die Nachbarin gebeten, nach Hiltraud zu sehen, die den ganzen Tag über nicht ans Telefon gegangen war.

Bronso lächelte ihm aufmunternd zu, als könne er Gedanken lesen. »Mach dir keine Sorgen, mein Junge. Gregori wird sich das noch einmal gut überlegen.« Er schielte zu seinem Landsmann hinüber, der in seinem Sessel saß und tief in Gedanken versunken schien.

Mariangela schwebte mit einem Tablett herein, auf dem

drei Gläser Grappa standen. Bronso und Misselbrünn griffen danach, Carlucci drehte sich langsam um und nahm sich lustlos das letzte, das stehen geblieben war. Seine Frau war wieder mit einem Augenzwinkern in Richtung Küche verschwunden.

»Auf uns«, gab Bronso das Kommando zum gemeinsamen Trinken. »Das weckt die Lebensgeister wieder. Oder wollt ihr beide in Deckung gehen?« Er grinste gefährlich. »Das würden unsere Freunde, die auf uns vertrauen, gar nicht gerne sehen.«

Nachdem der klare Inhalt der Gläser in den Kehlen verschwunden war, raffte sich Carlucci zu einer Bemerkung auf: »So tief kann Karl-Eugen gar nicht in seine Kasse greifen, um das Ding ins Laufen zu bringen. Es ist einfach eine Nummer zu groß.«

Misselbrünn stellte das Glas auf das Tablett zurück. »Ich werde tun, was in meinen Möglichkeiten steht.«

Bronso sah ihn aufmunternd an. »Wir wissen alle, dass du das hinkriegst, mein Freund. Und Gregori weiß es auch«, er sah finster zu Carlucci hinüber, »er wird uns nicht im Stich lassen können.« Der drohende Unterton war nicht zu überhören. »Wir drei sitzen in einem Boot. Und Gregori kann es sich nicht leisten, einfach auszusteigen. Er weiß genauso gut wie ich, dass sich das unsere Auftraggeber niemals gefallen lassen würden.« Bronso drehte das leere Glas zwischen den Fingern. »Und ich sag dir, es stehen ganz andere Geschäfte an. Noch viel größere. Die politischen Umwälzungen stehen erst an ihrem Anfang. Denkt an den Arabischen Frühling.« Er schielte zu Misselbrünn hinüber, der mit geröteten Augen dem Gespräch folgte. »Ohne, ja nennen wir es mal: Anschubfinanzierung läuft natürlich nichts.« Er lächelte vielsagend. »Die Kundschaft will umworben sein.« Was er damit andeutete, war allen klar: Bestechungsgelder.

Misselbrünn schluckte betreten. »Silvio, versteh mich jetzt bitte nicht falsch, aber du solltest bei allem, was du dir vorstellst, natürlich auch bedenken, dass die Geldmittel, die mir zur Verfügung stehen, nicht unbegrenzt sind.«

»Wer sagt denn, dass du uns sponsern sollst?«, grinste Bronso. »Das sind auch keine verlorenen Zuschüsse, sondern nur Anschubfinanzierungen mit phänomenalen Verzinsungsmöglichkeiten. Und macht euch nicht in die Hose, liebe Freunde: Wir handeln nur – was die Kundschaft mit der Ware macht, entzieht sich unserer Verantwortung. Oder wurde jemals eine Autofirma dafür verantwortlich gemacht, wenn mit einem Fahrzeug aus ihrer Produktion ein verrückter Raser jemanden totgefahren hat? Es kommt doch immer drauf an, was der Einzelne mit einer Ware macht, oder? Man kann doch etwas nicht verbieten, nur weil damit auch Schaden angerichtet werden kann.«

Carlucci strich sich über den kahlen Schädel, ohne etwas zu sagen.

Bronso lächelte, als sehe er bereits die Milliarden vor seinem geistigen Auge. »Und wenn wir es geschickt genug einfädeln, interessieren sich beide Seiten für unsere Angebote. Und die Produzenten in Europa und den USA bieten uns allerbeste Konditionen.«

Er stand zwischen den beiden sitzenden Männern, die auf ihn inzwischen einen erschöpften Eindruck machten. Bronso hingegen wirkte wie ein Energiebündel. Er musste jetzt alles daransetzen, jeglichen Zweifel an ihrem gemeinsamen Vorhaben auszuräumen. »Natürlich bedarf es in einigen Staaten noch einer gewissen Überzeugungskraft bei Politikern wegen der Aus- und Einfuhrbestimmungen. Aber mit ein bisschen ›Vitamin B‹ – so sagt man doch in Deutschland«, der Hinweis galt Misselbrünn, »wird es uns gelingen, diese Beschränkungen zu umgehen. Sicher werden uns noch ein paar weitere Industrielle unterstützen, wenn sie ebenfalls daran partizipieren.«

Carlucci, der mit dem Gesicht zum Fenster saß, zuckte plötzlich zusammen. »Was war das?«, entfuhr es ihm. Er hatte durch die zugezogenen Vorhänge hindurch einen kurzen Lichtblitz gesehen.

Mariangela hatte seine aufgeregte Stimme in der Küche gehört und eilte erschrocken herbei. Sie öffnete vorsichtig den Vorhang einen schmalen Spalt, während sich Misselbrünn langsam erhob und Bronso über Mariangelas Kopf hinweg in die Nacht hinausblickte.

Sie erkannten gerade noch, wie die Scheinwerfer eines Autos erloschen, das vorn am vorbeiführenden Asphaltweg gestoppt hatte. »Ein Auto ist gekommen«, sagte die Frau, während sie nun zu viert zwischen Vorhang und Fensterrahmen in die nächtliche Bergwelt hinausspähten.

»Es steht da vorn«, sagte Mariangela. »Man kann es nur nicht mehr sehen.«

Die Augen hatten Mühe, sich an die Schwärze der Nacht zu gewöhnen. »Licht aus«, befahl Carlucci. Bevor die anderen reagieren konnten, sprang er unerwartet schnell auf, schritt zur Tür und löschte die Beleuchtung.

Augenblicklich war es finster im Raum, sodass sie den Vorhang aufziehen konnten, ohne aus der Ferne bemerkt zu werden. Allerdings dürfte der Fremde – sofern er es auf das Haus abgesehen hatte – auch bemerkt haben, dass plötzlich hinter den Vorhängen das Licht erloschen war.

»Erwartet ihr noch jemanden?«, fragte Misselbrünn vorsichtig in die Runde.

»Ich? Natürlich nicht«, gab Carlucci zurück und holte aus einem Sideboard, das neben ihm an der Wand stand, ein Nachtsichtgerät. Er nahm energisch seine Designerbrille ab, steckte sie in die Hemdtasche, drückte das Fernglas an die Augen und richtete es dicht an der Scheibe auf den gekiesten Zugangsweg, der in etwa 200 Metern Entfernung, kurz bevor sich der Steilhang nach Sexten hinab senkte, in den Asphaltweg mündete. »Ein Geländewagen oder so etwas Ähnliches, jedenfalls ein größeres Fahrzeug«, stellte er leise fest. »Steht quer in unserer Ausfahrt.«

Er sah auf seine Armbanduhr. Es war kurz vor 23 Uhr.

»Vielleicht einer, der zum Hof da drüben gehört?«, warf Misselbrünn ein, doch Mariangela schüttelte den Kopf, was nur schemenhaft zu sehen war: »Drüben wohnt derzeit niemand.«

Bronso flüsterte: »Vielleicht noch so einer aus dem Tal, der uns nicht wohlgesonnen ist.« Er wandte sich an Misselbrünn: »Vielleicht der Alte, von dem du heute Abend schon gesprochen hast.«

»Der *Alte*?«, wiederholte Carlucci, der sein Fernglas wieder von den Augen genommen hatte, verwundert, »welcher Alte?«

Misselbrünn berichtete von der Begegnung beim Sperrfort. »Der hat mir gegenüber angedeutet, dein Haus hier würde eines Tages in Flammen aufgehen«, zitierte Misselbrünn den Fremden.

»Was hat der?«, zischte Carlucci ungläubig, doch Misselbrünn wollte das Gesagte nicht wiederholen.

Stattdessen zeigte sich Bronso zu allem entschlossen. »Na, dann werden wir diesen Kerl da draußen mal fragen, was er hier zu suchen hat.« Seine Augen hatten sich jetzt so an die Dunkelheit gewöhnt, dass er ohne irgendwo anzuecken die Tür zur Diele öffnen konnte, in der eine schwache Lampe brannte, und deren Lichtschimmer nun in den Wohnraum fiel. Misselbrünn sah deshalb, wie Bronso sein Jackett überwarf, das auf der linken Körperseite eigenartig ausgebeult an ihm herabhing. Vermutlich steckte in einer der Taschen ein schwerer Gegenstand.

Carlucci war über Bronsos Vorpreschen erschrocken: »Silvio, überleg dir gut, was du tust.«

»Ich überleg immer, was ich tue, mein lieber Freund Gregori. Oder willst du, dass sie dir deine Bude abfackeln? Um diese Zeit hat hier oben niemand etwas zu suchen.«

Misselbrünn sah ihm verwundert und zugleich verängstigt hinterher.

Natürlich hatten sie eines Tages mit unliebsamen Begegnungen rechnen müssen. Aber hier oben, weitab der Zivilisation, konnte dies ziemlich gefährlich werden.

Bronso verschwand aus ihrem Blickwinkel, öffnete vorsichtig die Haustür und trat ins Freie. Die Tür ließ er offen.

Die drei anderen verfolgten vom Fenster aus, wie sich Bronsos Gestalt in der Dunkelheit als schwarze Silhouette abhob und langsam auf dem gekiesten Weg kleiner wurde. Misselbrünn erinnerte dies unweigerlich an die Szene aus einem Western, in dem der Sheriff wild entschlossen seinem Gegner entgegentrat. Offenbar zog Bronso mit der rechten Hand etwas aus der linken Innentasche seines Jacketts – zumindest schloss dies Misselbrünn aus Bewegungen, die so aussahen, als sei der rechte Ellbogen kurz abgewinkelt gewesen. Jetzt aber ließ Bronso seinen rechten Arm wieder nach unten hängen, schien aber irgendeinen Gegenstand in der Hand zu halten. Misselbrünn war sich bewusst, was dies nur sein konnte.

»Mut hat er ja«, meinte Mariangela. Ihr Mann hatte inzwischen wieder das Fernglas an die Augen gedrückt, um die Szenerie draußen in der Bergnacht zu verfolgen. Drüben hoben sich vom Schwarzgrau des Himmels die Rotwand und die sogenannte Sextener Sonnenuhr ab, womit die Einheimischen die Berggipfel von Neuner, Zehner, Elfer, Zwölfer und Einser bezeichneten, was sich auf den mittäglichen Sonnenstand bezog.

Im Raum war nur das Knistern des Kaminfeuers zu hören. Keiner der drei wagte in der atemlosen Spannung, etwas zu sagen. Misselbrünn jagten tausend Gedanken durch den Kopf. Wenn da draußen tatsächlich jemand lauerte, stellte sich die Frage, auf wen er es abgesehen hatte. Nur auf Carlucci, den offenbar ungeliebten Italiener im Ort, auf Bronso – oder auf sie alle drei? Oder auch auf Mariangela?

Oder war sonst etwas schiefgelaufen? Misselbrünn musste an seine Frau denken, an seine Anrufe – und dass er noch immer nicht die Nachbarin zurückgerufen hatte.

Noch während er darüber nachdachte und Bronso bereits auf halbem Weg zu dem Eindringling war, flammten die Scheinwerfer wieder auf – und schon einen Sekundenbruchteil später pflügten sie im Halbkreis durch die Nacht, trafen dabei auch kurz Bronso, der im Gegenlicht wie eine surreale Figur erschien, und schwenkten dann dorthin, wo das Fahrzeug hergekommen war. Sofort verschwanden die roten Schlusslichter hinter dem abfallenden Gelände.

»Abgehauen«, knurrte Carlucci, nahm das Fernglas von den Augen, legte es auf den Fenstersims und setzte seine Brille wieder auf. »Ich lieg mit meiner Einschätzung gar nicht so falsch. Hier läuft etwas verdammt schief.«

»Scheiße«, entfuhr es Misselbrünn mit einer Mischung

aus Erleichterung und gespielter Verärgerung. Er konnte jetzt keine Konfrontationen gebrauchen. Schon gar nicht im Ausland.

»Ich werde mich zu verteidigen wissen«, flüsterte Carlucci, und es klang angriffslustig und gefährlich. Während er zum Lichtschalter ging und die Beleuchtung wieder anknipste, zerriss ein heulender Anrufton die Stille. Es klang wie eine Alarmsirene.

Es war 0.14 Uhr, als Silke Mehlfurt ihren Sohn Ralf auf dem Handy anrief.

»Ja Mama?«, meldete er sich verwundert und besorgt. Er hatte die Nummer erkannt.

»Entschuldige«, sagte sie mit belegter Stimme. »Aber dein Vater ist verschwunden. Nicht heimgekommen.«

»Wie?«, reagierte er geschockt. »Was heißt das – nicht heimgekommen?«

»Er ist am Spätnachmittag Rad fahren gegangen – seine übliche Runde – und bis jetzt nicht zurückgekehrt. Ich mach mir ganz große Sorgen. Er ist am Handy nicht erreichbar.«

Ralf, der am Steuer seines Autos durch die Nacht fuhr, musste sich auf die Worte seiner Mutter konzentrieren und hakte erst mit Verzögerung nach: »Hat er denn nicht gesagt, wo er hinwollte?«

»Ich sag doch, seine übliche Runde wollte er fahren. Mit dem Fahrrad«, wiederholte Silke Mehlfurt. »Ich hab Angst, dass ihm etwas zugestoßen sein könnte.«

Ralf sah auf die Uhr am Armaturenbrett. »Es ist schon nach Mitternacht. Er hat sich seit heute Nachmittag nicht mehr gemeldet? Hast du schon etwas unternommen?«

»Nein, bis jetzt nicht. Ich hab immer noch gehofft, dass er kommt. Aber jetzt ...« Sie brach ab.

»Denkst du an einen Unfall oder dass er irgendwo hilflos liegt?«

»Ich denke an alles mögliche, Ralf.« Er hörte ihren Atem. »Vielleicht hängt es auch mit seinem Beruf zusammen.«

»Beruf?«, wiederholte er schnell. »Hat es Schwierigkeiten gegeben?«

Sie rang nach einer Formulierung. »Ich ... ich weiß nicht so genau.«

Ralf stutzte. Es hörte sich an, als ob ihm seine Mutter etwas verschweigen wollte. »Hast du schon die Polizei verständigt?«

»Hab ich nicht, nein. Du weißt doch, wenn ich das tue, machen die gleich einen Großeinsatz draus.«

Ralf ließ wieder ein paar Sekunden verstreichen. »Du hast aber keine konkreten Hinweise, dass ihm etwas zugestoßen sein könnte?«

»Nein, konkret nicht.« Ihre Stimme klang unsicher.

»Du zögerst? Was meinst du mit ›konkret nicht‹?«

»Ich mache mir Sorgen, weil er in seinem Beruf auch manchmal Dinge erfahren hat, die nicht für jedermanns Ohren geeignet waren.«

»Hat er das gesagt?« Ralf hatte inzwischen den Fuß vom Gas genommen, um sich besser auf das Gespräch konzentrieren zu können.

»Er hat so etwas angedeutet. Hat er dir denn nie etwas davon erzählt?«

Ralf räusperte sich. »Nie«, sagte er, worauf er das Thema wechselte: »Bist du mit dem Auto die Strecke schon abgefahren, auf der er unterwegs sein wollte?«

»Ich hab mir das schon überlegt – aber so genau kenn ich mich dort nicht aus. Du weißt doch: Er fährt immer bis Langenau und Elchingen und dann irgendwie an der Donau entlang bis Leipheim oder so. Das sind meist Wander- und Waldwege. Da komm ich mit dem Auto nicht durch.« Sie wollte nicht darauf eingehen und fragte stattdessen: »Wo bist du eigentlich gerade?«

Ralf hatte mit dieser Frage nicht gerechnet. »Autobahn, bei Karlsruhe«, sagte er zögernd.

»Kannst du nicht heute Nacht noch herkommen?«

»Du, ich bin in Richtung Frankfurt unterwegs«, erwiderte er in einem Tonfall, der keinen Zweifel daran aufkommen ließ, dass er nicht bereit war, in dieser Nacht noch nach Hause zu kommen. »Außerdem hab ich am Vormittag um elf schon wieder einen wichtigen Termin in Darmstadt. Ruf du jetzt bitte die Polizei. Oder soll ich's für dich tun?«

»Okay, ich hab verstanden. Ich mach das selbst.« Silke Mehlfurts Stimme klang emotionslos.

»Gib mir aber bitte sofort Bescheid, wenn du etwas erfährst.«

Sie drückte das Gespräch einfach weg. Was hätte sie ihm auch noch sagen sollen? Natürlich musste sie die Polizei anrufen. Sie hätte es längst tun sollen. Aber wen anrufen? Den Notruf oder die normale Nummer? War es ein Notfall? Sie entschied, das zuständige Polizeirevier Giengen an der Brenz anzurufen.

Der Leitende Oberstaatsanwalt Schwehr hatte noch am Abend entschieden, eine Sonderkommission einzurichten – wieder einmal in den beengten Räumlichkeiten des Polizeireviers Geislingen. Nachdem die Kriminalaußenstelle jüngst der baden-württembergischen Polizeireform zum Opfer gefallen war, und sich in dem roten Backsteingebäude das Umweltdezernat und die Leitung des Polizeireviers breitgemacht hatten, galt es, in den eigentlichen Räumen des Reviers enger zusammenzurücken. Im 20 Kilometer entfernten Göppingen, wo die Direktion aufgelöst worden war, hätte es zwar genügend Platz gegeben, aber auf Drängen Häberles, wonach die Ermittler möglichst nah am Tatort stationiert sein sollten, entschied sich auch der Staatsanwalt für Geislingen. Außerdem saß in Göppingen neuerdings die Sonderkommission, die sich seit Jahren ebenfalls mit dem Tod einer Bankersgattin befassen musste – nämlich mit dem spektakulären Mord in Heidenheim. Daran musste Häberle denken, als er das halbe Dutzend Kollegen, das aus Göppingen und Ulm angerückt war, von einem Pizzaservice verpflegen ließ.

»Projektil, neun Millimeter«, berichtete Linkohr, nachdem er seine Pizza aufgeschnitten und den Ausdruck eines Mails auf den Tisch gelegt bekommen hatte. »Aus allernächster Nähe, schreibt unser Gerichtsmediziner. Direkt ins Herz. Das Projektil blieb in der Wirbelsäule stecken.«

»Wie hat denn der Herr Misselbrünn auf die Nachricht vom Tod seiner Frau reagiert?«, fragte Häberle in die Runde.

»Ziemlich geschockt, hab ich den Eindruck«, sagte einer, der gerade einen kräftigen Schluck Orangensaft genommen hatte.

»Wie habt ihr ihn erreicht?«, wollte Linkohr wissen.

»Am Handy. Die Nummer war im Festnetzapparat in der Wohnung unter seinem Vornamen gespeichert.«

»Habt ihr rausgekriegt, wo er sich gerade aufhält?«, wollte Häberle wissen.

»Auf Dienstreise in Südtirol. Genauer gesagt in Sexten, falls Sie wissen, wo das ist.«

»Natürlich weiß ich das«, brummte der Chefermittler, wie immer in solchen Fällen, wenn es darum ging, Ortskenntnis zu beweisen. »Schon mal was von den Sextener Dolomiten gehört? Hat nichts mit Sex zu tun.«

Keiner der Kollegen wollte etwas dazu sagen. Insbesondere die Urlaubsziele der Jüngeren orientierten sich eher an sonnigen Stränden mit leicht geschürzten Mädels als an ruhigen Gebirgsketten. Und wenn sie doch mal in alpine Gegenden kamen, dann allenfalls als Skifahrer während der Hauptsaison – zu Hüttenzauber und dem üblichen Halligalli.

»Ein Banker vom Kaliber eines Misselbrünn geschäftlich in den Dolomiten?«, staunte einer der Ermittler mit vollem Mund.

»Auch solche Leute machen ihre Geschäfte manchmal ganz gerne fernab der hektischen Zentren«, warf Häberle ein. »Sogar Staatsmänner bevorzugen es manchmal, nicht im Zentrum der Macht zu konferieren.«

»Wann taucht Misselbrünn hier auf?«, wollte Linkohr wissen.

»Er hat gesagt, er will sofort losfahren«, kam die Erklärung.

»Von Sexten hierher mit einem schnellen Auto, das er vermutlich hat«, überlegte Häberle, »das müsste er in der Nacht in vier, fünf Stunden locker über den Brenner schaffen. Dann werden wir hoffentlich seiner Video-Überwachungsanlage einige brauchbare Bilder entlocken können.«

»Sofern sie was taugen«, meinte einer aus der Runde. »Falls die Bilder gut sind, müssten wir erkennen können, wen Frau Misselbrünn selbst ins Haus gelassen hat.«

»Und ob er tatsächlich, als er wieder raus ist, die Tür nicht geschlossen hat«, ergänzte Linkohr.

»Haben wir schon gecheckt«, sagte einer der Kollegen. »Allerdings lässt sich die Tür nur schwer von außen ins Schloss ziehen. Entweder hat der Täter dies in der Eile übersehen oder er hat die Tür bewusst nicht kräftig zugezogen, weil dies beim Einrasten dann ein ziemlich lautes Geräusch gibt.«

»Und was geben die Computer her?«, wechselte Häberle das Thema.

Ein IT-Spezialist runzelte die Stirn. Sein laut vernehmbares »Oh je« hörte sich wie das Seufzen eines völlig überarbeiteten Mannes an. »Das meiste ist passwortgesichert und außerdem hat der große Herr aus Ulm«, gemeint war der Staatsanwalt, »bereits erhebliche Bedenken, ob wir so ohne Weiteres das alles knacken dürfen.«

»Hm«, machte Häberle. Ihm war natürlich klar, dass sie es nicht mit der Wohnung eines Verdächtigen, sondern eines Opfers zu tun hatten, dessen Persönlichkeitsrechte hohen Schutz genossen. Das Vorgehen bedurfte ohnehin eines richterlichen Beschlusses. Doch das Auswerten persönlicher Daten, so überlegte der Chefermittler, war nötig, um das persönliche Umfeld von Frau Misselbrünn überblicken zu können. Allein schon ein gespeichertes Adressbuch konnte tief greifende Rückschlüsse auf den Bekannten- und Freundeskreis ergeben.

»Es ist sehr schwer zu unterscheiden, welcher Computer von ihr und welcher von ihm benutzt wird«, beklagte der bezopfte Kollege das juristische Dilemma. »Bevor Herr Misselbrünn nicht selbst hier auftaucht, sind uns die Hände gebunden.«

Häberle brummte etwas unwirsch in sich hinein, was keiner verstand.

»Es gibt aber eine Art Büro, das eindeutig der Frau zuzuordnen ist«, fuhr der Spezialist schnell fort, um die

Stimmung des Chefs etwas zu heben. »Dort war der Computer angeschaltet, und die E-Mails, die ankamen, gingen an ihre Adresse. Und da gibt es auch ein Adressbuch, das wir kopieren konnten.«

»Ich will aber gar nicht wissen, was unser Freund aus Ulm dazu sagen würde«, mahnte Häberle.

Der Beamte grinste überlegen. »Irgendwo müssen wir ja ansetzen.«

»Die E-Mails habt ihr auch gelesen – oder?«

»Alle?« Der Kollege gab zu verstehen, dass diese Frage völlig abwegig war. »Wie soll das gehen? Bei der Menge, die gespeichert ist, kannst du höchstens mal einen Bruchteil davon kurz überfliegen. Aber was man so auf den ersten Blick liest, ist belangloses oder unverständliches Zeug. Viele Spams. Zumindest liest sich das so. Jedenfalls hab ich mir den Schriftverkehr einer Bankersfrau ein bisschen anders vorgestellt.«

»Nur in einem, wenn ich mal dazwischen gehen darf«, mischte sich ein anderer Kollege ein, der seine Pizza bereits verschlungen hatte, »da taucht etwas auf, das ein bisschen Rätsel aufgeben könnte. Es ist von gestern Vormittag.« Er blätterte in seinen Aufzeichnungen. »Ein gewisser Ralf Mehlfurt scheint möglicherweise ein Bekannter oder Vertrauter von ihr zu ein.«

»Ihr Lover?«, warf jemand ein.

»Nein, kann man so noch nicht sagen. Zumindest nicht beim flüchtigen Lesen. Er bezieht sich auf irgendein Gespräch, das es gegeben haben muss, und rät Frau Misselbrünn, ›sehr aufmerksam zu sein‹.«

»Halt, stopp, wart' mal«, rief ein Ermittler, der gerade von draußen wieder das Zimmer betreten hatte, »wie heißt der Knabe, den du gerade erwähnt hast?«

Noch einmal begann der Angesprochene, in seinen Papieren zu blättern. »Mehlfurt. Wie das ›Mehl‹ und dann ›furt‹, – ›furt, wie bei ›Frankfurt‹, nur Mehlfurt.« Der andere verließ noch einmal den Raum und war sofort wieder da. »Bei den Kollegen ist vor kurzem eine Vermisstenmeldung eingegangen: ein gewisser Mehlfurt aus Niederstotzingen. Seine Frau hat ihn als vermisst gemeldet, weil er von einer Radtour nicht zurückgekehrt ist. Eine Streife hat nun vor einer halben Stunde sein Fahrrad gefunden, irgendwo im Donauried, zwischen Riedheim und Leipheim soll's an einem abgelegenen Weg in einem Getreidefeld gelegen sein, in der Nähe einer Ferienhausanlage an einem Baggersee.«

»Ach?«, entfuhr es Häberle. »Und wie heißt dieser Mehlfurt mit Vornamen?«

»Leider nicht Ralf, sondern Johannes.«

Ein kurzes Murmeln erfüllte den Raum, bis Häberle klarstellte: »Das scheint mir wirklich eine vielversprechende Spur zu sein.«

»Da ist aber noch etwas«, mischte sich nun Linkohr ein und hob eine Klarsichthülle, in der sich ein Brief befand. »Das da haben wir auf einer Ablage in der Diele entdeckt. Ein Schreiben von der Kabelgesellschaft.« Er hielt es sich vor die Augen und gab zu bedenken: »Mit Schreiben von vor drei Wochen wurde für zehn Uhr …« – er stellte fest, dass es bereits nach Mitternacht war und fuhr ergänzend fort: »… gestern Vormittag ein Servicetechniker angekündigt. Ich zitiere: ›… zur routinemäßigen Überprüfung Ihres Übergabepunktes für Internet, Telefon, TV und Rundfunk.‹ Es wird um Rückantwort mit einer angeblich beiliegenden Karte gebeten.«

»Oh«, staunte Häberle erneut. »Die Kabelmenschen werden ja wohl sagen können, wen sie da geschickt haben.«

Linkohr sah seinen Chef zweifelnd an: »Hoffentlich keinen mit falschem Kennzeichen am Auto.« Er überlegte kurz: »Und wenn wir Pech haben, war sogar die Adresse falsch, an die die Antwortkarte geschickt werden sollte.«

Der Anruf der Kriminalpolizei hatte die vier Personen in der Bergvilla geschockt. Misselbrünn war nach dem kurzen Gespräch mit einem Kriminalbeamten kaum in der Lage gewesen, die schlimme Nachricht den anderen mitzuteilen. Er stopfte mitgebrachte Dokumente in seinen Aktenkoffer und verließ fluchtartig das Haus. Auch die drei anderen hatten beschlossen, noch in der Nacht das Berghaus zu verlassen und sich in der nächsten Woche irgendwo anders wieder zu treffen. Alles deutete darauf hin, dass ihr konspiratives Treffen nicht geheim geblieben war. Carlucci löschte in aller Eile das Kaminfeuer und schaltete sämtliche Alarmsysteme auf ›scharf‹. Sie lösten bei verdächtigen Bewegungen oder Geräuschen unterschiedliche Meldungen und Aktionen aus. Es gab rund um das Gebäude nicht nur mehrere Überwachungskameras, sondern auch ein Dutzend Scheinwerfer, die das gesamte Areal in ein grelles Licht hüllen konnten. Darüber hinaus hatte sich Carlucci weitere Sicherheitsvorkehrungen installieren lassen: Sollte sich jemand an der Außenhaut des Gebäudes zu schaffen machen, begann eine Sirene zu heulen, gleichzeitig wurden über Mobilfunk automatische Mitteilungen versandt, die sowohl Carlucci als auch ein privater Securitydienst in Bruneck erhielten. Das war zwar einige Kilometer entfernt, doch gab es einen Angestellten, der in Innichen wohnte und bei Alarm relativ schnell den Einsatzort erreichen konnte. Jedenfalls, davon war Carlucci überzeugt, hatte er sein Berghaus wie eine Festung gesichert, sodass selbst ein Brandanschlag auf die Holzkonstruktion mit hoher Wahrscheinlichkeit rechtzeitig bemerkt würde.

Bronso kündigte an, sich noch in der Nacht in seine Villa am Sonnenhang von Trient zurückzuziehen, Carlucci und seine Frau steuerten Lazise am Gardasee an, wo sie ihre dortige Villa auf ähnliche Weise gesichert hatten wie ihr Berghaus.

Misselbrünn war die Steilstrecke in waghalsigem Tempo hinabgerast. Er spürte großes Unbehagen und hatte Mühe, sich auf den Straßenverlauf zu konzentrieren. Beinahe hätte er die letzte Spitzkehre abseits der Sextener Kirche verpasst, konnte aber gerade noch scharf abbremsen, um ein Unglück zu vermeiden. Die knapp 70 Kilometer lange Strecke bis zur Autobahnanschlussstelle Brixen war teilweise schmal und kurvig. Doch er beachtete weder die innerörtlichen Tempolimits noch die Geschwindigkeitsbeschränkungen auf freier Strecke, was ihm mehrere weitere waghalsige Kurvenmanöver bescherte. Er wollte weg, einfach weg. Vor allem wollte er so schnell wie möglich die Prozeduren hinter sich bringen, mit denen er gewiss bei der Polizei in Geislingen konfrontiert werden würde.

Als er die Abzweigung nach Antholz passierte, wo beidseits der Straße die Holzstapel eines Sägewerks wie eine dunkle Mauer in die Höhe ragten, wurde er zum ersten Mal stutzig: Fuhr da nicht seit geraumer Zeit ein Auto hinter ihm her, das ebenfalls sämtliche Tempolimits ignorierte? Mal fiel es weiter zurück, dann kam es wieder näher.

Verfolgung? Misselbrünns Puls schoss in die Höhe. Wurde er verfolgt? Instinktiv nahm er den Fuß vom Gas des Mercedes, um im Rückspiegel zu beobachten, wie sich das Fahrzeug hinter ihm verhielt. Doch anstatt an einem der wenigen kerzengeraden Streckenabschnitte zu überholen, blieb der Wagen weiter hinter ihm. Es war, wie Misselbrünn im Licht einiger Straßenlampen feststellen konnte, möglicherweise ein Van, auf jeden Fall aber eine große Limousine.

Schließlich waren die Scheinwerfer so weit zurück, dass er sie nur noch sehen konnte, wenn sich im Rückspiegel der Straßenverlauf auf mehrere Hundert Meter überblicken ließ.

Nach knapp 20 Kilometern hatte sich Misselbrünn wieder beruhigt. Das verdächtige Auto war außer Sichtweite, möglicherweise sogar abgebogen. Jedenfalls konnte er nicht mehr feststellen, ob die Scheinwerfer, die gelegentlich im Rückspiegel auftauchten, immer noch dieselben waren.

Andererseits, so mahnte ihn seine innere Stimme, musste ihm ein etwaiger Verfolger auch nicht direkt auf die Pelle rücken. Denn zu dieser nachmitternächtlichen Zeit waren auf dieser Strecke kaum noch Autos unterwegs, sodass ein Verfolger genügend Abstand halten konnte, ohne sein Zielobjekt aus den Augen zu verlieren.

Als Misselbrünn nach einer Dreiviertelstunde die Mautstelle Brixen der Brennerautobahn erreichte, hatte er schon seit einigen Minuten keine Scheinwerfer mehr im Rückspiegel gesehen. Er war beruhigt, als er feststellte, dass sich daran auch während der kurzen Wartezeit nichts änderte, die zum Ziehen der Mautkarte verging. Als sich vor ihm die Schranke öffnete, fühlte er sich plötzlich frei. Er trat das Gaspedal kräftig durch, worauf die Automatik den Wagen wie eine Rakete beschleunigte. Misselbrünn nahm sofort die linke Spur, um an der langen Kolonne der Lastzüge vorbeizuziehen. Hinter ihm tauchten inzwischen weitere

Autos auf, die dicht auf ihn aufschlossen, weil sie offenbar noch stärker motorisiert waren.

Misselbrünn zog nach rechts, machte einer schnell herannahenden Limousine und einem Porsche Platz und beanspruchte anschließend sofort wieder die linke Spur. Jetzt war es natürlich so gut wie unmöglich, etwaige Verfolger zu erkennen.

Auf der nächtlichen Autobahn konnten sie den Abstand auf viele Hundert Meter vergrößern und irgendwo im Lichtermeer der Fahrzeuge untertauchen. Misselbrünn prägte sich inzwischen die Autos ein, die ihn überholten, denn es konnte durchaus sein, dass ein Verfolger vorübergehend in die Lkw-Kolonne einscherte und sich auf diese Weise überholen ließ, um Minuten später wieder von hinten heranzupreschen.

Falls es sich um Profis handelte, waren sie möglicherweise zu zweit oder zu dritt und wechselten sich per Funk ab. So jedenfalls, das wusste er, praktizierten es die Spezialeinheiten der Polizei.

Er musste deshalb aufpassen, wie sich die Autos hinter ihm an den Knotenpunkten verhielten, auch wenn es schier unmöglich sein würde, an den großen Verzweigungen bei Innsbruck oder später am Inntaldreieck vor München den nachfolgenden Verkehr zu beobachten.

Jedenfalls wollte er es ihnen, falls es sie gab, schwer machen. Er bretterte die Brennerautobahn hinauf, mit Vollgas auch durch jede Baustellenverengung. Er hatte keine Zeit zu verlieren. Ihn beschlich ein ungutes Gefühl beim Gedanken, was die Kriminalpolizei womöglich noch vor seinem Eintreffen in seinem Haus fand. Natürlich hatte er für alle Eventualitäten Vorsorge getroffen, damit keine geheimen Geschäftsdokumente in falsche Hände geraten konnten. Auch seine Frau war über das meiste nicht informiert gewesen – zu ihrem eigenen Schutz, wie er sie einmal besänftigt hatte, als sie allzu neugierig geworden war.

Schneller als gedacht erreichte er die Mautstelle Sterzing. Während des Zahlens näherten sich drei Autos, deren Fahrer in den hell erleuchteten Durchgangsgassen neben ihm ihre Mautkarten in die Automaten steckten. Misselbrünn schielte zu den Fahrzeugen hinüber, identifizierte eines als einen VW-Golf, ein anderes als Porsche Cayenne und das dritte als einen Kombi.

Dann öffnete sich die Schranke und Misselbrünn warf das Wechselgeld auf den Beifahrersitz. Er jagte seinen S-Klasse-Mercedes weiter – vorbei an den Shoppingcentern, die sich in den letzten Jahren ausgerechnet auf der Passhöhe, direkt an der Grenze zwischen Italien und Österreich, angesiedelt hatten. Auch als Banker fiel es ihm schwer, den Sinn solcher Konsumtempel inmitten der grandiosen Bergwelt zu verstehen. Was gab es hier, was man nicht auch anderswo viel bequemer einkaufen konnte? Sollte doch keiner behaupten, hier oben sei es besonders günstig.

Wenig später wurde Misselbrünn erneut ausgebremst: Maut für die Europabrücke. Er streckte an der Bezahlstelle den fordernden Händen die 8,50 Euro entgegen und raste weiter. In der Dunkelheit war die gewaltige Brückenkonstruktion nur an den Leitplanken zu erahnen. Tagsüber, daran musste er jetzt denken, stürzten sich hier Bungee-Jumping-Sportler waghalsig am Gummiseil in die Tiefe.

Er behielt trotz seines hohen Tempos unablässig die Fahrzeuge im Rückspiegel im Auge. Doch neben der langen Scheinwerferkette der Lastzüge, an denen er vorbeizog, war es kaum möglich, das Verhalten einzelner Autofahrer genauer zu erkennen.

Gerade als er die Verzweigungen bei Innsbruck erreichte und sich auf die weitere Streckenführung in Richtung München konzentrieren musste, wurde die sanfte Radiomusik aus- und das Rufzeichen eines Telefonats eingeblendet.

Misselbrünn wandte erschrocken den Blick von der Straße, um auf die Uhr im Armaturenbrett zu sehen: Es war 1.37 Uhr. Einen Augenblick überlegte er, ob er das Gespräch annehmen sollte, drückte dann aber die Taste am Lenkrad, um die Freisprechanlage einzuschalten. »Ja?«, meldete er sich einsilbig.

»Herr Misselbrünn?«, erfüllte eine gedämpfte Männerstimme den Innenraum. »Ja.« Es klang angespannt.

»Finden Sie nicht, dass Sie ein bisschen zu schnell unterwegs sind?«, höhnte der unbekannte Anrufer.

Misselbrünn war es, als habe ihm jemand sämtliche Energie entzogen. Er brach seinen begonnenen Überholvorgang ab und reduzierte das Tempo. Gleichzeitig blickte er in den Rückspiegel, als vermute er den Anrufer in einem der Autos, die ihm folgten. Gerade zog ein Porsche Cayenne vorbei und er überlegte, ob es jener sein könnte, der neben ihm an der Mautstelle Sterzing gestanden war.

Doch die Stimme im Lautsprecher stoppte die abschweifenden Gedanken: »Falls es Ihnen jetzt die Sprache verschlagen hat, biete ich Ihnen an, dass wir uns treffen. Noch in dieser Nacht.«

Noch in dieser Nacht. Die Worte trafen ihn wie ein Stich ins Herz. Er hatte in dieser Nacht, weiß Gott, anderes zu erledigen, als sich mit einem Unbekannten zu treffen.

»Sind Sie noch da?«, fragte die Stimme.

»Ja«, stotterte Misselbrünn und ärgerte sich sofort, dass man ihm seine Unsicherheit anhörte, »ja, natürlich.« Er versuchte, energisch zu wirken. »Vielleicht nennen Sie mal Ihren Namen?«

»Das tut nichts zur Sache, Herr Misselbrünn. Ich bin aber davon überzeugt, dass Sie mein Gesprächsangebot annehmen, wenn ich Ihnen ein Stichwort gebe.« Er legte eine theatralische Pause ein und sagte dann langsam: »Mariangela.«

Misselbrünns Kehle schnürte sich zu. Sein Druck aufs Gaspedal ließ nach, der Wagen rollte nur noch mit 70 dahin und wurde jetzt von mehreren Autos überholt. Misselbrünn fühlte sich plötzlich umzingelt, verfolgt, gejagt, gehetzt, in die Enge getrieben, blickte panisch auf die Außenspiegel, dann wieder auf den Innenspiegel, gab mehr Gas und spürte den Herzschlag bis zum Hals. Im Display, das üblicherweise die Nummer des Anrufers anzeigte, war nur ›Anonym‹ zu lesen.

»Holzkirchen«, meldete sich der Anrufer wieder, nachdem Misselbrünn immer noch nichts gesagt hatte. »Raststätte Holzkirchen. In schätzungsweise einer Dreiviertelstunde. Holzkirchen an der A8 vor München. Fahren Sie an dem Lkw-Parkplatz vorbei bis vors Rasthaus. Haben wir uns verstanden?«

Misselbrünn atmete ein paar Mal tief durch. Er durfte sich nicht einschüchtern lassen. Egal, was dieser Unbekannte auch im Schilde führte, es gab keinerlei Grund, so mit sich umgehen zu lassen. »Jetzt hören Sie mal zu«, gab er sich nun kämpferisch, obwohl sein Mund trocken geworden war. »Entweder Sie sagen mir jetzt, wer Sie sind und was Sie von mir wollen oder ich erkläre das Gespräch für beendet.«

»Das wäre ganz schlecht für Sie, Herr Misselbrünn«, kam es gelassen zurück. »Denn ich bin davon überzeugt, dass die Polizei einige unangenehme Fragen stellen wird, wenn sie erst alles erfährt. Damit meine ich diverse andere Dinge, die ich jetzt nicht detailliert ansprechen möchte.«

Misselbrünn war nicht bereit, darauf einzugehen. »Ich habe Ihnen die Bedingungen genannt, unter denen ich mit Ihnen reden werde.« Noch einmal zuckte sein Zeigefinger von der Aus-Taste der Freisprechanlage zurück. Der Verstand empfahl ihm, das Gespräch doch nicht so abrupt zu beenden. Denn die Andeutungen des Anrufers verhießen nichts Gutes.

»Ihre Bedingungen sind mir egal«, entgegnete der anonyme Mann, »ich wiederhole: Holzkirchen, Parkplatz vor dem Rasthaus, sobald Sie dort sind. Ende.«

Aufgelegt. Misselbrünn wurde von einer inneren Unruhe ergriffen. Er zitterte, fror und geriet mit seinem Mercedes unmerklich auf die linke Spur. Die Hupe eines nachfolgenden Autos riss ihn aus seinen wirren Gedanken.

6

Sie hatten stundenlang diskutiert, dabei Presseberichte und Fernsehreportagen kritisch beleuchtet, natürlich Wein getrunken und sich auch amüsiert. Oliver Garrett war der Einladung gefolgt und gegen 20 Uhr zu seiner Teamleiterin nach Albeck gekommen. Sie hatte ein paar Häppchen vorbereitet und das Gespräch sofort auf das Thema Industriespionage gebracht, das sie innerlich aufgewühlt hatte – insbesondere nach dieser dubiosen Telefonbotschaft aus Italien. Sie kämpfte mit sich, ob sie ihrem Besucher davon erzählen sollte, entschied sich dann aber, es vorläufig nicht zu tun, obwohl sie oft schon auch innerhalb des Instituts Probleme unter vier Augen besprochen hatten, die sich auf diese Weise besser lösen ließen als in einer Konferenz. Oliver fühlte sich natürlich geschmeichelt, dass sie ihn als eine Art Vertrauten betrachtete, was er auch auf sein Alter zurückführte. Er war der Älteste im Team, aber trotzdem noch um zwei Jahre jünger als Eva. Allerdings hatte er längst bemerkt, dass sie beide in allem, was sie diskutierten, auf derselben Wellenlänge lagen. Aber auch jetzt, nachdem er nun schon den zweiten Abend bei ihr verbrachte, konnte er nicht abschätzen, wie weit diese Zuneigung ging. So sehr ihn diese Frau auch interessierte, er wagte es nicht, diesen einen Schritt zu tun und ihr zu sagen, wie sehr er sich wünschte, dass aus der rein beruflichen Beziehung eine private Verbindung wurde. Auch heute, als sie beide der italienische Rotwein in eine heitere Stimmung versetzt hatte, bewegten ihn diese Gedanken.

Eva Langbein saß ihm wieder auf der Couch gegenüber, dazwischen dieser Glastisch als unüberwindbare Barriere. Sie hatte es sich bequem gemacht, die Schuhe abgestreift, sich in eine Ecke gekuschelt, die in Jeans steckenden Beine angewinkelt. »Weißt du«, sagte sie plötzlich und sah ihn mit einem sanften Lächeln an, »manchmal denk ich mir, dass ich für Spione ein leichtes Opfer bin.«

Oliver, ein smarter junger Mann, der sich betont sportlich kleidete, vermochte die Bemerkung nicht einzuschätzen, hatte er doch gerade ganz andere Gedanken gehegt.

Eva erwartete auch gar keine Antwort, sondern fuhr grinsend fort: »Jetzt reden wir uns die halbe Nacht schon die Kehlen heiser und wissen nicht mal, ob es noch andere Abhörgeräte in dieser Wohnung gibt. Egal, wer uns da belauscht, er weiß jetzt, dass wir wissen, dass es ihn gibt…«

Oliver nickte und wurde sich bewusst, dass es ihr schon aus diesem Grunde nicht angeraten erschien, übers Geschäftliche hinauszugehen. Ohnehin hatten sie den ganzen langen Abend über die Themen zu ihrer komplexen Forschertätigkeit nur angedeutet, einmal sich sogar die Antworten flüchtig auf einen Zettel geschrieben, um sie nicht aussprechen zu müssen.

»Und dieser Lauscher wird sich nun in Acht nehmen«, erwiderte Oliver. Dass Eva sich niemanden vorstellen konnte, der dafür infrage kam, hatte sie in den vergangenen Stunden bereits mehrfach beteuert.

»Weißt du, mein lieber Oliver«, wurde sie ernst, »als Frau in meiner Position tut man sich manchmal schwer, den Mittelweg zwischen gesundem Misstrauen und Arroganz zu finden. Ich hab schon bemerkt, wie ihr heute Nachmittag alle zusammengezuckt seid, als ich gesagt habe, dass ich hoffe, keinen Verräter in den eigenen Reihen zu haben.«

Oliver richtete seinen sportlichen Oberkörper auf, der in ein grünes T-Shirt gezwängt war. »Na ja, es hat zunächst so geklungen ...«

Eva Langbein bückte sich zum Tisch, um einen Schluck aus ihrem Rotweinglas zu nehmen. »Sollte aber kein Misstrauen sein«, versicherte sie danach. »Weder zu den drei anderen noch zu dir, Oliver.«

Er verkniff sich eine Erwiderung. »Wir sitzen alle in einem Boot«, war alles, was ihm dazu einfiel, und bemerkte sofort, dass es nicht sehr geistreich klang, weshalb er sich, vom Alkohol ermuntert, zu einem Angebot durchrang, wie er es nie zuvor ausgesprochen hatte: »Falls du Hilfe brauchst, Eva, du kannst jederzeit auf mich bauen.«

Ein kurzes Lächeln huschte über ihr Gesicht. Er konnte jedoch nicht abschätzen, ob es Arroganz war oder ein Zeichen abschätzigen Mitleids über dilettantisch dahergeschwätzte Phrasen. Sie pflegten zwar innerhalb des Teams ein freundschaftlich-kollegiales Verhältnis, doch war letztlich stets eine gewisse autoritäre Distanz geblieben. Aber jetzt, nach einer durchdiskutierten Nacht am frühen Morgen, hatte er es einfach gewagt, etwas auszusprechen, was ihm seit Monaten auf dem Herzen lag.

»Das ist nett von dir, Oliver«, sagte Eva. Ihre großen Augen sahen ihn so wach an, als würde der Abend erst beginnen. »Es ist schön, dass du dir für mich Zeit genommen hast.«

Seine aufkommende Müdigkeit war mit einem Schlag verflogen. »Soll ich dir mal was sagen?« Er blickte ihr fest in die Augen. »Ich möchte immer für dich da sein.« Er gab sich entschlossen: »Nicht nur, wenn du Probleme hast.«

Jetzt verzog sie ihr Gesicht zu einem breiten Lächeln, setzte sich auf, nahm ihr Glas und prostete ihm zu: »Darauf sollten wir trinken, Oliver.«

Er war über diese unerwartete Reaktion überrascht und kam der Aufforderung zum Anstoßen nach.

Während eines spannungsgeladenen Schweigens kuschelte sie sich wieder in ihre Couchecke und ergriff die Initiative: »Es ist nicht gut, immer nur allein zu sein – gerade in Situationen, wenn man sich Angriffen ausgesetzt sieht.«

Oliver entschied, die gebotene Gelegenheit zu nutzen: »Jeder Mensch braucht manchmal einen Beschützer.«

Wieder das Lachen in ihrem Gesicht. »Mal ehrlich, würdest du es dir zutrauen, eine solche Rolle zu übernehmen? Als Beschützer?«

Er hielt ihren Blicken stand und überlegte, ob sie die Frage ganz allgemein oder auf sich bezogen wissen wollte. »Jemanden zu beschützen, setzt ein gegenseitiges Vertrauensverhältnis voraus.« Er vermied es, allzu plump und schnell auf dieses möglicherweise versteckte Angebot einzugehen. Schließlich kannte er Eva nun schon lange genug, um zu wissen, dass sie verbale Plänkeleien mochte und abzuklopfen verstand, wie schlagfertig ihr Gegenüber auf ihre Äußerungen eingehen konnte. Vermutlich empfand sie solche Gespräche als äußerst erotisch.

»Ein Vertrauensverhältnis«, ging sie auf seine Bemerkung ein, »entsteht langsam, es wächst und ist anfangs ein zartes Gebilde, wie eine Sonnenblume, wenn sie gerade aus dem Samen keimt. Doch irgendwann ist sie stark genug, dass sie allen Feinden und Stürmen trotzen kann und im Spätsommer majestätisch im Garten steht.«

Oliver führte das Bild fort: »Aber ich muss dir widersprechen. Ist sie erst mal richtig groß, kann sie leicht vom Sturm geknickt werden.«

»Richtig«, Eva legte ihre glatte Stirn in Falten, »deshalb bedarf es eines Pfostens, an dem sie sich anlehnen kann.«

Gut gekontert, durchzuckte es Oliver und er wusste, dass sie den Ball wieder geschickt ihm zugespielt hatte. »Richtig«, sagte auch er prompt, um sich nun elegant und charmant nicht in den Vordergrund zu drängen, »so ein Pfosten muss aber stabil und groß sein, aus einem alten Baum geschlagen und nicht nur aus einer jungen Haselnusshecke.«

Sie lachte laut auf. »Wie kommst du denn jetzt auf sowas? Vom Vertrauen über die Sonnenblume zur Haselnusshecke.« Es klang, als wolle sie ihn veräppeln. Hatte er jetzt einen kapitalen Fehler gemacht?

»Entschuldige«, gab er sich zerknirscht, »war ein etwas komplizierter Gedankengang, aber um halb drei in der Nacht tut man sich etwas schwer ...«

»Womit?«, wollte sie geradezu energisch wissen. »Hast du etwa einen Minderwertigkeitskomplex, weil du so jung bist?«

Das saß. Oliver spürte, dass er jetzt entweder alles verlieren oder vieles gewinnen konnte. Er ärgerte sich insgeheim, so viel Wein getrunken zu haben. Er durfte sich jetzt keine Blöße geben. Nicht hier, nicht jetzt, nicht in dieser Nacht. »Na ja«, erwiderte er zögernd, »wenn ich ehrlich bin, tu ich mich mit älteren Frauen ein bisschen schwer.«

»Ach nee?« Sie zog eine Schnute. »Du hast Angst vor mir? Bin ich schon so alt?«

Oliver rang sich ein gequältes Lächeln ab. »Natürlich nicht.« Überzeugend allerdings klang seine Antwort nicht. »Ich wollte doch nur sagen, dass man sich gemeinhin einen Beschützer als älter und erfahrener vorstellt.«

»Du machst es dir unnötig schwer, mein lieber Oliver«, zeigte sie sich einfühlsam. »Irgendwann wirst du lernen, dass das Alter überhaupt keine Rolle spielt, wenn sich

Menschen auf der gleichen Wellenlinie begegnen. Und überhaupt: Ich bin 27 und du knapp 25. Bin ich aus deiner Sicht da schon eine alte Schachtel oder was?«

Einerseits fühlte er sich erleichtert, andererseits beschlich ihn das vage Gefühl, dass Eva ihm doch in vielem überlegen war und nun schon wieder die Gesprächsführung an sich gerissen hatte.

»Auch als Naturwissenschaftler, die wir sind, wissen wir doch«, so flüsterte sie jetzt, als dürfe ein etwaiger Lauschangreifer sie nicht hören, »dass bei allem, was man macht, die Chemie stimmen muss.« Sie lächelte. »Vielleicht sollten wir die Wirkung unser beider Chemie mal austesten.«

Er musste diese Worte zuerst auf sich wirken lassen.

Eva richtete sich auf der Couch auf und sah ihm fest in die Augen: »Oder hast du Angst, dass es zu einer chemischen Reaktion kommt und wir beide daran verbrennen?«

Oliver spürte die Hitze bereits. Die restliche Nacht würde noch heiß werden. Womöglich gibt es eine Kettenreaktion, dachte er.

Misselbrünn war, vorbei an Kufstein, wie in Trance bis zum Inntal-Dreieck gefahren, um auf die A8 in Richtung München einzubiegen. Er hatte sein Tempo gedrosselt, denn seit dem Telefonat mit dem anonymen Anrufer fiel es ihm schwer, sich auf die Straße zu konzentrieren. Außerdem hatte es zu nieseln begonnen.

Wilde Gedanken schossen durch seinen Kopf. Wieso sollte er sich mit einem Unbekannten treffen, mitten in der Nacht an einer Autobahn-Raststätte? War es besser, der Aufforderung zu einem Gespräch nachzukommen oder sie einfach zu ignorieren und bis zur Polizei nach Geislingen durchzufahren?

Natürlich hatte er schon viele brenzlige Situationen erlebt und durchgestanden. Er war es gewohnt, die Probleme schnell und diskret aus der Welt zu schaffen – oder noch besser: schaffen zu lassen. Wenn man in einer bestimmten Liga spielte, so wie er dies für sich empfand, musste man auch zu unkonventionellen Methoden greifen und im Interesse und zum Schutz der globalen Geschäftspartner Moral und Anstand über Bord werfen. Notfalls standen gut organisierte Netzwerke bereit, die über genügend Kontakte und Möglichkeiten verfügten, strategische und, wenn es sein musste, auch gewaltsame Eingriffe vorzunehmen. Seine beiden italienischen Freunde jedenfalls waren bisher zuverlässige Partner gewesen, auch wenn Carlucci jetzt offenbar zu einem Wackelkandidaten wurde. Der Gedanke daran ließ ihn jetzt, in dieser Nacht, erschaudern. Was, wenn etwas außer Kontrolle geraten war, wie es Carlucci befürchtete und es der anonyme Anruf erwarten ließ? Wollte man ihn in einen Hinterhalt locken? Aber warum an einer Autobahnraststätte, an der auch zu dieser Uhrzeit noch reges Treiben herrschen konnte? Warum jetzt ausgerechnet in dieser Nacht, in der man seine Frau tot aufgefunden hatte? Und wieso dieser Hinweis auf Mariangela? In Italien hätte es doch Tausende Möglichkeiten gegeben, ihn zu attackieren.

Das ergab alles keinen Sinn, durchzuckte es ihn. Er beugte sich zum Handschuhfach hinüber, wo er hinter diversen Landkarten eine kleine Pistole versteckt hatte. Doch jetzt, während der Fahrt, konnte er sich nicht weit genug hinüberlehnen, um sie zu greifen. Er würde deshalb gleich bei der Einfahrt in den Rasthausparkplatz anhalten und die Waffe herausnehmen, entschied er, als er links drüben die Lichter des Rasthauses Irschenberg vorbeiziehen sah.

Wenige Minuten später tauchten bereits die blauen Schilder auf, die das Rasthaus Holzkirchen ankündigten. Misselbrünn hatte trotz des klimatisierten Innenraums Schweißperlen auf der Stirn, als er den Fuß vom Gas nahm, den Blinker rechts setzte und in die Abbiegespur rollte. Seine Scheinwerfer trafen auf eine Reihe geparkter Lkws, vor denen er stoppte, den Gurt löste und aus dem Handschuhfach nahm, was er vorhin nicht erreicht hatte: seine handliche Beretta, die er nun in die linke Innentasche seines Jacketts steckte.

Nachdem er den Gurt wieder hatte einrasten lassen, glitt der Mercedes langsam an der Reihe der Lastzüge vorbei, während die Scheibenwischer in regelmäßigem Intervall den Nieselregen von der Windschutzscheibe strichen.

›Nach den Lastzügen, direkt beim Rasthaus‹ – so klangen in Misselbrünns Kopf die Anweisungen des Anrufers noch nach. Tatsächlich gab es ein Stück weiter eine größere, hell erleuchtete Fläche, auf der nur wenige Pkws standen. Links, hinter dem Bewuchs, zeichnete sich das Licht der Rasthausfenster ab. Den Weg dorthin säumten einige Lampen.

Misselbrünn ließ seinen Blick über das dunkle Gelände streifen, prägte sich die Situation ein, konnte aber nichts Verdächtiges erkennen. Allerdings gab es hier genügend Möglichkeiten, sich zu verstecken. Außerdem hatte er nicht damit gerechnet, dass der Pkw-Parkplatz, der auf der der Autobahn abgewandten Seite des Rasthauses lag, so verlassen sein würde. Möglich, dass der anonyme Anrufer in einer der dunklen Fahrerkabinen der Lastzüge lauerte. In den Autos, die vereinzelt auf der Freifläche daneben standen, konnte er im diffusen Licht nichts erkennen, was auf die Anwesenheit eines Menschen hindeuten würde.

Misselbrünn näherte sich im Schritttempo, blendete den Scheinwerfer kurz auf, um sich bemerkbar zu machen, doch da gab es keine Bewegungen und keine Hinweise darauf, dass ihn jemand erwartete. Er fuhr langsam im weiten Bogen über den regennassen Parkplatz, bis plötzlich zwischen zwei Sattelzügen Scheinwerfer aufblitzten und sich ein größerer Pkw gemächlich aus der Reihe der Lkws schob. Das Fahrzeug kam mit aufgeblendeten Scheinwerfern direkt auf Misselbrünn zu, der nun stoppte und atemlos darauf wartete, was geschehen würde. Er kniff die Augen zusammen, um die Blendwirkung des starken Xenonlichts zu dämpfen.

Misselbrünn umklammerte das Lenkrad, hatte den Motor noch laufen und hielt die Bremse angespannt gedrückt, augenblicklich darauf gefasst, notfalls mit Vollgas davonjagen zu können. Das fremde Auto, das ähnlich groß war, wie jenes, das vor einigen Stunden bei der Bergvilla aufgetaucht war, drehte wenige Meter vor der Motorhaube des Mercedes' nach links ab, um nun dicht neben ihm anzuhalten, sodass der Fahrer genau neben ihm saß. Erkennen konnte er ihn jedoch in der Dunkelheit durch die beiden Seitenscheiben hindurch nicht.

Eine schier endlos erscheinende Zeit verstrich, während derer sich Misselbrünns Körper immer mehr verkrampfte. Vorsichtig hatte er den Kopf nach links gewandt, doch an der Scheibe beeinträchtigten herabperlende Regentropfen die Sicht hinüber zu dem Auto, das weniger als einen halben Meter von ihm entfernt zum Stillstand gekommen war. Aussteigen konnten sie demnach beide nicht, erkannte Misselbrünn plötzlich. Beide Fahrertüren hatten in dieser Position viel zu wenig Spielraum, um aufzuschwenken.

Gefangen. Misselbrünn fühlte sich eingesperrt. Nein, versuchte er sich zu beruhigen, du brauchst doch bloß Gas zu geben und schon bist du aus dieser Falle raus. Die Pistole, zuckte es ihm durch den Kopf. Aber war es nicht viel zu gefährlich, den Unbekannten mit einer Waffe zu provozieren?

Im fahlen Licht der Straßenlampen bemerkte Misselbrünn, dass sich links neben ihm etwas bewegte. Es war die Seitenscheibe, die am anderen Fahrzeug nach unten glitt. Jetzt erst nahm die Person, die dort hinterm Steuer saß, schärfere Konturen an.

Offenbar ein Mann, stellte Misselbrünn fest. Nicht besonders kräftig, aber wohl groß, konstatierte er aus der Sitzposition. Er hatte von seinen italienischen Freunden gelernt, wie wichtig es war, sich die Merkmale von Personen einzuprägen – nicht nur, um sie später eventuell identifizieren zu können, sondern auch, um gleich ihr Verhalten einzuschätzen, falls es zu einer gewalttätigen Konfrontation käme.

Die Situation ist gefährlich, mahnte ihn eine innere Stimme. Aber falls man ihn hätte liquidieren wollen, kaltblütig und heimtückisch, dann wäre das längst geschehen. Ein Schuss durch die Scheibe, und alles hätte ein Ende gehabt.

Doch jetzt sah es danach aus, als wollte der Unbekannte tatsächlich mit ihm reden. Er drückte die Taste, mit der die Seitenscheibe nach unten fuhr, und spürte die feuchtkühle Luft, die der Wind in das Wageninnere blies, während er nun seinem Kontrahenten Auge in Auge gegenübersaß. Was Misselbrünn im fahlen Licht sah, jagte ihm das Entsetzen durch alle Glieder. Denn die Person, auf die er starrte, hatte gar kein Gesicht. Den gesamten Kopf verhüllte eine Pudelmütze, die bis zum Kinn hinabgezogen war. Dort, wo die Augen sein mussten, glotzten ihn zwei Sehschlitze wie finstre Löcher an.

Dieser Anblick erinnerte ihn auf fatale Weise an Terroristen oder brutale Bankräuber. Nie zuvor war er mit einem derart Vermummten konfrontiert worden.

Er fühlte sich, als sei alles Leben aus ihm gewichen. Unfähig, nach seiner Pistole zu greifen.

War das jetzt das Ende?

Silke Mehlfurt hatte in dieser Nacht so gut wie gar nicht geschlafen. Seit ihr die Nachricht übermittelt worden war, dass man das Fahrrad ihres Mannes bei Riedheim entdeckt hatte, konnte sie keinen klaren Gedanken mehr fassen. Zwar war die Beziehung längst abgekühlt, doch sein plötzliches Verschwinden bescherte ihr kein Gefühl der Erleichterung, sondern eher ein schlechtes Gewissen.

Sie hatte ihn als vermisst gemeldet – und nicht mal eine Stunde später war eine Polizeistreife auf das Fahrrad gestoßen. Und Ralf, ihr Sohn, schien sich keine allzu großen Sorgen über das Verschwinden seines Vaters zu machen – zumindest hatte sie dies aus dem nächtlichen Telefonat herausgehört, das sie mit ihm geführt hatte. Sie hatte sich deshalb auch nicht verpflichtet gefühlt, ihn später noch einmal anzurufen, um ihm von dem gefundenen Fahrrad zu berichten.

Nein, Ralf war jetzt keine Hilfe. Ralf lebte sein eigenes Leben. Und vielleicht war das auch besser so.

Silke Mehlfurt war sich plötzlich des zermürbenden und quälenden Wartens bewusst, das sich nun breitmachte. Sie ging ziel- und planlos in der Wohnung umher, sah alle paar

Minuten auf die Uhr, betrachtete sich kritisch im Spiegel und beschloss, etwas gegen die bleiche Gesichtsfarbe und die Augenränder zu unternehmen.

Schließlich wollte sie um zwölf Uhr einigermaßen frisch aussehen, wenn sie Frank wieder traf. So hatten sie es gestern vereinbart. Gemeinsames Mittagessen im Autobahnrasthaus Seligweiler. Die ganze Nacht über hatte sie mit dem Gedanken gekämpft, ihn anzurufen. Doch ihr wildes Gedankenkarussell war dagegen gewesen. Frank hatte ihr ohnehin dringend geraten, vorläufig keinen Kontakt mehr über elektronische Kommunikationsmittel mit ihm aufzunehmen – zumindest nicht auf den üblichen, allgemein zugänglichen Wegen. Noch während sie Franks Anweisung – und nur als solche konnte seine Bitte verstanden werden – zutiefst bedauerte, schreckte sie der schrille Ton ihres Telefons auf. Sie überlegte, wer dies sein könnte, sah auf das Display, doch da wurde keine Nummer angezeigt.

»Ja hallo?«, meldete sie sich deshalb.

»Frau Mehlfurt?«, fragte eine Männerstimme.

»Ja, ist hier«, antwortete sie schwach.

»Hier spricht Häberle, Kriminalpolizei.« Das Gehörte drang ihr wie ein Stich ins Herz. Kriminalpolizei.

»Entschuldigen Sie, wenn ich Sie störe.« Die Stimme war sonor und beruhigend. »Keine Sorge, Frau Mehlfurt, ich hab keine schlechte Nachricht, aber auch nicht wirklich eine gute. Jedenfalls haben wir noch keinen Hinweis auf Ihren Mann.«

Silke Mehlfurt schloss die Augen. »Sondern was dann?«, war alles, was sie über die Lippen brachte.

»Ich hab nur eine Frage, die Ihren Sohn betrifft.« Häberle wartete auf eine Reaktion.

»Ralf?«

»Ja. Das hat aber gar nichts mit Ihrem Mann zu tun«,

versicherte der Kriminalist. »Der Name Ihres Sohnes ist in einem ganz anderen Zusammenhang aufgetaucht. Rein zufällig, denke ich.«

»Von Ralf? Sein Name?« Silke Mehlfurt suchte vergeblich nach einem Grund für Häberles Interesse.

»Ja, Ralf ist doch Ihr Sohn?«

»Ja natürlich. Was ist mit ihm?«

»Nichts, gar nichts. Es ist nichts passiert«, betonte Häberle noch einmal ruhig. »Wir sollten nur wissen, wo wir ihn erreichen können.«

»Erreichen?« Silke Mehlfurt ließ sich in einen Sessel fallen. »Wieso denn erreichen? Hat er etwas angestellt?«

»Nein, keine Sorge. Wir müssen ihn lediglich wegen einer anderen Sache etwas fragen.« Häberle schien zu überlegen. »Sozusagen als Zeugen.«

»Als Zeugen? Wozu denn – und gegen wen?« Silke Mehlfurt glaubte, den Boden unter den Füßen zu verlieren.

»Nichts Besonderes, wirklich nicht. Deshalb die Frage: Wo erreichen wir Ihren Sohn?«

Sie stockte kurz. »Das wird schwierig sein. Heute zumindest. Er hat einen wichtigen Termin, hat er gesagt, in Frankfurt oder Darmstadt, glaub ich.«

»Aber er hat doch sicher ein Handy?«

»Hat er, natürlich, ja. Ich kann Ihnen seine Nummer geben.«

»Das wäre sehr wichtig für uns.«

Häberle ließ sich die Nummer diktieren und beeilte sich dann, eine weitere Frage nachzuschieben: »Nur noch kurz, Frau Mehlfurt, was ist eigentlich Ihr Sohn von Beruf?«

»Von Beruf? Hat es damit zu tun?« Sie war erschrocken.

»Nein, es interessiert uns nur am Rande. Was macht er denn beruflich?«

»Er ist Informatiker, Computer und Telekommunikation. Software. Alles, was damit zusammenhängt.«

Häberle bedankte sich und beendete das Gespräch.

Silke Mehlfurt nahm das Gerät nur langsam vom Ohr und drückte in Gedanken versunken die Aus-Taste, um das Telefon in die Ladeschale zurückzulegen.

Ihre Gedankenwelt war vollends ins Rotieren gekommen. Wieso Ralf? Warum interessierte sich die Kriminalpolizei für ihren Sohn? Sollte sie ihn anrufen und warnen? Nein, beschloss sie, nicht einmischen. Jetzt nicht.

Was sie in den folgenden Stunden tat, war eigentlich sinnlos. Nichts wollte ihr gelingen, auf nichts konnte sie sich konzentrieren. Ihr Magen rebellierte, sie hatte Kopfweh und keinen Appetit auf ein Mittagessen. Als sie Punkt zwölf Uhr den Parkplatz der Autobahnraststätte erreichte, war nichts mehr von der Freude geblieben, mit der sie bisher einem Treffen mit Frank entgegen gefiebert hatte.

Auch er erschien pünktlich, stieg zu ihr ins Auto, küsste sie flüchtig auf die Wange, streichelte ihr über die schwarzen schulterlangen Haare und ließ die Tür sanft zufallen. Er spürte sofort, dass mit Silke etwas nicht stimmte. Sie war kühl und abweisend. »Ist etwas passiert?«, fragte er leise.

»Johannes ist weg. Spurlos. Verschwunden«, erwiderte sie kühl und bleich, um gleich auszusprechen, was sie seit Stunden plagte.

Rimbledon nahm es eher, wie sie es empfand, geschäftsmäßig zur Kenntnis. »Verschwunden? Johannes?«

Sie überlegte, was jetzt wohl in dem Mann vorging, der sich bisher von nichts hatte erschüttern lassen. »Johannes ist von seiner Radtour gestern Abend nicht zurückgekehrt«, sagte sie nach kurzem Nachdenken und versuchte, es ebenso emotionslos klingen zu lassen.

Frank Rimbledon verzog sein Gesicht zu einem gequälten Lächeln. »Hat er dich verlassen, Hals über Kopf?«

»Woher soll ich das wissen? Er hat ...« Sie schien unschlüssig zu sein.

»Was hat er?«, fragte Rimbledon schnell nach.

»Er hat nur gesagt, dass er seinen Job nicht mehr machen will.« Es klang vorwurfsvoll.

Rimbledon hob eine Augenbraue. »So, hat er das?«

»Das verwundert dich gar nicht?«, staunte Silke und kämpfte gegen innere Unruhe an. Am liebsten hätte sie ihn noch mehr gefragt, doch dazu war sie jetzt nicht stark genug. Nicht gegenüber Frank.

»Muss mich das wundern?«, fragte er gelassen. »Das ist allein seine Entscheidung, oder?«

Silke wich mit einer Kopfbewegung seinen streichelnden Händen aus. »Man hat sein Fahrrad gefunden. Noch vergangene Nacht.«

»Ach? Die Polizei? Hast du die Polizei eingeschaltet?«

»Ja, natürlich. Hätte ich bis heute Vormittag warten sollen?«

»Und wo hat man das Fahrrad gefunden?«, Rimbledons Interesse schien geweckt zu sein.

»Bei Riedheim«, erwiderte sie leise, um mit flehendem Unterton zu fragen: »Frank, was hat das alles zu bedeuten? Wenn du etwas weißt, dann sag es mir. Bitte.«

Rimbledon sah mit versteinerter Miene durch die Windschutzscheibe in den grauen Frühlingsmittag hinaus. Ohne zu antworten, stellte er eine Gegenfrage: »Und was schließen sie bei der Polizei draus?«

»Gar nichts. Sie sagen nichts.«

»Ich denke, die werden auch nicht allzu viel tun«, meinte Rimbledon zurückhaltend. »Er ist alt genug, hat keine

Gebrechen, und nichts deutet darauf hin, dass ihm jemand nach dem Leben getrachtet hat. Oder hat man Blutspuren oder so etwas Ähnliches gefunden?«

»Nein, das heißt: Sie haben nichts gesagt. Nur das Fahrrad, neben dem Weg im Getreidefeld bei dieser Ferienhausanlage.« Sie überlegte kurz und sah ihn mit unsicheren Blicken an: »Meinst du, sie gehen davon aus, dass er sich abgesetzt hat? Dass er eine Entführung inszeniert hat?«

»Ja vielleicht. Könnte doch sein. Klingt zumindest ganz logisch.«

Sie wurde ernst: »Logisch wird's erst, Frank, wenn sie ein Motiv dafür gefunden haben.«

Frank Rimbledon legte seinen linken Arm um ihre Schulter. Er wirkte weiterhin gelassen, wie er dies immer sein konnte, wenn es ein ernsthaftes Problem zu lösen galt. Aber wie es in ihm drin aussah, dachte Silke, konnte er ganz schön verbergen.

»In solchen Fällen, Silke, ist es meist schwierig, ein Motiv zu finden. Denn entweder beseitigt er die Spuren selbst«, er hob erneut eine Augenbraue, »oder sein Umfeld wird dafür sorgen, dass es nichts zu entdecken gibt.«

Sie sah ihn Hilfe suchend und verständnislos an. Ihr war der Appetit auf ein Mittagessen vollends vergangen.

Es waren wirklich noch heiße Stunden geworden. Die weinselige Stimmung hatte nichts daran geändert – im Gegenteil, sie hatte beide sogar noch beflügelt und in gewisser Weise enthemmt. Dann, viel später, hatte sie der Schlaf übermannt, und nun war es bereits um die Mittagszeit, als Oliver mit Brummschädel und heftigen Rückenschmerzen im Bett neben Eva wach wurde. Sie hatten verschlafen und dies bewusst in Kauf genommen. Oliver überlegte, ob er sie wecken sollte, blieb noch ein paar Minuten liegen, ließ die vergangene Nacht vor seinem geistigen Auge Revue passieren und stellte zufrieden fest, dass nicht alles nur ein schöner Traum gewesen war.

Sie hatten lange geplaudert, und dann war es einfach so über sie gekommen. Einfach so. Ein Wort hatte das andere ergeben und wie in einem kitschigen Liebesfilm waren sie plötzlich im Schlafzimmer gelandet.

Oliver hob vorsichtig die gemeinsame Decke, um aufzustehen. Dabei bewunderte er die Schönheit dieser Frau, die sich wohlig entspannt ins Kopfkissen gekuschelt hatte.

»Du brauchst mich nicht heimlich anzugucken«, flüsterte sie unerwartet und lachte. Er hatte nicht bemerkt, dass sie ebenfalls schon wach war und ihn durch halb geöffnete Augenlider angeblinzelt hatte. Sie richtete sich auf, streifte die Decke bis unter die Brüste ab und grinste. »Wir haben wohl ganz schön verpennt.«

Oliver, der bereits aufgestanden war und nackt vor ihr stand, legte sich wieder neben sie und küsste sie auf den Mund. »Du bist wunderbar, einfach spitze.«

»Das Kompliment gebe ich gerne zurück«, hauchte sie und strich sich eine Haarsträhne aus dem Gesicht. »Weißt du was«, lächelte sie ihn an, »du würdest dich als würdiger Nachfolger von James Bond erweisen.«

Er wusste mit dieser Feststellung nichts anzufangen.

»Erstaunt?«, fragte sie deshalb keck zurück.

»James Bond«, echote er. »Wie kommst du denn da drauf?«

»Ist das nicht der Agent, der seine Fälle meist übers Bett gelöst hat?«

Oliver lachte gekünstelt auf. »Meinst du etwa, dass ich …« Weiter kam er nicht. Denn das Mobilteil des Telefons, das Eva auf dem Tischchen neben dem Bett liegen hatte, erfüllte mit seinem elektronischen Rufton den Raum.

»Entschuldige«, sagte sie und beugte sich zu dem Gerät hinüber, um sich zu melden. »Ja bitte?« Das Sanfte ihrer Stimme war verschwunden. Sie lauschte und wurde wieder freundlicher: »Ach du bist's.« Ein Strahlen zauberte sich auf ihr Gesicht, wie Oliver mit einer Mischung aus Verwunderung und Enttäuschung feststellte.

»Schön, dass du anrufst. Ja – ich freu mich auf dich. Ehrlich.«

Oliver sah liegend ihren nackten Rücken. Ihr Oberkörper wippte geradezu freudig erregt, ihr langes Haar ebenfalls. »Ja, natürlich. Supi. Wann kommst du?« Sie lauschte wieder. »Schön, dann bis heute Abend. Danke für den Anruf.«

Sie drückte die Aus-Taste und legte das Gerät neben sich aufs Bett, um sich wieder Oliver zuzuwenden, dessen Stimmung sich verändert hatte. »Tut mir leid, Oliver, aber das war ein sehr guter Freund von mir, der mich ganz unerwartet besuchen möchte.«

»Ein guter Freund«, wiederholte Oliver zurückhaltend und hörbar enttäuscht. Gerade war eine Welt in ihm zusammengebrochen.

7

Die Palmen im parkähnlich angelegten Garten von Carluccis Villa warfen in der Morgensonne einen langen Schatten zum Ufer des Gardasees hinab. Noch waren auf dem Fußweg, der sich zwischen Garda und Peschiera am Wasser entlang zog, nur einige wenige Jogger und Radler unterwegs. Das würde sich ändern, sobald die Sonne höher stieg. Mariangela hatte kein Auge zugetan, nachdem sie gegen drei Uhr morgens angekommen waren. Auch Gregori hatte die restliche Nacht über keine Ruhe gefunden. Viel zu sehr waren sie von den Ereignissen des Abends aufgewühlt gewesen.

Gregori lag noch im Bett, als Mariangela aufstand, die Vorhänge am Fenster beiseiteschob und über die Palmen hinweg zum See hinuntersah. Gerade hatte ein Passagierschiff drüben in Bardolino abgelegt und schien Kurs auf Lazise zu nehmen. Es würde ein traumhafter Sommertag werden.

»Wie spät ist es denn?«, hörte sie hinter sich die raue Stimme ihres Mannes, der sich vom hellen Tageslicht geblendet fühlte. Vor dem Fenster zeichnete sich Mariangelas Körper ab, so schön, wie Gott sie erschuf, dachte er. Sie liebte es, nackt durch die Wohnung zu gehen und sein Verlangen immer wieder aufs Neue zu schüren.

»Kurz nach acht«, sagte sie, ohne ihren Blick von dem See zu wenden. »Hast du jetzt doch noch geschlafen?«

»Ich bin tausendmal aufgewacht«, seufzte er in sein Kissen und spürte den hämmernden Kopfschmerz, der ihn bereits auf der Autobahn geplagt hatte. Während der langen Fahrt waren sie hellwach gewesen, denn die kontroversen Gespräche des Abends und der nächtliche Zwischenfall mit dem unbekannten Auto hatten ihre Gemütslage aufs Äußerste angespannt. Vor allem aber vermochten sie einige Bemerkungen Bronsos nicht zu deuten, dem sie bis Trient gefolgt waren, wo er an der Ausfahrt Süd die Autobahn in Richtung seines Wohnorts verlassen hatte.

»Silvio geht mir nicht aus dem Kopf«, sagte Mariangela, drehte sich um und lehnte ihren wohlgeformten Po an den Fenstersims, während sie ihre Arme vor den Brüsten verschränkte. »Der wird sich nicht so leicht abspeisen lassen.«

Gregori Carlucci richtete seinen nackten Oberkörper auf und bewunderte seine Frau, die vor der Kulisse der aufragenden Palmen und des glitzernden Sees ein aufreizendes Motiv für ein Herrenmagazin sein könnte.

»Es gibt da ein Sprichwort, das man in Deutschland gerne sagt: Lieber ein Ende mit Schrecken als ein Schrecken ohne Ende. Ich habe mich für das Ende mit Schrecken entschieden.« Er rang sich ein Lächeln ab. »Es war ein Fehler, mich auf all das einzulassen.«

»Und wenn er dich erpresst?«, sprach Mariangela aus, was sie während der Autofahrt noch nicht hatte andeuten wollen.

Gregori strich sich über den kahlen Kopf, kratzte sich im Schnauzbart und rang nach Worten, während ihn die eleganten, geradezu erotischen Bewegungen seiner Frau ablenkten. Mariangela hob graziös ein Bein nach dem anderen, um sich einen Slip anzuziehen. Dann folgten enge kurze Jeans und ein figurbetonendes T-Shirt. Heute ist für sie offenbar nicht die richtige Zeit, nackt zu frühstücken, dachte er.

»Bronso ist ein knallharter Geschäftsmann«, sagte er schließlich. »Aber in gewisser Weise auch ein Ehrenmann.«

»Diesen Anschein erwecken sie alle«, entgegnete Mariangela skeptisch. »Der ist mit allen Wassern gewaschen. Das hab ich dir immer schon gesagt. Vergiss nicht, ihr habt beide etwas, das euch hartnäckig und manchmal unberechenbar macht: die deutsche Abstammung. Deutsche Gründlichkeit und südliches Temperament.«

»Ist das keine gute Mischung?«, fragte er provokant zurück.

»Eher eine explosive«, erwiderte Mariangela, stolzierte um das Bett herum und drückte ihm einen Kuss auf die hohe Stirn. »Und Karl-Eugen?«

»Misselbrünn?«, wiederholte Gregori, als sei es völlig undenkbar, dass auch der Banker zu einem Problem werden könnte.

»Ja, der hat sich auffallend zurückgehalten, findest du nicht?«

Gregori stand auf und nahm die einen halben Kopf kleinere Mariangela in den Arm. »Misselbrünn wird sich zu keiner unbedachten Handlung hinreißen lassen. Vergiss nicht: Er hat kein heißes italienisches Blut in den Adern. Er ist der kühle Deutsche.«

Mariangela befreite sich aus Gregoris Umarmung, um Richtung Küche zu entschwinden. »Vielleicht hat ihn die Finanzkrise in die Bredouille gebracht und er verfügt gar nicht mehr über so viel Geld, wie Bronso sich das vorstellt. Ich denke, wir sollten uns um Misselbrünn kümmern«, sagte sie bereits von der Küche aus und fügte hinzu, »wenn du willst, kann ich das übernehmen.«

Gregori zog die Augenbrauen zusammen und sah zum See hinunter.

Als Karl-Eugen Misselbrünn bei der Geislinger Polizei eintraf, war es schon kurz vor zwölf Uhr mittags. Die Kriminalisten, von denen die meisten nach der arbeitsintensiven Nacht nur ein paar Stunden geschlafen hatten, waren bereits beunruhigt gewesen. Alle Versuche, Misselbrünn in den Vormittagsstunden auf seinem Handy zu erreichen, waren erfolglos geblieben. Häberle und Linkohr, die sich mit Unmengen heißem Kaffee wachgehalten hatten, wiesen inzwischen eine neue Kollegenschicht in die bisherigen Ergebnisse ein. Gerade als sie nach einem neuerlichen vergeblichen Anrufversuch Misselbrünn zur Fahndung ausschreiben lassen wollten, meldete er sich beim Revier. Ein Uniformierter brachte ihn in ein Besprechungszimmer, wo ihn Häberle und Linkohr in Empfang nahmen. Er wirkte müde und nervös, sein unrasiertes Gesicht war blass, sein Jackett zerknittert, die Haare streng nach hinten gekämmt. Wer ihn so sah, dachte Häberle, würde in ihm keinen global tätigen Banker vermuten. Aber es war wie so oft bei großen Kriminalfällen: Plötzlich zeigten die angeblich so wichtigen und bedeutenden Menschen ihr wahres Gesicht – und dies im wahrsten Sinne des Wortes. Ungeschminkt oder unrasiert und von den Ereignissen gezeichnet, blieb dann nichts mehr von dem Glitzer und Glamour, der sie ansonsten umgab. Zwar versuchten sie dann noch, ihre Rolle eine Zeit lang mühevoll weiterzuspielen, doch wenn ihnen der Ernst der Lage richtig bewusst wurde, begannen sie zu realisieren, dass all ihre Autorität, mit der sie sich umgaben, wie ein Kartenhaus zusammenfiel. Oft, so musste Häberle beim Anblick dieses Mannes denken, gab es dann noch den verzweifelten Versuch, über persönliche Beziehungen zu irgendwelchen Politikern Einfluss auf das Verfahren zu nehmen – mit mehr oder weniger Erfolg.

Und wenn dieser Fall jene Dimension annahm, die das undefinierbare Kennzeichen am Fahrzeug des Unbekannten befürchten ließ, dann hatte Misselbrünn gewiss bereits alle nur denkbaren Hebel in Bewegung gesetzt, um die Ermittler auszubremsen. Häberle musste an die dubiosen Vorgänge um den sogenannten ›Nationalsozialistischen Untergrund‹, genannt NSU, denken, bei dessen Prozess es um eine ganze Mordserie ging. Als im Oktober vorigen Jahres ein junger Mann, der Hinweise auf eine radikale Gruppe gegeben hatte, vom Landeskriminalamt zu einer neuerlichen Vernehmung an einen geheimen Ort im Raum Stuttgart geladen worden war, explodierte unterwegs sein Auto und er kam dabei ums Leben. Die Version der Stuttgarter Polizei, es sei ein Suizid gewesen, war Häberle ziemlich übereilt erschienen. Ohnehin kamen ihm in den vergangenen Jahren immer mehr Zweifel an sogenannten offiziellen Darstellungen. Er beschloss deshalb, sich in seinen Ermittlungen keine Grenzen auferlegen zu lassen. Er brauchte sich längst nicht mehr alles gefallen zu lassen, schließlich hatte er die oberste Stufe der Karriereleiter erklommen, und die Pension war in greifbarer Nähe. Natürlich konnte er sich, wenn er nicht aufpasste, noch kräftig in die Nesseln setzen und seine Ruhestandsbezüge gefährden. Aber es durfte doch nicht sein, dass kriminelle Machenschaften unter den Teppich gekehrt wurden, bloß weil es politische Kräfte erzwingen wollten. Oder weil geheime Aktionen liefen, bei denen manche glaubten, auch gegen Gesetze verstoßen zu dürfen. Dieses Land durfte sich mit seiner unrühmlichen Vergangenheit – dem NS-Regime und später dem brutalen Stasi-Überwachungsstaat, wie ihn die Ex-DDR nach den Massakern des Zweiten Weltkrieges aufgebaut hatte – nicht mal ansatzweise irgendwelche Geheimdienste leisten, die völlig außer Kontrolle gerieten.

Häberle ließ von einer Sekretärin frischen Kaffee bringen und setzte sich mit Linkohr dem erschöpften Misselbrünn gegenüber, der das heiße Getränk sichtlich genoss. Seine Hand zitterte, als er die Tasse zum Mund führte.

»Unser Beileid«, begann Häberle einfühlsam, nachdem er ebenfalls einen Schluck genommen hatte. »Es tut uns leid, dass wir Ihnen diese Nachricht am Telefon überbringen mussten, aber es gab keine andere Möglichkeit.«

»Schon gut«, erwiderte Misselbrünn, dessen Augenränder sich tief eingegraben hatten. »Hat man sie schon …«

Häberle nickte. »Die Gerichtsmedizin.«

Misselbrünn schloss kurz die Augen. »Erschossen, haben Sie gesagt«, wiederholte er, was er bereits am Telefon erfahren hatte.

»Ja, im Wohnzimmer.« Häberle ließ seinem Gegenüber Zeit, während sich Linkohr vorstellte, wie dieser weltweit operierende Finanzjongleur wohl bei Konferenzen der globalen Bankenwelt auftrat.

»Weiß man denn schon mehr …?«, fragte Misselbrünn leise.

»Es war kein Einbruch«, gab Häberle bekannt, »jedenfalls gibt es keine Spuren dazu. Ihre Frau muss den Täter eingelassen haben – und beim Verlassen der Wohnung hat er die Tür nicht ins Schloss gezogen.«

»Sie hat ihn eingelassen, meinen Sie?« Misselbrünn kniff verwundert die geröteten Augen zusammen. »Sie soll ihren Mörder selbst ins Haus gelassen haben?«

»So müssen wir die vorgefundene Spurenlage deuten. Und er scheint es auch nur auf Ihre Frau abgesehen zu haben. Soweit wir es überblicken konnten, wurde nichts durchsucht. Es gibt keine Unordnung. Wenn etwas verschwunden ist, müsste der Täter gezielt danach gesucht haben. Wir sind deshalb darauf angewiesen, dass Sie uns sagen, ob und was möglicherweise fehlt.«

»Verstehe ich das richtig, Sie und Ihre Kollegen haben mein Haus durchsucht?«, stieß Misselbrünn beunruhigt lauernd hervor.

»Nicht durchsucht«, beruhigte Häberle, »nur Spuren gesichert, wie in solchen Fällen üblich. Ihr Haus haben wir versiegelt, weshalb wir Sie bitten möchten, mit uns nachher hochzufahren.«

Misselbrünn nickte stumm.

»Was uns weiterhelfen würde«, schaltete sich nun Linkohr vorsichtig ein, »das könnten die Aufzeichnungen Ihrer Überwachungsanlage sein. Sie haben mehrere Videokameras installiert ...«

»Stimmt, ja ...« Er hielt inne. »Ich befürchte allerdings, dass sie keine sehr brauchbaren Bilder liefert. Sie stammt noch vom Vorgänger, vom Vorbesitzer des Hauses, ein Unternehmer, der Pleite gemacht und nichts mehr investiert hat.«

»Wie?«, staunte Häberle. »Und Sie haben die Anlage auch nicht modernisieren lassen?«

»Geplant hab ich das«, seufzte Misselbrünn bedauernd, »aber man muss alles rausreißen. Die Kameras sind viel zu schwach und einige auch gar nicht mehr wetterbeständig oder nachttauglich. Und die Speicherkapazität für die Aufnahmen reicht nur für 24 Stunden, danach werden die ältesten Bilder wieder gelöscht.«

»24 Stunden«, wiederholte Häberle. »Wenn sie gelaufen ist, sind die Bilder von vorgestern Abend bereits wieder weg.«

»Vermutlich war sie gar nicht in Betrieb«, meinte Misselbrünn, »meine Frau schaltete sie gelegentlich ab, weil die Anlage alle paar Tage einen Kurzschluss verursacht, wenn Nässe und Kondenswasser in die Kameragehäuse eindringen. Und dann gibt es im Untergeschoss keinen Strom mehr.«

Linkohr staunte wieder einmal über die Nachlässigkeit, wenn es um die Instandhaltung der Sicherheitssysteme ging. Misselbrünn war da kein Einzelfall. Es gab Video-Überwachungsanlagen an Tankstellen, ja sogar in Banken, die noch Schwarz-Weiß-Aufzeichnungen lieferten, deren Qualität an die Bilder der ersten Mondlandung erinnerte. Und wenn Misselbrünns Haus vor 20 oder 30 Jahren von einem Unternehmer erbaut worden war, der sich damals eine Überwachungsanlage geleistet hatte, dann war in der Tat nichts Verwertbares zu erwarten.

»Sie könnten uns aber diese Anlage mal zeigen«, unterbrach Häberle die kurze Stille des Erstaunens. »Am besten, wir nehmen einen unserer Experten dazu mit.«

»Da werden Sie nicht viel mehr sehen, als einen kleinen Schaltkasten im Keller«, gab Misselbrünn missmutig zurück. »Das ist alles ziemlich kompliziert zu bedienen.«

Er stimmte jedoch dem Vorschlag Häberles zu, gemeinsam zum Haus in Weiler zu fahren, nicht nur, um die Überwachungsanlage zu inspizieren, sondern auch, um die Wohnung nach etwaigen fehlenden Gegenständen zu kontrollieren.

»Tut uns leid, wenn wir Ihnen dies nach dieser anstrengenden Nachtfahrt zumuten müssen«, sagte Häberle, während er aufstand und zur Tür ging.

»Es ist mir äußerst unangenehm, dass ich so spät gekommen bin«, sagte Misselbrünn, der den beiden Kriminalisten folgte. »Aber Sie werden verstehen, dass mich dies alles sehr mitgenommen hat.« Seine Augenränder schienen sich noch tiefer einzugraben, auf seiner Stirn glitzerten feine Schweißperlen. »Ich hatte gestern geschäftlich einen schwierigen Tag und da hat mich Ihre Nachricht – verzeihen Sie, wenn ich das so sage – völlig aus der Bahn geworfen. Ich wollte so schnell wie möglich hierher, doch schon auf der Brennerautobahn hab ich mich nicht mehr in der Lage gefühlt, die Nacht durchzufahren. Außerdem war ich spätabends noch in Gesellschaft, und da lässt es sich nicht vermeiden, auch Alkohol zu trinken. Ich geb zu, ich bin dann ziemlich leichtsinnig losgefahren, wenn Sie verstehen, was ich meine.«

»Sie haben dann irgendwo übernachtet?«, hakte Häberle nach und ging voraus.

»Nein, jedenfalls nicht in einem Hotel. Ich bin bei Innsbruck auf einen Parkplatz gefahren, weil ich nicht auch noch meinen Führerschein riskieren wollte. Ich hab dann ein paar Stunden schlafen wollen, aber irgendwie bin ich erst gegen zehn aufgewacht.«

»Sie haben vier, fünf Stunden im Auto geschlafen?«, staunte Linkohr, der beim Verlassen des Besucherzimmers flüchtig zurückrechnete, wann Misselbrünn nach dem Anruf in Innsbruck gewesen sein konnte.

Misselbrünn zuckte vor ihm mit den kräftigen Schultern. Er wollte nicht näher darauf eingehen.

Ralf Mehlfurt war von dem Anruf der Kriminalpolizei völlig überrascht worden. Dass es um ein »informatives Gespräch« gehe, hatte ihm ein Beamter am Telefon gesagt und ihn für den Spätnachmittag zur Außenstelle nach Geislingen gebeten. »Geht's um meinen Vater?«, hatte er erschrocken zurückgefragt, doch mehr, als dass dies auch ein Thema sein müsse, konnte er dem Anrufer am Handy nicht entlocken. Er hatte deshalb sofort seine Mutter angerufen, die ihm zunächst Vorwürfe machte, sich nicht ernsthaft für das Verschwinden seines Vaters zu interessieren.

Ralf sagte zu, so schnell wie möglich heim nach Niederstotzingen zu kommen, wo ihn seine Mutter bereits mit frisch gebrühtem Kaffee empfing. Die Atmosphäre mutete jedoch eher frostig an, zumal Silke Mehlfurt nur bruchstückartig über die Ereignisse der vergangenen Nacht berichtete. »Er ist mit dem Rad weg, hat keinerlei Andeutung gemacht, dass er uns verlassen will«, sagte sie schließlich und wärmte ihre eiskalten Hände an der heißen Kaffeetasse.

»Es gibt nichts, was darauf hindeuten könnte?«, fragte Ralf interessiert. »Hat er nichts gesagt, was dir im Nachhinein komisch vorkommt?«

»Nichts. Auch in seinen Sachen auf dem Schreibtisch hab ich nichts gefunden.«

»Was meint die Polizei?«

»Gar nichts. Sie sind halt in der Nacht seine übliche Radstrecke abgefahren und haben dort bei Riedheim sein Fahrrad entdeckt.« Sie atmete schwer. »Ich hab den Eindruck, die denken, dein Vater habe sich absetzen wollen.«

»Absetzen? Du meinst, er ist freiwillig verschwunden?« Ralfs Interesse an der polizeilichen Maßnahme stieg.

»Ich …« Sie sah an ihrem Sohn vorbei zum Fenster. »Ich … ich denk, es könnte mit seiner Arbeit zusammenhängen.«

»Arbeit? Wieso denn Arbeit?«

»Du weißt doch, wie lange er manchmal unterwegs ist. In letzter Zeit hat er immer weniger darüber geredet. Immer nur, dass der Job schwieriger und die Anforderungen größer würden.« Sie nahm einen Schluck Kaffee. »Natürlich wird die Elektronik und die Computersache immer komplizierter, das weiß ich und das brauch ich dir schon gar nicht zu sagen. Du kennst dich ja noch viel besser aus.«

Ralf entschied, nichts zu entgegnen.

»Ich glaube«, fuhr sie fort, »dass er in den großen Unternehmen, die er betreut hat, auch Einblicke in Dinge bekommen hat, die – na ja, sagen wir mal – die manches erkennen lassen, das nicht nach außen dringen darf.«

»Das mag sein«, stimmte Ralf zu, »wenn du als Informatiker tief in ein Computer- oder Netzwerkproblem eindringen musst, hast du Zugang zu fast allem, was gespeichert ist. Die Frage ist, ob du dann auch alle Möglichkeiten ausschöpfst oder ob du sagst, ich konzentrier mich auf meinen Auftrag und fertig.«

Seine Mutter nickte.

»Hat er denn diesbezüglich Andeutungen gemacht?«, hakte Ralf nach. »Ist er auf etwas gestoßen, das jemandem gefährlich werden könnte?«

Sie zuckte mit den Schultern und legte die Stirn in Falten. »Nein, nicht direkt. Nein. Aber ich hatte in den letzten Monaten den Eindruck, dass er immer verschlossener wurde. Ich hab ihn mal gefragt, ob er sich vielleicht ausgebrannt fühle.«

»Burn-out«, entgegnete Ralf ruhig.

»Aber er hat das weit von sich gewiesen«, warf Silke Mehlfurt ein. »Dabei macht doch so ein Job, bei dem du ein Leben lang Einzelkämpfer bist und nur mit der Elektronik zu tun hast, auf die Dauer krank, oder nicht?«

»Kann sein«, gab ihr Sohn gelassen zurück. »Aber ich kann mich nicht beklagen.«

»Du hast ja immerhin eine feste Anstellung – im Gegensatz zu deinem Vater, der seine Aufträge nur sporadisch zugeteilt kriegt, weil die Firma in Berlin sich weigert, ihm eine fixe Anstellung zu geben.«

»Dafür verdient er aber doch wohl recht gut.« Ralf verkniff sich ein Grinsen. »An der Armutsgrenze kratzt ihr beide ja nicht gerade.«

»Ich finde diese Bemerkung am heutigen Tag völlig unpassend, Ralf«, fuhr sie ihm über den Mund. »Aber sag mal, was will denn die Kripo jetzt auch noch von dir?«

Seine Miene verfinsterte sich. »Keine Ahnung. Ich versteh auch nicht, warum ich ausgerechnet nach Geislingen kommen soll. Für Vaters Verschwinden sind doch die in Ulm oder Heidenheim zuständig.«

»Du bist aber nicht etwa auch in irgendeine Sache verwickelt?«, fragte Silke Mehlfurt vorsichtig nach.

»Ich? Wie kommst du denn da drauf?« Er wartete keine Antwort ab, sondern lenkte das Gespräch sofort wieder auf das Verschwinden seines Vaters: »Weißt du eigentlich, woran Vater die letzten Tage gearbeitet hat?«

»Natürlich nicht«, sagte sie schnell, »ich sag doch, er hat in den letzten Monaten immer weniger gesprochen. Allerdings war er zuletzt nur tagsüber unterwegs. Gestern hatte er, soweit ich das beurteilen kann, irgendeinen Auftrag im Raum Stuttgart.« Sie überlegte. »Wo bist du eigentlich die letzten Tage gewesen?«

Ralf hatte mit dieser Frage nicht gerechnet. »Ich? In ganz Süddeutschland. Seit der Sache mit der NSA letztes Jahr boomt das Geschäft. Ich hab den Eindruck, der Dritte Weltkrieg hat in den Computernetzen bereits begonnen.«

Misselbrünn war langsam auf sein Haus zugegangen. Linkohr löste das Siegel, das an der versperrten Tür angebracht war, und ließ Häberle und Misselbrünn den Vortritt. »Wir haben nichts verändert«, versicherte der Chefermittler. »Die Spurensicherung hat lediglich eine Bestandsaufnahme gemacht – und …«, er räusperte sich, »nur den Rechner Ihrer Frau beschlagnahmt, von dem wir wussten, dass er ihr gehören muss, denn er war eingeschaltet und mit ihrem Namen angemeldet.«

Misselbrünn, der zögernd in die Diele getreten war, drehte sich zu Häberle um: »Sie haben was? Einen Rechner beschlagnahmt?« Er schien aufkommenden Zorn mühsam unterdrücken zu müssen.

»Reine Routine«, besänftigte Häberle. »Wir konnten mit den Ermittlungen nicht so lange warten, bis Sie eintreffen würden. Wir müssen das persönliche Umfeld Ihrer Frau …«

»… durchleuchten, oder was?«, unterbrach ihn Misselbrünn. »Sie stöbern ohne meine Zustimmung in unseren privaten Dokumenten herum?« Ist dies das Verhalten eines Mannes, der gerade die Wohnung betritt, in der seine Frau ermordet wurde?, schoss es Häberle durch den Kopf.

Die beiden Männer standen sich gegenüber, während Linkohr die Haustür vorsichtig anlehnte.

»Wir müssen davon ausgehen, dass es zwischen Täter und Opfer eine wie auch immer geartete Beziehung geben muss«, konterte Häberle ruhig, »sonst hätte sie wohl kaum die Tür geöffnet. Ich geh mal davon aus, dass sich Ihre Frau der Gefahr bewusst war, der Sie als prominenter Vertreter der Bankenbranche ausgesetzt sind.«

»Das war ihr durchaus bewusst«, erwiderte Misselbrünn gereizt. »Aber ich möchte Sie trotzdem bitten, Ihre Ermittlungen mit der gebotenen Diskretion zu führen. Zu unserem Bekannten- und Freundeskreis zählen einige Personen, die nicht sehr erfreut sein dürften, in so eine Sache mit hineingezogen zu werden.«

Linkohr hörte aufmerksam zu. Auch er wunderte sich, dass es einem Mann, der gerade seine Frau durch ein Gewaltverbrechen verloren hatte, am wichtigsten erschien, Diskretion walten zu lassen. Aber in diesen gesellschaftlichen Kreisen, das hatte er während seiner Berufspraxis schon häufig erfahren müssen, wurde bisweilen auch in solchen Situationen das persönliche Ansehen höher eingestuft als die Trauer um einen engen Angehörigen.

»Sie werden verstehen, dass ich mir erlauben werde, beratend einen Anwalt hinzuzuziehen«, ließ Misselbrünn eine versteckte Drohung durchblicken. Häberle tat so, als habe er sie nicht zur Kenntnis genommen, und ging voraus in das Wohnzimmer, wo auf dem Teppich neben dem gläsernen Couchtisch ein getrockneter dunkelroter Blutfleck an das Verbrechen erinnerte. »Hier ist es geschehen«, sagte der Chefermittler emotionslos. Misselbrünn starrte mit versteinerter Miene auf den Tatort und schwieg betroffen.

»Fenster, Türen – alles war verschlossen?«, fragte er schließlich und räusperte sich.

»Nichts wurde aufgebrochen«, antwortete Häberle. »Als Ihre Nachbarin nach Ihrem Anruf nach dem Rechten sehen wollte, war die Haustür einen Spaltbreit offen, aber nicht aufgebrochen.«

Misselbrünn schluckte und begann, sich vorsichtig im Wohnzimmer umzusehen, als befürchte er, auf etwas Schreckliches zu stoßen.

»Lässt sich feststellen, ob wichtige Gegenstände oder Dokumente verschwunden sind? Geld, Schmuck …?«, wollte Häberle wissen.

Misselbrünns Augen blieben wieder an jener Stelle hängen, an der seine Frau gestorben war. »Sie dürfen mir glauben, dass wir so gut wie gar nichts Wertvolles herumliegen haben«, sagte er leise. »Das mögen Sie mir jetzt vielleicht nicht glauben. Aber hier gibt es wirklich nichts, was stehlenswert wäre. Nicht mal Bilder oder Teppiche.«

Er ging in die Küche und dann nacheinander durch alle Zimmer. Häberle folgte ihm, während Linkohr die beiden Männer aus der Distanz beobachtete.

»Einen Tresor oder so was Ähnliches gibt es nicht?«, fragte der Chefermittler ruhig.

»Nein, auch das nicht«, versicherte Misselbrünn schnell, um sich dann jenem Raum zuzuwenden, in dem die Kriminalisten das Büro seiner Frau vermutet hatten. »Aber hier ...«, Misselbrünn blieb an der Tür stehen, »da fehlt doch ...«

»Wie ich Ihnen bereits erklärt habe«, unterbrach ihn Häberle. »Wir haben uns erlaubt, den eingeschalteten Computer Ihrer Frau mitzunehmen.«

Misselbrünns Gesichtszüge verzerrten sich. »Sie nehmen einfach das mit, von dem Sie glauben, es gehörte meiner Frau? Vielleicht benutzen wir solche Dinge gemeinsam ...«

»Wir haben das andere Büro nicht angerührt«, entgegnete Häberle und betonte erneut, dass in solchen Fällen mit der gebotenen Eile vorgegangen werden müsse.

»Gutheißen kann ich das trotzdem nicht«, wurde Misselbrünn missmutig. »Auch ein toter Mensch genießt einen gewissen Schutz seiner Persönlichkeit.«

»Das ist unbestritten so, ja, aber ein getöteter Mensch hat auch das Recht darauf, dass sein Mörder überführt wird. Wir werden deshalb auch Sie bitten müssen, uns Ihr persönliches Umfeld zu benennen«, sagte Häberle und blickte durch die große Fensterscheibe in den Garten mit dem großzügigen Swimmingpool hinaus.

Misselbrünn sah zu Häberle hinüber, der noch immer mit dem Rücken zu ihm stand. »So schlimm das alles ist – und Sie dürfen mir glauben, der Tod meiner Frau trifft mich schwer –, aber ich halte es trotz allem für geboten, mit dem nötigen Fingerspitzengefühl vorzugehen.«

Häberle drehte sich um. »Wir werden nicht mehr tun, als notwendig ist. Aber die Vorgehensweise, wenn jemand zu Tode gekommen ist, erfordert natürlich den Einsatz aller Mittel, die uns zur Verfügung stehen.« Er wollte gleich gar keinen Zweifel daran aufkommen lassen, dass er nicht bereit sein würde, sich Grenzen auferlegen zu lassen.

Misselbrünn ging zurück ins Wohnzimmer. »Sie werden verstehen, dass sich mein berufliches Umfeld in viele Kreise hinein erstreckt.« Er suchte nach einer passenden Erklärung, während ihm Häberle folgte. »Gehen Sie einfach mal davon aus, dass meine Frau damit nichts zu tun hatte, weil sie über meine geschäftlichen Angelegenheiten ohnehin so gut wie nicht informiert war.«

Häberle beobachtete Linkohr, der vor der Schrankwand die Buchrücken studierte.

»Hat Ihre Frau gestern Vormittag jemanden erwartet?«, fragte er dann in die Stille hinein.

»Jemanden erwartet?«, wiederholte Misselbrünn und starrte auf die Stelle, an der Blut den Teppich verfärbt hatte. »Was fragen Sie mich das? Ich bin seit drei Tagen unterwegs gewesen, und wir haben nur einmal miteinander telefoniert.«

Linkohr spitzte die Ohren. Nur einmal miteinander telefoniert, hallte es in ihm nach. Offenbar war die Beziehung längst abgekühlt, dachte er und musste daran denken, wie oft er mit seinen Verflossenen regelmäßig telefoniert hatte. Allerdings: Genutzt hatte es meist nichts.

»Wir haben ein Schreiben eines Telekommunikationsanbieters gefunden – genauer gesagt, von KabelBW –, in dem der Besuch eines Servicetechnikers angekündigt wurde«, trumpfte Häberle auf. »Für gestern Vormittag.«

Misselbrünns Miene verriet Ratlosigkeit. »Davon ist mir nichts bekannt.« Er wusste mit der Frage nichts anzufangen. »Dann fragen Sie ihn doch – diesen Servicetechniker. Der muss doch aufzutreiben sein.«

»Das werden wir tun«, murmelte Häberle, um dann das Thema zu wechseln: »Wir möchten Sie nicht mehr allzu lange behelligen, aber Sie wollten uns noch die Überwachungsanlage zeigen.«

»Ja selbstverständlich, kommen Sie.« Misselbrünn war tief in Gedanken versunken gewesen und jetzt offenbar froh, dass keine weiteren Fragen zu seinen persönlichen Verhältnissen gestellt wurden. Er ging voraus in die Diele, von wo aus eine geschwungene Steintreppe ins Untergeschoss hinabführte.

Häberle und Linkohr folgten in einen der Kellerräume, die unverschlossen waren.

Misselbrünn deutete auf einen Schaltkasten, der über einer alten Kommode an die Wand geschraubt war. »Das ist das Ding. Wie gesagt, nicht mehr auf dem neuesten Stand.« Er öffnete zwei Blechtürchen, hinter denen sich einige Schalter und Tasten befanden, die eindeutig noch aus dem analogen Zeitalter stammten. Eine rote Kontrollleuchte glimmte. Häberle deutete sie als Zeichen dafür, dass die Anlage ausgeschaltet war.

Misselbrünn tippte mit dem Zeigefinger darauf. »Nicht in Betrieb, wie ich sagte. Sie dürfen aber die Videokassette gerne mitnehmen.« Er öffnete einen schmalen Einschub, worauf ein kurzes Pfeifsignal ertönte. Misselbrünn griff nach einer Kassette, in der sich ein aufgespultes Videoband befand. »Kein digitaler Speicher«, sagte er und reichte sie Häberle.

»Sie gestatten sicher, dass sich unsere Experten mit der Anlage befassen«, sagte der Kriminalist und nahm die Kassette entgegen. »Ich geh mal davon aus, dass Sie die nächsten Tage hier sein werden.«

»Ja selbstverständlich. Natürlich.«

Häberle drehte sich um und verließ mit Linkohr im Schlepptau den Raum. Misselbrünn klappte die Türchen des Schaltkastens wieder zu.

»Ach ja«, dröhnte Häberles sonore Stimme durch den Keller, »sagt Ihnen eigentlich der Name Mehlfurt was? Ralf Mehlfurt?«

»Mehlfurt?« Misselbrünn kam den beiden Kriminalbeamten hinterher. »Mehlfurt. Muss mir das etwas sagen?«

»Es könnte ja sein«, erwiderte Häberle, der gerade die ganze Fülle seines Körpers die Treppe hochbewegte und schwer atmete, »dass dieser Mehlfurt aus Ihrem großen geschäftlichen Umfeld ist.«

»Nein«, kam es zurück, und Linkohr merkte, dass sich Misselbrünns Gesicht zu einem gequälten Lächeln verzogen hatte, »ganz gewiss nicht. Nein, sicher nicht.«

8

Oliver war nach dem späten Aufstehen nach Hause gefahren, hatte geduscht, schnell ein paar Bissen Toastbrot gegessen und traf gegen halb drei im Institut ein, wo er seinen Kollegen wenig glaubhaft weiszumachen versuchte, er habe etwas ›wichtiges Privates‹ erledigen müssen. Und das war ja schließlich nicht einmal gelogen.

Als ihn Eva auf dem Flur sah, hob sie eine Augenbraue und lächelte. Allerdings wusste er nach dem Telefonat, das sie noch vom Bett aus geführt hatte und in dem sie sich mit einem *sehr guten Freund*, den sie *sehnlichst* erwartete, verabredet hatte, nicht so recht, wie er ihr gegenübertreten sollte. »Ich hab für unser heutiges Meeting einen Raum im Untergeschoss herrichten lassen«, sagte sie eher kühl, »weil ich mir nicht sicher bin, ob wir hier oben verwanzt sind. Deshalb besprechen wir unsere wichtigen Dinge ab sofort unten, in einer halben Stunde«, sagte sie und ging wieder in ihr Büro, dessen Tür sie üblicherweise offen stehen ließ, heute aber hinter sich schloss.

Als Oliver zwei Zimmer weiter seinem Kollegen am Schreibtisch gegenübersaß, musterte ihn der junge Mann über einen Aktenberg hinweg. »Hast du Probleme?«

»Wie? Was?«, fragte Oliver verlegen.

Der Kollege warf ihm einen prüfenden Blick zu. »Du siehst so blass aus. Bist du krank?«

Instinktiv fasste sich Oliver an die linke Wange, als wolle er fühlen, ob er Fieber habe. »Wie kommst du denn darauf?«

»Na ja, du kommst erst mitten am Tag daher, erklärst, du hättest etwas erledigen müssen, und siehst aus, als hättest du die ganze Nacht durchgemacht.«

Oliver rang sich ein Lächeln ab. »Keine Sorge, nichts Beunruhigendes. Ich bin wieder ganz okay.« Er tippte sein Passwort in den Computer, um wenigstens den Anschein zu erwecken, sich sofort über die Arbeit herzumachen. Doch auf die Zahlen und Texte konnte er sich nicht konzentrieren, blickte ständig auf die digitale Uhr am rechten Bildschirmrand und war schließlich froh, als nach langen Minuten des Schweigens sein Kollege aufstand und ihm vorschlug, sich jetzt in den Konferenzraum ins Untergeschoss zu begeben. »Eva hat wohl Schiss«, kommentierte der junge Mann. »Sonst hätt sie nicht dort unten umräumen lassen. Aber ob heutzutage noch Wanzen benutzt werden, wage ich zu bezweifeln.« Er ging zur Tür, öffnete sie aber noch nicht. »Bei dem, was die NSA alles kann und tut oder darf, obwohl sie es eigentlich nicht dürfte – dagegen sind doch Wanzen eher Peanuts. Solange sie den ganzen Datenverkehr abgreifen können – kein Mensch weiß, was die in diesem Griesheim bei Darmstadt alles in Stellung gebracht haben.« Damit trat der Kollege in den Flur hinaus.

Oliver hatte schon viel über dieses Griesheim gelesen und erinnerte sich an eine Satiresendung, die inzwischen ein halbes Jahr zurücklag und bei der der Kabarettist Sparwasser, der sich Pelzig nannte, eine Satellitenaufnahme dieses Areals von Google Earth gezeigt hatte, das die kommunalen Behörden von Griesheim als ›amerikanisches Hoheitsgebiet‹ bezeichnet hatten. Oliver hatte es anderntags selbst bei Google Earth gefunden und sich die nahe gelegene Autobahnausfahrt der A67 »Pfungstadt« gemerkt.

Aber was war das schon gegenüber den jüngsten Enthüllungen dieses Edward Snowden? Gerade erst hatte »Spiegel online« berichtet, der US-Geheimdienst habe seinen Deutschland-Hauptsitz in der Patch-Kaserne in Stuttgart-Vaihingen, wo auch das Hauptquartier der US-Streitkräfte in Europa angesiedelt war. In den zitierten Unterlagen, die auf vertraulichen Dokumenten Edward Snowdens beruhten, hatte es angeblich geheißen, es gebe sechs NSA-Standorte in Deutschland. Und Stuttgart war gerade mal hundert Kilometer von Ulm entfernt.

Daran musste er denken, als er seinem Kollegen nun die gefliesten Stufen abwärts ins Untergeschoss folgte, wo es einige Vortragsräume gab, in denen die natürliche Dunkelheit für die unvermeidlichen Power-Point-Präsentationen genutzt wurde.

Eva Langbein hatte wieder Kaffee bereitstellen lassen und einige Statistiken und technische Zeichnungen an die Wand projiziert. Die vier Männer saßen an dem viel zu großen Tisch weit auseinander, sie selbst hatte am Kopfende vor der Leinwand Platz genommen.

»Ich bin auf eine interessante Veröffentlichung der Fraunhofer-Gesellschaft gestoßen«, begann sie und erwähnte damit Europas größte Organisation für angewandte Forschungs- und Entwicklungsdienstleistungen. »Die Zahlen sind zwar schon ein paar Monate alt, aber um euch zu zeigen, welch hohes Potenzial in unserer Forschung steckt, müsst ihr wissen, dass für Lithium-Ionen-Akkus, wie sie – wie wir wissen – allein in Endgeräten gebraucht werden, in den kommenden fünf Jahren ein Marktwachstum von fast 50 Prozent erwartet wird. In US-Dollar ausgedrückt, wird eine Steigerung von derzeit noch 28 auf 41 Milliarden prognostiziert. Und dabei ist darin das weitaus größere Wachstumspotenzial für die Elektromobilität noch gar nicht enthalten. Denkt nur an die zunehmende Zahl von Elektrofahrrädern und, natürlich, von Autos.« Eva Langbein projizierte eine weitere Grafik an die Wand. »Dass die Energiewende auf leistungsfähige Stromspeicher angewiesen ist, steht außer Frage. Bis 2020 sollen Wind, Sonne, Biomasse und Wasserkraft nach heutiger Vorstellung 35 Prozent des Strombedarfs decken. Und es gilt, den produzierten Strom für jene Zeiten zu speichern, in denen er gebraucht wird.«

»Falls unsere schlauen Politiker an der Energiewende festhalten«, warf einer dazwischen.

Die jungen Männer waren sich des Dilemmas aufgrund ihrer Ausbildung und Tätigkeit längst bewusst und fragten sich insgeheim, welchen aktuellen Anlass es für ihre Teamleiterin gab, das Thema heute so deutlich hervorzuheben.

»Der Bedarf an kurzfristiger Energiespeicherung wird sich bis 2025 verdoppeln«, zitierte sie aus der Veröffentlichung weiter. »Ihr seht also, wir sind mit unserem Institut an vorderster Front dabei, den Weg für einen schier grenzenlosen Markt zu ebnen.« Sie schaltete die Videoprojektion wieder ab. »Es war mir ein Bedürfnis, euch dies noch einmal vor Augen zu führen, um euren Blick auf mögliche Angriffe von außen zu schärfen. Natürlich sind wir bei Weitem nicht die Einzigen, die ins Visier von Industriespionen geraten können. Ihr wisst, dass in der sogenannten ›Fraunhofer-Allianz Batterien‹ insgesamt 19 Institute zusammengeschlossen sind.«

Oliver schluckte, als sich ihre Blicke trafen. Seit vergangener Nacht verband sie beide ein Geheimnis ganz anderer Art. Je mehr Zeit seither verstrichen war, umso heftiger plagten ihn Zweifel, ob dies alles für Eva nur ein kurzes

Abenteuer dargestellt hatte oder ob sich mehr dahinter verbarg. Und um wen handelte es sich bei dem morgendlichen Anrufer, der ihm nicht mehr aus dem Kopf ging?

»Ich bin mit euch heute hier runtergegangen«, fuhr Eva Langbein fort und gewann damit wieder die volle Aufmerksamkeit ihrer Zuhörer, »weil es etwas gibt, das mir große Sorgen bereitet.« Sie schlug ihre Beine übereinander und lehnte sich zurück. »Ich hab mir lange überlegt, ob ich es euch sagen soll – und darf.«

Oliver sah sie an und überlegte, ob sie ihm vergangene Nacht etwas verschwiegen hatte oder ob es tatsächlich Neuigkeiten gab.

»Ich werde bedroht«, sagte sie schnell und berichtete zum Erstaunen der Männer von der Telefonbotschaft aus Italien. »Daraus schließe ich«, resümierte sie anschließend, »dass die Angreifer bereits wissen, dass ich die Wanze in der Steckdose gefunden habe. Aber ich bin nicht bereit, mich einschüchtern zu lassen.«

Oliver durchbrach als Erster das entstandene Schweigen. »Wann kam der Anruf?« Er hatte kurz zurückgerechnet. Um 20 Uhr war er eingetroffen – und außer dem Anruf am heutigen Vormittag hatte er kein weiteres Gespräch mitgekriegt. Wurde sie also später angerufen oder hatte sie ihm verschwiegen, dass bereits zuvor diese Botschaft eingegangen war?

»Es war ja nur ›Anruf in Abwesenheit‹ auf dem Display«, schilderte sie noch einmal. »Der ging um 15.37 Uhr ein. Gesehen hab ich's, als ich kurz vor fünf zurückgekommen bin – und gleich drauf hab ich die Nummer zurückgerufen.« Sie sah zu Oliver und gab ihm indirekt zu verstehen, dass sie ihm dies ganz bewusst verschwiegen hatte. »Ich hab nun lange mit mir gekämpft, ob ich es euch sagen soll.«

»Die Nummer, die übertragen wurde«, griff ein anderer aus der Runde das Geschilderte auf, »die hast du aber notiert.«

»Natürlich, sie ist auch in meinem Telefon gespeichert. Ich überleg mir aber noch, ob ich das der Polizei melden soll. Die hätten sicher die Möglichkeit, den Anschlussinhaber ausfindig zu machen.«

Oliver musste dies alles zunächst gedanklich verarbeiten. Die ganze Nacht hatten sie diskutiert, aber weshalb, so zermarterte er sich den Kopf, hatte sie ihm nicht von dieser Drohung berichtet? Hatte sie kein Vertrauen zu ihm? Weshalb tat sie es dann in dieser ›großen Runde‹?

»Die Polizei kann den Anrufer doch auf diskrete Weise ermitteln«, meinte ein anderer.

»Das wird sie nur tun, wenn ich offenlege, worum es geht«, erwiderte Eva Langbein. »Dann aber trete ich internationale Ermittlungen los, deren Folgen nicht abzuschätzen sind. Wenn wir's tatsächlich mit Profis zu tun haben, ist damit zu rechnen, dass denen solche Aktivitäten nicht verborgen bleiben. Außerdem gehe ich davon aus, dass die Suche nach dem Anschlussteilnehmer ins Leere laufen wird.« Sie musterte langsam einen der Männer nach dem anderen. »Nach allem, was derzeit läuft, ist mein Vertrauen in die Ermittlungsbehörden und deren Diskretion nachhaltig gestört. Ich bin davon überzeugt, dass auch der Kriminalpolizei in manchen Dingen Grenzen gesetzt sind.«

»Du meinst«, fragte Oliver entrüstet nach, »dass manches gar nicht aufgeklärt werden soll?«

Eva Langbein nickte nachdenklich. »Entweder nicht soll – oder dass es einfach verschleiert wird. Denkt doch an diese NSU-Geschichte, diesen nationalsozialistischen Untergrund, wo die Geheimdienste behauptet haben, die

Akten seien geschreddert worden. Mal ehrlich: Das war doch ein schlechter Witz. Selbst wenn Akten geschreddert werden – warum und durch welchen Dummkopf auch immer – dann muss es heutzutage auch noch Speichermedien geben, auf denen das Original vorhanden ist. Festplatten, Back-ups, Sicherungskopien, Time Machines. Für wie dumm halten die – und übrigens auch die Medien – eigentlich das Volk, wenn sie behaupten, Papierakten seien vernichtet worden und sonst sei nichts mehr da. Jeder, der daheim einen Computer hat, macht doch regelmäßig auf eine externe Festplatte Sicherungskopien von dem, was er geschrieben hat.« Sie rang sich jetzt sogar ein Lächeln ab. »Und das macht nicht nur, wer einen alten absturzgefährdeten Microsoft-Windows-Rechner daheim rumstehen hat.«

Ralf Mehlfurt hatte seinen Wagen in einem Parkhaus am Rande der Geislinger Altstadt abgestellt und war die 300 Meter bis zum Polizeirevier zu Fuß gegangen. Hinter der dicken Sicherheitsscheibe im Foyer begrüßte ihn ein Uniformierter, der ihn auftragsgemäß in das obere Stockwerk zu Kommissar Häberle begleiten ließ.

Der Chefermittler bot dem jungen Mann einen Platz im Besprechungszimmer an und setzte sich ihm gegenüber. »Es tut mir leid«, begann Häberle ruhig, »aber meine Kollegen in Ulm haben bis jetzt noch keine Spur von Ihrem Vater.«

Ralf Mehlfurt nickte nachdenklich. »Wie weit war denn das Fahrrad von der Donau weg?«

»Luftlinie vielleicht 200, 300 Meter. Ein Unfall, bei dem er in die Donau gestürzt sein könnte, ist absolut auszuschließen. Die Kollegen haben heute Nachmittag die

Bewohner der Ferienhaussiedlung befragt, vor der das Fahrrad aufgefunden wurde.«

»Das Fahrrad war aber nicht beschädigt?«

»Nein, es lag völlig intakt neben einem Getreidefeld.«

»Und sein Handy«, überlegte Ralf, »ist es irgendwo eingeloggt?«

Häberle runzelte die Stirn. Der junge Mann dachte offenbar mit und wusste um die kriminaltechnischen Möglichkeiten. »Es war zuletzt im Bereich der Fahrradfundstelle eingeloggt gewesen. Gestern am frühen Abend.«

Ralf nickte stumm, während Häberle zum eigentlichen Thema überleitete. Denn der Vermisstenfall war natürlich Angelegenheit der Ulmer, hier aber ging es um Mord. »Dass wir Sie zu uns hierher nach Geislingen gebeten haben, Herr Mehlfurt, hat einen anderen Grund.«

Mehlfurt hatte bereits so etwas befürchtet und sich auf alle denkbaren Fragen vorbereitet. »Anderen Grund?«, wiederholte er erstaunt, als habe er dies nicht erwartet.

»Es hat in der vorgestrigen Nacht ein Tötungsdelikt gegeben, hier bei uns, im Stadtbezirk Weiler«, erklärte Häberle sachlich. »Eine Frau Misselbrünn wurde in ihrer Wohnung erschossen.« Er sah seinem Gegenüber fest in die Augen. Mehlfurt hielt dem Blick des Kommissars stand – beinahe eine Spur zu selbstsicher, wie Häberle es empfand.

»Und was soll ich damit zu tun haben?«, fragte der junge Mann schließlich mit trockener Kehle. Die Farbe war aus seinem Gesicht gewichen.

»Sie könnten uns möglicherweise weiterhelfen«, gab sich Häberle diplomatisch und verhielt sich abwartend. »Wir wollten nur von Ihnen wissen, ob Sie Frau Misselbrünn kennen.«

Mehlfurt wollte sofort antworten, dann aber legte er sich vorläufige Zurückhaltung auf. »Ist das die Frau von diesem Banker?«

»So ist es. Sie kennen Sie also?« Häberle spürte, dass der junge Mann keineswegs so ahnungslos war, wie er offenbar den Anschein erwecken wollte.

»Sie ist tot?«, hakte Mehlfurt flüsternd nach. »Tot?«

»Ja, erschossen. In der eigenen Wohnung. Vorgestern Nacht«, entgegnete Häberle sachlich. »Sie kennen Frau Misselbrünn also?«

Mehlfurt war sichtlich schockiert. »Wer kennt die Misselbrünns hier auf der Alb nicht? Das ist doch einer der ganz Großen, die uns diese Euro-Affäre eingebrockt haben«, sagte er, um sofort von der schockierenden Nachricht abzulenken. »Zuerst abzocken und dann, wenn's schiefgeht, nach Staatshilfe schreien. Banken retten statt Menschen.«

Häberle wollte nicht widersprechen, sondern wurde direkt: »Sie kennen ihn also persönlich, den Herrn Misselbrünn?«

Mehlfurt wurde bleich und geriet kurz ins Stottern. »Ich? Wie kommen Sie denn darauf? Deswegen haben Sie mich hergebeten? Oder wie darf ich das verstehen?« Er umklammerte mit beiden Händen die Tischkante – ein Zeichen von Nervosität, wie es der Chefermittler deutete. »Reden wir nicht lange drum rum«, entschied er, um die Verlegenheit seines Gesprächspartners zu nutzen. »Klare Frage, klare Antwort: Kennen Sie einen der beiden Misselbrünns oder hatten Sie Kontakt zu ihnen?«

Mehlfurt holte tief Luft und versuchte, seine Aufregung zu verbergen. Er rang nach Worten. »Nachdem Sie ausgerechnet mich hergebeten haben und so direkt fragen, gehe ich davon aus, dass Sie einen konkreten Anhaltspunkt dafür haben.«

Häberle entging nicht, dass Mehlfurt in der Lage war, sich geschickt aus einer unangenehmen Lage herauszulavieren. »Diesen Anlass gibt es«, erwiderte er deshalb energisch, »und da Sie sich in einer Branche bewegen, die auch uns sehr dienlich sein kann, kann ich mir vorstellen, dass Sie sehr wohl wissen, worum es geht.« Häberle verzog sein Gesicht zu einem aufmunternden Lächeln, um dem Unterton seiner Stimme die Schärfe zu nehmen.

Mehlfurt hatte verstanden. »Dann wissen Sie aber auch so gut wie ich, dass es bei Dingen, die man in dieser Branche erfährt, datenschutzrechtliche Grenzen gibt.«

»Darüber brauchen Sie mich nicht zu belehren«, erwiderte Häberle verständnisvoll. »An diese Grenzen stoßen wir tagtäglich. Aber im vorliegenden Fall geht es uns nicht um Inhalte von elektronischen Botschaften, sondern um die Frage, weshalb diese überhaupt zustande gekommen sind.« Noch wollte er nicht konkret werden. Manchmal half es, den Gesprächspartner einfach zu verunsichern.

»Ich könnte aber meine Aussage auch verweigern?« Mehlfurts Tonfall ließ darauf schließen, dass Häberles Vorgehen die Wirkung nicht verfehlt hatte.

»Das könnten Sie selbstverständlich tun, wenn Sie sich mit Ihren Angaben selbst belasten müssten«, zeigte sich Häberle unbeeindruckt, was wiederum sein Gegenüber noch mehr irritierte. »Bisher gehen wir aber davon aus, dass Sie für uns ein wichtiger Zeuge sind. Mehr nicht.« Häberle räusperte sich und fuhr ruhig fort: »Es kommt natürlich immer darauf an, auf welche Seite Sie sich stellen wollen.«

»Seite stellen?«, echote der junge Mann. »Wie darf ich denn nun das wieder verstehen?«

Häberle lehnte sich gelassen zurück. »Wie in jedem Job, so gibt es auch bei Ihnen Auftraggeber und deren Interessen. Wobei deren Interessen nicht immer – ich sag es mal vorsichtig – gesetzeskonform sein müssen.«

»Sie wollen damit sagen, dass ich gegen Gesetze verstoßen würde, nur weil es ein Auftraggeber so wünscht?« Mehlfurt zeigte sich entrüstet, ohne damit Häberle überzeugen zu können.

»Das will ich nicht behaupten, sondern nur theoretisch zu bedenken geben.« Der Ermittler sah die Zeit gekommen, deutlicher zu werden. »Jetzt aber verlassen wir das Feld der Spekulationen. Sie sind, das wissen wir, als Informatiker in die Fußstapfen Ihres Vaters getreten.« Mehlfurt nickte, während Häberle die Erkenntnisse der vergangenen Stunden preisgab: »Sie arbeiten für einen IT-Securitydienst, der sich europaweit mit der Abwehr von Industriespionage beschäftigt. Richtig?«

»Ich sehe, Sie haben mich bereits durchleuchtet.« Mehlfurt zeigte sich brüskiert.

»Informatiker ist doch ein ehrenwerter Job«, meinte Häberle versöhnlich. »Seit man weiß, dass sogar das Handy unserer verehrten Kanzlerin von unseren politischen Freunden jenseits des Atlantiks abgehört wurde, kann man davon ausgehen, dass auch in der Wirtschaft kräftig geschnüffelt wird.« Er überlegte. »Hat übrigens dieser Snowden vor einigen Monaten im Interview mit dem deutschen Fernsehen sogar gesagt. Siemens hat er als Beispiel genannt.«

Mehlfurt nickte und ging darauf ein: »Das meiste davon kommt gar nicht an die Öffentlichkeit, weil die Wirtschaft anders tickt als die Politik.«

»Klar«, entgegnete Häberle, »die Unternehmen sind streng hierarchisch und autoritär gegliedert, ohne demokratische Gremien wie in der Politik. Wer was ausplaudert, fliegt raus.«

»So ist es. Und kein Unternehmen will es an die große Glocke hängen, wenn es Opfer eines Spionageangriffs geworden ist. Außerdem läuft Spionage heutzutage nur in den Datennetzen. Dass da ein Angestellter Aktenordner kopiert, das gibt's längst nicht mehr. Auch Datenklau über einen USB-Stick, auf den man schnell mal etwas runterzieht, ist äußerst selten, weil sich das alles nachvollziehen lässt.« Mehlfurt schien jetzt in seinem Element zu sein.

»Versteh ich«, blockte Häberle den plötzlichen Redeschwall ab, »wer die Berichte in den Zeitungen und Nachrichtenmagazinen im vergangenen halben Jahr aufmerksam verfolgt hat, kann sich zumindest halbwegs ein Bild von diesen Dingen machen.« Weil Mehlfurt schwieg, kam der Kommissar wieder zur Sache: »Auch ein Banker wie Misselbrünn bedient sich also eines solchen privaten Securitydienstes?«

Mehlfurt umklammerte jetzt die Armlehnen seines Stuhls. »Nicht er«, rang er sich zu einer klaren Antwort durch, nachdem ihm klar geworden war, worauf Häberle hinauswollte, »sondern seine Frau.«

»Ach!«, Häberle täuschte Staunen vor, schließlich wusste er, dass die Kollegen Mehlfurts E-Mail in Frau Misselbrünns Computer entdeckt hatten. »Die Frau Misselbrünn?«

»Ja. Dazu muss man wissen, dass der Anschluss ihres Mannes über irgendein bankinternes Intranet oder so etwas Ähnlichem läuft und es speziell verschlüsselte Verbindungen gibt. Sie selbst aber hat übers normale Netz ihren Zugang zum Internet. Vor einigen Monaten hat sie uns damit beauftragt, die Flut der Spammails genauer zu identifizieren.«

»Hm«, machte Häberle interessiert. »Gab es konkrete Anlässe für diese Vorsichtsmaßnahme?«

»Nein. Ihr war nur aufgefallen, dass die Zahl der Spams plötzlich explosionsartig zugenommen und ihr Virenprogramm hin und wieder Alarm geschlagen hat.«

»Sie haben sich dann dieses Auftrags angenommen?«

»Ja, ich konnte ihn mit einem Besuch bei meinen Eltern verbinden. Wie Sie wissen, stamme ich hier aus der Gegend, aus Niederstotzingen.«

»Aber ich denke, so eine – wie sagt man da? – ›Überwachung‹ des Internetanschlusses erfolgt ja nicht im Keller, wo das Kabel aus dem Boden reinkommt?«

»Nein, natürlich nicht. Im Grunde genommen können Sie das per Fernüberwachung machen. Frau Misselbrünn hat mich auf ihren Computermonitor draufschalten lassen. Ich weiß nicht, ob Sie …«

»Kenn ich«, unterbrach ihn Häberle. »Man muss irgendeinen Code austauschen und Freigabe erteilen. ›TeamViewer‹ heißt das, glaub ich.«

»Ja, ganz genau. Sie müssen dazu …«

»Also«, unterbrach ihn Häberle, »was haben Sie nun bei Frau Misselbrünn festgestellt?«

»Es gab einige Werbemails, die als private Anschreiben getarnt waren und einen sogenannten Trojaner enthielten. Solche Programme, die den Computer ausspähen und gewisse Informationen, auf die sie ausgerichtet sind, heimlich an den Absender weitergeben. Ganz beliebt sind gespeicherte Passwörter oder Codenummern.«

Häberle nickte. Ihm war zwar das weite Feld der Computerkriminalität ein Buch mit sieben Siegeln, aber dass es sogenannte Hacker auf sensible Daten abgesehen hatten, war ihm bereits in den frühen 90er-Jahren klar geworden, als er noch Sonderermittler bei der Landespolizeidirektion in Stuttgart gewesen war. Er ließ jetzt nicht mehr locker: »Sie hatten dann schließlich Anlass zu der Befürchtung, dass Frau Misselbrünn etwas zustoßen könnte.«

»Sie haben also meine Mails gelesen«, gab sich Mehlfurt nun endlich geschlagen.

»Rein zufällig«, grinste Häberle. »Wenn jemand zu Tode kommt, ist es unsere Aufgabe, mit allen Mitteln sein persönliches Umfeld zu durchleuchten.«

Mehlfurt erkannte, dass es sinnlos war, noch länger seinen Kontakt zu verheimlichen. »Ich hab ihr geraten, vorsichtig zu sein, mehr nicht.«

»Dafür muss es aber einen Grund gegeben haben«, ließ sich Häberle nicht einfach abspeisen.

»Die Zahl der Angriffe mit schädlicher Software hat in den vergangenen beiden Wochen extrem zugenommen. Ich hab Frau Misselbrünn deshalb auch mal angerufen und ihr gesagt, sie soll ihre Kontakte übers Internet möglichst gering halten und versuchen, ihren Provider zu wechseln, um es den Spam-Absendern zumindest vorübergehend zu erschweren, sie zu erreichen.«

»Sie war bei Kabel Baden-Württemberg«, bohrte Häberle nach.

»Ja, KabelBW. Aber das spielt keine Rolle. Egal, wo man ist – meist hilft es, den Provider zu wechseln und sich eine neue E-Mail-Adresse zuzulegen, die man möglichst nicht überall preisgibt.«

»Was könnte bei Frau Misselbrünn für mögliche Angreifer interessant gewesen sein?«, wollte Häberle wissen. Die Antwort kam, wie er zu spüren glaubte, zögernd: »Keine Ahnung.«

»Sie haben sich keine Gedanken darüber gemacht? Und bei Ihrer Datenüberwachung nichts Verdächtiges bemerkt?«

»Nein, wirklich nicht.« Mehlfurt hielt noch immer die Stuhllehnen umklammert. »Es hat ganz sicher nichts gegeben, was auf ein …«, er hielt kurz inne, »auf ein Verbrechen hindeutete. Wirklich nicht. Das müssen Sie mir glauben.«

»Weiß denn Herr Misselbrünn von dem Auftrag, den Ihnen seine Frau erteilt hat?«

Mehlfurt war diese Frage sichtlich unangenehm. »Keine Ahnung. Das heißt: wahrscheinlich nicht. Weil sie mir nur ihre Handynummer gegeben hat. Außerdem hat sie gleich beim ersten telefonischen Kontakt betont, dass wir ausschließlich per E-Mail oder Handy kommunizieren sollen.«

»Wann war das – dieser erste Kontakt?«

»Ende Januar. Also vor einem halben Jahr etwa. Wir haben uns dann auch mal getroffen. Im Maritim in Ulm.«

»Bei ihr zu Hause waren Sie nie?«, staunte Häberle.

»Nein, nie. Wie gesagt, das ist in solchen Fällen nicht nötig.«

»Darf ich fragen, worüber man bei diesem Treffen im Maritim gesprochen hat?« Häberles Interesse stieg, ließ sich dies aber nicht anmerken.

Der junge Mann verschränkte die Arme vor der Brust. »Sie wollte mich nur persönlich kennenlernen. Mehr nicht.«

»Hat man dabei auch über die Tätigkeit ihres Mannes gesprochen?«

»Nein, kein Wort. Ich hab sie auch nicht danach gefragt. Mir war klar, dass dessen Funktion bei den Banken ziemlich geheim ist.«

»Hat sie irgendetwas angedeutet, dass sie Angst hat – vor wem auch immer?«

Mehlfurt wandte seinen Blick von Häberle. »Nein, nichts, was mir jetzt spontan dazu einfiele.«

»Und Sie selbst«, wechselte der Chefermittler die Zielrichtung, »Sie haben Herrn Misselbrünn nie persönlich getroffen?«

»Ich?« Er sah Häberle wieder in die Augen. »Was soll ich denn mit ihm zu tun gehabt haben?« Er lächelte verlegen. »Sie werden droben auf der Alb vermutlich keinen Menschen finden, der ihn jemals persönlich getroffen hat. Oder haben Sie ihn mal hier in Geislingen gesehen?«

Häberle ging nicht darauf ein. Tatsächlich war Misselbrünn nie irgendwo in Erscheinung getreten. Aber das hatten die heutigen Manager so an sich: Ihnen fehlte die Bodenständigkeit, der Kontakt zu Land und Leuten. Vielleicht war es Unsicherheit, möglicherweise auch das Unvermögen, mit Menschen zu reden, die unter den Entscheidungen litten, die in diesen Kreisen herz- und gefühllos gefällt wurden.

»Sie haben Misselbrünn also nie getroffen«, stellte Häberle fest.

»Nein, nie.«

Häberle blieb ruhig. »Entschuldigen Sie, es mag an einem Tag wie heute unpassend klingen, aber es ist unsere Aufgabe, alle Seiten zu beleuchten.« Wieder wartete er auf eine Reaktion Mehlfurts, doch der verschränkte die Arme vor der Brust. Häberle deutete dies als Abwehrhaltung.

»Ihr Vater ist verschwunden«, sagte der Kommissar bedächtig. »Möglicherweise sogar entführt worden. Möglicherweise. Dies geschieht aber einen Tag nachdem Frau Misselbrünn umgebracht wurde. Sie als der Sohn des Vermissten hatten beruflich Kontakt zu ihr.« Mehlfurt wollte etwas sagen, aber Häberle schnitt ihm das Wort ab: »Und Sie und Ihr Vater sind beide Computerexperten, wenn ich das mal so einfach bezeichnen darf. Da könnte man denken, dass das eine etwas mit dem anderen zu tun hat.«

Aus Mehlfurts jugendlichem Gesicht war alle Farbe gewichen. »Ist das Ihr Ernst? Wollen Sie damit behaupten …«

»Nichts will ich behaupten«, beruhigte Häberle mit sonorer Stimme. »Gar nichts. Ich will nur, dass wir beide darüber nachdenken. Ich will weder Ihnen noch Ihrem Vater unterstellen, etwas mit dem Tod der Frau zu tun zu haben. Ganz im Gegenteil. Es könnte doch sein, dass jemand herausbekommen hat, dass sie sich an Sie gewandt hat und dabei Dinge zutage kommen könnten, die möglicherweise ziemlich viel Wirbel verursachen würden.«

»Und mein Vater? Was soll mein Vater damit zu tun haben?«, fragte Mehlfurt jetzt sichtlich schockiert nach.

Häberle zuckte mit den Schultern. »Immerhin ist er doch auch in der IT-Branche tätig. Wissen Sie denn, was er genau macht?«

»Servicetechniker«, kam es prompt zurück. »Außendienstler für Soft- und Hardware. Macht Support für klein- und mittelständische Betriebe.«

»Selbstständig?«

»Nein, für irgendeinen Softwareriesen in Berlin. Meinem Vater obliegt der südwestdeutsche Raum, manchmal muss er aber auch bis nach Hessen oder nach Niederbayern.«

»Meine Kollegen in Ulm werden sich mit seiner Arbeit auseinandersetzen müssen, falls sich der Verdacht auf eine Entführung erhärten sollte.«

»Sie glauben nicht, dass er einfach untergetaucht ist?« Mehlfurt schien erleichtert zu sein, dass sich das Gespräch endlich auf seinen vermissten Vater konzentrierte.

»Hätte er dann sein Fahrrad dort im Donauried liegen lassen? Oder haben Sie Anhaltspunkte, die sein Verschwinden erklären könnten?«

Mehlfurt senkte den Blick auf die weiße Tischplatte. »Nein, überhaupt nicht. Aber seit meinem Studium bin ich nur noch selten heim nach Niederstotzingen gekommen. Und …«, er schloss kurz die Augen, »das Verhältnis zu ihm war, na ja, nie richtig gut. Er war viel unterwegs, hatte nie wirklich Zeit für die Familie. Um ehrlich zu sein, ich hab mich frühzeitig abgenabelt, wie man so schön sagt.«

»Und zu Ihrer Mutter?«

»Wir telefonieren hin und wieder. Aber auch sie ist ziemlich viel beschäftigt als Beraterin für irgendein Kosmetikunternehmen.«

Häberle musste an die Avon-Beraterinnen denken, für die in den 60er- oder 70er-Jahren immer geworben worden war. »Sie ist also auch im Außendienst?«

»Ja, allerdings nur tageweise, während mein Vater manchmal eine ganze Woche unterwegs ist.«

»Darf ich fragen, wie die Ehe Ihrer Eltern ist?«

»Na ja, wenn Sie mich so fragen … eher bescheiden, würd ich sagen. Auseinandergelebt, sagt man da wohl.«

Häberle nickte. Sätze wie diese hatte er während seiner langen Berufsjahre oft genug gehört, wenn nach dem Zustand einer Ehe gefragt worden war. Er entschied, das Thema jetzt nicht zu vertiefen, sondern noch etwas anzusprechen, das er vorhin ausgeklammert hatte. »Noch eine letzte Frage«, begann er, um Mehlfurt zu irritieren. »Sie haben vorhin gesagt, Sie hätten Frau Misselbrünn wegen der unerwünschten E-Mail-Flut geraten, ihren Provider zu wechseln, nämlich Kabel Baden-Württemberg. Das muss dann wohl im Januar oder Februar gewesen sein, vor fünf, sechs Monaten?«

Mehlfurt schluckte. »Ist das denn so wichtig? Es spielt überhaupt keine Rolle, bei wem Sie sind. Wenn's jemand auf Sie abgesehen hat, kriegen Sie überall unerwünschte Mails, ob bei KabelBW oder Telekom oder was weiß ich bei wem.«

»Darauf will ich gar nicht hinaus. Könnte es sein, dass sich Frau Misselbrünn tatsächlich um eine Änderung bemüht hat und sich daraufhin ein Servicetechniker von KabelBW bei ihr angemeldet hat?«

Mehlfurt zuckte mit den Schultern. »Keine Ahnung.« Er dachte nach. »Aber normalerweise schicken die Provider niemanden ins Haus. Allerdings können Sie als Kunde auch nicht von heute auf morgen kündigen. Die Fristen sind unterschiedlich.«

Häberle überlegte, ob er noch eine Frage nachschieben sollte. Eine, die er nicht im Raum stehen lassen wollte, mochte sie für den jungen Mann auch noch so unangenehm sein.

»Jetzt doch noch etwas«, murmelte er vorsichtig, »es ist kein Misstrauen, sondern nichts weiter als Routine: Wo haben Sie sich die letzten Tage aufgehalten?«

Mehlfurts Gesichtszüge veränderten sich. »Wie bitte?« Er rang nach Worten. »Sie wollen wissen, wo ich die letzten Tage war?«

Häberle nickte wortlos.

»Das kann doch nicht Ihr Ernst sein.«

»Ist es aber.« Häberle wirkte entschlossen.

Mehlfurt erkannte, dass es keinen Sinn machte, der Frage auszuweichen. »Ich war im Frankfurter Raum unterwegs, geschäftlich.«

Häberle bemerkte, dass dem jungen Mann das Thema unangenehm war. »Und als Sie erfahren haben, dass Ihr Vater vermisst wird, sind Sie gleich zurückgekommen?« Häberle dachte über die bisherigen Erkenntnisse nach und stellte fest: »Vom Frankfurter Raum hierher.«

Mehlfurt nickte langsam. »Natürlich, ja. Glauben Sie mir denn nicht?«

9

»Natürlich nichts drauf«, stellte Linkohr fest, als er in Häberles Büro kam, in dem bis vor wenigen Wochen noch Revierleiter Watzlaff residiert hatte, der jetzt in einem Nebengebäude untergebracht war.

Der junge Kriminalist zog sich einen Besucherstuhl an den Chefschreibtisch und blätterte in seinen Notizen. »Die Überwachungsanlage der Misselbrünns ist nach Meinung unserer Computerexperten aus der analogen Steinzeit. Wenn überhaupt, dann würde sie nur schwarz-weiß aufzeichnen und die Daten tatsächlich nur 24 Stunden lang speichern können. Stimmt also, was Misselbrünn gesagt hat. Sie war vorgestern ausgeschaltet und zuletzt, wenn die gespeicherten Daten stimmen, vor drei Wochen in Betrieb.«

Häberle schüttelte verständnislos den Kopf. »Anderswo rennen solche Burschen wie Misselbrünn mit Bodyguards rum und daheim sorgen sie nicht mal für Mindeststandards.«

»Das muss aber der Täter dann gewusst haben«, gab Linkohr zu bedenken. »Er wäre doch sonst nicht so leichtsinnig durch die Tür gekommen.«

»Exakt, Herr Kollege«, lobte der Chefermittler. »Daraus könnte man schließen, dass es sich bei dem Täter tatsächlich um einen Bekannten von Frau Misselbrünn gehandelt hat. Dann könnte er von ihr einerseits erfahren haben, dass die Überwachungsanlage untauglich ist und andererseits wäre er von Frau Misselbrünn völlig arglos eingelassen worden.«

»Oder«, ereiferte sich Linkohr, »der Täter hat von Herrn Misselbrünn selbst erfahren, dass es keine Videoüberwachung gibt.« Er überlegte kurz. »Aber dann müsste Frau Misselbrünn den Täter auch gekannt haben, falls sie ihn eingelassen hat.«

»Richtig«, erwiderte Häberle, »*falls* sie ihn eingelassen hat. Es gäbe nämlich noch eine Variante: Der Täter hatte einen Nachschlüssel.«

»Stimmt. Bisher haben wir aber nur eine Person, die in direktem Kontakt zu Frau Misselbrünn stand: nämlich dieser junge Mehlfurt. Denn …«, Linkohr blätterte wieder in seinen Notizen, »… diesen Servicetechniker von KabelBW gibt es nicht. Auskunft von dort: Installationen innerhalb des Hauses würden nicht vom Kabelnetzbetreiber gewartet, sondern dafür müsse der Kunde einen Fachbetrieb beauftragen.«

»Und die Antwortkarte – wo ist die dann gelandet?«

Linkohr zuckte mit den Schultern. »Sicher die übliche Masche: Vermutlich im Briefkasten irgendeiner Wohnung in einem anonymen Hochhaus.« Linkohr brauchte nicht mehr dazu zu sagen, denn unter Kriminalisten war der Trick hinlänglich bekannt: Ganoven suchen sich ein Hochhaus aus, in dem die Briefkastenanlage im Erdgeschoss frei zugänglich ist und sich die unbenutzten Kästen auf einen Blick erkennen lassen. Sie sind meist mit Werbesendungen vollgestopft und in einem völlig desolaten Zustand. Die Täter bringen einen fiktiven Namen an – in diesem Fall so etwas Ähnliches wie ›KabelBW-Service-Center‹ – und kommen täglich, um ihre Post aus dem Einwurfschlitz zu fischen. Solange kein neuer Wohnungsmieter den Briefkasten braucht, fällt niemandem etwas auf.

»Hab ich mir gedacht«, brummte Häberle. »Damit können wir davon ausgehen, dass der dubiose Herr mit dem noch dubioseren Auto aus dem Main-Taunus-Kreis, das die Nachbarin beobachtet hat, tatsächlich unser Täter ist.«

»So seh ich das auch«, stimmte Linkohr zu. »Und deshalb versteh ich nicht, weshalb wir bis jetzt keine Antwort darauf erhalten, auf wen es zugelassen ist.«

Häberle lehnte sich zurück, sodass sein Bürostuhl unter dem Gewicht des massigen Körpers bedrohlich knarzte. »Sie dürfen mir glauben, lieber Kollege, das Innenministerium wird sich durchringen müssen, uns Ross und Reiter zu nennen. Denn nach allem, was wir jetzt vorlegen, wird sich keiner mehr hinter irgendwelchen wichtigen Geheimhaltungsaktionen verstecken können. Irgendwann nimmt so ein Fall eine politische Dimension an – und dann weiß man ja, dass alle ganz schnell in Deckung gehen. Gerade im Innenministerium sind sie nach der Polizeireform ziemlich dünnhäutig geworden.« Häberle grinste, denn er konnte sich einer gewissen Schadenfreude nicht erwehren, zumal man in den neuen Polizeipräsidien seit Monaten am meisten mit sich selbst beschäftigt war, vor allem wenn es um den Kampf um Posten und Macht ging. Häberle fühlte sich beim Gedanken an die neuen, bisweilen ziemlich beliebig zusammengebastelten Strukturen an einen Satz erinnert, den er schon vor über zehn Jahren geprägt hatte und der ihm immer wieder Zustimmung einbrachte: »Alle wichtigen Positionen in diesem Land sind von Schwätzern besetzt.« Nur dass er jetzt die »Schwätzer« durch »Dummschwätzer« ersetzt hätte. Die praktische Arbeit, die Erfahrung von Jahrzehnten hatte längst keine Bedeutung mehr. Die Entscheidungen fielen weit entfernt, abgehoben vom wahren Leben. Und die Menschen an der »Front«, wie Häberle immer zu sagen pflegte, kamen sich wie Marionetten vor, die an Fäden hingen, die von Dilettanten bewegt wurden. Aber was war schon zu erwarten in einer Republik, deren Regierung ihn ohnehin immer mehr an die Augsburger Puppenkiste erinnerte.

Er musste diese Gedanken beiseiteschieben. »Auch die Staatsanwaltschaft macht jetzt Druck«, fuhr Häberle fort und grinste. »Die ›Filstalwelle‹ hat nämlich die Nachbarin interviewt, die das Auto und das Kennzeichen gesehen hat.« Gemeint war der regionale Fernsehsender, der sein Programm über Kabel und Internet verbreitete.

»Ach«, staunte Linkohr, »haben die Journalisten nachgehakt?«

»Natürlich. Der Sander übrigens inzwischen auch«, ergänzte Häberle grinsend. Beide wussten sie, dass Georg Sander als Lokaljournalist der örtlichen Tageszeitung seit Jahr und Tag das Ohr am Pulsschlag des Lebens hatte, sich aber seit der Polizeireform schwertat, bei Verbrechen an Informationen zu gelangen. Das Ulmer Präsidium hatte all seinen Beamten einen Maulkorb verpasst – offenbar unter Androhung der Todesstrafe, wie es Sander erschien. Die Polizei hauste inzwischen zurückgezogen in ihren Präsidiumsburgen, weit weg von den Bürgern und ohne zu bedenken, dass sie bei ihrer Arbeit auf das Verständnis der Menschen angewiesen war. Wenn diese aber nicht mehr erfuhren, welche Aufgaben die Polizei tagtäglich bewältigen musste, wurde es immer schwerer, die Bürger von der Sinnhaftigkeit polizeilicher Maßnahmen zu überzeugen. Die Folge war eine stets zunehmende kritischere Berichterstattung.

»Unsere Pressesprecher«, fuhr Häberle schadenfroh fort, »haben sich gegenüber der ›Filstalwelle‹ gedreht und gewunden. Inzwischen weiß ich von Sander, dass es ihm genau so ergangen ist. Allerdings hat er gleich Lunte gerochen; er ist schließlich ein alter Fuchs.« Wieder grinste Häberle. »Ich hab zumindest offiziell nichts bestätigt und nichts dementiert. Und außerdem habe ich mit Sander natürlich über den Fall sowieso nicht gesprochen.«

Linkohr sah seinen Chef spöttisch an. »Und Sie sind sich sicher, dass Ihr Telefon nicht schon längst vom Präsidium abgehört wird?«

»Was glauben Sie, was mich dies scheren würde? Wenn ich wüsste, dass da einer mithört, würde ich in meine Gespräche ganz andere Dinge einfließen lassen.«

»Sie meinen also, dass wir bald erfahren, wer dieses Auto vorgestern gefahren hat?«, kam Linkohr wieder zur Sache.

»100-prozentig, ganz sicher.«

Eva Langbein hatte sich mächtig auf den Besuch gefreut. Dass Ralf so schnell ihrer Einladung Folge leisten würde, war ihr wie ein Wunder erschienen. Über zwei Jahre hatten sie sich nicht mehr gesehen. Doch die Zeit, die sie im Studium zusammen verbracht hatten, war unvergessen. Wenn sie daran dachte, überkam sie Wehmut. Vielleicht hätte sie den Kontakt nicht einfach abreißen lassen sollen, damals, als sie den schwerreichen Industriellen aus dem Ruhrgebiet kennengelernt hatte – einen verheirateten Mann, der um einiges älter war als sie und der ihr ein paradiesisches Leben versprochen hatte, ohne sie wirklich ernst zu nehmen, wie sie erst später schmerzhaft feststellen musste.

Von Ralfs neuem Leben wusste sie nicht viel. Sie hatte es am Telefon auch nicht gewagt, danach zu fragen. Aber wenn er sich nun so plötzlich angekündigt hatte, obwohl er zunächst ziemlich abweisend gewesen war, dann lag ihm vielleicht doch noch etwas an ihr. Beide waren sie älter und damit reifer geworden. Die Welt sah inzwischen anders aus. Sie hatten beide die ersten Karrieresprossen erklommen.

Eva hatte Spaghetti gekocht und Rotwein besorgt. Als Ralf vor der Tür stand, sie mit *Evchen* begrüßte, fielen sie sich in die Arme, als sei die Zeit damals stehen geblieben. Er überreichte ihr einen Strauß roter Rosen, den sie überglücklich entgegennahm. Auf dem Weg ins gemütlich warme Wohnzimmer des alten Bauernhauses sprudelte es nur so aus ihr heraus: »Ich freue mich, dass du da bist, Ralf. Guck mal, was ich mir hier eingerichtet habe. Eine schnuckelige kleine Wohnung. Wie findest du das?«

Ralf, den der Termin bei der Kriminalpolizei gestresst hatte, konnte dem Tempo, mit dem ihm das Ambiente des Zimmers erklärt worden war, kaum folgen. Ihn beschäftigte ständig der Gedanke, dass man noch keine Spur von seinem Vater gefunden hatte. Doch dieses Thema, das hatte er während der Fahrt beschlossen, wollte er heute Abend nicht ansprechen. Sie würde es irgendwann durch die Zeitung erfahren.

Eva stoppte ihren Rededrang, weil sie bemerkt hatte, dass er in Gedanken versunken war. Doch als er lächelte, fuhr sie wieder mit ihren Erzählungen über ihre Wohnung fort. Ralf gab sich keine Mühe, dies alles zu registrieren. Ihn umgab der angenehme Duft des Essens, der sich mit ihrem herben Parfüm vermischte, von dem sie schon damals umgeben gewesen war. Er unterbrach sie deshalb: »Schön siehst du aus, Evchen, du hast dich gar nicht verändert.« Sie interessierte ihn wesentlich mehr als die Wohnungseinrichtung, von der sie schwärmte. Als sie dies bemerkte, unterbrach ihr Redefluss und sie errötete sanft. »Danke«, sagte sie. »Das Kompliment gebe ich gerne zurück. Du hast dich ebenfalls nicht verändert.« Er sah ihr in die blauen Augen, die hinter ihrer Brille feurig blitzten, und ließ seinen Blick mit einem charmanten Lächeln über ihren engen Wollpullover zu den ebenso engen Jeans wandern. Sie hatte sich für ihn schick gemacht, dachte er. Dabei war sie als Studentin nie dafür bekannt gewesen, mit figurbetonter Kleidung den Pulsschlag der männlichen Kommilitonen beschleunigen zu wollen.

Heute schien dies etwas anders zu sein, glaubte Ralf zu bemerken, während Eva seit Langem wieder diese Schmetterlinge im Bauch spürte, die früher stets zu flattern begonnen hatten, wenn Ralf in ihrer Nähe war. Und schon schien es ihr, als ob sie beide von einer elektrisierenden Atmosphäre umgeben wären, die für den Abend noch vieles erwarten ließ.

Sie hatte den rustikalen Holztisch liebevoll gedeckt, schenkte den Wein ein und bedauerte es für einen Moment, Ralf nicht mit Sekt begrüßt zu haben. Aber wie hätte sie auch wissen sollen, dass ihr Wiedersehen alle Gefühle zurückbringen würde, die sie beide tief vergraben hatten?

Während Eva die Spaghetti servierte, war ihr Ralf mit Topflappen und Untersetzer behilflich – wie damals, wenn er sie in ihrer Studentenbude besucht hatte. Und als während des Essens immer mehr Erinnerungen an diese Zeit geweckt wurden, gab es unzählige Anekdoten, die jede Menge alberne Bemerkungen hervorriefen.

Mit jedem Schluck Rotwein fühlte sich Eva befreiter und der Alltagssorgen entrückter. Deshalb wollte sie die gute Stimmung nicht trüben und beschloss, den eigentlichen Grund ihres unerwarteten Treffens noch ein bisschen hinauszuschieben. Auch Ralf schien keinesfalls darauf erpicht zu sein, möglichst schnell den Inhalt ihres gestrigen Telefonates thematisieren zu wollen.

Erst nachdem sie gegessen und bei einem Glas Rotwein über einstige Kommilitonen gelästert hatten, wagte Ralf den zaghaften Versuch, Evas persönliche Situation zu beleuchten. »Ziemlich irre, was sich in den letzten Jahren getan hat«, stellte er deshalb fest, als ihm eine kurze Gesprächspause Gelegenheit dazu gab. »Du hast einen guten Job gekriegt, Evchen.«

Eva lächelte verlegen und sah ihn über ihre Brille hinweg an. »Um ehrlich zu sein, es war auch ein bisschen Glück dabei. Oder sagen wir: Ich war zur richtigen Zeit am richtigen Ort und hab die richtigen Leute kennengelernt. So ist das doch oft im Leben?« Ihr Gesicht verzog sich zu einem schelmischen Lächeln.

Er wusste zwar, dass sie sich in Ulm mit Systemen zur Stromspeicherung befasste, hatte sich aber nie konkret mit dieser Technologie auseinandergesetzt. Natürlich war ihm geläufig, dass weltweit daran geforscht wurde. Gelänge es, Elektrizität in großem Umfang zu bunkern, käme dies einer technischen Revolution gleich. »Ihr seid führend in Ulm, stimmt's?«, zeigte er sich informiert.

»Elektrochemische Grundlagenforschung«, erwiderte sie kurz. »Sehr spannendes Gebiet.« Sie nippte an ihrem Glas. »Und es fließen reichlich Fördergelder. Auch das ist wichtig.«

»Das lockt auch die Konkurrenz an«, meinte Ralf. Insgeheim hatte er gehofft, sie würde ihm nun etwas über ihre privaten Verhältnisse erzählen, aber nun ließ es sich offenbar nicht vermeiden, zuerst das Geschäftliche zu besprechen, das eigentlich der Grund für ihr heutiges Treffen war.

Eva schien alles sehr pragmatisch angehen zu wollen. »Komm, wir machen's uns gemütlicher«, forderte sie ihn unerwarteterweise auf, füllte noch einmal die Weingläser, nahm sie mit zum Couchtisch und lehnte sich in das Polster. Ralf folgte ihr leicht verunsichert und nahm ein Stück weit von Eva entfernt Platz.

»Ich hab dir ja schon am Telefon gesagt, was mich beunruhigt«, begann sie, als wolle sie den geschäftlichen Teil des Abends möglichst schnell hinter sich bringen. Sie schilderte, was sie in der Steckdose entdeckt hatte, während Ralf aufmerksam zuhörte, ohne sie zu unterbrechen. Schließlich deutete sie auf eine kleine Schachtel, die auf dem Couchtisch bereitgestellt war. »Hier hab ich's drin.« Sie beugte sich nach vorn, öffnete den Karton vorsichtig und brachte den Minispion mit einer Pinzette zum Vorschein. »Ein Hightechgerät«, meinte sie und legte es vorsichtig vor Ralf auf den Tisch.

Der junge Mann ließ sich die Pinzette geben, um damit den unscheinbaren Stift, der gerade in die Kontaktlöcher der Steckdose passte, dicht an die Augen zu führen. »Du hast es im Labor untersucht?«, fragte er.

»Ja, meine Jungs haben das gemacht. Da ist eine Videokamera drin und eine Technologie, mit der es möglich ist, den Nullleiter des Stromnetzes als Datentransfer zu benutzen. Oder es sendet über ein WLAN-Netz.«

Ralf besah sich das Objekt in Ruhe. Eine saubere Arbeit, dachte er und meinte nach kurzem Überlegen: »Jemand will dich nicht nur hören, sondern auch sehen. Ziemlich viel Aufwand.« Er legte den Spionagestift wieder in die Schachtel zurück.

»Das ist alles, was du dazu zu sagen hast?«, hielt ihm Eva mit einem vorwurfsvollen Blick vor.

»Voreilige Schlüsse zieht man in meiner Branche nicht«, erwiderte Ralf schnell. »Hattest du in letzter Zeit häufig Besuch hier?«

Eva hatte sich wieder in die Couchecke gekuschelt und grinste. »Das möchtest du jetzt gern wissen, was?« Sie genoss diesen zweiten Abend in Folge, an dem sie von einem Mann begehrt wurde. Seit ihrer Enttäuschung mit dem Unternehmer hatte sie sich ziemlich zurückgezogen.

»Evchen, ich frag ja nicht nur nach Männerbesuchen, sondern nach Besuchen allgemein. Auch Frauen können ganz schön raffiniert sein und dir so ein Ding unterjubeln.«

»Ich kann mich an keinen einzigen Besucher im letzten Jahr entsinnen, dem ich so etwas zutrauen würde. Im Übrigen auch meiner Putzfrau nicht, die ohnehin nur kommt, wenn ich da bin.« Sie runzelte die Stirn. »Deshalb geh ich davon aus, dass jemand heimlich in der Wohnung war.«

»Einbruch?«, entfuhr es Ralf. »Du denkst an einen Einbruch. Hast du denn so etwas bemerkt?«

»Nein, hab ich nicht. Aber dir dürfte doch auch geläufig sein, dass manche Kreise in Wohnungen reinkommen, ohne Spuren zu hinterlassen, oder?«

Ralf ging nicht auf die Bemerkung ein. Natürlich hatte sie recht. Es gab längst Gerätschaften, die man vor 20 Jahren in einem James-Bond-Agentenfilm für die völlig abwegigen Ideen des Drehbuchautors gehalten hätte.

»Aber warum sollte dich jemand beobachten wollen?«, überlegte Ralf laut und musste sich sofort insgeheim eingestehen, dass es natürlich einen Grund geben konnte – einen ganz naheliegenden sogar. Evchen war attraktiv und Spanner gab's mehr, als man glaubte. Andererseits, so verwarf er diesen Gedanken wieder, beschränkten sich diese Herrschaften meist darauf, nachts durch die Fenster in hell erleuchtete Schlafzimmer zu starren. Eine Spionagewanze mochte nicht zur Ausstattung derart veranlagter Menschen passen. Nein, dachte Ralf, wer einen solchen

Aufwand betrieb, hatte es nicht nur auf nackte Frauenkörper abgesehen.

»Entschuldige, wenn ich dich so direkt frage«, sah er jetzt auch die Chance gekommen, etwas über ihr Privatleben zu erfahren, »wer hat dich denn in den letzten Monaten besucht, der, für wen auch immer, von so großem Interesse sein könnte, dass sich dieser Aufwand lohnt?«

Eva Langbein griff zu ihrem Glas und nippte daran. »Niemand, Ralf. Wirklich niemand. Es waren vielleicht vier, fünf Leute da. Eine Freundin von mir, Verwandte, Bekannte – mit keinem von denen rede ich über Forschungsergebnisse. Mal ganz abgesehen davon, dass die von dieser Materie ohnehin nichts verstehen. Und wenn mich mal einer meiner Mitarbeiter besucht, weil wir das eine oder andere Problem besprechen müssen, geht's auch dabei nicht um Geheimes, nein, ganz bestimmt nicht.«

Sie hat also persönlichen Kontakt zu einem ihrer Mitarbeiter, hatte Ralf mit feinem Gespür zur Kenntnis genommen und überlegte blitzschnell, wie er herausbekommen konnte, wie eng diese Beziehung war. »Ihr löst die Probleme hier, privat?«, fragte er ziemlich direkt. »Ist das nicht ungewöhnlich?«

Eva lächelte. »Interessiert dich das jetzt als Sicherheitsexperte oder rein privat?«

Ralf war über diese Reaktion überrascht. »Natürlich nur als Sicherheitsexperte«, antwortete er übertrieben sachlich, worauf sie beide schallend lachen mussten.

»Mein lieber Ralf«, fasste sie sich wieder, »damit es dich beruhigt: Ich hab weder einen festen Freund noch fühl ich mich an jemanden gebunden. Alles klar?« Sie hatte in Bezug auf Männer wieder ihr Selbstbewusstsein gefunden. Die vergangene Nacht war Balsam für ihre Seele gewesen.

Ralf entschied, seine Begeisterung über ihre Bemerkung nicht schon jetzt zu zeigen, sondern vorläufig noch ein bisschen Distanz zu wahren. »Deine Jungs, wie du sagst, die sind alle okay?«, fragte er.

»Absolut. Da würd ich für jeden Einzelnen die Hand ins Feuer legen.«

Ralf genoss den italienischen Rotwein, der im abgedimmten Lampenlicht dunkelrot funkelte. »Ich kenne mich in der Szene ein bisschen aus, wie du ja wohl gelesen hast«, lächelte er und stellte sein Glas wieder zurück. »Manchmal staune ich, auf welche Zusammenhänge wir bei unserer Arbeit stoßen. Deshalb würde mich interessieren, welche Personen in deinem Leben – verstehe mich jetzt bitte nicht falsch – sozusagen eine wichtige Rolle spielen.«

Sie sah ihn über ihre Brille hinweg an, wie sie dies immer tat, wenn sie jemandem eindringlich in die Augen blicken wollte. Ralf vermutete aber, dass sie dann ihr Gegenüber eher unschärfer sah als durch die Gläser. »Du willst Namen hören, stimmt's?«

»Du hast mich gebeten, dir zu helfen, und ich werde dies tun, soweit es mir möglich ist. Aber dazu brauche ich nähere Informationen.«

»Also«, reagierte sie kooperativ, »der Mitarbeiter, den ich als meinen engsten bezeichnen würde, heißt Oliver Garrett. Sehr engagiert. Dem trau ich zu, dass er uns ein gutes Stück dem Ziel näher bringt. Er kann also gar keinen Grund haben, mich zu bespitzeln.«

Ralf hatte gestutzt. Doch er war es in seinem Job gewohnt, auf merkwürdige Zusammenhänge zu stoßen, weshalb er routiniert weiterfragte: »Und sonst? Deine Chefs? Alle clean?«

»Natürlich, absolut. Um an geheime Informationen zu kommen, bräuchten die mich ganz sicher nicht in meiner Wohnung zu bespitzeln, wirklich nicht.«

»Auch sonst nichts Auffälliges?«

»Ist das jetzt ein Verhör?«, staunte Eva über Ralfs plötzliche intensive Befragung.

»Evchen, ich will alles wissen. Wenn dir jemand so ein Ding in die Wohnung reinsetzt, ist damit nicht zu spaßen. Du sagst ja selbst, dass eure Forschungsergebnisse von globalem Interesse sind. Mag unser schönes Ulm auch nicht mit dem Silicon Valley in Kalifornien vergleichbar sein, heutzutage ist egal, wo die geistige Arbeit geleistet wird – Hauptsache, sie bringt letztlich Knete. Die Firmenspionage reicht nicht nur bis nach Ulm, sondern bis zu dir nach Albeck. Daran habe ich keinen Zweifel.«

»Willst du mir jetzt Angst machen?«

»Nein, ich will dich nur sensibilisieren für die Methoden, denen du ausgesetzt bist. Denk also bitte genau darüber nach, was dir in letzter Zeit merkwürdig vorgekommen ist.«

Eva Langbein rückte die Brille wieder auf die Nasenwurzel. »Ich hab dir doch schon am Telefon von dem Italiener erzählt, der mich bedroht hat …«

»Ja«, unterbrach Ralf, »und ich hab dir gesagt, dass dich da jemand einschüchtern will. Vielleicht wollen sie dich mürbe machen, bevor die direkte Kontaktaufnahme erfolgt.«

»*Kontaktaufnahme?*« Eva wiederholte das Wort ungläubig. »Doch wohl nicht mit der italienischen Mafia? Findest du nicht, dass jetzt die Fantasie mit dir durchgeht?«

»Finde ich nicht«, lächelte er, »was glaubst du, was heutzutage alles abgeht!? Die Mafia und die internationalen

Terrororganisationen beherrschen den Globus. Die Welt ist schlecht geworden, Evchen, sehr schlecht. Als guter Mensch fühlst du dich heute wie unter Räubern. Du wirst belogen und betrogen auf Schritt und Tritt. Wenn die Kriminellen nicht die Täter sind, dann die Staaten selbst. Sie nehmen dir unter dem Deckmäntelchen, ihre Infrastruktur zu erhalten und die sozial Schwachen vor dem Verhungern zu bewahren, skrupellos weg, was du dir mühsam erarbeitet hast. Unser ganzes kapitalistisches System ist so aufgebaut, dass der Normalbürger gerade so viel bekommt, dass er sich gelegentlich ein neues Auto oder eine größere Urlaubsreise leisten kann. Mehr darf aber nicht sein, weil sonst ja die Superreichen plötzlich nicht mehr die Distanz zum einfachen Volk bewahren könnten. Deshalb sorgt der Staat mit Steuergesetzen und anderen Regulierungen dafür, dass es der Durchschnittsbürger zu nichts bringen kann. Er kann strampeln und arbeiten, so viel er will, der Deckel aus Steuerprogression, Bemessungsgrenzen und Bürokratismus drückt ihn immer zu Boden.« Ralf hatte diese Sätze schon viele Male gesagt, denn es erschien ihm geboten, ungeschminkt die Wahrheit unters Volk zu bringen. »Weißt du noch, wie wir nächtelang diskutiert haben? Über soziale Ungerechtigkeit, über den Staat, den wir verbessern wollten? Nun sind wir selbst den Schalthebeln der Macht nahe – und was tun wir? Nichts. Gar nichts.«

Eva hatte seine emotionalen Äußerungen interessiert verfolgt. »Ich geb dir recht, Ralf, es wäre unser aller Pflicht, laut aufzuschreien und den elenden Filz in der Politik zerschlagen zu wollen – so wie es unsere Altvordern, die Achtundsechziger, einst getan haben. Ich sag dir ganz ehrlich, Ralf, mich hat das auch angekotzt, wie die Bundestagsabgeordneten exakt fünf Monate nach der letzten

Bundestagswahl wie in einem Selbstbedienungsladen ihre Diäten erhöht haben. Und was ist passiert? Nichts. Trotz ›Facebook‹, ›Twitter‹ und wie diese Netzwerke alle heißen, gab es keinen Aufschrei.«

»Ich seh das genauso wie du, Evchen, aber ich sag dir: Die Welt ist eingezwängt in ein Korsett aus internationalen Verflechtungen. Und ich bin davon überzeugt, dass die Politik inzwischen von den großen Terrororganisationen gnadenlos erpresst wird.«

Eva wartete gespannt, worauf er hinauswollte. »Du meinst, die erpressen die Staaten?«

»So ist es, Evchen. Oder glaubst du, du könntest heutzutage noch eine Großveranstaltung, wie vor ein paar Monaten die Olympischen Winterspiele in Sotschi, so relativ friedlich durchziehen, wenn da nicht die Drahtzieher des internationalen Terrorismus mit Abermillionen Dollar ruhiggestellt werden würden?«

»Das ist jetzt aber nicht dein Ernst, Ralf?«

»Doch, ist es«, erwiderte er. »Ich kann es zwar nicht beweisen, aber es ist mein persönliches Resümee aus dem, was ich in meinem Job mitkriege.«

»Du glaubst also, die Regierungen zahlen Schutzgelder?« Eva hatte an so etwas nie zuvor gedacht.

»Irgendwo hab ich mal gelesen, dass Fluggesellschaften das auch schon getan haben«, vermutete Ralf, ohne Details nennen zu wollen. »Wir waren aber gerade bei dem Italiener, der dich angerufen hat. Hast du irgendeine Ahnung, wer dahinterstecken könnte?«

»Eben nicht, Ralf. Deshalb hat mich das ja auch so beunruhigt. Das zeitliche Zusammentreffen mit dem Auffinden dieser Wanze kann jedenfalls kein Zufall sein.«

»Du hast gesagt, die Nummer, die der unbekannte

Anrufer bei dir hinterlassen hat, hat auf einen Anrufbeantworter geschaltet?«

»Ja«, sie sprang auf, eilte in die Diele und kam mit einem Notizblock zurück. »Hier, ich hab anschließend noch mal angerufen, um mir den Text aufzuschreiben.« Sie las vor: »›Attenzione, Signorina Langbein, wir wissen alles über Sie. Wenn Leben ist wichtig für Sie, dann Mund halten und cooperazione mit uns. Warten auf neue istruzioni.‹ Das war alles. Italienischer Akzent, raue Männerstimme.« Eva legte ihre Aufzeichnungen auf den Tisch und schmiegte sich wieder in ihre Couchecke. »Das klingt alles andere als beruhigend, Ralf. Oder bist du nicht meiner Meinung?«

»Cooperazione mit uns«, echote Ralf. »Sie wollen, dass du mit ihnen kooperierst.«

»Dazu müssten sie aber Kontakt mit mir aufnehmen«, sagte Eva mit einer Mischung aus Neugier und Schaudern.

»Unter welcher Nummer hast du diesen Anrufbeantworter erreicht?« Ralfs Spürsinn war nun vollends geweckt.

Sie griff wieder zu ihrem Notizblock und las die Nummer vor »0039 – das ist auf jeden Fall Italien.« Ralf notierte den Rest auf einem Stück Papier, griff zu seinem Handy und rief an. Der Ruf ging ins Leere. Dann meldete sich eine weibliche Automatenstimme, die auf Italienisch vermutlich erklärte, dass es den Anschluss nicht gebe. »Sie haben bereits abgeschaltet«, stellte Ralf enttäuscht fest und steckte sein Smartphone wieder ein. »Die Sache kann nur eines bedeuten«, fuhr er fort, »jemand hat bemerkt, dass du die Wanze entfernt hast. Sie wollen dich einschüchtern, ganz klar.« Er überlegte kurz. »Du hast aber keinen Kontakt in italienische Kreise?«

»Nein, ganz bestimmt nicht. Ich war zwar einige Male

im Urlaub in Italien, mal an der Adria, mal an der Riviera und einige Male in Südtirol. Aber da sind keine wirklichen Kontakte zu Einheimischen zustande gekommen. Es waren Urlaube. Das Übliche halt.«

Das Übliche halt, hallte es in Ralfs Kopf nach. Was immer man darunter verstand.

»Aber um noch einmal auf deinen Bekanntenkreis zurückzukommen ...«

»Das scheint dich besonders zu interessieren«, rang sie sich ein Lächeln ab, »nein, es gibt da keinen, der mir suspekt vorkommt. Bis auf ...« Plötzlich war ihr etwas eingefallen. Wieder sprang sie auf, verschwand aus dem Raum und kam sofort mit ihrem Notizblock zurück, in dem sie blätterte. »Da hat sich jemand für Freitagabend bei mir angesagt.« Sie setzte sich neben Ralf. »Die Institutsleitung erhofft sich weitere Forschungsgelder und deshalb hat sich irgend so ein Banker bei mir angekündigt. Er will persönlich mit mir sprechen, unter vier Augen. Hat von unserem ›Oberchef‹ ganz geheimnisvoll geklungen. Es soll einer aus europäischen Bankenkreisen sein.« Sie blätterte in ihren Notizen. »Hier hab ich's aufgeschrieben. Musselbrunn oder so ähnlich. Ich kann's nicht mehr genau lesen.«

Ralf versuchte zum zweiten Mal an diesem Abend, ruhig zu bleiben. »Wie heißt der?«, fragte er mit trockener Kehle zurück.

»Ich kann's nicht mehr genau lesen. Musselbronn oder Misselbronn – oder so ähnlich.«

Ralf schluckte. Jetzt musste er alles wissen, auch wenn ihn Eva nun für komplett verrückt hielt. »Sag mal«, wechselte er wie beiläufig das Thema, »gibt's eigentlich ein Foto von deinem Vertrauten, diesem Oliver Dingsda ...?«

Evas Gesichtsausdruck verwandelte sich in eine Mischung

aus ironischem Lächeln und misstrauischer Irritation. »Ein Foto von Oliver? Was soll denn nun diese Frage?«

Ralf blieb standhaft. »Gibt's eines? Muss kein Passfoto sein, mein ich, sondern eines, wo er halt irgendwie mit drauf ist.«

»Ist das wichtig?«

Ralf nickte, worauf sie schulterzuckend aufstand, um in ihr Büro zu gehen.

Rudolf Polzer war das, was man in den Alpenländern ein »g'standenes Mannsbild« nennt – einer, der sein ganzes Leben in den Bergen verbracht hat, verwurzelt mit dieser Landschaft, die ebenso traumhaft und lieblich wie rau und finster sein kann. Polzer, ein in jeder Hinsicht aufrechter Mann, dem niemand seine 75 Jahre ansah, war hier bis zu seiner Pensionierung Lehrer gewesen und galt als der eifrigste Chronist im Oberpustertal. Kein anderer hatte so viele Dokumente und Fotos aus der Geschichte des Dörfchens Sexten zusammengetragen und katalogisiert wie er. Ihm war es zu verdanken, dass die schlimmste Zeit, die das Tal jemals hatte durchmachen müssen – nämlich den Frontverlauf während des Ersten Weltkriegs zwischen Ungarn-Österreich einerseits und Italien andererseits – akribisch aufgearbeitet wurde und den folgenden Generationen als Mahnung gegenwärtig blieb. Dazu hatte ein eigens dafür gegründeter Verein im alten Schulhaus ein Museum eingerichtet.

Doch Polzer befasste sich nicht nur mit dem Krieg, der inzwischen ein Jahrhundert zurücklag, sondern auch mit den Südtiroler Freiheitskämpfen der 60er-Jahre, als die Regierung in Rom immer mehr Menschen aus Süditalien in diesen Landstrich umgesiedelt und für erheblichen Unmut gesorgt hatte. Was seit der Zeit nach dem Ersten Weltkrieg zu schwelen begonnen hatte, als Südtirol von der neu geschaffenen Republik abgetrennt und Italien angegliedert worden war, das eskalierte damals zu einem dramatischen Konflikt. Allerdings waren die Südtiroler Kämpfer darauf bedacht gewesen, kein Blutvergießen anzurichten, weshalb sich ihre Zerstörung gegen materielle Ziele gerichtet hatte.

Polzer hatte diese Unruhen noch bestens in Erinnerung, als die halb fertigen Wohnheime für die Süditaliener niederbrannten oder als an Strommasten Sprengsätze explodierten, um die Energieversorgung Mailands lahmzulegen und die Weltöffentlichkeit auf das Anliegen der Südtiroler aufmerksam zu machen. In der sogenannten Feuernacht des 12. Juni 1961 waren auf einen Schlag 37 Überlandmasten zerstört worden.

Obwohl seit damals noch einmal so viel Zeit verstrichen war wie zwischen dem Ersten Weltkrieg und den Freiheitskämpfen, konnte man bis heute die kühle Distanz spüren, mit der sich Südtiroler und Italiener bisweilen begegneten. Viel zu tief saßen in der älteren Generation die Erinnerungen an die Gräueltaten, die die Italiener den festgenommenen Südtirolern angetan hatten – und dass sogar alle deutschen Familien- und Straßennamen italienisiert worden waren.

Das war zwar längst wieder rückgängig gemacht und den Südtirolern die Autonomie zugestanden worden – doch wurden die Aktivitäten zugezogener Italiener in den kleinen Dörfern durchaus auch heute noch kritisch beäugt.

»Dieser Carlucci da oben«, meinte Polzer, als an diesem Abend eine Gruppe älterer Männer in Sextens Ortsteil Moos im Gasthaus Löwen zusammensaß, »dieser

Bursche ist mir nicht geheuer.« Er nahm einen Schluck Mineralwasser, das er auch in gemütlicher Runde stets zu trinken pflegte. Er konnte ohne Alkohol lustig sein und sogar herzhaft lachen, wenn die anderen, leicht angesäuselt, den Dorfklatsch durchkauten. Sie zählten zu den Einheimischen, die den Spagat wagen mussten, einerseits ihre Heimat möglichst so zu bewahren, wie sie seit Generationen bestand, sich andererseits aber den Bedürfnissen des modernen Tourismus zu öffnen, weil davon die meisten im Ort lebten. Polzer war sich dessen längst bewusst geworden, weshalb er als Chronist, wie man ihn nannte, zumindest dafür sorgen wollte, dass nichts in Vergessenheit geriet.

Die Themen wiederholten sich mit schöner Regelmäßigkeit. Polzer war sich natürlich klar gewesen, dass seine Bemerkung, gestern am Weg hinauf zum Helm am Sperrfort einen Deutschen getroffen zu haben, für Gesprächsstoff sorgen würde. Immerhin hatte der Fremde nicht gerade den Eindruck erweckt, ein Dolomiten-Tourist zu sein. Wenn man dort oben Fremde traf, die mit teuren Autos unterwegs waren und nicht nach Wanderer aussahen, dann konnten dies nur Gäste von Carlucci sein.

»Wir woll'n mal lieber nicht drüber red'n, wie der Kerl zu der Baugenehmigung gekommen ist«, erwiderte in Anspielung auf Carlucci einer der Männer, dessen Körperfülle auf ungesunde, zumindest aber üppige Ernährung schließen ließ. Er sprach damit einen heiklen Punkt an. Wieder mal.

Polzer überlegte. Er wollte die Diskussion, die sie schon oft geführt hatten, nicht weiter anstacheln. »Ich hab keine Aversion gegen die Italiener«, beschwichtigte er, »aber wenn man weiß, dass dieser Carlucci in Mailand einer der ganz Großen ist, dann frag ich mich, warum er ausgerechnet bei uns da oben einen Landsitz hingeklotzt hat und dort alle möglichen Leute empfängt.«

»Du scheinst dich ja auszukennen?«, staunte ein bärtiger Naturbursche, der bereits das zweite Viertel Wein vor sich stehen hatte.

Polzer grinste. »Oberstes Gebot ist Aufklärung, liebe Freunde. Rausgeh'n in die Natur und immer schau'n, was sich abspielt.«

»Dann mach's doch nicht so spannend«, brummte ein anderer.

»Ich bin gestern Abend mal ganz raufgelaufen«, berichtete Polzer ruhig und stellte zufrieden fest, dass sie im Nebenzimmer inzwischen die einzigen Gäste waren. »Mich hat die Neugierde gepackt, nachdem ich am Sperrfort diesem Deutschen mit seinem dicken Mercedes begegnet bin – übrigens mit einer Autonummer, wie ich im Internet entdeckt habe, aus einem Landkreis namens Göppingen, irgendwo bei Stuttgart. Anschließend ist ein großer BMW – keine Ahnung, welchen Typs – ebenfalls hochgefahren. Ein Mann allein. Italienische Autonummer, Trient.«

Der Bärtige frotzelte im Südtiroler Dialekt dazwischen: »Und dann noch a paar aus Neapel und Sizilien – und fertig war's Mafia-Treffen, was?«

Obwohl die anderen diese Bemerkung witzig fanden und mit Lachen quittierten, ließ sich Polzer nicht aus der Ruhe bringen. »Bis ich dann oben war, war's schon ziemlich dunkel. Ich hab mich in respektvollem Abstand g'halt'n und nur drei Autos stehen sehen, von den beiden Besuchern und den großen Maserati von Carlucci. Ich wollte gerade wieder gehen, als noch ein Wag'n kam. Das

Fabrikat konnte ich nicht erkennen, von der Größe her aber wohl ein Geländewagen.«

»Das hört sich ja spannender an als ein Krimi«, meinte der Dicke.

»Na ja, es hat mich gefror'n wie einen Schneider. Aber ich wollte dann schon vollends sehen, was das zu bedeuten hatte«, fuhr Polzer fort. »Der Geländewagen hat dann irgendwie an der Zufahrt zu Carluccis Grundstück angehalten. Wenig später wurden die Lichter in der Villa gelöscht. Was dann genau geschehen ist, habe ich nicht sehen können. Es war zu diesem Zeitpunkt stockfinstere Nacht. Dann ist der Geländewagen plötzlich wieder davongefahren, ziemlich schnell hinab ins Tal.«

»Das ist alles?«, war der Bärtige enttäuscht. »Keine Schießerei, nichts?«

»Ich kann euch leider nicht mehr dazu berichten, denn danach bin ich wieder runtergangen. Es war eiskalt da oben. Ich musste auf der Straße geh'n, weil ich keine Lampe bei mir hatte.«

»Da hast du aber noch eine schöne Nachtwanderung gemacht«, grinste der Beleibte, der sich nicht vorstellen konnte, jemals zu Fuß bis zu Carluccis Villa hochzusteigen. »Eine Stunde bist du sicher gelaufen.«

»Jaja, vor allem, wenn man nicht sieht, wo man hintritt«, entgegnete Polzer. »Aber es hat sich gelohnt. Als ich unten im Dorf war, sind alle an mir vorbeigefahren.«

»Wer – alle?«, kam es aus der Runde.

»Na ja, zuerst der Deutsche, dann eine Viertelstunde später der aus Trient und dann der Carlucci.«

»Ach«, staunte der Bärtige. »Da war's doch aber schon ziemlich spät?«

»So um Mitternacht muss es gewesen sein.«

»Was glaubst du, was das bedeutet hat?«

Polzer zuckte mit den Schultern. »Vielleicht gibt's für all das auch eine ganz einfache Erklärung. Es gibt oft Dinge, die bloß deshalb merkwürdig erscheinen, weil man nur einen kurzen Ausschnitt davon kennt. Erst wenn man das Gesamte sieht, darf man sich eine Meinung bilden.« So argumentierte er immer, wenn er sachlich und ruhig etwas analysierte. »Wir sollten das Geschehen dort oben zumindest aufmerksam verfolgen, ohne aber gleich das Schlimmste zu befürchten. Außerdem ...«, er sah in die Runde der Männer, die ihn mit geröteten Augen verwundert ansahen, »... sollten wir nicht die Stimmung gegen Carlucci weiter anheizen. Ihr wisst, manche haben schon gesagt, sie wollten ihm seine Hütte anzünden. So weit dürfen wir es nicht kommen lassen.«

Es war spät geworden. Aber Häberle und seine Mannschaft gönnten sich keine Ruhe. Dem Chefermittler gelang es erneut, die Mitglieder der 14-köpfigen Sonderkommission so zu motivieren, dass sie ohne zu murren Überstunden akzeptierten. Auch die Ulmer Kollegen, die zur Sonderkommission nach Geislingen abbeordert worden waren, zeigten sich erfreut über Häberles Führungsqualitäten. Vergleichbares hatten sie in Ulm nie erlebt.

Häberle hatte von einem Pizzaservice Verpflegung kommen lassen, sodass jetzt anregende Essensdüfte durch die Dienststelle zogen. Auf einem kleinen Bildschirm lief die Übertragung des Halbfinalspiels der Fußballweltmeisterschaft Deutschland gegen Brasilien. Der Ton war zwar abgestellt, aber das links oben eingeblendete Ergebnis deutete auf eine Sensation hin. Inzwischen stand es 0:6 für Deutschland.

»Gibt's was von der Spurensicherung?«, fragte Häberle, während er einen verstohlenen Blick auf den Bildschirm warf.

Linkohr schüttelte langsam den Kopf. »Nichts Konkretes. Sie haben DNA-Material sichergestellt. Das Übliche: Haare, ein paar Hautschuppen auf dem Sofa. Und im gefliesten Bereich des Wohnzimmers, neben dem Sofa, Abriebspuren einer festen Gummisohle. Möglicherweise Turnschuhe.«

»Hm«, machte Häberle. In seinem Kopf manifestierte sich das klischeehafte Bild vieler Täter: Turnschuhe, Kapuzen-T-Shirt, Jeans. »Mehr können die Kollegen nicht dazu sagen?«, hakte er nach.

»Noch nicht«, erwiderte Linkohr. »Sie meinen, es sähe so aus, als ob jemand auf der Stelle den Fuß verdreht und so diese Abriebspur hinterlassen hat.«

Häberle ließ sich eine weitere Pizzaschnitte munden, während einige Kollegen euphorisch »Tor« brüllten. 0:7. Brasiliens Untergang war vollends besiegelt.

»Und was sagen die Computerexperten?«, hakte Häberle abwesend nach. Er musste seine Freude darüber, dass Deutschland das Endspiel erreicht hatte, unterdrücken.

Einer mit Haarzopf und Dreitagebart wandte seinen Blick vom Fernseher, deutete kauend auf seinen Monitor und knurrte schließlich: »So sehr viel lässt sich über Frau Misselbrünns Lebenswandel aus ihrem Computer nicht rauslesen. Wir kennen jetzt ihr Adressbuch – enthält 87 Einträge, aber nichts davon bringt uns bislang weiter.«

Die Kollegen lauschten aufmerksam.

»Auch die Telefonverbindungsdaten sind unspektakulär. Ihr Mann hat gestern x-mal versucht, sie zu erreichen. Über Kabel und über ihr Handy.«

»Und wie sieht's mit dem Computer ihres Gemahls aus?«

Der Kriminalist seufzte und streckte sich. »Was soll ich sagen? Du weißt doch, dass er sich sträubt. Geschäftsgeheimnis und so. Ohne richterliche Anordnung läuft da gar nichts.«

»Dann besorg sie uns«, gab Häberle unwirsch zurück und verschlang im Stehen einen Bissen Pizza. »Gibt es weitere Kontakte zwischen Frau Misselbrünn und diesem jungen Mann, dem ...« Häberle fiel der Name nicht ein.

»Mehlfurt, Ralf Mehlfurt«, half ihm der Computermann weiter.

»Ja, was ist damit?«

»Nichts weiter. Über das hinaus, was wir schon wissen, gibt's nichts zu sagen.«

Häberle trank sein Colaglas leer. »Von seinem Vater weiß man noch nichts?«

»Nein«, schaltete sich einer der Ulmer Kollegen ein. »Keine Spur, nichts. Aber das ist wohl eine andere Baustelle.«

»Das bezweifle ich«, erwiderte Häberle. »Dazu sind mir die Verflechtungen zu eng. Wir sollten diese Spur nicht aus den Augen verlieren.«

»Ulm ist aber der Meinung, der Vermisstenfall gehe uns nichts an. Sie verweisen darauf, dass der Fundort des Fahrrads auf bayrischem Gebiet liegt.«

Häberles Blutdruck stieg schlagartig. Genau so hatte er sich das vorgestellt: Die in Ulm spielten sich inzwischen wie kleine Halbgötter auf, zogen alles an sich, trafen Entscheidungen fernab der Praxis und warfen, wo es nur ging, bürokratischen Sand ins Getriebe. »Dann sagen Sie den Herrschaften in Ulm, dass die Sonderkommission selbst abschätzen kann, was wichtig und was unwichtig ist. Bayern ist ja wohl nicht gerade Ausland«, gab er ungewöhnlich scharf zurück. Der Ulmer Kollege grinste in sich hinein. Solch deutliche Worte konnte sich nur Häberle erlauben, der die höchste Besoldungsgruppe längst erreicht hatte. Bei der Polizei war jetzt mehr denn je Duckmäusertum gefragt. Wer nicht spurte, brauchte gleich gar nicht zu hoffen, bei der nächsten Beförderung oder Vergabe einer frei gewordenen attraktiven Stelle berücksichtigt zu werden. Dass so etwas nicht gerade die Motivation stärkte, interessierte die Polizeioberen nicht.

Linkohr war mit seiner Pizza fertig und wartete, bis sich die Wogen wieder geglättet hatten. Er wollte die Nachricht, die er vor wenigen Minuten erhalten hatte, nicht untergehen lassen. »Ob ihr's glaubt oder nicht, liebe Kollegen, aber das Innenministerium hat uns über die Staatsanwaltschaft mitgeteilt, auf wen das Autokennzeichen aus dem Main-Taunus-Kreis ausgestellt ist – dieser große Audi, der vor Misselbrünns Haus gesehen wurde.«

»Oh«, hellte sich Häberles Miene wieder auf. »Da haben sich aber einige im Ministerium stark überwinden müssen. Lassen Sie hören.«

Linkohr las von einem Blatt ab: »Rimbledon, Frank Rimbledon. Ein V-Mann.« Er überflog den Namen noch einmal: »Rimbledon – wie Wimbledon, das Fußballstadion, nur mit ›R‹ vorn. Soll in Lauingen wohnen, Landkreis Dillingen.« Linkohr gab sich skeptisch. »Wenn's denn stimmt.«

»Und der Name klingt verdammt amerikanisch«, brummte Häberle, während Brasilien gerade sein Ehrentor schoss. 1:7. Gleich würde das Spiel beendet sein. Jetzt wird Deutschland Weltmeister, dachte er. Einer der Kollegen schaltete mit der Fernsteuerung den Ton des Fernsehers an. So einen historischen Fußballabend wollten sie sich auch nicht durch einen Mordfall entgehen lassen.

10

Die Feuersirene heulte und ihr schauriges An- und Abschwellen hallte in dieser Nacht drohend von den Berghängen wider, sodass ein geradezu mystisches Echo entstand. Außer Polzer war um diese Zeit, kurz vor Mitternacht, niemand mehr auf dem nur spärlich beleuchteten Gehweg unterwegs, der neben der Straße von Moos nach Sexten führte. Er genoss diese feuchtkühle Luft, die ihn auf dem knapp einen Kilometer langen Heimweg zwischen den beiden Ortsteilen umgab. Jetzt aber hatte ihn diese Sirene aus den Gedanken gerissen, die sich noch immer um seine Beobachtungen vor Carluccis Bergvilla drehten. Polzer blieb erschrocken stehen und sah sich um. Wenn die Sirene heulte, musste irgendwo in diesem Tal ein Feuerschein zu sehen sein. Doch Polzer konnte rundum nichts erkennen, was auf einen Brand hindeuten würde. Möglich, dass es nur irgendwo ein kleiner Schwelbrand war, dachte er. Es musste nicht immer gleich ein ganzer Bauernhof in Flammen stehen.

Er ging deshalb weiter, während die mehrmals aufheulende Sirene wieder verstummte. Wenige Minuten später waren die charakteristischen Signalhörner ausrückender Feuerwehrfahrzeuge zu hören. Er hatte gerade die Talstation der Helm-Seilbahn erreicht, als er vor sich zwischen den Dächern der nahen Häuser von Sexten Blaulichter zucken sah. Gleichzeitig schreckte ihn etwas auf, das rechts, ziemlich weit oben auf dem Berg, rötlich aus der Finsternis hervorstach: Feuer. Polzer blieb wieder stehen und kniff die Augen zusammen, um es genauer erkennen zu können. Es gab nur zwei Möglichkeiten: Entweder hatte dort oben jemand einen riesigen Holzstapel angezündet oder die Flammen loderten aus einem der einsamen Almhöfe. Er versuchte, die Örtlichkeit einzugrenzen, doch obwohl er Sexten und die Berge kannte wie kein Zweiter, gelang es ihm in der Dunkelheit nicht, genau abzuschätzen, welches Anwesen betroffen sein könnte. Während inzwischen Blaulichter die steile Straße hinaufzuckten und die Sirenen der Einsatzfahrzeuge das Tal erfüllten, befiel ihn plötzlich ein schrecklicher Gedanke. Nein, das durfte nicht sein, mahnte er sich zu jener Gelassenheit, die ihm zu eigen war. Doch er konnte den Blick nicht mehr von diesem rot-orange auflodernden Punkt wenden, von dem aus Funken wild sprühend nach oben stoben und sich in der Schwärze des Himmels verloren. Polzer glaubte sich in eine surrealistische Welt versetzt. War dies nun Realität oder spielte ihm gerade sein Gehirn nach den langen Gesprächen und Mutmaßungen einen üblen Streich? Oder wurde dort oben gerade grausame Wirklichkeit, worüber sie den Abend über diskutiert hatten? Polzer ging langsam weiter, während zuckende Blaulichter weithin erkennen ließen, dass bereits das vierte Einsatzfahrzeug auf der schmalen Steilstrecke über Sexten den Berg hinauffuhr.

Häberle hatte nur ein paar Stunden geschlafen. Als er bereits kurz nach acht wieder bei den Kollegen der Sonderkommission eintraf, verteilte er frische Butterbrezeln, während die Sekretärin für Kaffee sorgte. Einigen Männern war anzusehen, dass sie die Nacht durchgearbeitet hatten. Vor allem jene, die sich noch immer mit der Auswertung von Frau Misselbrünns Computer abmühten.

Häberle besah sich ausgedruckte Protokolle, ohne die langen Datenreihen zu verstehen. Linkohr, der sich über den Oberlippenbart strich und den heißen Kaffee genoss, ereiferte sich: »Wir brauchen unbedingt Einblick in den Computer ihres Mannes.«

Häberle ließ sich in seinen Bürosessel fallen. »Versuchen Sie's«, bemerkte er auffordernd, »aber machen Sie sich darauf gefasst, dass der ›trauernde Witwer‹ alle juristischen Hebel in Bewegung setzen wird, dies zu verhindern.«

Linkohr war bereit, diesen Kampf aufzunehmen und stieß auf die Unterstützung aller Kollegen. Nur einer der Computerexperten zeigte sich skeptisch: »Leute wie dieser Misselbrünn werden wohl kaum ihre geheimsten Dinge auf ihrem privaten Rechner abgelegt haben.« Er grinste. »Viel mehr würde mich interessieren, wo sich der Oberbanker in den vergangenen Tagen aufgehalten hat.«

»Du meinst, wir sollten's mal mit den Handydaten versuchen?«, meldete sich eine Stimme aus dem Hintergrund.

Häberle nickte. »Versuchen können wir's. Aber ob wir bei dem Gedöns um den Datenschutz eine Chance haben, wage ich zu bezweifeln. Ihr wisst, dazu brauchen wir einen gewissen Tatverdacht. Und bisher gibt's nicht den geringsten Anhaltspunkt dazu. Misselbrünn hat uns doch erzählt, wo er die letzten Tage war. Und dass er mehrfach von auswärts versucht hat, seine Frau anzurufen, ist unbestritten.«

»Na ja«, wandte Linkohr ein, »von seinem Handy aus wurde angerufen. Aber ob er selbst der Anrufer war, lässt sich daraus nicht ableiten.«

»Stimmt nicht ganz. Auf dem Display bei ihm daheim war auch die Nummer einer Bank aus der Gegend von Lienz in Österreich«, meldete sich ein anderer zu Wort.

»Wir haben das gecheckt – ein Banker namens Simmering hat bestätigt, dass sich Misselbrünn um seine Frau gesorgt hat und sie vom Festnetz aus anrufen wollte, weil wohl irgendetwas mit seinem Handy nicht funktioniert hat.«

»So?« Häberle hob eine Augenbraue, ohne darauf einzugehen. »Vorläufig sollten wir uns an die Fakten halten. Misselbrünn wird sich so schnell nicht in die Karten schauen lassen.«

Linkohr überlegte, was hinter Häberles Bemerkung stecken könnte, verkniff sich aber eine Nachfrage und berichtete stattdessen: »Es gibt aber heute Morgen schon eine Neuigkeit, die wir auch zur Kenntnis nehmen sollten.«

Häberle griff zu seiner Kaffeetasse. »Dann lassen Sie mal hören.«

»Die Ulmer haben uns mitgeteilt, dass Frau Mehlfurt – die Mutter von diesem jungen Software-Experten – das Auto ihres vermissten Mannes als gestohlen gemeldet hat.«

Ein Raunen ging durch die Runde, worauf Linkohr ergänzte: »Vergangene Nacht. Aus der Garage raus.«

»Aus der Garage?«, wiederholte Häberle ungläubig.

»Aus der *unverschlossenen* Garage«, ergänzte Linkohr deshalb. »Man habe die Garage nie abgeschlossen, sagt Frau Mehlfurt.«

»Und im Auto dann praktischerweise auch gleich den Schlüssel stecken lassen«, ergänzte Häberle sarkastisch.

»Nein, das nicht. Aber an der Garagenwand hänge immer ein Ersatzschlüssel – und der ist nun auch weg.«

Kurzes Schweigen machte sich breit.

»Und jetzt dürft ihr raten, um welchen Fahrzeugtyp es sich handelt«, machte Linkohr weiter.

Häberle zuckte mit den Schultern. »Sicher um keinen Smart oder Polo.«

»Um einen schwarzen Audi Q5«, erwiderte Linkohr und wartete gespannt, ob sein Chef die Zusammenhänge sofort erkannte.

Häberle reagierte wie erwartet: »Aber nicht auch noch mit einem Kennzeichen vom Main-Taunus-Kreis?«

Linkohr fühlte sich bestätigt. »Nein, leider nicht. Nur das ortsübliche von Niederstotzingen, HDH, von Heidenheim.« Er wartete kurz, um dann sein Wissen anzubringen: »Aber der Audi Q5 hat doch eine Heckklappe, oder sehe ich das falsch?«

Misselbrünn war bereits am frühen Vormittag weggefahren. Zuvor hatte er noch mit dem Chef der Staatsanwaltschaft telefoniert und sich erkundigt, wann die Leiche seiner Frau zur Beerdigung freigegeben werde. Eine konkrete Aussage hatte er jedoch nicht erhalten, worauf es ihm schwergefallen war, seinen Unmut darüber zu unterdrücken. Er war es zwar gewohnt, energisch aufzutreten, aber gegenüber der Ermittlungsbehörde erschien ihm Zurückhaltung geboten.

Er verließ das Haus, das er so schnell wie möglich verkaufen wollte, fuhr auf der B10 Richtung Ulm und bog im Wald hinter Luizhausen, kurz vor der Denkentaler Senke, nach links in einen Wanderparkplatz ein. Dort vergewisserte er sich, dass alle Scheiben geschlossen waren, und holte aus einem Fach der Mittelkonsole ein Handy hervor, das er mit einigen Tastenkombinationen zum Leben erweckte. Er hatte dieses alte Nokiagerät, das zu kaum mehr als zum Telefonieren taugte, stets im Wagen liegen, musste jedoch darauf achten, dass der Akku alle paar Wochen geladen wurde. Denn selbst im ausgeloggten Zustand verlor er regelmäßig die Spannung. Dieses Handy hatte aber trotz der veralteten Technik einen entscheidenden Vorteil: Die Spuren, die er damit im Datennetz hinterließ, würden niemals zu ihm führen. Denn die SIM-Karte hatte er sich vor geraumer Zeit in Italien von Bronso geben lassen, der sie bei Bedarf auch wieder mit einem Geldbetrag auflud. Und Bronso, darauf konnte er sich verlassen, war natürlich darauf bedacht gewesen, dass die Rufnummer keinerlei Rückschlüsse auf eine real existierende Person zuließ. Weder in Italien noch sonst wo auf der Welt.

Misselbrünn hatte eine mehrstellige Nummer eingetippt und wartete ungeduldig, bis sich nach einigen Rufzeichen eine vertraute, aber merkwürdig rau und gestresst klingende Männerstimme mit einem knappen »Pronto« meldete.

»Ich bin's, der Karl-Eugen«, meldete er sich.

Weil keine Antwort kam, fuhr er zögernd fort: »Bist du's, Gregori.«

»Ja, bin ich.« Kurze Pause. »Was hast du mir zu sagen?«

Misselbrünn erschrak über diese schroffe Begrüßung. »Ist was passiert?«, fragte er zögernd zurück.

Gregori Carlucci schnaufte hörbar. »Warum rufst du mich ausgerechnet jetzt an?«

»Ich …« Misselbrünn sah sich prüfend um, als ein größeres Fahrzeug in den Parkplatz einbog und mit einigem Abstand anhielt. »Ich glaube, wir sollten miteinander in Ruhe reden. Wir beide. Du und ich. Wegen vorgestern.«

Wieder diese Stille, die Misselbrünn von Carlucci nicht gewohnt war. »Wir sollten uns nicht auseinanderdividieren lassen«, bemerkte er deshalb zaghaft. Aus dem Auto stieg ein junger Mann, der um den Klein-Lkw herum zu den dichten Sträuchern ging, die den Parkplatz säumten. Vermutlich musste er austreten.

»Ich hab alles gesagt, was ich denke«, kam endlich Carluccis Stimme zurück. »Aber lass mich jetzt bitte in Ruhe. Ich hab ein ziemliches Problem.«

»Ein Problem?« Misselbrünn war aufgeschreckt.

»Man hat mir meine Berghütte niedergebrannt in Sexten«, zischte Carlucci und ließ Misselbrünn jetzt nicht mehr zu Wort kommen. »Sollte dies ein Einschüchterungsversuch sein, von wem auch immer ...«, er ließ das Gesagte auf Misselbrünn wirken, »... dann sollten der- oder diejenigen wissen, dass mich das nicht beeindruckt. Im Gegenteil, Karl-Eugen, ich habe genügend Mittel und Wege, um mich zu wehren, ohne mir selbst die Hände schmutzig machen zu müssen.«

»Dir hat man ...?« Misselbrünn zeigte sich fassungslos. Er spürte, wie sein ganzer Körper blutleer zu werden schien. Verwirrt musste er feststellen, dass der Kombi nebenan schon wieder verschwunden war.

Carlucci wollte auf keine weiteren Fragen eingehen, sondern beendete das Gespräch mit einer Feststellung, bei der seine Stimme einen gefährlichen Klang annahm: »Und auch ihr beide, Silvio und du, solltet euch in Acht nehmen. Wer immer hinter dem Brandanschlag bei mir steckt – derjenige, der so etwas tut, ist zu allem fähig.« Die Verbindung brach ab.

Ralf Mehlfurt genoss das Gefühl, das ihn an diesem Sommermorgen umgab. Ihm schien es, als seien seit ihrer letzten Begegnung nicht all die vielen Jahre vergangen, die ihm jetzt als verloren erschienen. Nachdem die geschäftlichen Probleme besprochen waren, hatten sie beide ihre verschüttet geglaubten Gefühle wieder hervorgezaubert. In ihnen brannte noch immer das Feuer, das wie in einem Vulkan geschlummert hatte und vergangene Nacht wieder ausgebrochen war. Eva Langbein hatte nichts von ihrer erotischen Ausstrahlung und ihrer leidenschaftlichen Hingabe verloren. Ganz im Gegenteil. Sie war erfahrener, einfühlsamer und noch wilder geworden. Ralf wünschte sich nichts sehnlicher, als an all das anknüpfen zu können, was sie nach der Studienzeit leichtfertig aufgegeben hatten.

Auch Eva schien nicht abgeneigt zu sein, die Beziehung wieder aufleben zu lassen. Als sie sich nach dem Frühstück verabschiedeten, hatte sie ihn noch einmal zu sich herangezogen und geküsst. »Du meldest dich wieder, ja?«, hatte sie gehaucht und ihm tief in die Augen geblickt. Und dann folgte, was noch immer in ihm nachklang: »Ich mag dich.« Als er bereits bei seinem Auto gewesen war, hatte sie ihm noch nachgerufen: »Pass bitte auf dich auf. Egal, was du tust. Bitte!« Jetzt, auf der Fahrt zu seiner Mutter nach Niederstotzingen, hatte er Mühe, gegen das Karussell der wilden Gefühle anzukämpfen. Einerseits diese Nacht, die so traumhaft gewesen war, andererseits der verschwundene Vater, um den er sich allerdings weniger sorgte als um seine Mutter, deren Gemütszustand er nur schwer abschätzen konnte. Die Beziehung zu den Eltern war nicht gerade innig – eine Folge mangelnder Zuneigung in Kindheitstagen.

Trotzdem fühlte er sich nun in der Verantwortung. Er parkte seinen großen Wagen in der Hofeinfahrt und stutzte, als er entlang der schmalen Wohnstraße einen weißen Mercedes mit Göppinger Kennzeichen stehen sah.

Er öffnete die Haustür und hörte bereits in der Diele Männerstimmen. Ralf zog die Tür hinter sich leise ins Schloss, warf sein Jackett auf die Ablage unter der Garderobe und näherte sich zögernd dem Wohnzimmer. Durch die Milchglastür zeichneten sich die Umrisse zweier Personen ab, die an der Ledersitzgruppe seiner Mutter gegenübersaßen.

Er klopfte anstandshalber zaghaft gegen die Scheibe, betrat aber sofort den Raum und sah sich dem unerwarteten Besuch gegenüber: Den kräftigen Mann auf dem abgewinkelten Teil der roten Ledercouch erkannte er sofort als den Hauptkommissar August Häberle. Dieser erhob sich, schüttelte ihm die Hand, und stellte seinen Kollegen Linkohr vor, der ebenfalls zur Begrüßung kurz aufstand.

Ralf hatte Mühe, seine Verwunderung zu verbergen, und wandte sich an seine Mutter: »Tut mir leid, Mama, aber ich wusste nicht, dass du Besuch hast.«

Häberle kam einer Antwort zuvor: »Wir stören nicht lange, Herr Mehlfurt. Aber es fügt sich gerade gut, dass Sie auch da sind.«

»Ich? Wir haben doch erst gestern ausführlich miteinander gesprochen.« Ralf ließ sich auf einem gepolsterten Hocker nieder. Am liebsten hätte er kehrtgemacht, um sich nicht schon wieder irgendwelchen Fragen ausgesetzt zu sehen.

»Ich weiß nicht, ob Sie's schon wissen …«, Häberle sah zu Frau Mehlfurt hinüber, die ihm gesagt hatte, dass ihr Sohn vergangene Nacht nicht heimgekommen war, »… das Auto Ihres Vaters wurde letzte Nacht gestohlen.«

»Wie?« Aus Ralfs Gesicht war alle Farbe verschwunden. Er blickte Hilfe suchend zu seiner Mutter. »Sein Auto? Hier? Aus der Garage?«

Frau Mehlfurt nickte stumm.

»Hat er's denn selbst geholt?«, entfuhr es Ralf, der diese spontane Äußerung auch sofort wieder bereute.

Linkohr wurde hellhörig. »Halten Sie das denn für denkbar?«

Häberle hakte nach: »Gehen Sie davon aus, dass er freiwillig verschwunden ist und jetzt heimlich sein Auto geholt hat?«

Ralfs Augen blitzten unsicher von einem zum anderen. »Nein – das heißt: Ich weiß es nicht. Aber wenn er freiwillig weg wäre, hätte er wohl sein Auto gleich mitgenommen. Alles andere macht doch keinen Sinn, oder?«

Die Kriminalisten schweigen.

»Johannes, also mein Mann«, wagte Silke Mehlfurt anzumerken und stockte, »er hatte keinen Grund, uns einfach zu verlassen. Wie ich Ihnen vorhin schon gesagt habe«, sie sah auch zu Linkohr hinüber, »er hat sein Leben lang geschuftet. Außendienst ist heutzutage kein leichter Job.«

Wirklich kein Grund, einfach abzuhauen, dachte Häberle. Computerbranche, rief er sich den Job von Mehlfurt senior in Erinnerung und nahm Ralf ins Visier. »Der Sohn tritt in Vaters Fußstapfen.«

»Nicht ganz, aber das hab ich bereits gestern erklärt«, berichtigte Ralf genervt, um noch einmal zu wiederholen, was er schon angedeutet hatte. »Er macht Support. Softwareservice. Netzwerke warten und so weiter. Ich sorge dafür, dass es keine Hackerangriffe gibt. Viren, Würmer, Trojaner oder andere Schadprogramme.« Er überlegte, wie viel er über seine oftmals streng geheimen Aufträge ausplaudern durfte.

Häberle sah die Gelegenheit für gekommen, eine klare Frage zu stellen, auch wenn er damit möglicherweise schlafende Hunde weckte. Er wollte es riskieren: »Haben Sie beide einmal beobachtet, dass am Fahrzeug Ihres Vaters, beziehungsweise Ihres Ehemanns, ein anderes Kennzeichen angebracht war?«

Mutter und Sohn sahen sich ungläubig an. Für einen Augenblick hatte Häberle den Eindruck, sie warteten gegenseitig darauf, dass einer von ihnen etwas sagte. Doch dann entschied sich Frau Mehlfurt zu einer klaren Aussage: »Nein, nie. Wie kommen Sie denn da drauf? Er hat doch nicht einmal einen Firmenwagen – sonst hätte er vermutlich eine Berliner Nummer gekriegt, vom Sitz dieses Unternehmens.«

»Das wie heißt?«, wollte Häberle wissen.

Frau Mehlfurt bedeutete ihrem Sohn mit einer Kopfbewegung, die Antwort zu geben. »Ein Software-Servicedienstleister. Ein ganz Großer«, sagte Ralf nervös, denn er fühlte sich ein weiteres Mal ausgehorcht. »European Software-Service-Group‹ – so heißt das Unternehmen, wenn ich mich richtig entsinne. Ansonsten müssten wir in seinen Unterlagen nachschauen. Aber Sie werden das Unternehmen im Internet finden, abgekürzt ESSeG. Das ›e‹ kleingeschrieben.«

»Und Ihr Arbeitgeber?«, fragte Linkohr dazwischen.

Ralf war darauf nicht gefasst gewesen. »Meiner? Tut das etwas zur Sache?«

»Wir hätten Sie schon gestern fragen sollen«, verdeutlichte Häberle ruhig.

»Ich wohne und arbeite in Frankfurt«, sagte Ralf. »›Network-Security Corporation Germany‹, abgekürzt NSC«, er sprach die Buchstaben englisch aus, »mit mehreren Standorten in ganz Deutschland, übrigens auch in Göppingen.« Er verlor seine Scheu und bemerkte: »Ich kann Ihnen das alles auch gerne noch mal schriftlich geben.«

Häberle zuckte verärgert mit einer Wange und riskierte, noch mehr Unmut zu erregen: »Hatten Sie und Ihr Vater denn auch mal berufliche Berührungspunkte? Ich meine:

Sie von der Spionageabwehr – wenn ich das mal so nennen darf – und er als derjenige, der Einblick in viele Firmennetze hat? Hat man sich da mal ausgetauscht?«

Ralf rieb mit den Handflächen über seine Jeans, als wolle er die schweißnasse Haut trocknen. »Nein, ganz bestimmt nicht. Mein Vater und ich haben wenig Kontakt – und wenn, dann spricht man nicht übers Geschäftliche.«

Häberle gab sich damit zufrieden. »Um es klarzustellen, wir haben bislang keine Erkenntnisse, dass der Tod von Frau Misselbrünn in Zusammenhang mit dem Verschwinden Ihres Vaters beziehungsweise Ehemannes steht.«

Die beiden Angesprochenen schien dies zu beruhigen. »Abschließend«, so wechselte Häberle das Thema und war auf die Reaktionen gespannt, die sein letzter Trumpf, den er heute ausspielen konnte, verursachen würde: »Sagt Ihnen der Name Rimbledon etwas? Frank Rimbledon.«

Ralf wandte den Blick von Häberle zur Mutter hinüber. Ihr Gesicht war fahl geworden. »Wie sagten Sie?«

»Rimbledon. Frank Rimbledon«, wiederholte Häberle.

Sie schüttelte langsam den Kopf. »Nein. Das sagt mir im Moment nichts.« Ralf schwieg und bekräftigte die Aussage seiner Mutter mit einem Kopfnicken.

Oliver Garrett, der smarte junge Mann, wirkte ziemlich unausgeschlafen, als er um die Mittagszeit im Institut eintraf. Er hatte die ganze Nacht darüber nachgegrübelt, wie er Eva für sich gewinnen konnte. Vor allem aber drehten sich seine Gedanken um die Frage, welchen ehemaligen Kommilitonen sie so freudig erwartet hatte. Oliver konnte die Vorstellung nicht ertragen, dass sie sich womöglich vergangene Nacht mit einem anderen Mann auf ähnliche Weise vergnügt hatte wie mit ihm. War Eva wirklich eine

Draufgängerin, die mit jedem ins Bett stieg? Nein, das konnte, das durfte nicht sein. Das war völlig absurd. Eva war bisher immer auf Distanz gegangen.

Und wenn doch nicht?, war seine innere Stimme hartnäckig geblieben. Wenn doch? Vielleicht war sie in ihrem Innersten eine ganz andere, als es vordergründig den Anschein hatte. Er selbst war doch vorletzte Nacht davon überrascht worden.

Hatte er sie bisher so falsch eingeschätzt, sie möglicherweise sogar durch seine bisherige vornehm zögerliche Art enttäuscht? Vielleicht hatte sie sich schon immer etwas ganz anderes gewünscht. Er war noch tief in Gedanken versunken, als er sie auf dem Flur traf. Sie lächelte charmant. »Hi«, sagte sie, »siehst ein bisschen verschlafen aus.«

Er wurde verlegen. »Ich? Entschuldige, aber es ist gestern Abend ziemlich spät geworden.«

»Kann ich nachvollziehen«, grinste sie spöttisch, als wolle sie über sich selbst dasselbe sagen. »Kaffee?«

Oliver war überrascht. Wollte sie ihn tatsächlich zu einem Gespräch in ihr Büro einladen?

»Ja«, hörte er sich sagen, viel schneller, als er darüber nachdenken konnte.

Sie ging voraus zu ihrem Büro, aus dem ihnen der Duft frisch gebrühten Kaffees in die Nase stieg. Eva drückte die Tür zu, holte zwei Tassen aus einem Regal und griff zu dem gläsernen Gefäß, das unter dem Filter einer kleinen Kaffeemaschine stand. »Das wird dich wieder auf Vordermann bringen«, lächelte sie, als sie einschenkte und sich zu ihm an den Besprechungstisch setzte.

»Es war schön vorgestern«, hauchte sie augenzwinkernd und schlug ihre Beine übereinander.

Oliver lächelte. Und gestern?, durchzuckte es ihn. Am liebsten hätte er gefragt, wie denn ihr gestriger Abend verlaufen war. Vielleicht provozierte sie diese Frage sogar und er war wieder zu feige, sie auszusprechen.

Sie nippten an ihren Tassen, während er beschloss, in die Offensive zu gehen. »Und wie war es bei deinem Treffen – gestern Abend?«

»Du meinst mit Ralf?«, wurde sie deutlich, »meinem alten Studienfreund – ha«, es klang geradezu euphorisch, was Oliver zutiefst enttäuschte. »Ralf hat mir versprochen, bei der Suche nach dem ›Spion‹ behilflich zu sein.«

»Er kennt sich damit aus?«

»Ja, er macht so etwas Ähnliches beruflich.« Sie spürte, dass sich Olivers Stimmung verändert hatte, weshalb sie zu relativieren versuchte: »Nur deshalb bin ich so von ihm begeistert.«

Er wusste mit dieser Bemerkung nichts anzufangen. »Wie – beruflich?«, wollte er wissen.

»Er spürt die Internetgangster auf. Als Angestellter einer Securityfirma.« Sie bemerkte, wie die Müdigkeit aus seinem Gesicht wich. Der Kaffee schien seine Wirkung nicht verfehlt zu haben. »Er meint aber, das Ding in meiner Steckdose sei nicht gerade ein Hightechmodell. Zumindest nicht aus seiner Sicht.«

»Ach?« Oliver staunte. »Aber ernst zu nehmen ist es doch wohl trotzdem?«

»Natürlich, keine Frage. Deshalb sag ich doch: Allerhöchste Wachsamkeit ist geboten.«

Oliver trank seine Tasse leer. Er überlegte, ob er noch eine direkte Frage anbringen konnte. »Du sagst, dieser Ralf sei ein Studienfreund von dir. Er ist demnach sozusagen ein Kollege von uns?«

»Du interessierst dich für ihn?«, fragte Eva verwundert. »Schwingt da ein bisschen Eifersucht mit oder täusche ich mich?«

Oliver fühlte sich ertappt. »Ich? Entschuldige, Eva, wieso sollte ich ...?«

Sie warf einen Blick zur Tür, um sich zu vergewissern, dass sie geschlossen war, dann unterbrach sie ihn: »Red dich jetzt bloß nicht raus. Ich an deiner Stelle wär's.«

»Wenn du meinst – na ja, der Abend mit dir war total aufregend.«

»Die Nacht«, berichtigte sie ihn keck. »Du meinst wohl die Nacht. Und nun bist du enttäuscht, dass da noch jemand ist.«

»Um ehrlich zu sein, ja.«

Eva umfasste seinen linken Unterarm. »Ralf ist nichts weiter als ein guter Kumpel von mir. Ein Kumpel aus alten Studientagen.« Sie sah ihn über ihre Brille hinweg aufmunternd an. »Er hat gerade keinen Bock auf ein Liebesabenteuer. Sein Vater ist nämlich spurlos verschwunden.« Kaum hatte sie es gesagt, glaubte sie, ein Zucken in seinen Augen erkannt zu haben.

»Wie? Sein Vater ist verschwunden? Abgehauen, oder was?«

»Man weiß es noch nicht. Hast du's noch nicht in der Zeitung gelesen?«

»Doch schon«, gab Oliver zu, »aber es war nur die Rede von einem soundsovieljährigen Radler, der irgendwo an der Donau bei Leipheim verschwunden sein soll.«

»Ja, genau, das ist Ralfs Vater, Johannes Mehlfurt«, bestätigte Eva. »Auch ein Softwarespezialist übrigens. Aber keiner, der Spione jagt. Zumindest sagt Ralf das.«

Oliver wich Evas Blicken aus. Sie bemerkte seine Unsicherheit und überlegte, was seinen plötzlichen Stimmungswandel bewirkt haben könnte. »Kennst du ihn?«, fragte sie deshalb.

»Nein, nicht direkt«, erwiderte Oliver und es klang wie das Stammeln eines Schulbuben, »aber irgendwo ist mir der Name schon mal begegnet.«

»Ist doch eigentlich kein Wunder«, räumte Eva locker ein. »Schließlich sind Vater und Sohn Berufskollegen von uns.«

Oliver wollte nichts mehr dazu sagen. Er verzichtete sogar darauf, Eva zu fragen, wann sie wieder einmal Zeit für ein ›abendliches Plauderstündchen‹ habe. Dass es beim letzten Mal nicht beim Plaudern geblieben war, hatte den Wunsch, Eva möglichst bald wieder ganz für sich allein zu haben, und sei es nur für eine Nacht, ins Unermessliche gesteigert. Aber jetzt, an diesem Mittag, war ihm die Stimmung dazu verdorben worden.

Eva rätselte, was geschehen war, wollte aber nicht nachfragen. Ihre Gedanken drehten sich ohnehin um Ralf. Sie ärgerte sich, dass sie in den vergangenen Minuten zu feige gewesen war, Olivers Wunschträume zu zerstören. Stattdessen hatte sie sich sogar dabei wohlgefühlt, ihn an der Nase herumzuführen und ihn im Glauben zu lassen, eine Chance bei ihr zu haben. Die Nacht mit ihm war amüsant gewesen – und sie hatte sich sogar darin bestätigt gefühlt, von diesem zwei Jahre jüngeren Mann begehrt zu werden. Oliver war ein netter Kerl, dachte sie, während er gedankenversunken vor sich hinstarrte, aber mit dem Abstand eines Tages und der Nacht mit Ralf musste sie sich eingestehen, dass sie das Abenteuer mit Oliver nicht weiterführen durfte. Schon gar nicht, wenn sie einen Skandal vermeiden wollte, der drohte, falls ein solches Verhältnis mit einem Mitarbeiter im Institut bekannt werden würde. Aber wie würde Oliver reagieren, wenn sie ihn nun einfach abblitzen ließ? Sein Verhalten in den letzten Minuten ließ nichts Gutes erwarten. Es war ein gefährliches Spiel, das sie begonnen hatte. Und doch fühlte sie sich plötzlich von einem längst verschüttet geglaubten Glücksgefühl ergriffen.

»Haben Sie bemerkt, wie blass Frau Mehlfurt geworden ist, als ich sie nach dem Rimbledon gefragt habe?«, begann Häberle, als er wieder mit Linkohr im Dienst-Mercedes saß und den Motor startete.

Linkohr grinste. »Irgendwie kommen mir Mutter und Sohn seltsam vor«, meinte er, »aber genauso komisch erscheint mir die Sache mit dem geklauten Auto.«

Häberle musste sich die Route nach Lauingen an der Donau in Erinnerung rufen. Über Sontheim an der Brenz und Gundelfingen würde er die B16 erreichen, so hatte er es sich bereits im Büro von einem Internetroutenplaner ausrechnen lassen. Distanz: 18 Kilometer. In einer Viertelstunde würden sie Rimbledon kennenlernen, der am Telefon über die Ankündigung von Häberles Besuch nicht gerade erfreut gewesen war.

Häberle hatte ihm all seine Nachfragen über den Grund dieses Treffens nur ausweichend beantwortet und lediglich erklärt, es handle sich um eine »reine Routinesache«. Natürlich war einem Mann wie Rimbledon, der offenbar als sogenannter V-Mann der Polizei fungierte, sofort klar gewesen, was sich hinter einer solchen Formulierung verbarg. Häberle war sich sogar ziemlich sicher, dass er als vertraulicher Informant der Polizei längst wusste, worum es ging.

Häberle verfügte aus seiner Dienstzeit bei der Landespolizeidirektion noch über genügend Kontakte, die er inoffiziell anzapfen konnte. Ein seit zwei Jahren pensionierter Kollege, der sich in der V-Leute-Szene beruflich gut ausgekannt hatte, war in solchen Fällen deshalb auch heute noch immer ein guter Ansprechpartner. Häberle hatte sich sofort an ihn erinnert, nachdem es auf dem offiziellen Weg schwierig gewesen war, den Halter des dubiosen Kennzeichens aus dem Main-Taunus-Kreis ausfindig zu machen.

»Rimbledon«, hatte Kollege Fritz Umschläger langsam und bedächtig am Telefon wiederholt. »Natürlich erinnere ich mich an den. Ein ehemaliger Bediensteter der Amis in Göppingen, hat nach der Wende seinen Job verloren und dann auf Gebrauchtwagen gemacht.« Umschläger schien noch alle Daten im Kopf zu haben und war begeistert, dies endlich mal wieder beweisen zu dürfen. »Er hat sich dann irgendwie angetragen, für uns tätig zu sein – war auch ein guter Mann. Wir haben von ihm viele Hinweise auf Drogendealer in US-amerikanischen Kreisen gekriegt.«

»Und ihr habt ihm absolut vertrauen können?«, hatte Häberle nachgefragt.

»Was heißt Vertrauen, August? Wie das so ist mit den V-Leuten – das weißt du selbst. Jedenfalls haben wir Rimbledon nie ein faules Ding nachweisen können. Nie. Er hat im Übrigen schon mit dem Staatsschutz zusammengearbeitet, lange vor der Wende. Als junger Kerl – er war damals wohl 25 oder so – da hat er eurem Göppinger Staatsschützer, dem Brunzel – so hieß er doch, oder? – oft Tipps zu den Aufrüstungsgegnern gegeben. Du weißt ja, NATO-Doppelbeschluss, Friedensinitiative. Manche bei der Polizei haben damals den Kommunismus heraufziehen sehen.«

Häberle hatte nicht darauf eingehen wollen, sondern

sich bei Kollege Umschläger rasch bedankt, weil erfahrungsgemäß ein langer Redefluss über vergangene Zeiten zu erwarten war.

Häberle hatte Niederstotzingen bereits hinter sich gelassen, als ihm klar wurde, dass seine Konversation mit Linkohr unterbrochen worden war. »Wenn unsere Kollegen in Stuttgart dem Rimbledon ein Sonderkennzeichen zur Verfügung stellen, muss es einen Grund dafür geben. Und genau den will ich von diesem Rimbledon wissen«, zeigte sich Häberle genervt.

»Warum haben die in Stuttgart nichts dazu gesagt?«

»Weil sie davon überzeugt sind, dass Rimbledon nur im äußersten Notfall Gebrauch davon macht. Derzeit sei er wieder an irgendeiner Drogensache dran. Es soll um mehrere Kilo Heroin gehen, die ein Ex-GI aus Südostasien über eine Containerladung nach Deutschland geschleust hat.« Häberle blinzelte zu seinem Kollegen hinüber. »In unser neues Ulmer Präsidiumsgebiet übrigens. Zum Containerbahnhof Beimerstetten.«

»Wer's glaubt«, kommentierte Linkohr. »Ich hab so meine Zweifel, ob unsere Herrschaften in Stuttgart all ihre V-Leute im Griff haben. Manchmal hab ich den Eindruck, die V-Leute können auch ganz schöne Ablenkungsmanöver inszenieren, um dann selbst ein Ding zu drehen.«

»Dagegen sind wir nie gefeit.«

Der Signalton der Freisprecheinrichtung unterbrach das Gespräch. Häberle meldete sich und sofort war raumfüllend die Stimme eines Kollegen der Sonderkommission zu hören. »Falls es euch interessiert: Die Ulmer nehmen jetzt den Vemisstenfall Mehlfurt doch ein bisschen flotter in Angriff.«

Häberle fühlte sich bestätigt. Er hatte dem neuen Kripo-Chef, den er nur flüchtig kannte, per E-Mail mitgeteilt, dass zwischen Mehlfurt junior und der ermordeten Frau Misselbrünn geschäftliche Kontakte bestanden hatten. Das merkwürdige Zusammentreffen dieses Verbrechens mit dem Verschwinden von Mehlfurt senior könne weit mehr als ein Zufall sein.

»Aber sagt den Kollegen in Ulm bitte, sie sollen sich nicht nur ums Umfeld des alten Mehlfurt kümmern«, mahnte Häberle. »Sie sollen ihr Augenmerk auch auf Frau Mehlfurt richten. Sobald es irgendwelche Verdachtsmomente gegen sie gibt, müssen wir auch einen Blick in ihren Computer werfen können.«

»Okay, Chef«, kam es zurück und die Verbindung wurde unterbrochen.

Sie hatten inzwischen bereits Gundelfingen passiert.

»Mal angenommen«, begann Häberle zu dozieren, während sie sich nun ihrem Zielort Lauingen näherten, »der junge Mehlfurt stößt bei seinen beruflichen Sicherheitschecks im Internet, zu denen ihn Frau Misselbrünn offenbar heimlich beauftragt hat, auf etwas, das sie nicht wissen dürfte. Könnte es da nicht sein, dass es für irgendjemanden von existenzieller Bedeutung war, die Frau zu beseitigen?«

Linkohr spürte, dass der Chef bereits um einige Ecken weiter dachte – mit einer Kombinationsgabe, um die er ihn seit nunmehr über zehn Jahren beneidete. »Aber warum soll dann auch jemand seinen Vater verschwinden lassen?«

»Verschwinden lassen?«, zeigte sich Häberle verwundert. »Derzeit gehen wir von einem Vermisstenfall aus. Mehlfurt senior ist zunächst mal beim Radeln verschwunden. Mehr nicht.«

»Aber spätestens jetzt, seit vergangene Nacht das Auto geklaut wurde, hat sich doch ein neuer Aspekt ergeben.«

»Auto geklaut oder nicht«, resümierte der Chefermittler und hielt jetzt in Lauingen nach der Abzweigung Ausschau, die er sich auf der Internetdarstellung eingeprägt hatte. »Jemand hat das Auto aus der Garage geholt«, relativierte er Linkohrs Anmerkung. »Theoretisch kann er das selbst gewesen sein.«

»Theoretisch.« Damit gab sich Linkohr nicht zufrieden. »Es ist doch völlig unlogisch, zuerst mit dem Fahrrad abzuhauen, es irgendwo neben einer Straße liegen zu lassen und dann später das eigene Auto doch noch zu holen. Nein, Chef, das ist hirnrissig.«

Häberle nickte bedächtig und war inzwischen mehrmals in Seitenstraßen eingebogen, um das Wohngebiet anzusteuern, in dem Rimbledons Adresse lag.

»Vielleicht ging's auch nicht um das Auto als solches«, gab der Kriminalist vielsagend zu bedenken und schielte zu seinem Kollegen hinüber. »Möglich, dass es ein Beweismittel hätte sein können.«

»Wie? Das versteh ich jetzt aber nicht.«

»Macht nichts«, lächelte Häberle und stoppte vor einem villenartigen Gebäude, das an eine leichte Hanglage gebaut war. Vermutlich mit Blick auf die Donau, dachte er.

Er rangierte den Wagen in eine Parkbucht, von wo aus sie über einen mit grobkörnigen Kieseln bestreuten Weg zur Haustür gingen, wo Rimbledon bereits nach dem ersten Klingeln öffnete. Er strahlte die beiden Besucher aus einem braun gebrannten Gesicht an und machte so auf Häberle einen völlig entspannten und ausgeglichenen Eindruck. Dieses Auftreten stand in krassem Gegensatz zu seinem Verhalten am Telefon. »Welche Ehre, zwei Kriminalbeamte vom neuen Präsidium Ulm bei mir begrüßen zu dürfen.«

Er führte sie durch eine geräumige Diele mit modernen Möbeln in ein großes Wohnzimmer, dessen südliche Front fast vollständig verglast war und einen prächtigen Blick auf die weite Waldfläche freigab, hinter der sich die breite Donau verbarg. Während im Hintergrund leise die Nachrichten von Bayern 1 zu hören waren, kommentierte Rimbledon Häberles Erstaunen über die grandiose Aussicht. »Europas längster Strom liegt auf seinem Weg ins Schwarze Meer mir direkt zu Füßen.« Es klang pathetisch und Häberle hatte den Eindruck, Rimbledon wollte sich betont locker geben. Er bot ihnen Platz auf der riesigen hellbraunen Ledergruppe an, die sich zur Fensterfront hin öffnete. »Kaffee?«, fragte er, doch die beiden Kriminalisten lehnten dankend ab. »Wir wollen Sie nicht lange behelligen«, begann Häberle, während er insgeheim den großen Glastisch bestaunte, aber auch die in weißen und metallblauen Tönen gehaltene Regalwand, die um einen Flachbildschirm gebaut war, der nach Häberles Überzeugung zu den derzeit größten zählte.

»Sie haben am Telefon nur Andeutungen gemacht«, zeigte sich Rimbledon interessiert. »Wir geben ungern am Telefon unser Anliegen preis«, konterte Häberle mit sonorer Stimme. »Aber ich gehe davon aus, dass Sie möglicherweise von anderer Stelle über den Grund unseres Kommens informiert wurden.« Er lächelte, während Linkohr als scharfer Beobachter vergeblich auf eine Reaktion Rimbledons lauerte.

»Sie sind das, was man in unseren Kreisen einen V-Mann nennt«, machte Häberle weiter und lehnte sich ins behaglich weiche Leder der gewiss sündhaft teuren Couch zurück. »Ein vertraulicher Informant«, wiederholte er, als wisse keiner im Raum, worum es ging. »Ein Vertrauter der Polizei also. Wie es heißt, haben Sie schon einige Drogenhändler zur Strecke gebracht.«

»Wenn es das in Polizeikreisen heißt, wird es stimmen«, entgegnete Rimbledon stolz. »Aber davon sollte nichts nach außen dringen. Sonst bin ich sehr schnell ein toter Mann.«

»Wir wissen es zu schätzen, dass Sie bisweilen mit dem Feuer spielen.«

Häberle überlegte, welche Honorare ihm für seine Spitzeltätigkeit gezahlt wurden. Kein einziger Kollege, den er während seiner Stuttgarter Zeit danach gefragt hatte, war bereit gewesen, konkrete Zahlen zu nennen. Aber vermutlich war dem Staat beziehungsweise dem Innenministerium ein guter Hinweis auch ein gutes Honorar wert. Zumindest deutete Rimbledons Behausung darauf hin, falls er nicht noch andere Einnahmen hatte. »Um es kurz zu machen«, kam Häberle zur Sache, »es geht um einen Fall, den wir derzeit in einer Sonderkommission bearbeiten.« Er legte eine seiner theatralischen Pausen ein. »Mord.«

Rimbledon schien dies nicht zu beunruhigen. Sein Gesicht behielt den positiven Glanz. »Mord?«, wiederholte er, doch es klang in Häberles Ohren nicht so, als habe ihn dieses schreckliche Wort völlig unerwartet ereilt.

»Ja. Sie haben es vielleicht bereits gehört: Die Gattin des ziemlich bekannten Bankers Misselbrünn wurde umgebracht.«

Linkohr verfolgte Rimbledons Reaktion und überlegte, ob die Gelassenheit echt oder nur gespielt war.

Häberle beschloss, gleich zur Sache zu kommen, zumal er davon ausgehen konnte, dass Rimbledon über den Grund dieses Gesprächs längst informiert worden war.

Nicht umsonst hatte sich das Innenministerium so lange geziert, die Angelegenheit mit dem angeblichen Sonderkennzeichen preiszugeben.

»Es gibt eine Zeugin, die vor dem Haus der Misselbrünns eine verdächtige Person gesehen hat, die mit einem Fahrzeug unterwegs war. Einen großen Audi mit jenem Kennzeichen aus dem Main-Taunus-Kreis, das offenbar Ihnen zur Verfügung steht.«

»Ich weiß«, unterbrach ihn Rimbledon mit einem charmanten Lächeln. »Sie brauchen nicht weiterzureden. Wir …«, er sah zu Linkohr hinüber, »wissen doch genau, wovon wir reden. Um in bestimmten Kreisen nicht aufzufallen, ist eine gewisse Tarnung unumgänglich. Man wird Ihnen beim Landeskriminalamt bestätigen, dass ich …«

Häberle unterbrach, um Wissen vorzutäuschen: »Natürlich – wenn man Sie nicht für zuverlässig hielte, würde man Ihnen diese Möglichkeit nicht bieten«, sagte er, um gleich gar nicht den Verdacht aufkommen zu lassen, dass die Kollegen in Stuttgart mit Auskünften über derlei Vorgehensweisen zurückhaltend waren. »Uns interessieren weniger die Hintergründe als viel mehr, wer besagtes Kennzeichen in den vergangenen Tagen benutzt hat.«

»Niemand hat es benutzt«, antwortete Rimbledon triumphierend.

Häberle war sprachlos, worauf Linkohr nun auch in das Gespräch eingriff: »Sie wollen uns sagen, dass dieses Kennzeichen aus dem Main-Taunus-Kreis in den vergangenen Wochen nicht benutzt wurde?«

»So ist es, Herr Linkohr«, zeigte sich Rimbledon so gelassen, dass Häberle es schon als Provokation empfand. »Wie lange haben Sie es nicht mehr benutzt?«, fragte er deshalb energisch.

»Dieses Jahr noch gar nicht«, erwiderte Rimbledon und streckte seine Arme auf die Rückenlehnen der Couch, als wolle er damit signalisieren, dass er nichts zu befürchten oder zu verbergen habe. »Wenn ich mich richtig entsinne, hab ich's im Juli oder August letztes Jahr, also 2013, mal an meinem Porsche dran gehabt. Bei einem Treffen mit zwei Dealern aus der Russenszene – an einem Rasthof beim Frankfurter Kreuz. Aber fragen Sie mich bitte nicht, wie der Parkplatz dort heißt. Und die Russen hatten mir minderwertiges Kokain andrehen wollen.« Er lächelte überheblich. »Ich hab die Kerle dann auffliegen lassen. Können Sie sich alles von Ihren Kollegen bestätigen lassen.«

Häberle wollte dieses Thema nicht vertiefen. »Dieses Kennzeichen, um das es uns geht, das haben Sie, so nehme ich an, hier im Hause deponiert?«

»Ja selbstverständlich. In der Garage. Wollen Sie's sehen?«

Häberle nickte, worauf Rimbledon aufsprang und den Raum verließ. Die beiden Kriminalisten blinzelten sich zu, ohne jedoch während der Abwesenheit des Hausherrn etwas zu reden. Linkohr besah sich die teure Einrichtung, überlegte, ob die dicken Bücher in den Regalen echt waren oder ob es sich nur um Deko-Material handelte, wie es in Möbelhäusern gerne benutzt wurde. Oberhalb des schwarzen Fernsehmonitors entdeckte er das hinter Glas gestellte Foto einer Frau. Allerdings war es viel zu klein, um das Gesicht von seiner Sitzposition aus erkennen zu können. Linkohr nahm sich vor, nachher beim Hinausgehen einen beiläufigen Blick auf das Bild zu werfen.

Rimbledon kam mit den beiden Kennzeichen zurück. »Hier«, er wollte sie Häberle überreichen, doch der gab ihm mit einer Handbewegung zu verstehen, dass er sie auf den

Boden legen solle. Linkohr erkannte, dass an den weißen Stellen Mücken klebten und Straßenstaub haftete.

»Demnach haben Sie keine Erklärung, wie die Zeugin vor einigen Tagen dieses Kennzeichen vor Misselbrünns Haus in Weiler, einem Stadtbezirk von Geislingen an der Steige, hat ablesen können?«, vergewisserte sich Häberle ruhig.

»Keine Erklärung, nein.«

Häberle beschloss, das Gespräch zu beenden. Er hob die Kennzeichen auf und ging zur Tür, während ihm Linkohr mit einem unauffälligen Schlenker vorbei an der Regalwand, folgte. »Wir kommen zu gegebener Zeit wieder auf Sie zurück«, brummte Häberle, als Rimbledon sich beeilte, ihnen zur Tür zu folgen. »Ich stehe Ihnen jederzeit für weitere Fragen zur Verfügung«, sagte er.

»Ach ja«, schob Häberle noch eine Bemerkung nach, wie er dies immer tat, wenn er zum Abschied einen Gesprächspartner irritieren wollte, »sagt Ihnen eigentlich der Name Mehlfurt was? Ralf Mehlfurt?«

»Mehlfurt?« Zum ersten Mal glaubte Häberle, bei Rimbledon eine kleine emotionale Regung zu spüren. »Sagten Sie Mehlfurt?«

»Ja, Mehlfurt.« Häberle und Linkohr sahen ihn angespannt an.

»Nein«, quälte sich Rimbledon ein charmantes Lächeln ab. »Nein«, wiederholte er. »Muss ich den kennen?«

Häberle schüttelte langsam den Kopf. »Nein, müssen Sie nicht. War nur so ein spontaner Einfall von mir.«

Rimbledon nahm den Hinweis wortlos zur Kenntnis und geleitete seine Besucher zur Tür. »Na, dann viel Erfolg bei Ihren Ermittlungen.«

Häberle erwiderte im Hinausgehen: »Danke. Wir werden uns sicher mal wieder sehen.«

11

Ralf Mehlfurt hatte seinem Chef in Frankfurt mitgeteilt, dass er wegen des vermissten Vaters einige freie Tage nehme, um Privates erledigen zu können. In Wirklichkeit jedoch wollte er die begonnene Recherche fortführen, ohne täglich Meldung an die Firmenzentrale erstatten zu müssen. Denn nach der Begegnung mit Eva war sein Seelenleben völlig durcheinandergeraten – gefangen im Stimmungswandel, der ihn befiel, wenn er einerseits an den verschwundenen Vater dachte und andererseits an die traumhaften Nachtstunden. War es Zufall gewesen, dass ihn Eva ausgerechnet jetzt um Hilfe bat, oder hatte eine höhere Macht die Finger im Spiel gehabt? Natürlich hatte er sie schon lange mal besuchen wollen, rief er sich jetzt in Erinnerung, als er an diesem frühen Abend nach einem wie immer wenig erbaulichen Gespräch mit seiner Mutter wieder durchs Donauried fuhr – nun aber nicht Richtung Albeck abbog, sondern über Elchingen und Thalfingen die Stadt Ulm ansteuerte. Dass Eva einen Namen notiert hatte, den sie allerdings nur noch in Bruchstücken entziffern konnte, war für ihn wie ein Donnerschlag gewesen. Es hatte ihn allergrößte Mühe gekostet, seine Verwunderung darüber zu verbergen und sich nichts anmerken zu lassen. Doch obwohl sie den Namen nicht mehr genau wusste, bestand für ihn kein Zweifel, wer nur gemeint sein konnte – und dass die Fäden eines Falles, den er seit einigen Wochen beruflich bearbeitete, möglicherweise in Evas Institut zusammenliefen.

Möglich war aber auch, dass er unter dem Eindruck all dessen, was in den letzten Tagen auf ihn eingestürmt war, einem Hirngespinst nachjagte. Er beschleunigte seinen Porsche Cayenne viel zu heftig und bemerkte beim Blick auf den Tacho, dass er mit knapp 90 an der Ulmer Donauhalle vorbeiraste – weit schneller, als dort erlaubt war. Ein paar Hundert Meter später bremste ihn eine Ampelanlage aus. Links fiel sein Blick auf die Ulmer Justizvollzugsanstalt, auf den Knast, hinter dessen Mauern einst der Vater von Tennis-Ass Steffi Graf ein paar Monate wegen Steuerhinterziehung hatte abbrummen müssen.

Ralf war irritiert, dass er gerade jetzt daran denken musste. Aber er konnte ebenfalls leicht in die Mühlen der Justiz geraten, wenn er nicht aufpasste. Er kannte die Grenzen zwischen legalem und illegalem Vorgehen. Allerdings gab es dazwischen auch einen Grauzonenbereich, der sich in den verschlungenen globalen Netzwerken verlor. Niemand konnte heutzutage mehr verlässlich sagen, wohin die unüberschaubare Datenflut brandete, durch welche Filter sie gejagt wurde oder wer sie wo, wann und wie abfischte und speicherte. Ganz zu schweigen davon, wer mitlas, mithörte oder mitsah. Längst gab es Technologien, mit denen Richtfunk und Glasfasernetze angezapft werden konnten. Ralf hätte auf Anhieb Dutzende von Möglichkeiten aufzählen können. Was in den vergangenen Monaten durch die NSA-Affäre und Snowden bekannt geworden war, war doch nur die Spitze des Eisbergs. Und vieles, wovon echte Experten sprachen, vermochte keiner der Politiker nachzuvollziehen, die in ihren Sonntagsreden ihre angeblich schlauen Behauptungen und Forderungen aufstellten.

Ralf bemerkte, dass er unkonzentriert fuhr. Beinahe hätte er bei einem großen hell erleuchteten Autohaus eine rote Ampel übersehen. Ihm war plötzlich bewusst geworden, dass sein Verhalten in den vergangenen Tagen durchaus Anlass zu allerlei Spekulationen geben konnte. Er musste also aufpassen, nicht in die kriminalpolizeilichen Ermittlungen hineingezogen zu werden. Mit diesem Kommissar Häberle war gewiss nicht zu spaßen. Bei dem zufälligen Zusammentreffen heute Mittag hatte Ralf das ungute Gefühl beschlichen, dass er in Häberles Augen weitaus mehr als nur ein Zeuge war.

Der Feierabendverkehr hatte sich bereits gelegt, als er die Ulmer Stadtmitte erreichte und in die Tiefgarage beim Rathaus hinabfuhr. Er hatte Mühe, für seinen großen Wagen einen passenden Stellplatz zu finden, der genügend Raum bot, damit sowohl er als auch die Passagiere der daneben geparkten Autos problemlos ihre Türen öffnen konnten. Ralf vergewisserte sich, dass die Zentralverriegelung über die Fernsteuerung tatsächlich angesprochen hatte und ging zu einem Aufzug, der ihn ins Stadtzentrum hinaufbrachte. Seit er zuletzt hier gewesen war, hatte sich vieles verändert. Wo einst die überbreite Neue Straße abseits des Münsters wie eine Schneise den Stadtkern durchschnitt, wurde der bisherige Freiraum mit klotziger Bebauung eingeengt, vor allem aber der Blick auf das historische Rathaus verstellt, wie Ralf es sofort empfand. Er kannte *sein* Ulm beinahe nicht wieder. Zumindest hier erinnerte es ihn an den Abklatsch eines Mini-Frankfurts, insbesondere, weil schräg gegenüber die Kreissparkasse derzeit einen neuen Bürokomplex hochzog.

Trotzdem hatte sich Ralf schnell orientiert, fand den Weg hinter diesem Rohbau entlang, vorbei an einem kubusartigen Block, den er als die neue Synagoge erkannte, und erreichte nach wenigen Schritten das Fischerviertel, das mit seinen unzähligen Lokalen in den Abendstunden beliebtes Ziel von Touristen aus nah und fern war.

Durchflossen von dem Flüsschen Blau, das zwischen Fachwerkhäusern, über Wehre stürzend und an der Lochmühle sogar ein Wasserrad drehend, der Donau entgegenstrebte, machte sich hier eine heimelige Atmosphäre breit. Ralf, der in der feuchtkühlen Luft den Kragen seiner Freizeitjacke hochgezogen und die Hände tief in den Taschen vergraben hatte, schlenderte durch eine der engen Gassen und mimte den Touristen, der bei der Suche nach einem Lokal die Qual der Wahl hatte.

In Wirklichkeit wusste er sehr genau, wohin er sich wenden musste. Glücklicherweise hatte sich im Fischerviertel in den vergangenen Jahren nicht allzu viel verändert, sodass er den Weg zum ›Zunfthaus‹, einem urschwäbischen Lokal, auf Anhieb fand.

Was Misselbrünn und dieser Italiener vergangene Nacht per E-Mail ausgetauscht hatten, war so eindeutig gewesen, dass als Treffpunkt nur das ›Zunfthaus‹ in Ulm gemeint sein konnte. Ralf hatte sich gleich nach dieser heißen Nacht mit Eva seinen Computern gewidmet, die in seinem großen Wagen untergebracht und über Internet mit den Netzwerken der Frankfurter Zentrale verbunden waren. Von dort aus hatte er sich nach dem Hilfeersuchen von Frau Misselbrünn nicht nur legalerweise auf ihren Computer aufgeschaltet, sondern – auf deren ausdrücklichen Wunsch hin – auch die Leitungen ihres Mannes ›gehackt‹. Dies war zwar nicht einfach gewesen, zumal Misselbrünn beruflich über eine Art Intranet, also ein geschlossenes Netzwerk, kommunizierte. Aber auch dafür wurden zumindest teilweise drahtlose Verbindungen genutzt. Dass sie verschlüsselt waren, machte das Ganze etwas komplizierter, aber nicht unmöglich. Für Network-Security Corporation gab es ohnehin so gut wie nichts, was nicht zu knacken war. Ralf erfüllte es mit Stolz, einem Team weltweit agierender Softwarespezialisten anzugehören, die sich von Frankfurt aus auf nahezu jeden Rechner der Welt schalten konnten. Deshalb vermochte er auch alles nachzuvollziehen, was dieser Whistleblower Snowden über die NSA in Amerika ans Tageslicht gebracht hatte. Wenn schon der NSC, wie sich die Frankfurter abgekürzt nannten, als rein private Firma über so viele Möglichkeiten verfügte, um wie viel schlagkräftiger musste dann erst eine staatliche Geheimdienstorganisation der USA sein?

Ralf sah auf die Armbanduhr. 20.12 Uhr. Die Männer hatten sich für 20.30 Uhr verabredet. Es blieb also noch genügend Zeit, einige Male unauffällig durch die Gassen zu schlendern und dabei die Zugänge aus Richtung der beiden Parkhäuser im Auge zu behalten. Entweder, so überlegte Ralf, stellten sie ihre Fahrzeuge ebenfalls in der Rathaustiefgarage ab oder sie entschieden sich fürs Parkhaus Fischerviertel. Dies waren die einzigen Möglichkeiten, in der unmittelbaren Nähe zum Zunfthaus Autos zu parken – zumindest für Fremde, die die üblichen Geheimtipps der Einheimischen nicht kannten.

Ralf hatte sich schon vor einer Woche aus dem Internet ein Foto von Misselbrünn heruntergeladen, das er sich jetzt erneut in Erinnerung rief: um die 50 Jahre alt, offenbar wohlgenährt, grau meliertes, jedoch dünnes Haar, keine Brille, energischer Blick. Vermutlich autoritär und ein Typ, der durchzusetzen vermochte, was er wollte. So jedenfalls schätzte ihn Ralf allein aufgrund seiner bisherigen Erkenntnisse ein. Vom anderen Mann kannte er nur den Vornamen und dass die E-Mail-Adresse auf ›it‹ endete –

also Italien. Als er dies heute früh seinem Computer entnommen hatte, war er erneut zusammengezuckt. Italien. Eva hatte doch von einem dubiosen Anrufer aus Italien berichtet. Deshalb war er gespannt, wer dieser Silvio sein würde, der offenbar auf ein sofortiges Treffen gedrängt hatte. Misselbrünns Antwort hatte auf wenig Begeisterung schließen lassen, doch war er nach einer zweiten, ziemlich ärgerlich formulierten E-Mail Silvios zu einer *Aussprache bereit* gewesen, wie er es genannt hatte. Der Vorschlag, sich im Ulmer Zunfthaus zu treffen, war von Misselbrünn gekommen – mit dem Hinweis, dass dies unauffällig geschehen musste. »Ich kann zum gegenwärtigen Zeitpunkt nichts riskieren«, hatte er an die italienische Adresse zurückgemailt. Wobei natürlich, das wusste Ralf, der Empfänger nicht zwangsläufig auch in Italien sitzen musste. E-Mail-Adressen konnten schließlich von der ganzen Welt aus abgerufen und versendet werden.

Vielleicht hielt sich dieser Silvio sogar schon seit einigen Tagen in Ulm auf.

Ralf war gerade wieder, vorbei am vermoosten Mühlrad der Lochmühle, auf die Hauptdurchgangsachse des Fischerviertels gekommen, als sich von rechts, aus Richtung Parkhaus Fischerviertel, zwei Männer näherten, von denen einer eindeutig Misselbrünn war. Genauso hatte er ihn von dem Foto her in Erinnerung.

Ralf blieb vor dem Speisekarten-Schaukasten der Lochmühle stehen und tat so, als studiere er das Angebot. Doch in Wirklichkeit verfolgte er aus den Augenwinkeln die beiden Männer. Silvio – wenn er es denn war – schien nicht sonderlich groß zu sein, sondern eher pummelig, aber von kräftiger Statur, wie er sich so als dunkle Silhouette im Licht der Straßenlampen abzeichnete. Ein typischer Italiener, dachte Ralf und beäugte die Männer, die nun ganz dicht an ihm vorbeikamen und etwas sagten, was aber nicht zu verstehen war.

Ralf gewährte ihnen noch einige Schritte Vorsprung, wandte sich dann von dem Schaukasten ab und folgte den beiden in einigem Abstand. Weil rund zwei Dutzend Personen die gepflasterte, jedoch verkehrsberuhigte Straße bevölkerten, fiel er nicht auf. Er nahm sich vor, erst zwei, drei Minuten nach den Männern das Zunfthaus zu betreten und sich dann irgendwo in Sichtweite zu ihnen zu setzen. Sie würden gewiss keinen Verdacht schöpfen, schließlich hatten sie einander nie zuvor gesehen.

Während er ihnen folgte, dabei auch mal in ein Schaufenster sah und zwischendurch die Straßenseite wechselte, erhärtete sich seine Vermutung, dass Frau Misselbrünns Verdacht berechtigt gewesen war. Wenn sich ein Banker vom Kaliber eines Misselbrünn nachts konspirativ in einem schwäbischen Lokal mit einem Italiener traf, ging's gewiss nicht um eine reine Männerfreundschaft. Schon gar nicht, wenn dieses Treffen so dringend anberaumt wurde und noch zu einer Zeit stattfand, in der dem trauernden Witwer der Sinn eigentlich nach etwas anderem stehen musste. Hätte es wichtige geschäftliche Themen zu besprechen gegeben, wäre gewiss ein anderer Konferenzort als eine Kneipe im Fischerviertel gewählt worden.

Als die beiden Männer im Zunfthaus verschwanden, hatte er endlich keinen Zweifel mehr, dass er hinter den Richtigen her war. Er wartete noch einige Minuten, schlenderte durch die Öffnung der Stadtmauer bis zur Donau, deren Wassermassen sich im Licht der Gehweglampen gemächlich voranschoben, und kehrte zu dem Lokal zurück. Er trat ein und wurde von einem Schwall feuchtwarmer Luft getroffen. Der Gastraum war mehr als zur Hälfte gefüllt, stellte er fest, während er seinen Blick schweifen ließ. Nirgendwo aber waren die gesuchten Männer zu sehen. Eine junge Bedienung, die seine Verunsicherung bemerkte, wollte ihn zu einem freien Tisch geleiten. Doch Ralf winkte dankend ab. Er hatte die Holztreppe im Visier, die zu einer Art Galerie hinaufführte, und deutete an, dass er dorthin wolle. Die Frau ließ ihn gewähren und er erspähte bereits beim Hochsteigen die gesuchten Personen. Sie hatten an einem kleinen Tisch Platz genommen. Ralf stellte mit Erleichterung fest, dass es ein paar Schritte davon entfernt einen noch kleineren Tisch gab, an dem er sich niederlassen konnte. Er zog seine Freizeitjacke aus, hängte sie über die Lehne des zweiten Stuhls und setzte sich so, dass er die beiden Männer aus dem linken Augenwinkel erkennen konnte, ohne auffällig zu wirken.

Sie waren bereits dabei, ihre Getränkebestellung aufzugeben, mit der die Bedienung rasch wieder verschwand. Ralf musste bedauernd feststellen, dass er keine Chance haben würde, das Gespräch der beiden Männer zu belauschen. Dazu saß er viel zu weit von ihnen entfernt – und außerdem sorgten die übrigen Gäste für einen konstanten Geräuschpegel.

Als die Bedienung wieder kam, den Männern ihre Getränke brachte – ein Glas Rotwein und ein Pils – und sich nun ihm zuwandte, nannte er der jungen Frau seine Wünsche. Linsen mit Dinkelspätzle und Saitenwürstle, was auf der Speisekarte als des Oberbürgermeisters Lieblingsspeise angepriesen wurde. Dazu bestellte Ralf eine Cola, obwohl ihm ein Bier dazu lieber gewesen wäre, doch er durfte in dieser Nacht kein Risiko eingehen. Er musste nüchtern bleiben.

Dann tat er, was viele Leute immer taten, wenn sie allein an einem Tisch saßen: Er machte sich interessiert über seine E-Mails her. Doch anstatt sie zu lesen, behielt er die beiden Männer im Auge und überlegte, um welch wichtige Dinge es gehen mochte, die nicht auch am Telefon hätten besprochen werden können. Vermutlich hatten sie sich an einem neutralen Ort treffen wollen, an dem die Wahrscheinlichkeit, abgehört zu werden, gleich null war. Misselbrünn brauchte auch kaum Angst zu haben, erkannt zu werden, zumal er selten öffentlich in Erscheinung trat. Man kannte zwar seinen Namen, der im Zusammenhang mit der zurückliegenden Finanzkrise gelegentlich im Fernsehen genannt wurde, aber persönlich bekam ihn in der Provinz kaum jemand zu sehen.

Ralf beschloss, von den beiden Männern ein Foto zu schießen. Das bedurfte aus seiner Perspektive keines großen Aufwands. Er kramte einen Notizblock hervor und fingerte einen Kugelschreiber aus der Tasche, der nur unwesentlich dicker war als die oft als Werbegeschenke verteilten. In Wirklichkeit taugte er nicht zum Schreiben, sondern enthielt eine raffinierte Technik, die jedoch seit einigen Jahren keinesfalls nur den Geheimdiensten vorbehalten war. Im einschlägigen Elektronik-Versandhandel wurden Kugelschreiber mit eingebauten Kameras – sowohl für Standbilder als auch für komplette Videoclips – zu durchaus erschwinglichen Preisen angeboten. Ralf gab sich weiterhin geschäftig, tat so, als lese er etwas vom Display seines Smartphones und schrieb etwas auf ein Blatt Papier. Tatsächlich aber richtete er das winzige Objektiv auf den Tisch der Männer und betätigte während des angedeuteten Schreibens mehrfach den Auslöser. Die Auflösung der Kamera, das wusste er, war so gut, dass sich am

Computer später gestochen scharfe Ausschnittvergrößerungen anfertigen ließen.

Er war gerade dabei, seine Utensilien wieder in der Jacke zu verstauen, als er im Augenwinkel eine Person bemerkte, die sich dem Tisch der beiden Männer näherte. Ralf nahm sie zu spät zur Kenntnis, sodass er nur den Rücken sehen konnte: ein schlanker Mann mit sportlicher Statur. Dunkelblaue Freizeitjacke, Jeans und Turnschuhe mit grün umrandeten Sohlen.

Ralf trank einen Schluck von der Cola, die ihm die Bedienung inzwischen serviert hatte, und ließ seinen Blick gelangweilt durch das Lokal streifen. Dabei blieb er an einem jungen Pärchen hängen, das sich drei Tische entfernt während des Essens angeregt unterhielt und offenbar herumalberte.

Ralf war darin geübt, den Teilnahmslosen zu spielen und dabei alle seine Sinne auf eine bestimmte Sache zu richten. Er registrierte deshalb, dass die beiden Männer, deretwegen er hier war, ihren Besucher mit Handschlag begrüßten und ihm einen Platz an ihrem Tisch anboten. Sie hatten offenbar auf ihn gewartet.

Allerdings saß der Neuankömmling nun mit dem Rücken zu ihm. Ralf verwarf deshalb den Gedanken, noch einmal mit dem getarnten Kugelschreiber ein Foto zu schießen. Er musste sich eingestehen, dass es nur zwei Möglichkeiten gab, den Mann an dem Ecktisch einigermaßen erkennen zu können: entweder zu warten, bis der Unbekannte zur Toilette ging – was natürlich lange dauern oder gar nicht stattfinden konnte –, oder er drehte sich einmal zur Seite um, wofür eine Chance bestand, wenn die Bedienung entsprechend günstig an ihn herantrat.

Während Ralf unauffällig beobachtete, wie sich die drei

angeregt zu unterhalten begannen, dazwischen auch mal herzhaft lachten, trafen seine Blicke immer wieder beiläufig den Hinterkopf des hinzugekommenen Mannes. Der Silhouette und dem Bürstenhaarschnitt zufolge war er noch relativ jung. Ralfs Pulsschlag erhöhte sich, als er immer mehr Ähnlichkeiten mit einer Person zu erkennen glaubte, die er erst gestern auf einem Foto gesehen hatte. Einbildung? Mehr Wunsch und Fantasie als Realität? Sein Inneres mahnte ihn, keine übereiligen Schlüsse zu ziehen. Aber wenn da doch ein Italiener mit am Tisch saß?, versuchte er, aufkommende Zweifel zu dämpfen.

In Gedanken versunken, hatte er seinen Kopf allzu auffällig in Richtung jenes Mannes gedreht, den er für Misselbrünn hielt. Als sich ihre Blicke trafen, war es Ralf, als sei ein gefährlicher Funke übergesprungen. Nur für den Bruchteil einer Sekunde, aber genau diesen winzigen Zeitraum zu lange. Ralf war erschrocken, sah verstohlen beiseite, als fühle er sich ertappt und verraten. Im gleichen Augenblick ärgerte er sich über dieses völlig unprofessionelle Verhalten. Aber manche Situation konnte noch so oft trainiert werden, in der harten Realität waren Emotionen und Ängste nicht einfach zu steuern. Dazu war er eben noch nicht lange genug in diesem Geschäft. Außerdem lagen seine Stärken ohnehin ganz woanders: in der Computerwelt, im Verfolgen verschlungener Netzwerke, im Entschlüsseln von Daten – und, natürlich, im Hacken angeblich absolut sicherer Verbindungen. Eingebunden in das weltweite Team seines global agierenden Arbeitgebers gab es nichts, was nicht zu knacken war. Würde er eines Tages auspacken, käme dies jenen Enthüllungen gleich, mit denen dieser Snowden vor einem halben Jahr die USA erschüttert hatte. Zwar war die rein private NSC im Gegensatz zur amerikanischen NSA nicht mit strategischen Geheimaktionen befasst, mit denen befreundete Staaten bespitzelt wurden, doch dafür gaben die Methoden der Industriespionage, mit denen NSC zu tun hatte, geradezu erschreckende Einblicke in das Vorgehen innerhalb der Wirtschaft. Dabei ging es nicht nur um das Downloaden von brisanten Daten, sondern auch um das Transferieren riesiger Geldsummen, mit denen die Mächtigen der Waffenindustrie ihren schmutzigen Handel verschleierten. Vermutlich aber auch, um Entscheidungsträger an den Schaltstellen der Politik willfährig zu machen. Darin kannte sich Ralf bestens aus. Er wusste aber auch, dass er in solchen Fällen einen Spagat machen musste – wenn er etwa bei seinen Nachforschungen auch auf Unregelmäßigkeiten des Auftraggebers stieß. Oft schon war ihm dabei das Sprichwort eingefallen: Wer im Glashaus sitzt, sollte nicht mit Steinen werfen. Häufig hatte er bereits dem einen oder anderen Auftraggeber, der als Opfer eines Spionageangriffs Hilfe suchend an NSC herangetreten war, darauf hinweisen müssen, dass es sinnvoller wäre, eine Gegenattacke zu unterlassen. Das ›Gleichgewicht des Schreckens‹ hätte ansonsten zurückschlagen können.

Nur für einen kurzen Augenblick waren solche Gedanken durch Ralfs Kopf gezuckt. Dass ihn nun die Bedienung, die ihm des Oberbürgermeisters Lieblingsessen auf den Tisch stellte, in die Realität zurückholte, empfand er als Erlösung. Er lächelte der jungen Frau zu, die ihm einen guten Appetit gewünscht hatte, und wurde sich sogleich bewusst, wohin sie sich nun wenden würde: hinüber zu jenem Tisch, den er gerade erst aus seinem Blickfeld aussparen wollte. Doch nun, das nahm er wahr, als er die erste Gabel mit den leckeren Linsen zum Mund führte, schlug die Bedienung exakt jenen Weg ein, den er sich erhofft hatte.

Den Kopf zum Teller gesenkt, schielte er kurz zur Seite, wo ihn erneut Misselbrünns Blick elektrisierte, er aber gleichzeitig das Profil jenes jungen Mannes sah, der sich der Bedienung zuwandte und ihr etwas sagte.

Ralfs Augen senkten sich wieder auf sein Essen. Er entschied, den Nebentisch während der übrigen Zeit seines Aufenthalts in diesem Lokal nicht mehr ins Visier zu nehmen.

Allerdings fiel ihm dies schwer und er musste sich eingestehen, dass es gar nicht so einfach war, einen Punkt im Gesichtsfeld völlig auszuklammern. Deshalb bemerkte er auch, wie sich Misselbrünn zu dem jungen Mann wandte, ihm etwas ins Ohr flüsterte und dieser sich nach einigen Minuten wie zufällig umwandte, als interessiere er sich fürs Ambiente und die anderen Gäste im Raum.

Diese kurze Bewegung, die jeder unbedarfte Beobachter als das übliche Verhalten eines gelangweilten Gastes gewertet hätte, löste bei Ralf eine Panikreaktion aus. Seine feinen Sensoren hatten Alarm geschlagen – aus zweierlei Gründen: Die drei dort drüben waren auf ihn aufmerksam geworden – und der junge Mann war tatsächlich jener von dem Bild.

Ralf spürte, wie ihm diese Erkenntnis auf den Magen schlug. Ihm war der Appetit plötzlich vergangen.

Margarete Obermoser war eine quirlige junge Frau Mitte 20 und beim Bozener »Dolomiten« fürs Pustertal zuständig. Sie stammte aus Lana, wo im Frühling die Obstbäume besonders schön blühen, hatte unter anderem in Florenz studiert und danach bei dieser deutschsprachigen Südtiroler Zeitung volontiert. Eigentlich wäre sie gerne Auslandskorrespondentin geworden, doch dann war die Liebe zu einem jungen Bergbauern aus dem Hochpustertal dazwischengekommen. Seither fühlte sie sich eng mit Land und Leuten verbunden, pflegte Kontakte zu den alteingesessenen, manchmal knorrigen Bauernfamilien, aber auch zu der jüngeren Generation, die ihre ganze Existenz auf die Tourismuskarte gesetzt hatten. In Sexten, das wusste Margarete, hatte der Fremdenverkehr längst eine große Bedeutung erlangt. Deshalb waren Touristen auch stets willkommen. Anders verhielt es sich, wenn Italiener aus anderen Landesteilen hierherzogen und sich womöglich nicht in das Südtiroler Umfeld integrieren wollten. Dann trafen sie oftmals auf skeptische Zurückhaltung, insbesondere bei der älteren Generation, in deren Gedächtnis sich die italienische Siedlungspolitik der 60er-Jahre tief eingebrannt hatte. Margarete kannte diese Ereignisse natürlich nur vom Hörensagen und aus den Geschichtsbüchern. Oder wenn Chronisten wie Rudolf Polzer davon erzählten. Sie hatte den Mann schon häufig interviewt, wenn es um Historisches aus dem Hochpustertal gegangen war. Heute Abend jedoch erhoffte sie sich einige vertrauliche Informationen zur aktuellen Situation. Polzer war bei einer kurzen telefonischen Anfrage sofort dazu bereit gewesen und hatte sie zu sich nach Hause eingeladen.

»Das war ein echter Schock für uns alle hier«, kam er gleich zur Sache, als sie am rustikalen Esszimmertisch Platz genommen hatten, während Frau Polzer die Kaffeemaschine in Gang setzte und sich dann zu den beiden gesellte.

»Das Haus muss sofort lichterloh gebrannt haben«, meinte Margarete und holte einen Notizblock aus der Handtasche. »Es wird aber behauptet, dass dieser Carlucci – so heißt der Hausbesitzer wohl«, sie blätterte in ihren Aufzeichnungen, »ziemlich viele Überwachungsanlagen installiert hatte. Aus Angst vor Anschlägen.«

Polzer lächelte. »Na ja«, hob er an, »mancher hier im Ort hat hie und da mal gesagt, der Italiener da oben, der solle sich in Acht nehmen, dass man ihm die Bude nicht abfackelt. Aber wenn Sie mich so fragen, Frau Obermoser, dann mein ich, dass mancher das halt so hinsagt. 40 Jahre ist es her, dass sich die Südtiroler mit Feuer gegen den Zuzug von Süditalienern gewehrt haben. Heute sagt man's halt, aber es tut keiner mehr wirklich.«

»Aber es muss doch Brandstiftung gewesen sein«, gab die Journalistin zu bedenken.

»Ja natürlich. Mir hat der hiesige Feuerwehrkommandant berichtet, dass vermutlich mehrere Molotowcocktails gegen die Holzfassade geworfen worden sind. Dann geht das explosionsartig hoch.«

»Aber die Überwachungskameras …?«

»Ich glaube kaum, dass von denen etwas übrig geblieben ist. Da wird's keine Aufnahmen geben.«

»Es muss aber jemand mit dem Auto oben gewesen sein«, warf Margarete ein.

»Ja, davon ist auszugehen. Und er muss wieder unten gewesen sein, bevor die Feuerwehr ihm entgegenkommen konnte. Aber mit einem schnellen, vielleicht sogar geländegängigen Fahrzeug schafft man das ohne Weiteres.«

Margarete nickte und machte sich Notizen. »Ich war ja heute Nacht auch noch oben«, sagte sie. »Wenn der Brandstifter vor dem ersten entgegenkommenden Feuerwehrauto schon unten sein wollte, muss er ziemlich schnell gefahren sein. Die Kurven haben's aber in sich.«

»Eine Möglichkeit wäre auch, dass der Täter unterwegs irgendwo abgebogen ist und eine Zeitlang gewartet hat. Am Sperrfort da oben zum Beispiel fällt man nicht gleich auf.« Er überlegte kurz. »Dort hab ich vorgestern am Abend bei meinem Spaziergang noch jemanden gesehen, der vermutlich auf dem Weg zu Carlucci war. Ein großer Mercedes war's. Hab ich aber den Carabinieri schon gemeldet.«

»Wie? Sie haben jemanden gesehen?« Margarete war trotz ihres langen Recherchetages plötzlich wieder hellwach.

»Ein Mann, der sich das Sperrfort angeschaut hat. Hat er zumindest gesagt. Er hat einen ziemlich arroganten Eindruck auf mich gemacht, weshalb ich gleich vermutet hab', dass er zum Italiener rauf will.«

»Und? Ist er rauf?«

»Ja, ist er. Mich hat das interessiert, weshalb ich noch ein Stück weit hochgelaufen bin. Bis zum Berghaus.«

»In der Nacht?«

»Am Abend ja, mach ich öfter mal«, lächelte Polzer. »Da oben ist dann dieser Mercedes g'standen, der Maserati vom Carlucci und ein BMW aus Trient.«

»Haben Sie das Kennzeichen des Mercedes erkennen können?«

»Nicht alles. Nur beim Typ bin ich mir ganz sicher, dass es ein Mercedes der S-Klasse war. So ein ganz Großer. Beim Kennzeichen ist mir nur der Ort in Erinnerung geblieben.« Er setzte wieder sein breites Lächeln auf. »›GP‹ war's. Ich dachte mir noch, es sei Garmisch-Partenkirchen, aber im Internet bin ich dann auf ›Göppingen‹ gestoßen.«

»Göppingen?«, echote Margarete, während Frau Polzer den frischen Kaffee einschenkte. »Ja, Göppingen. Werden Sie nicht kennen. Irgendwo eine Kreisstadt zwischen Stuttgart und Ulm.« Wieder das Lächeln. »Nur wenn man historisch ein bisschen bewandert ist, weiß man, dass dort die Staufer ihren Stammsitz gehabt haben auf dem Hohenstaufen. Die sind dann ja bis nach Süditalien vorgerückt. In Apulien steht ihr Castel del Monte noch ziemlich markant in der Landschaft.«

Margarete interessierte dies jetzt nicht, denn der Städtename ›Göppingen‹ hatte sie elektrisiert. Schon einmal war sie bei ihren heutigen Recherchen auf ihn gestoßen. »Sagt Ihnen der Name ›Misselbrünn‹ etwas?«, fragte sie unvermittelt.

»Wie?« Polzer hatte ihn akustisch nicht verstanden.

»Misselbrünn«, wiederholte Margarete deshalb lauter und langsamer.

»Nein, nie gehört. Was hat es mit dem auf sich?«

»Streng vertraulich«, sagte die Journalistin, »dürfen Sie niemandem verraten. Aber dieser Carlucci, das wissen Sie sicher, gilt in Mailand als einer der größten Industriellen in der Textilbranche. Geld wie Heu, würd ich sagen. Einflussreich ohne Ende. Polizeikreise sagen ihm Verbindungen in mafiöse Kreise nach, ist aber natürlich nicht nachweisbar. Vielleicht Drogen, vielleicht Waffenhandel – man weiß es nicht genau.« Sie nahm einen Schluck Kaffee. »Oder vielleicht wollen es auch manche nicht so genau wissen. Jedenfalls scheint er enge Beziehungen zu einem gewissen Silvio Bronso aus Trient zu pflegen, der sich häufig auf der weltgrößten Waffenmesse in Pretoria herumtreibt – sie war übrigens im vergangenen September wieder – obwohl er selbst weder in der Waffenbranche tätig ist noch etwas damit zu tun hat. *Offiziell* jedenfalls, sage ich. Außerdem soll er schon einmal in den Verdacht geraten sein, bei Volkswagen in Deutschland einen Fall von Industriespionage angezettelt zu haben.«

»Respekt, Frau Obermoser«, staunte Polzer, »und das haben Sie alles aus Polizeikreisen erfahren?«

»In meinem Job braucht man Kontakte«, erwiderte sie bescheiden. »Da ist es von Vorteil, wenn man während des Studiums nette Leute kennengelernt hat, die mittlerweile in gewisse Positionen aufgestiegen sind.«

»Und was hat nun dieser Misselbrünn damit zu tun?«, wollte Polzer wissen.

»Das ist ein ganz Großer im internationalen Finanzsystem. Wirklich nie gehört?«

»Nicht, dass ich mich erinnern könnte, nein.«

»Carlucci soll den Misselbrünn sehr gut kennen, sagen meine Informanten. Und dieser Misselbrünn wohnt in einem kleinen Nest im Landkreis Göppingen. Nicht weit weg von Ulm, wie ich bei Google Earth gesehen habe.«

»Das muss aber nicht zwangsläufig bedeuten, dass es auch diese zwei waren, die Sie gerade genannt haben, die vorgestern bei Carlucci in der Bergvilla waren.« Polzers Neugier wurde größer. Er schielte zu seiner Frau hinüber, die wortlos der Diskussion folgte.

»Muss es nicht. Aber Sie sagen ja selbst, dass Sie sahen, dass zumindest einer dieser Besucher aus Deutschland kam. Und einer ein Kennzeichen aus Trient hatte.«

»Ja, das ist definitiv so. Der Deutsche, ein Mann mittleren Alters, wirkte auf mich, wie gesagt, ziemlich arrogant.« Polzer grinste. »Könnte ein Banker gewesen sein. Vielleicht war's dieser Misselbrünn.«

»Aber jetzt kommt's erst noch: Ich hab natürlich heut Nachmittag noch bei der Tageszeitung angerufen, die in dieser Gegend erscheint, wo Misselbrünn wohnt. Und was glauben Sie, was ich da erfahren habe?«

Die Polzers zuckten mit den Schultern, worauf die Journalistin berichtete: »Ein ganz arg lieber Kollege hat mir gesagt, dass die Frau von diesem Misselbrünn vor drei Tagen erschossen wurde. Daheim, während ihr Mann auf Dienstreise war.«

»In Südtirol«, ergänzte Polzer.

»Das allerdings kann ich noch nicht bestätigen«, dämpfte sie Polzers Vorpreschen und kam auf den eigentlichen Grund ihres Besuches zurück: »Was spricht man denn in Sexten über den Brand?«

Polzer war auch in dieser Situation ein Mann der wohlüberlegten Worte. Ihm war bewusst, dass die Journalistin von ihm eine objektive Einschätzung der örtlichen Stimmungslage erwartete. »Zu sagen, die Bevölkerung würde großes Mitleid spüren, wäre sicher übertrieben«, begann er vorsichtig. »Dass Carlucci dort oben bauen durfte, gilt noch immer als äußerst umstrittene Angelegenheit, nicht nur, weil er Italiener ist, sondern weil sich die zuständigen Behörden möglicherweise nicht nur an den geltenden Bestimmungen orientiert haben.«

»Das klingt aber ziemlich zurückhaltend«, mahnte die Journalistin.

»Wenn Sie mich offiziell fragen, gebe ich ein offizielles Statement ab, Frau Obermoser.«

»Und wenn ich Sie inoffiziell frage und Sie nicht in der Zeitung zitiere?«

»Wenn Sie mir das versprechen, dann sage ich Ihnen: Viele hier im Tal sind fest davon überzeugt, dass Korruption im Spiel war. Und dass Carlucci und seine Freunde einen harmlosen Landsitz gebraucht haben – nicht nur, um Bunga-Bunga-Partys zu feiern, wie man es unserem Ex-Ministerpräsidenten nachgesagt hat, sondern um fernab der weltpolitischen Zentren ihre Geschäfte einfädeln zu können.«

Margarete hatte demonstrativ ihren Kugelschreiber beiseitegelegt, um zu zeigen, dass sie sich an die Abmachung halten würde, ihn nicht zu zitieren. Das war auch nicht nötig. Für einen Journalisten galt es zunächst, Hintergrundrecherche zu betreiben, um sich ein Bild von den Vorgängen zu verschaffen, die danach erst offiziell aufgegriffen wurden.

»Und was munkelt man? Mafia oder was?«

»Alles Mögliche«, entgegnete Polzer, »man muss da aber mit Äußerungen ganz vorsichtig sein. Und auch Sie sollten sich dessen bewusst sein. Bei solchen Herrschaften geht es nicht um Banalitäten, sondern um Geschäfte, für deren Zustandekommen auch schnell mal ein Menschenleben geopfert wird.«

»Zum Beispiel?« Margarete wirkte entschlossen und furchtlos.

»Wie Sie schon erwähnt haben. Drogen, Waffenhandel, Industriespionage. Vielleicht auch Prostitution, Falschgeld, Schutzgelder. Die Liste der Schweinereien ist lang, Frau Obermoser.« Er trank seine Tasse leer. »Seien Sie sich bewusst, in welches Wespennest Sie da reinstechen könnten. Ich möchte Sie als Berichterstatterin aus dem Pustertal nicht verlieren.« Wieder lächelte er. »Sie sind eine gute Journalistin. Bodenständig und trotzdem modern. Das gefällt mir. Von Ihrer Sorte gibt es in dieser Branche nicht mehr viele, wenn ich das mal so sagen darf. Die meisten Ihrer Kollegen sind abgehoben und schweben weit über den echten Problemen, die die Leser bewegen.«

Ralf hatte sich zwingen müssen, die große Portion Linsen mit Spätzle aufzuessen. Außerdem mied er weiterhin beharrlich jeglichen Blickkontakt zu dem Tisch links von ihm. Er wurde das Gefühl nicht los, beobachtet zu werden oder, noch schlimmer, dass Misselbrünn Verdacht geschöpft hatte.

Deshalb stutzte er, als sich plötzlich der junge Mann erhob, den beiden am Tisch die Hand schüttelte und rasch, ohne ihn eines Blickes zu würdigen, das Lokal verließ. Ralf nahm dies nur aus dem Augenwinkel wahr, denn er wollte unbedingt vermeiden, dass die drei sich von ihm beobachtet fühlten. Stattdessen tat er so, als interessiere ihn dies alles nicht, und vergab die Chance, das Gesicht des Mannes nun aus allernächster Nähe sehen zu können.

Also beschäftigte er sich wieder mit seinem technischen Spielzeug. Inzwischen fühlte er sich nicht mehr wohl in seiner Haut und hätte am liebsten gleich der Bedienung zu verstehen gegeben, zahlen zu wollen. Doch wäre dies so unmittelbar nach dem Weggang des dritten Mannes ziemlich auffällig gewesen. Möglicherweise hätten die anderen daraus den Schluss gezogen, er würde ihren Gesprächspartner verfolgen wollen.

So blieb er sitzen, mimte den zufriedenen Gast und las die E-Mails zum wiederholten Male, tippte dann auf das App für die Wettervorhersage, anschließend auf jenes der Tagesschau, um sich über die aktuellen politischen Ereignisse zu informieren.

Als er im Augenwinkel die Bedienung an ihm vorbei zum Tisch der beiden Männer gehen sah, zeigte sich, dass nun auch Misselbrünn und sein Begleiter bezahlten, mit der Bedienung ein paar Worte wechselten und sich sofort erhoben, um schnellen Schrittes die obere Etage des Lokals über die Treppe nach unten zu verlassen.

Ralf starrte vor sich hin, weil er sich auf den, wie er es empfand, übereilten Aufbruch der Männer keinen Reim machen konnte. Hatten die sich beobachtet gefühlt? War ihnen etwas Wichtiges per SMS mitgeteilt worden? Denn während er gegessen hatte, war es ihm so erschienen, als ob Misselbrünns Begleiter abrupt zum Handy gegriffen habe, um auf dem Display etwas zu lesen. Waren sie vor jemandem gewarnt worden? Ralf durchzuckte die Frage, ob dies mit ihm zusammenhing? Wenn ja, musste er vorsichtig sein. Vielleicht war er schon einen Schritt zu weit gegangen. Aber inzwischen steckte er doch mittendrin, mahnte ihn die innere Stimme. Viel zu weit schon.

Er winkte der Bedienung, die gerade den Tisch der Männer abräumte, und bezahlte.

Draußen in der engen Gasse schlug ihm kühle Nachtluft entgegen. Er blieb kurz auf dem unebenen Pflaster stehen, sah sich nach allen Seiten um und stellte fest, dass der Besucherstrom im Fischerviertel nachgelassen hatte. Er beschloss, zur Tiefgarage zurückzugehen, und querte an einem idyllischen Winkel die Blau, in deren sanft dahinfließendem Wasser sich das diffuse Licht der Kandelaber spiegelte.

Als er wieder die Großbaustelle der Kreissparkasse erreichte, bemerkte er unter der nahen Straßenbrücke die Silhouette einer Person. Instinktiv verlangsamte er seine Schritte. Drohte ihm Gefahr? Doch der dunkle Schatten blieb regungslos stehen. Ralf setzte seinen Weg fort und traf kaum eine halbe Minute später, an der Abzweigung zum Schwörhaus, auf zwei junge Männer, die plaudernd an einer Hauswand lehnten, sich aber nicht um ihn zu kümmern schienen. Er versuchte, sich zu beruhigen. Schließlich war es jetzt erst kurz vor halb elf Uhr abends und noch viele junge Leute bevölkerten die Sraße. Sie alle wären gute Zeugen, falls es zu einem Angriff auf ihn käme.

Dann erreichte er den hell erleuchteten Eingang zur

Tiefgarage mit den Aufzügen ins Untergeschoss. Das Parkhaus, das wusste er, war die ganze Nacht über besetzt und somit bewacht. Er ließ sich mit dem Lift nach unten bringen, wo ihn die freundlich helle Atmosphäre einer modernen Tiefgarage umgab, steckte die zwei Euro, die das Parken die ganze Nacht über kostete, in den Automaten und ging an der langen Reihe geparkter Fahrzeuge zu seiner Limousine, die sich aufgrund ihrer stattlichen Größe von den anderen abhob.

Dass ein paar Autos weiter ein Mann offensichtlich untätig herumstand, nahm Ralf mit seinem geschulten detektivischen Spürsinn sofort wahr. Er hielt inne und beobachtete. Doch der andere hatte bereits bemerkt, dass jemand gekommen war, und begann verlegen, seine Jackentaschen zu betasten, als suche er nach dem Fahrzeugschlüssel. Das Gesicht konnte Ralf aus der Distanz nicht erkennen. Doch es schien keiner der Männer aus dem Lokal zu sein.

Als wolle er keine Schrittgeräusche verursachen, näherte sich Ralf langsam seinem Wagen und ließ erst kurz bevor er ihn erreichte, die Zentralverriegelung klicken, womit die Lichter des Cayenne aufflammten.

Der fremde Mann, der etwa fünf Fahrzeugbreiten entfernt stand, gab das Abtasten seines Jacketts auf und entfernte sich in die entgegengesetzte Richtung, wo es ebenfalls Aufzüge gab.

Ralf setzte sich hinters Steuer, verriegelte sofort die Türen, rangierte vorsichtig aus der engen Parklücke und fuhr zur schmalen Auffahrtsrampe, vor der er sein Parkticket in einen Automaten stecken musste, damit sich die Schranke öffnete. Weil er, auf der Straßenebene angekommen, gleich auf den fließenden Verkehr achten musste, bemerkte er nur flüchtig jene Person, die rechts hinter der halbhohen Betonbrüstung gestanden war und die, wie er es zu erkennen glaubte, ein Handy ans Ohr gehalten hatte.

Ralf war kurz irritiert. Doch gleichzeitig fühlte er sich erleichtert, endlich im sicheren Fahrzeug zu sitzen. Wäre er jetzt in Frankfurt, wo er sich in der Kneipenszene auskannte, würde er sich nach diesen stressigen Stunden noch irgendwo ein Gläschen zur Beruhigung gönnen. Aber inzwischen war er so lange Zeit von Ulm weg, dass er hier die einschlägigen Szenelokale nicht kannte. Und die einzige Übernachtungsmöglichkeit, die ihm realistischerweise zur Verfügung stand, war sein Zimmer im elterlichen Haus in Niederstotzingen. Dort aber wäre er sofort wieder den Vorwürfen und bohrenden Fragen der Mutter ausgesetzt. Als er den Hauptbahnhof passierte und gleich darauf am hell erleuchteten weißen Komplex des Theaters vorbeikam, befiel ihn der Gedanke, Eva anzurufen und an den vorgestrigen Abend anzuknüpfen. Aber dies wäre wohl bei aller Liebe und Leidenschaft allzu aufdringlich gewesen. Und womöglich – wer konnte dies schon wissen? – hatte sie gerade Besuch. Männerbesuch, hämmerte es in seinem Kopf. Vielleicht war Eva ganz anders, als er sie noch aus Studientagen in Erinnerung hatte. Natürlich, so war es, musste er sich eingestehen. Allein schon diese Nacht mit ihr hatte doch gezeigt, dass sie kein Kind von Traurigkeit mehr war.

Warum ließ er sich jetzt auch so ablenken? Ausgerechnet jetzt. Als rechts das historisch anmutende Gebäude des Landgerichts vorbeizog, verordnete er sich wieder Disziplin. Er verfolgte im Rückspiegel die Scheinwerfer hinter ihm. Keinen konnte er in der Dunkelheit einem Fahrzeugtyp zuordnen. Ist auch nicht nötig, beruhigte er sich. Denn nachts war es innerhalb einer Stadt sehr schwer, etwaige Verfolger zu entlarven. Das Wechselspiel der ein- und abbiegenden Scheinwerfer machte eine konkrete Zuordnung unmöglich. Außerdem bedienten sich professionelle Verfolger gleich mehrerer Autos, die untereinander in Handykontakt standen und sich immer wieder abwechselten. Ein besserer Überblick bot sich in der freien Landschaft. Ralf beschloss deshalb, Ulm zu verlassen und Heimatkurs einzuschlagen – durch die einsamen Dörfer am Rande des Donaurieds. Dort konnte er seine Richtung mehrfach in kleine, wenig befahrene Straßen hinein ändern und relativ schnell erkennen, ob sich jemand hinter ihn geklemmt hatte.

Vielleicht fand er sogar noch eine Gelegenheit, irgendwo in Ruhe ein Bier zu trinken – einen Absacker oder etwas zum Chillen, wie man heutzutage sagte.

Ralf benutzte seine übliche Strecke Richtung Heimat, vorbei an der Donauhalle, die ihn an seine Jugendzeit erinnerte, als er dort manches Popkonzert besucht hatte.

Noch waren drei Paar Scheinwerfer hinter ihm. Eines davon bog jetzt links in Richtung Böfingen ab, die beiden anderen blieben. Ralf verlangsamte sein Tempo, doch obwohl hier, entlang der Donau, ein langes übersichtliches Stück vor ihm lag und kein Gegenverkehr in Sicht war, setzte keiner der Fahrer hinter ihm zum Überholen an.

Er beschloss, in den nächsten Ort – es war Thalfingen – abzubiegen. Ihm fiel ein, dass Eva von einem neuen Pächter der dortigen Turnhallen-Gaststätte gesprochen hatte, einem Griechen, bei dem man auch in Ruhe ein Bierchen trinken konnte. Ralf kannte das Lokal noch von früheren Zeiten, setzte seinen Blinker nach links, um von der Durchgangsstraße zur Ortsmitte abzubiegen. Konzentriert verfolgte er im Rückspiegel, wie sich die nachfolgenden Autos verhielten. Jenes, das direkt hinter ihm gewesen war, fuhr weiter. Der Nächste jedoch schien das Tempo zu drosseln und bog, ohne zu blinken, bei der nächsten Möglichkeit, etwa 50 Meter entfernt, nach rechts ab. Ralf stoppte hinter der Einmündung und versuchte zu lokalisieren, wo genau der Wagen in die Dunkelheit abgetaucht war. Möglicherweise hatte der Fahrer sofort die Lichter gelöscht.

Das konnte natürlich Zufall sein und brauchte nichts zu bedeuten. Ralf fuhr langsam weiter und fand auf Anhieb das Lokal, das rein äußerlich an den architektonischen Baustil der 60er-Jahre erinnerte.

Er parkte den Cayenne neben einigen Kleinwagen und blieb noch für zwei Minuten sitzen. Doch im Umfeld tat sich nichts, was ihn hätte misstrauisch machen können. Kein weiteres Fahrzeug, keine verdächtigen Scheinwerfer. Vermutlich hatten ihm seine Nerven einen Streich gespielt. Wenn jemand hinter ihm hergewesen wäre, hätte dieser Verfolger auch in den Ort einbiegen müssen. Dieser würde nicht draußen auf der Durchgangsstraße warten, bis er wieder herauskäme. Außerdem wäre dies ein sinnloses Unterfangen, malte sich Ralf die Situation des Verfolgers aus. Schließlich gab es mehrere Möglichkeiten, Thalfingen in unterschiedliche Richtungen wieder zu verlassen.

Ralf besah sein Gesicht im Innenspiegel, strich seine Haare zurecht und stieg in die Frische der Nacht hinaus. Umso angenehmer empfand er die wohlige Wärme, die ihn im Lokal empfing, in dem offenbar versucht worden war, den herben Charme einer Vereinsgaststätte mit etwas griechischem Ambiente aufzuhübschen. Ralf roch die angenehmen Düfte der griechischen Küche und wurde sofort von dem Wirt, einem ergrauten Mittsechziger aus dem Lande des Ouzos, mit herzlichem Handschlag begrüßt, obwohl sie sich nie zuvor gesehen hatten. Er geleitete den jungen Mann, vorbei an einer Gruppe gut gelaunter Freizeitturner, zu einem kleinen Tischchen. Trotz des freundlichen Empfangs fühlte sich Ralf nicht sonderlich wohl, zumal ihn die angesäuselten Sportler kritisch beäugten. Es kam vermutlich nicht oft vor, dass um diese Zeit noch ein Fremder hereinschneite. Ralf gab dem freundlichen Wirt zu verstehen, dass er keine Speisekarte, sondern nur ein Bier vom Fass wolle. Wohl wissend, dass Alkohol keine Probleme lösen konnte, sondern sie nur verschlimmerte, wünschte er sich jetzt eine prickelnde Erfrischung. Das Essen im Zunfthaus hatte durstig gemacht und die Cola war nicht gerade üppig gewesen.

Er warf seine Jacke über einen Stuhl und fingerte fast unbewusst nach dem Handy, mit dem er sich immer, wenn er allein war, aus Langeweile beschäftigte. Mochten sich manche über diese Angewohnheit auch lustig machen, sie war zumindest ein netter Zeitvertreib, bei dem man sich über das aktuelle Geschehen in der weiten Welt informieren konnte. Ralf verabscheute jedenfalls Spiele-Apps, um auf diese Weise die Zeit totzuschlagen. Er las Nachrichten, die Wettervorhersagen oder besah sich über die entsprechende App die jeweils aktuellen Sternen- und Planetenkonstellationen. Ralf zählte nicht zu jenen, die pausenlos SMS verschicken mussten oder ihren Standort zwanghaft per Facebook irgendwelchen wildfremden ›Freunden‹ mitteilten. Ganz zu schweigen von dümmlichen Kommentaren, die manche Zeitgenossen verbreiteten.

Ralf war bereits in einige neue E-Mails vertieft, als der freundliche Grieche mit einem ansteckenden Lachen das schäumende Getränk auf den Tisch stellte und dabei »Jamas« sagte, das griechische ›Prost‹.

Ralf nahm einen kräftigen Schluck und fühlte sich gleich besser. Die trockene Kehle hatte danach verlangt. Während die Freizeitsportler gerade über eine vom Wirt gesponserte Runde Ouzo herfielen und ihre Begeisterung in lautes Lachen münden ließen, kämpfte Ralf mit inneren Stimmen, die ihn warnten, den Bogen nicht zu überspannen. Doch seit er damit begonnen hatte, sich mit Frau Misselbrünns Auftrag zu befassen, war er ungewollt in ein Geflecht aus Korruption und Finanztransaktionen geraten, das nur schwer zu entwirren war. Misselbrünn, der Mann mit der nach außen hin blütenweißen Weste, verstand es offenbar trefflich, seine vielfältigen Kontakte zu verschleiern. Vor allem aber erschien es Ralf bislang völlig rätselhaft, auf welcher Seite der Mann überhaupt stand. Seit er ihm im Datennetz nachspürte – bisweilen knapp am Rande der Legalität – gewann er zunehmend den Eindruck, dass es bei den internationalen Transaktionen nicht nur darum ging, die Währungen einzelner Staaten zu stützen. Misselbrünn jedenfalls pflegte auffallend viele Kontakte nach Italien und nach Syrien.

Lautes Lachen vom Nebentisch schreckte ihn wieder aus seinen Gedanken. Wie viel Zeit inzwischen verstrichen war, seit er damit begonnen hatte, ins Leere zu starren, hätte er nicht zu sagen vermocht. Alkohol und Müdigkeit dämpften das klare Denken. Und wieder kam ihm Eva in den Sinn. Eva, deren Rolle er in diesem Geflecht bislang nicht durchschauen konnte. War sie lediglich eine zufällige Randfigur, derer er sich nur angenommen hatte, weil er sie noch immer liebte und sie in seiner Heimat wohnte? Oder stand Evas Hilferuf in irgendeinem Zusammenhang mit den Ängsten, die Frau Misselbrünn dazu bewogen hatten, sich an NSC zu wenden? War er nicht verpflichtet, Eva zu warnen? War sie umgeben von Verrätern und Spionen? Er rief sich den Termin in Erinnerung, den sie übermorgen mit Misselbrünn hatte – falls dieser überhaupt noch daran interessiert war. Schließlich hatte der Banker bei Gott derzeit Wichtigeres zu tun, als sich um die angebliche Finanzierung eines Forschungsprojekts in Ulm zu kümmern. Immerhin war seine Frau noch nicht zu Grabe getragen worden und ihr Mörder lief frei herum. Eine groteske Szenerie, wie es Ralf erschien. Oder war er einfach viel zu übermüdet und erschöpft, um klare Gedanken fassen zu können?

Er trank sein Bier leer und bezahlte. Es war gegen halb zwölf, als er in die kühle sternenklare Nacht hinaustrat und unter dem Vordach innehielt. Mit einem Schlag war es wieder da, dieses unheimliche Gefühl, beobachtet zu werden. Er lauschte, doch nur die Motorengeräusche der nahen Durchgangsstraße drangen an seine Ohren. Noch immer parkten neben seinem Cayenne einige Kleinwagen, die vermutlich den ziemlich angeheiterten Sportlern gehörten.

Als sich seine Augen an die Dunkelheit gewöhnt hatten, begann er, die Umgebung langsam von links nach rechts zu scannen, jedes Detail, jeden Busch, jeden Baum, die Schatten und die Mülltonnen. Keine Bewegung. Nichts, was ihn in erhöhte Alarmbereitschaft versetzte.

Er atmete zwei-, dreimal tief durch, entriegelte seinen rückwärts eingeparkten Wagen, der daraufhin mit seinen Scheinwerfern einen breiten Lichtteppich quer über den Parkplatz legte. Ralf ging die paar Schritte zu dem Auto hinüber, ließ sich hinters Steuer fallen und betätigte die Zentralverriegelung.

Zumindest hier fühlte er sich sicher. Allerdings würde er auf der weiteren Heimfahrt erneut auf etwaige Verfolger achten, die es nun, zu dieser verkehrsarmen Zeit, jedoch schwer haben dürften, unbemerkt zu bleiben.

Aber, so hämmerte es in seinem Kopf, wenn sie daheim warteten? Wenn sie wussten, wo er wohnte? Doch dies, beruhigte er sich, war wohl kaum zu erwarten, schließlich wohnte er offiziell in Frankfurt. Und wer wusste schon, dass er momentan im elterlichen Haus in der finstersten Provinz schlief? Doch nur Eva.

Eva?, durchzuckte es ihn. Wieso fiel sie ihm in diesem Zusammenhang zu allererst ein? Wie in Trance steuerte er die schwere Limousine aus dem Areal der Sportanlagen hinaus, querte die Bahngleise der Strecke Ulm-Heidenheim und wurde durch ein seltsam ruckelndes Gefühl aus den Gedanken gerissen. Die Lenkung hatte auf den Gleisen nicht richtig angesprochen, gleichzeitig flammte im Armaturenbrett ein Warnlicht auf, das er nie zuvor gesehen hatte. Ralf trat vor der Einfahrt in die Durchgangsstraße auf die Bremse und war nicht mehr in der Lage, die Situation klar einzuschätzen.

12

Häberle war vom Zusammenhalt seiner Mannschaft äußerst angetan. Seit über drei Tagen hatten alle Mitglieder der Sonderkommission nur wenige Stunden geschlafen. Kein Einziger klagte über die Überstunden. Häberle verstand es wieder einmal, die Ermittler zu motivieren. Dabei verglich er sich gerne mit dem Trainer einer Fußballmannschaft, der mit viel Fingerspitzengefühl seine Stars leiten und führen musste, wie dies Jogi Löw gerade in Brasilien so erfolgreich tat. »Wir sind ein Team und alles, was wir erreichen, haben wir gemeinsam geschafft«, pflegte Häberle oft zu sagen. Niemals hatte er seine eigene Person in den Vordergrund gerückt, auch nicht, wenn allein dank seiner Kombinationsgabe und Menschenkenntnis ein Fall gelöst worden war.

Es waren wieder jene Tage, an denen ihn seine Frau Susanne mehrmals täglich am Telefon bat, sich nicht zu übernehmen. Doch wenn Häberle sich in einen Fall vertieft hatte, gab es für ihn nur eines: jedes Detail zu sichten, jede beteiligte Person zu durchleuchten. Dass Susanne dies akzeptierte, dafür war er ihr unendlich dankbar. Ohne ihr Verständnis, ohne ihren Rückhalt wäre es unmöglich gewesen, in all den Ehejahren gelegentlich wochenlang nur für den Dienst da zu sein.

»Der Tod von Frau Misselbrünn scheint weit mehr zu sein als eine Beziehungstat«, dozierte er an diesem späten Abend, als sie sich zu einer kurzen Besprechung bei einer Tasse Kaffee zusammengefunden hatten. »Am meisten beschäftigt mich die dubiose Rolle dieses Halb-Amerikaners, dieses Rimbledon.« Häberle lehnte am Türrahmen des Lehrsaals, in dem seine Kollegen an herbeigeschafften Schreibtischen und Computerbildschirmen saßen. »Es stimmt zwar, dass er den Kollegen vom Landeskriminalamt schon einige Drogendealer ans Messer geliefert hat. Aber nun will er uns weismachen, dass er diese MTK-Kennzeichen zuletzt vergangenen Sommer benutzt hat. Doch die Schmutzanhaftungen sprechen nach Meinung unserer Experten eine andere Sprache. Sie sind demnach aus jüngster Zeit. Es finden sich einige kleine Insekten, die nur im Frühjahr unterwegs sind. Sogar Teile eines Maikäfers.«

»Oh«, entfuhr es einem der Zuhörer, womit er ein weiteres Raunen auslöste. »Ich krieg noch die Krise, wenn die uns in Stuttgart an der Nase herumführen«, meinte ein anderer.

Häberle zuckte mit einer Wange. »Ob die in Stuttgart oder Rimbledon selbst, müssen wir mal dahingestellt lassen.«

»Aber wie fügt sich dies deiner Meinung nach in unseren Fall ein?«, wollte ein ergrauter Kollege wissen.

»Dass wir davon ausgehen müssen, dass am Morgen nach der Tat jemand um Misselbrünns Haus geschlichen ist, der in irgendeiner Weise in Beziehung zu Rimbledon steht«, erwiderte Häberle schnell. »Möglicherweise jemand, der etwas geholt hat.«

»Dazu müsste uns doch der Misselbrünn selbst etwas sagen können«, mischte sich ein weiterer Ermittler ein.

»Der ist nicht kooperativ«, knurrte ein Jüngerer, der neben Linkohr saß. »Wir haben seit Stunden versucht, an ihn ranzukommen. Erst vorhin hat er sich auf seinem Handy gemeldet und behauptet, er müsse noch dringend einige geschäftliche Dinge erledigen, um sich dann dem Privaten widmen zu können. Er hat sich ziemlich ungehalten darüber geäußert, dass die Staatsanwaltschaft die Leiche seiner Frau noch immer nicht freigibt.« Der Beamte räusperte sich. »Vollends ausgerastet ist er, als ich ihm gesagt habe, wir würden jetzt weitere Maßnahmen einleiten.«

»Und?«, unterbrach Häberle.

»Er will seinen Anwalt einschalten. Deshalb sollten wir so schnell wie möglich zuschlagen.«

»Dann tut es«, entschied der Chefermittler. »Ich besorg uns jetzt den richterlichen Durchsuchungsbeschluss und dann holen wir uns Misselbrünns Computer. Und zwar möglichst sofort. Falls er Widerstand leistet, nehmt vorsichtshalber ein paar Kollegen vom Revier mit.«

Der junge Ermittler nickte drei weiteren Beamten zu, worauf sie wortlos den Raum verließen. Häberle rief ihnen nach: »Falls ich mitten in der Nacht einen Richter kriege, kann's gleich losgehen.« Seine Stimme hatte einen verbittert-ironischen Unterton angenommen, weil er aus leidlicher Erfahrung wusste, wie schwierig es sein konnte, zu dieser Zeit einen Richter zu finden, der sich mit so einem Fall beschäftigen wollte. »Nehmt dann aber alles mit. Nicht nur den Computer. Auch externe Festplatten, Speichersticks. Alles, was da so rumliegt.«

Linkohr fühlte sich dazu berufen, auf die Erkenntnisse einzugehen, die die Ulmer EDV-Spezialisten in den vergangenen Stunden aus dem Computer des vermissten Johannes Mehlfurt gewonnen hatten. »Es gibt seltsamerweise nicht viel, was auf seine berufliche Tätigkeit schließen lässt. Wie es scheint, muss er seine Aufträge für den Außendienst auf anderen Wegen erhalten haben. Unter seinen E-Mails, die meist Belangloses enthalten, findet sich kein Einziges, das für uns interessant ist. Übrigens auch sonst nichts, was auf sein plötzliches Verschwinden hindeutet. Dieser Mehlfurt hat offenbar ein ziemlich unauffälliges Leben geführt – wenn man mal davon absieht, dass sein Job etwas merkwürdig erscheint.« Linkohr liebte es, seine Ausführungen spannend zu gestalten. Das hatte er von Häberle, seinem großen Vorbild, längst gelernt. Man musste die Zuhörer in den Bann ziehen.

»Dann lassen Sie mal hören«, forderte ihn Häberle auf.

»Na ja«, fuhr Linkohr fort, »diese ›European Software-Service-Group‹, bei der er beschäftigt sein soll, scheint ein ziemlich undurchsichtiges Konstrukt zu sein.«

»Schon wieder eines«, stöhnte eine Männerstimme.

»Sitz in Berlin«, fuhr Linkohr fort. »Auf der Homepage ist zwar von Supports, also von Computerservice, die Rede. Man sei für ganz große Firmen tätig und biete Service in ganz Europa. Aber bei meinem Anruf in der Unternehmensleitung beim«, er musste nachlesen, »›President of Personal Management‹, so nennt man das dort, wurde mir lediglich gesagt, Herr Johannes Mehlfurt sei für den Außendienst im südwestdeutschen Raum zuständig. Für weitere Fragen stehe der Justiziar zur Verfügung.«

»Hm«, brummte Häberle unzufrieden. »Wir sollten zumindest wissen, wo er die vergangenen Wochen tätig war.«

»Es gibt aber da noch eine Kleinigkeit«, machte Linkohr weiter. »Die Kollegen haben sich auch Mehlfurts Schreibtisch etwas genauer angeschaut und sind unter der Schreibunterlage auf einen Notizzettel gestoßen.« Er hob Kopien in die Höhe. »Handschriftlich sind da schwer entzifferbare Namen notiert, so, wie man etwas während eines Telefonats hinschmiert.«

»Und?« Häberle wurde langsam ungeduldig.

»Die Kollegen hätten der Sache keine Bedeutung beigemessen, wenn da nicht ziemlich gut ›Misselbrünn‹ zu entziffern gewesen wäre.« Linkohr sah in die staunende Runde und deutete auf die Kopie. »Misselbrünn. Kein Zweifel. Und dann gibt es zwei Pfeile, die entgegen der Leserichtung auf zwei weitere Namen deuten, die nicht klar geschrieben sind. Einer fängt wohl mit ›C‹ an und endet mit einem ›i‹. Dazwischen sind mehrere Buchstaben, die vielleicht ein Sachverständiger entziffern kann.« Der Kriminalist nahm eine zweite Kopie, auf der das Geschriebene in mehrfacher Vergrößerung zu sehen war. »Der dritte Name könnte ›Bronn‹ oder ›Brommer‹ lauten.«

»Aber Misselbrünn ist eindeutig?«, fragte Häberle, »oder entspringt er nur Ihrer Fantasie, weil das Wort ähnlich aussieht?«

Linkohr ging auf seinen Chef zu und reichte ihm das Blatt. »›M‹ und ›i‹ und die beiden ›s‹ sind meiner Ansicht nach eindeutig. Bei ›b‹ und ›r‹ braucht man tatsächlich etwas Fantasie, aber am Schluss heißt es ›ünn‹.«

Häberle besah sich das Geschriebene, während die Kollegen über Linkohrs Erläuterungen diskutierten.

Der Chefermittler legte das Blatt auf einen Schreibtisch. »Klare Folgerungen lassen sich daraus aber nicht ziehen. Wir wissen erstens nicht, wann Mehlfurt das geschrieben hat, und zweitens kennen wir die beiden anderen nicht.«

»Aber der Name ›Misselbrünn‹ in Mehlfurts Büro!«, meldete sich Linkohr aufgeregt zu Wort. »Da haben wir sie doch, die Verbindung, nach der wir gesucht haben.«

»Vielleicht haben sich Vater und Sohn mal telefonisch unterhalten und da hat der Ralf möglicherweise davon erzählt, dass er im heimatlichen Bereich einen Auftrag erhalten hat – von Frau Misselbrünn«, gab ein Kollege zu bedenken, der nicht gerade den Ruf hatte, besonders optimistisch zu sein.

»Der Sohn behauptet aber, dass man so gut wie nie über die Arbeit gesprochen habe«, konterte Linkohr.

»Was aber«, überlegte Häberle, »wenn sein vermisster Vater etwas mit dem Tod von Frau Misselbrünn zu tun hat?«

Wieder ging ein Raunen durch die Mannschaft. Linkohr ergänzte: »Erinnert ihr euch? Die Zeugin, die das Main-Taunus-Kennzeichen abgelesen hat, sprach von einem Audi mit Heckklappe. Und was fuhr Mehlfurt für ein Auto?« Er sah in die Runde und erntete Kopfnicken. »Einen Audi Q5, schwarz. Genau, wie die Zeugin es beschrieben hat.«

Häberle nickte ebenfalls, fügte aber an: »Vergesst den Sohn nicht, den Ralf. Auch der könnte seine Hände im Spiel gehabt haben«, schob Häberle einen weiteren Gedankengang nach. »Aber solange wir kein Motiv kennen, fehlen uns die Angriffspunkte. Frau Misselbrünn scheint mir doch noch die Harmloseste von allen aus dem Kreis dieser Herrschaften zu sein.«

Ralf war das Entsetzen in alle Glieder gefahren. Plattfuß. Gleich zweimal. Vorn und hinten, jeweils rechts. Er hatte den Cayenne vor der Einfahrt in die Durchgangsstraße gestoppt und besah sich den Schaden. Zwei platte Reifen. Das konnte kein Zufall sein. Die Wahrscheinlichkeit war gering, dass ein und derselbe spitze Gegenstand gleich zwei Reifen durchstach. Außerdem waren die Laufflächen derart robust, dass ihnen normalerweise weder ein Metallgegenstand noch Glassplitter etwas anhaben konnte. Ralf fröstelte. Ein Gefühl aus Wut, Zorn und Rache bemächtigte sich seines Denkens, gemischt mit diesen undefinierbaren Ängsten, die plötzlich wieder da waren. Er blickte sich um, doch nirgendwo in dieser diffus beleuchteten Umgebung gab es etwas Verdächtiges. Thalfingen schlief. Sogar auf der Durchgangsstraße kam nur alle paar Minuten ein Auto vorbei.

Ralf fühlte sich schlecht. Er war Opfer eines heimtückischen Anschlags geworden. Ein Denkzettel, ein Racheakt? Eine Art Warnschuss?

Er zitterte, als er sein Smartphone auf die Taschenlampenfunktion schaltete, um die beiden Reifen anzuleuchten. Doch in diesem schwachen Licht ließ sich keine Einstichstelle erkennen. Die Räder der rechten Fahrzeugseite hatten sich inzwischen ganz auf die Felgen gesenkt und die luftleeren Reifen am Boden zusammengepresst.

Ralf entsann sich seiner Mitgliedschaft im ADAC und wählte am Touchscreen-Display mit zitternden und eiskalten Fingern die Nummer des Pannendienstes, während er weiterhin die Umgebung im Auge behielt. Sehr schnell meldete sich eine freundliche Dame, der er sein Malheur schilderte. Sie ließ sich den Standort schildern, fragte nach, ob er verkehrsbehindernd stehe, was er verneinte, und versprach, dass man sich bemühe, innerhalb einer Stunde einen Abschlepper zu schicken, der den Wagen in die nächstgelegene Werkstatt seiner Wahl bringen werde. Allerdings sei in dieser Nacht gerade sehr viel los. Ralf nahm dies nur am Rande zur Kenntnis und war über die versprochene Hilfe dankbar. Dann gab er noch seine Mitgliedsnummer durch und setzte sich wieder in den Wagen.

Wie würde es weitergehen? Musste er diesen Anschlag der Polizei melden? Oder doch lieber nicht? Sinn machte dieser Aufwand mit Protokollen und Fotos vermutlich wenig, zumal solche Täter keine Spuren hinterließen und die Polizei derartige Sachbeschädigungen gewiss als Bagatelle zu den Akten lege. Natürlich hätte er die Namen einiger Verdächtiger benennen können. Aber beweisen ließ sich nichts – und außerdem würden gewisse Kreise nur in Aufruhr geraten, wenn die Polizei tatsächlich zu ermitteln begänne. Genau dies aber würde auch seine Arbeit erschweren.

Ralf schaltete das Radio ein, verzichtete aber auf das Laufenlassen des wärmenden Motors, um die Anwohner nicht in ihrer Nachtruhe zu stören.

Als die digitale Uhr im Armaturenbrett bereits auf ein Uhr zuging, meldete sich sein Handy. Ein Abschlepper kündigte an, in zehn Minuten bei ihm zu sein. Er sei zwar nicht für diesen Bereich zuständig, leiste aber den in dieser Nacht stark beschäftigten Kollegen Hilfe. Ralf bedankte sich – und wurde wieder von einem Adrenalinstoß getroffen. Was hatte der Mann gesagt? Er sei gar nicht zuständig und komme aus einem anderen Bezirk? Nein, beruhigte er sich wieder, wer sollte denn wissen, dass er beim ADAC Hilfe angefordert hatte? Das konnte keine Falle sein. Der ADAC galt für ihn ungeachtet aller Skandale, die es gegeben hatte, weiterhin als seriöse Institution. Schwarze Schafe gab es innerhalb eines Betriebs schließlich überall. Und gerade jetzt, in dieser Situation, nachts mit platten Reifen, schätzte er diesen Pannendienst ganz besonders. Er brauchte auch keine Angst zu haben, dass ein ›Raubritter‹ daherkam, der ihm eine saftige Rechnung präsentieren würde.

Tatsächlich tauchte der Abschleppdienst nach zehn Minuten auf. Ein Mann mittleren Alters mit Dreitagebart und übernächtigtem Gesicht ließ sich erklären, was geschehen war und zog dann das teure Gefährt mit einer Seilwinde auf die Ladefläche. Schneller, als es sich Ralf vorgestellt hatte, konnte er auf den Beifahrersitz des Lkws klettern und wies dem Fahrer den Weg ins nächste Porsche-Autohaus in Ulm.

Der Mann am Steuer griff nach einem Bonbon und sah kurz zu seinem Beifahrer hinüber: »Derzeit ist wahnsinnig viel los. Wir alle sind pausenlos unterwegs. An Schlafen ist nicht zu denken.«

»Das gibt Überstunden«, bemerkte Ralf ohne zu ahnen, dass er nun den Redefluss des Mannes erst richtig in Gang gesetzt hatte.

»Schön wär's«, sagte der Fahrer, während er seinen Lkw nach Ulm steuerte, »wir müssen arbeiten, arbeiten, arbeiten. Wer nicht spurt, fliegt raus. Ich bin jetzt mehr als 24 Stunden nicht mehr im Bett gewesen.«

Ralf spitzte trotz seiner Müdigkeit die Ohren. »Gelten die Lenkzeiten für einen Abschlepper nicht?«

»Ha«, entfuhr es dem Mann, der lautstark gegen den Motorenlärm ankämpfen musste, »natürlich gelten die, aber was soll ich tun? Der Chef sagt, ich muss fahren, fahren.«

»Aber wenn die Tachografenscheibe kontrolliert wird?«

»Sind wir selbst schuld«, beeilte sich der Mann zu sagen, »aber die Polizei drückt ein Auge zu, sagt, sie seien froh, wenn Pannen- und Unfallfahrzeuge schnell weggeräumt werden.«

»Gibt's keinen Betriebsrat?«

»Ha«, machte der Mann wieder und schlug aufs Lenkrad, »der Chef hat für jeden Bezirk eine kleine Firma gemacht, nur drei Mitarbeiter. Da gibt's keinen Betriebsrat. Wir sind seine Sklaven.«

Ralf war empört. »Und der ADAC? Den schert das nicht?«

»Wir sind ja nicht beim ADAC angestellt, sondern nur im Auftrag für ihn unterwegs.«

»Aber der müsste sich doch darum kümmern, ob bei seinen Auftragnehmern alles in Ordnung ist«, entgegnete Ralf.

»Tut er aber nicht. Wahrscheinlich ist er froh, wenn er einen günstigen Abschlepper unter Vertrag hat. Und günstig bedeutet, dass die Arbeiter ausgenommen werden.«

Ralf überlegte, warum der Mann ihm dies alles erzählte. War es der reine Frust, der ihn jegliche Vorsicht vergessen ließ? Immerhin konnte der Mann nicht wissen, ob sein Fahrgast dies nicht alles sofort dem Chef berichten würde.

Oder, so durchzuckte es Ralf, war dem Fahrer bewusst, wen er an Bord hatte? Einen, der durchaus in der Lage sein würde, sich ins Firmennetz des Abschleppers zu hacken und Dubioses aufzudecken, das letztlich wieder auf den ohnehin gerade gebeutelten ADAC zurückfallen würde? Hatte irgendjemand diesen Ersatz-Abschlepper bewusst geschickt? Nein, Schwachsinn, besänftigte sich Ralf selbst, als die Donauhalle vorbeizog, das wäre wirklich viel zu weit hergeholt.

Der Redefluss des Mannes wollte kein Ende nehmen – auch nicht, als er bereits in den Hof des Porschehändlers einbog. Erst als der Cayenne abgeladen war und es ans Ausfüllen einiger Formulare ging, verstummte er. Während Ralf unterschrieb, setzte der Fahrer seine Klage fort: »Irgendjemand müsste mal alles kontrollieren. Nicht nur uns Kleinen, sondern auch die Großen. Da reden die Leute immer von Geheimdiensten und dieser NSA, da wäre es doch ein Leichtes, auch mal diese Firmen zu durchleuchten. Meinen Sie nicht auch?«

Wieder fühlte sich Ralf wie vom Donner gerührt. Er reichte dem Fahrer ein Trinkgeld, stieg aus und rief ein Taxi. Er wollte jetzt so schnell wie möglich heim.

Misselbrünn hatte noch in der Nacht seinen Anwalt angerufen, sich dann aber kleinlaut davon überzeugen lassen, dass es keinen Sinn machen würde, gegen die Beschlagnahmung seines Computers vorzugehen. Noch während die Beamten sich über sein Büro hermachten, fingerte er in der Küche nebenan nach seinem Handy, um nervös und zitternd die private Nummer des Landesinnenministers anzuwählen. Es war zwar längst nach Mitternacht, aber nun galt es, schnell zu handeln. Die Angelegenheit duldete kein Abwarten, wie es sein Rechtsanwalt gemeint hatte, den er in Gedanken einen ›elenden Winkeladvokaten‹ schalt, von dem er sich gleich morgen früh ein für alle Mal trennen würde. Jetzt half nur eines: ein direktes Gespräch mit dem obersten Dienstherrn der Polizei. Misselbrünn, der dazu neigte, über alles erhaben zu sein, war davon überzeugt, das Schlimmste abbiegen zu können. Doch der Innenminister, der sich nach dem vierten Rufton nur mit einem verschlafenen »Hallo« meldete, zeigte sich vom Namen »Misselbrünn« wenig beeindruckt. Das durfte auch daran gelegen haben, dass Misselbrünn seit dem Regierungswechsel vor drei Jahren nie die Nähe zur neuen Koalition gesucht hatte. Der Innenminister beschied ihn ziemlich forsch, dass er nicht daran denke, auf die Polizeiführung in Ulm Einfluss zu nehmen – schon gar nicht mitten in der Nacht. Er versprach aber, die Angelegenheit gleich am Vormittag mit den engsten Mitarbeitern zu besprechen, ließ aber keine großen Hoffnungen aufkommen: »Ihr Ansinnen dürfte ohnehin Sache des Bundes sein beziehungsweise der Generalbundesstaatsanwaltschaft.« Dann legte er grußlos auf.

Misselbrünn hatte den Hörer zerknirscht in die Halterung gefeuert und unruhig verfolgt, wie die Beamten Computer, Festplatten, CDs und Speichersticks in Kartons verpackten und damit die Wohnung verließen. Kopfschüttelnd und ohne mit den Kriminalisten etwas zu reden, folgte er ihnen zur Tür, warf sie hinter ihnen mit einem lauten Scheppern ins Schloss, ging in die Küche und genehmigte sich zwei Gläser Schnaps, der auf dem Flaschenetikett vornehm als »feine Destillate aus heimischen Produkten« bezeichnet wurde.

Das Wohnzimmer mied er, denn sobald er hineinblickte, sah er den leblosen Körper seiner Frau, der dort von der Couch gerutscht war. Nie mehr würde er dort Platz nehmen. So dämmerte er auf einem gepolsterten Esszimmerstuhl vor sich hin, bis der Morgen graute und er mit Kopfschmerzen erwachte.

Eva Langbein hatte schlecht geschlafen. Nacheinander hatten sich die Begegnungen mit Ralf und Oliver in ihre Träume geschlichen. Sie war wie gerädert aufgewacht und hatte während des Frühstücks den regionalen Teil der Tageszeitung durchgeblättert, der sich unter der Rubrik ›Südwest-Umschau‹ befand. Fast eine halbe Seite nahm die Berichterstattung über den Mord an der Bankersfrau ein. Eva hatte die bisherigen Artikel meist nur überflogen, weil sie den Tratsch und Klatsch, und möchte er noch so blutrünstig sein, nicht ausstehen konnte. Außerdem hatte sie keinen Bezug in Richtung Geislingen, das ihr seit jeher im Vergleich zu Ulm als viel zu provinziell erschienen war. Und wo dieser Stadtbezirk Weiler lag, in dem der

Mord verübt worden war, konnte sie geografisch auch nicht zuordnen. Doch jetzt war ihr beinahe das Toastbrot im Hals stecken geblieben. Zum ersten Mal stieß sie auf den Namen Misselbrünn. Vielleicht war er auch in den vorherigen Artikeln gar nicht erwähnt worden. Doch nun stand der Name da: *Misselbrünn*. Sie sprang auf, kramte in einer Schublade in der Diele nach jenem Notizzettel, auf dem sie leider ziemlich unleserlich den Namen jenes Bankers festgehalten hatte, der ihr avisiert worden war – für morgen. Natürlich, durchzuckte es sie. Natürlich. Das hieß Misselbrünn. Jetzt, da sie den Namen in der Zeitung gelesen hatte, fiel es ihr auch wieder ein.

Sie überlegte, ob sie lieber Ralf oder doch eher die Polizei anrufen sollte. Aber ihrem einstigen Kommilitonen hatte sie ja bereits von dem angekündigten Besuch eines Bankers erzählt, ohne allerdings dessen Namen exakt sagen zu können. Ralf hatte zugesagt, heimlich anwesend zu sein, wenn sie der Mann in ihrer Wohnung besuchte.

Aber war es vielleicht nicht doch ihre Pflicht, die Polizei auch darauf hinzuweisen? Sie trug wie in Trance das Frühstücksgeschirr zur Arbeitsplatte in der Küche. Mit einem Glas Wasser versuchte sie, die außer Kontrolle geratenen Gedanken wieder zu sortieren – vor allem aber, logisch zu denken.

Sie durfte sich jetzt nicht in irgendwelche Emotionen hineinsteigern, obwohl ihr dies schwerfiel nach der Nacht mit Ralf. Nie hätte sie es für möglich gehalten, als rational denkender Mensch in ein solches Wechselbad der Gefühle gestürzt zu werden. Sollte sie es bereuen oder die Situation genießen? Dass sie gleich von zwei Männern begehrt wurde, bescherte ihrem Unterbewusstsein ein Hochgefühl, während die Vernunft zur Vorsicht riet. Sie war vergangene Nacht, zwischen Traum und Wirklichkeit, über sich selbst erschrocken, als ihr Gehirn die erotischen Szenen der vergangenen Tage ablaufen ließ wie ein heimlich aufgenommenes Video.

Heimlich aufgenommenes Video? Eva versuchte, diesen schockierenden Gedanken sofort wieder zu verdrängen. Doch etwas in ihr inszenierte einen Albtraum: versteckte Kamera, kompromittierende Videos, vielleicht ins Internet gestellt oder für eine Erpressung genutzt. Nein, nein, wehrte Eva solche Fantasien ab. Ihren alten Freund Ralf hatte sie doch selbst angerufen und um Hilfe gebeten. Und Oliver war ein feiner Kerl, sozusagen ihr engster Vertrauter im Institut. Der würde niemals dieses Verhältnis ausnützen. Niemals.

Sie lehnte sich mit dem Rücken an die Arbeitsplatte und atmete mit geschlossenen Augen tief durch. Niemals?

Endlich obsiegte die Vernunft wieder über die Emotionen. Eva entschied, die Polizei einzuweihen. Sie hatte sich den Namen des Kommissars gemerkt, der im Zeitungsartikel erwähnt wurde, rief das Polizeipräsidium Ulm an und ließ sich die Durchwahl des Ermittlers in Geislingen geben.

Häberle war zwar nicht zu erreichen, dafür meldete sich Mike Linkohr und hörte sich interessiert Evas kurze Schilderung an. Nachdem er sie um ein persönliches Gespräch gebeten hatte, schlug sie ein sofortiges Treffen in ihrem Institut vor.

Eine Stunde später, als Eva Langbein – den Schlaf aus dem Gesicht geschminkt – bereits im Büro saß, traf der junge Kriminalist ein und ließ sich in ein Besprechungszimmer führen. Die junge Frau hatte bereits Kaffee vorbereitet und als sie ihm den Rücken zuwandte, um vom Sideboard die Kanne aus der Maschine zu nehmen, riskierte Linkohr einen heimlichen Blick, wie ihn Männer in solchen Situationen nie unter Kontrolle haben. Sie sieht gut aus, stellte er wohlwollend fest. Sein erster Eindruck, gerade eben an der Tür, hatte ihn nicht getrogen. Als sich Eva umdrehte, zog er ertappt seinen Notizblock heraus und blätterte darin nach freien Seiten.

»Sie sind also einer der Kriminalisten, die den Mörder dieser Bankersfrau suchen«, stellte Eva fest, während sie zwei Tassen Kaffee auf den Tisch stellte und sich dann mit einem Lächeln Linkohr gegenübersetzte.

»Einer von vielen«, erwiderte dieser und bewunderte die strahlenden Augen hinter den Brillengläsern. Er hätte am liebsten gleich ihre Personalien aufgenommen und nach ihrem Umfeld gefragt, aber er durfte sich nicht schon wieder von weiblichen Reizen ablenken lassen. Viel zu oft schon war er mit solchen Eskapaden an dienstlichen Problemen vorbeigeschrammt. Dass es mit seiner letzten großen Liebe, einer emanzenhaften und ehrgeizigen Polizeistudentin, auch nicht geklappt hatte, hatte ebenfalls nicht dazu geführt, ihn zum Frauenverächter zu machen. Immerhin, das ging ihm gerade durch den Kopf, gab es inzwischen mehr als zehn ›Verflossene‹, von denen eigentlich keine Einzige eine wirklich feste Freundin gewesen war. Manchmal machte er seinen stressigen Job mit den unregelmäßigen Arbeitszeiten dafür verantwortlich, dann aber musste er sich eingestehen, dass seine Ansprüche immer höher wurden und dass er jederzeit bereit war, eine Beziehung abzubrechen, sobald eine andere Frau sein Interesse weckte. Diese Eva Langbein, so schien es ihm, hatte es nicht darauf abgesehen, durch raffinierte figurbetonte Kleidung die Männer in ihren Bann zu ziehen. Sondern es waren ihre Ausstrahlung, ihr gewinnendes Lächeln und die Art, wie sie sprach. Dass ihm dies sofort aufgefallen war, darüber musste er sich plötzlich selbst wundern, hatte er doch bisher ganz andere Kriterien angesetzt. Ob er jetzt alt wurde? Allein schon der Gedanke daran ließ Panikstimmung in ihm aufkommen. Aber das durfte er sich jetzt nicht anmerken lassen. »Ja«, sagte er verlegen, weil sein Schweigen langsam peinlich zu werden drohte, »wir klammern uns gerade an jeden Strohhalm.« Er ja eigentlich auch, nur auf andere Weise, mahnte ihn etwas in seinem Kopf.

»Zu diesem Misselbrünn kann ich Ihnen aber leider nicht viel mehr sagen, als dass er telefonisch an unseren Geschäftsführer herangetreten ist, der mir wiederum Namen und Termin weitergegeben hat. Mehr wissen wir nicht.«

»Ist es denn üblich, dass sich Banker vom Kaliber eines Misselbrünn für so ein Institut interessieren?«

»Nein, eigentlich nicht. Aber erfreulich. Ich bin daher davon ausgegangen, dass er Investoren vertritt, die uns nicht ganz uneigennützig unterstützen wollen. Denn Sie können sich ja denken, welche Goldgrube ein Durchbruch unserer Forschung wäre – mit der effektiven Speicherung von Strom.«

Linkohr nickte. Vermutlich ging's da um Patente und Lizenzen, die sich mancher Ölmulti viele Millionen, wenn nicht sogar Milliarden Dollar kosten lassen würde.

»Diese ›Wanze‹, die Sie entdeckt haben, ist noch vorhanden?«, knüpfte er an Evas Schilderungen an.

»Natürlich. Ich hab das Ding zu Hause. Das können Sie gerne haben, wenn Sie's untersuchen wollen.«

»Wollen wir«, entschied Linkohr. »Sie sagten, Sie hätten es einem ehemaligen Kommilitonen gezeigt?«

»Ja, er ist Experte auf diesem Gebiet, arbeitet für die private Spionageabwehr oder so was Ähnliches.«

Linkohrs Interesse schnellte in die Höhe. Jetzt war er an einem Punkt angekommen, der dem Fall eine entscheidende Wende geben konnte. »Darf ich erfahren, um wen es sich dabei handelt?«

»Ja natürlich«, antwortete Eva Langbein großzügig, »das ist kein Geheimnis.«

Linkohr war auf den Namen gespannt.

»Ralf heißt er, Ralf Mehlfurt«, sagte die Frau und sie ergänzte, ohne zu ahnen, dass sich Linkohrs Gehirn wie ein auf Hochtouren laufender Computer gebärdete: »Ihren Kollegen in Ulm müsste der Name geläufig sein: Ralfs Vater ist seit einigen Tagen als vermisst gemeldet.«

Linkohr hatte Mühe, sein Erstaunen zu unterdrücken. Aus Verlegenheit kritzelte er einige unleserliche Worte auf den Notizblock und ließ sich schildern, wie es zu der jüngsten Begegnung mit Ralf gekommen war.

»Ich wollte ja wegen dieses Abhörgeräts nicht gleich die Polizei einschalten«, fügte sie entschuldigend an. »Wir waren im Institut davon ausgegangen, dass wir die Sache selbst regeln können. Wir sind ja schließlich auch im Umgang mit Elektronik bewandert.« Sie lächelte. »Außerdem könnte es unserem Ansehen schaden, wenn die Polizei ermittelt. Wir haben aber gleich entsprechende Vorkehrungen getroffen – Firewalls, separate Netzzugänge und den hausinternen Sicherheitsdienst eingeschaltet –, falls der Lauschangriff nicht nur gegen meine Privatwohnung gerichtet war, sondern auch gegen das Institut.«

»Mal angenommen, die Bespitzelung in Ihrer Wohnung war ausschließlich gegen Sie als Privatperson gerichtet. Was hätte das für einen Sinn gehabt?«

Eva zuckte mit den Schultern und nippte an ihrer Tasse.

»Vielleicht, weil man rauskriegen wollte, mit wem ich verkehre.«

Linkohr schluckte. Das Wort, das sie zuletzt gesagt hatte, brachte er gerade mit etwas anderem in Verbindung, schämte sich aber insgeheim dafür. Er musste sich, so riet ihm die innere Stimme, hier und jetzt auf seinen dienstlichen Auftrag konzentrieren.

»Sie …«, er rang nach Worten, »Sie haben gelegentlich Besuch, mit dem Sie sich über die Forschung unterhalten?«

»Zwar habe ich höchst selten Besuch«, sie strahlte ihn an, »aber dann redet man natürlich auch über die Forschungsergebnisse, ja.«

»Sind das dann Kollegen oder …«

»Ja, Kollegen. Natürlich. Mitarbeiter. Aber eigentlich hat mich in letzter Zeit nur ein einziger besucht, weil ich ihn eingeladen habe.« Sie wirkte unschlüssig. »Nicht, was Sie jetzt vielleicht denken. Keine Beziehung oder so etwas Ähnliches. Es ist sozusagen mein engster Mitarbeiter. Wir sitzen mal zusammen, trinken etwas und machen ›Brainstorming‹ – so nennt man das wohl auf Neudeutsch – um in lockerer Atmosphäre Gespräche über mögliche Innovationen zu führen.«

Innovationen, hallte es in Linkohrs Kopf nach. Die Frage war nur, welche innovativen Ideen anschließend in die Tat umgesetzt wurden. »Wir würden uns natürlich gerne auch mit diesem Mitarbeiter unterhalten.«

Eva biss sich auf die Unterlippe, als sei ihr erst jetzt bewusst geworden, worauf sie sich mit ihren Schilderungen eingelassen hatte. »Ich möchte aber nicht, dass er den Eindruck gewinnen muss, ich hätte ihn angeschwärzt.«

»Keine Sorge.« Linkohr sah ihr wieder fest in die Augen. »Wir werden sehr diskret vorgehen.«

»Ich vertraue Ihnen, Herr Linkohr«, flötete sie und Linkohr glaubte, einen geradezu liebevollen Unterton herausgehört zu haben. »Sie haben sicher das nötige Einfühlungsvermögen.« Sie lächelte, doch es wirkte gezwungen, denn sie kämpfte mit sich, ob sie auch noch die dubiose Telefondrohung aus Italien erwähnen sollte. Dann jedoch entschied sie, es vorläufig nicht zu tun. Linkohr fühlte sich derweil von ihrer Bemerkung, was sein Einfühlungsvermögen betraf, geschmeichelt. »Ich werde es versuchen«, entgegnete er, doch die Frau ging nicht mehr darauf ein. Stattdessen rang sie sich gerade durch, ihm den gewünschten Namen ihres engsten Mitarbeiters zu nennen: »Der junge Mann heißt Garrett, Oliver Garrett.« Während Linkohr ihn rasch notierte, brachte die Frau mit einem völlig unerwarteten Vorschlag sein Gefühlsleben in Wallung: »Wir können aber auch gerne unsere Konversation an anderer Stelle fortsetzen.« Sie hob eine Augenbraue. »Wenn's unserer gemeinsamen Sache dient«, fügte sie an und Linkohr überlegte, wie das gemeint war. Dann aber verwirrte sie ihn noch mehr: »Sie dürfen die ›Wanze‹ aus der Steckdose gerne heute Abend bei mir zu Hause abholen.«

Linkohrs Puls begann zu rasen. Hatte er richtig gehört? War dies eine versteckte Einladung? Er fühlte sich in den siebten Himmel gehoben, wollte freudig erregt etwas sagen, doch dann hielt ihn die verdammte Vernunft wieder am Boden. Nein, dienstlich durfte er nichts riskieren. Schon einmal hatte ihm so ein Abenteuer erheblichen Ärger eingebracht. Dann jedoch fiel ihm die Lösung ein: »Das können wir morgen Abend erledigen«, sagte er mit der gebotenen Zurückhaltung, »ich schlage vor, dass ich heimlich in Ihrer Wohnung bin, wenn dieser Misselbrünn auftaucht.« Kaum hatte er es gesagt, war ihm klar, dass auch dies eigentlich viel zu riskant war. Falls Häberle einer solchen Observation zustimmte, musste ein weiterer Kollege dabei sein. Am besten sogar eine Frau.

Vielleicht war diese Eva gar nicht so harmlos, wie sie aussah. Jedenfalls scheint sie es faustdick hinter den Ohren zu haben, dachte Linkohr. Oder hatte er nur viel zu viel in ihre Worte hineininterpretiert?

»Da ist noch etwas«, riss sie ihn aus seinen Gedanken, denn sie hatte sich dazu durchgerungen, das dubiose Telefonat mit Italien nun doch zu erwähnen. Linkohr lauschte ihren Schilderungen gespannt, ließ sich besagte Rufnummer geben und wurde ernst: »Das hätten Sie uns längst sagen sollen. Denn nach Amateuren sieht das nicht gerade aus.«

Eva war bleich geworden.

13

Misselbrünn war wie gerädert aufgewacht. Im Spiegel des Badezimmers glotzte ihm ein faltiges, fahles und unrasiertes Gesicht entgegen wie eine hässliche Fratze. Er versuchte, sich die Wangen glattzustreichen, als ihn der elektronische Ton seines Ersatzhandys erschreckte. Als ob er befürchten müsste, von dem Anrufer gesehen zu werden, fuhr er sich durchs ungekämmte Haar und ging in die Diele zur Garderobe, um das Gerät aus seinem Jackett zu holen. Ein kurzer Blick aufs Display seines bei einem italienischen Provider eingeloggten Handys gab ihm bereits die Gewissheit, wer in der Leitung sein würde.

Er meldete sich nur mit einem kurzen »Ja« und sogleich erklang eine ihm wohlbekannte weibliche Stimme mit italienischem Akzent. »Hi, schon ausgeschlafen?«, säuselte es in sein Ohr.

»Bist du wahnsinnig, hier anzurufen?«, entfuhr es ihm unfreundlich, was ihm augenblicklich leidtat. Das hatte Mariangela wirklich nicht verdient. Aber jetzt stand ihm der Sinn nicht nach erotischen Gesprächen.

»Bitte was?«, kam es ebenso forsch zurück.

»Entschuldige, entschuldige«, mäßigte er sich und sank in einen Rattanstuhl. »Du hast keine Ahnung, was heute Nacht hier los war.«

»Hast du Ärger?«

»Du solltest hier nicht anrufen. Die Polizei hat mich ins Visier genommen.«

»Bitte? Ich denke, diese Nummer ist ungefährlich?«, reagierte Mariangela erschrocken.

Misselbrünn ging auf die Frage nicht ein, sondern wurde deutlich: »Sie haben mir heute Nacht den Computer rausgeholt.«

»Die haben deinen Computer?«

»Ja, richterlich angeordnet. Die glauben, ich hätte etwas mit Hiltrauds Tod zu tun.«

»Aber das ist doch absurd.«

»Natürlich ist es absurd. Manches, was die Staatsanwaltschaft anleiert, war in diesem Land oft schon absurd.«

Es entstand eine kurze Pause. »Du«, sagte sie zögernd, »du, Karl-Eugen, ich bin hier.«

Misselbrünn zuckte zusammen. Hatte er richtig gehört? »Du bist *was*?«, zischte er fassungslos.

»Jaja, ich will dich sehen. Hörst du. Ich muss dich sehen«, sie war immer leiser geworden, bis ihre Worte flüsternd, flehend, aber auch drohend klangen, wie er herauszuhören glaubte. Und dann sagte sie unmissverständlich: »Heute Abend. Heute Abend muss ich dich sehen.«

Misselbrünn sprang auf. »Du kannst unter keinen Umständen hierherkommen.«

»Das sag ich ja nicht. Ich bin in Ulm.« Kurze Stille in der Leitung. »In diesem Hotel. Du weißt schon. Das mit den schiefen Zimmern.«

»Du bist wahnsinnig. Völlig verrückt. Was glaubst du, was passiert, wenn das rauskommt?«

»Das ist deine Sache, mein Schatz«, sagte sie seltsam gleichgültig und fügte an: »Ich erwarte dich. Heute Abend um acht. Ich hab uns ein Doppelzimmer genommen.«

Sander war, wie üblich, lange vor seinen Kollegen in die Redaktion gekommen. Der Anruf dieser Journalistin aus Südtirol gestern kurz vor Feierabend hatte ihm eine schlaflose Nacht beschert. Er musste heute versuchen, an Häberle heranzukommen. Denn wenn das stimmte, was Margarete Obermoser herausgefunden hatte, dann entwickelte sich der Mord zu einer Sensation oder besser: zu einem Stoff, aus dem die Träume der Boulevardjournalisten sind.

Sander hatte gestern Abend das unerwartete Gespräch mit der Südtirolerin in einen Nebenraum umgelegt, weil das Großraumbüro, das er für völlig arbeitsfeindlich hielt, keinerlei Möglichkeit bot, ungestört reden zu können. Schließlich gab es Telefonate, die man konzentriert führen musste und bei denen auch die Kollegen nicht unbedingt mithören sollten.

Um das weitere gemeinsame Vorgehen abzustimmen, war er mit Margarete Obermoser übereingekommen, sich gleich am Vormittag noch vor neun Uhr zu melden. Sie hatte ihm dazu bereitwillig ihre private Telefonnummer gegeben.

Die Kollegin war hörbar erfreut, als Sander sich so pünktlich meldete. Er hatte diesen frühen Zeitpunkt vorgeschlagen, weil er dann ungestört telefonieren konnte. Selbst die Sekretärin war noch nicht eingetroffen.

»Hat sich vergangene Nacht was getan?«, fragte Margarete Obermoser gleich höchst interessiert nach.

»Nichts. Zumindest hat uns die Polizei nichts mitgeteilt. Aber wir kämpfen hier gerade mit der Polizeireform, ich weiß nicht, ob Sie davon gehört haben. Die in Ulm, die für uns neuerdings zuständig sind, haben jetzt zwar vier Pressesprecher, doch warum die sich so bezeichnen, ist mir ein Rätsel. Die verschanzen sich in ihrer Präsidiumsburg und erklären gleich alles zur Geheimsache – vermutlich, um sich wichtig zu machen«, schimpfte er.

»Ich hab mal bei Google recherchiert«, unterbrach ihn die Kollegin, die vermutlich kein Interesse daran hatte, sich seine Probleme anzuhören. »Der Misselbrünn wird bei Wikipedia als großer Finanzguru bezeichnet. Ist das tatsächlich so ein Großer? Wie tritt der denn bei euch in Erscheinung? Ist er jetzt der gebrochene Witwer nach dem Tod seiner Frau? Oder wie muss man sich das vorstellen?«

»Ob er der gebrochene Witwer ist, kann ich nicht abschätzen. Aber dass er wohl ein großer Finanzguru ist, daran besteht kein Zweifel, obwohl er hier, in unserem Verbreitungsgebiet, so gut wie keine Rolle spielt. Er wohnt zwar hier in einem abgeschiedenen Ortsteil, sozusagen in der äußersten Provinz, aber mehr, als was man gelegentlich von ihm in den Nachrichten hört, kann ich Ihnen auch nicht sagen. Wir haben nicht einmal ein Foto von ihm im Archiv.«

Dass gerade jetzt die Sekretärin hereinschneite und ihm ein fröhliches »Guten Morgen, Georg« zurief, brachte ihn nur kurz aus dem Konzept. Er deutete ihr mit einer energischen Handbewegung an, still zu sein, was die Sekretärin beleidigt zur Kenntnis nahm.

Sander konzentrierte sich auf sein Gespräch. »Sie erwähnten gestern, es seien außer Misselbrünn noch weitere Personen einen Tag vor dem Brand in dieser Villa gewesen?« Sander war in der Nacht eingefallen, dass er die Namen nicht notiert hatte.

»Ja, der Besitzer der Villa, wie ich sagte: ein Großindustrieller aus Mailand, Carlucci. Gregori Carlucci. Als sicher gilt, dass er nicht nur in ganz Norditalien bekannt ist, sondern offenbar zumindest europaweit als Geldgeber für alle möglichen Transaktionen auftritt. Das hab ich gestern am späten Abend noch bestätigt bekommen.«

»Was muss man sich darunter vorstellen?«

»Na ja, ich sag doch: mafiöse Strukturen, Korruption und so weiter. Zuwendungen an Entscheidungsträger in der Politik im In- und Ausland. Und dem Carlucci wird nachgesagt, Kontakte zu einem gewissen Silvio Bronso zu pflegen, der hier bei uns im Trentino – das ist kurz vorm Gardasee, falls Sie das kennen – schon einige Male im Verdacht stand, in mafiöse Netzwerke verstrickt zu sein. Er soll auch regelmäßig diese große internationale Waffenmesse in Pretoria aufsuchen.« Ihr Wortschwall endete nur kurz, um Luft holen zu können. Dann fügte sie noch an: »Und Carlucci scheint übrigens auch ein ganz enger Kumpel von Berlusconi zu sein. Ich weiß nicht, ob Sie in Deutschland wissen, was es bedeutet, mit dem Ex-Ministerpräsidenten eng befreundet zu sein.«

Sander konnte sich das vorstellen. Er hatte viel davon gehört und gelesen. Aber als Lokaljournalist, der er schon ein Leben lang war, hatte er mit den globalen Umtrieben und Seilschaften beruflich noch nichts zu tun gehabt. Aber wenn er allein schon von dem ausging, was sich im engen Talkessel seiner kleinen Heimatstadt abspielte, dann konnte er sich ausmalen, wie sich die Vorgänge potenzierten, je weiter man nach oben stieg. »Sie sagen, Carlucci heißt der Mensch? Gregori?«, wiederholte er.

»Ja, ganz genau. Sie sollten einmal bei Ihrer Polizei nachfragen. Und falls Sie dort was Neues rauskriegen, wäre ich Ihnen dankbar, wenn Sie mich informieren würden. Ich geb Ihnen mal meine E-Mail-Adresse.«

Sander notierte sie.

»Bei der Polizei wird's schwierig werden«, seufzte Sander in sich hinein. »Selbst dem Chefermittler haben sie einen Maulkorb rumgehängt. Sie haben Bürgernähe versprochen und das Gegenteil getan«, meckerte er erneut, führte sich aber sogleich das Maßband vor Augen, das seit einigen Wochen vom Fenstersims hing: noch 87 Tage brutto. So lange noch bis zum Ruhestand, abzüglich Urlaub und freie Tage als Ausgleich für den Wochenenddienst.

Dann konnten sie ihn endlich alle … Die Onliner, die glaubten, die Zeitung werde sterben, und natürlich all die selbst ernannten Götter in den Behörden, Institutionen und Verwaltungen. In 87 Tagen würde der Druck weg sein und er konnte entspannt im Garten sitzen und lesen, womit sich die Kollegen in der Redaktion wieder auseinandersetzen mussten. Es war also absehbar.

»Ich glaube, wir sind einer ganz dicken Sache auf der Spur«, begeisterte sich die Kollegin aus Südtirol, während er sich erschrocken eingestehen musste, dass sich bei ihm die Euphorie über einen möglichen Knüller in engen Grenzen hielt. Die Begeisterung, die ihn einst bei jedem Kriminalfall gepackt hatte, war nach und nach versiegt. War er alt geworden oder waren es die äußeren Einflüsse, sowohl in als auch außerhalb der Redaktion, die ihn abgestumpft, frustriert und demotiviert hatten? Er spürte jedenfalls die Diskrepanz zwischen ihm und der gewiss jungen und dynamischen Kollegin in Südtirol. Er stellte sie sich als aufgewecktes Mädel vor, das noch an die Zukunft eines seriösen Journalismus glaubte, dem die nötige Zeit für saubere Recherche eingeräumt wurde. Möge sie sich den Glauben daran möglichst lange erhalten, dachte er und stellte erschrocken fest, dass ihn schon in den Vormittagsstunden eine bleierne Müdigkeit befiel, die nicht Folge schlechten Schlafes, sondern eher psychischen Ursprungs war, weil er sich auf Schritt und Tritt in allen Bereichen von Dummschwätzern und Besserwissern verfolgt fühlte, die von der Praxis keine Ahnung hatten.

Er wusste: Es würde wieder ein harter Tag werden. Und als die Tür aufging, fühlte er bereits wieder einen Dämpfer übergebraten zu bekommen. Denn der erste Kollege, der kam, zeigte keinerlei Interesse an Sanders aufwändiger Recherchearbeit, sondern überfiel ihn mit der Frage, ob er heute Nachmittag in den technischen Ausschuss des Gemeinderats gehen könne.

Nein. Er konnte nicht. Am liebsten hätte er es lauthals hinausgeschrien. Allein schon der Versuch einer solchen Frage war eine Zumutung gewesen, kochte es in ihm. Heute gab es bei Gott Wichtigeres als kommunalpolitisches Geplänkel und die Einweihung 500 Meter neuen Radwegs.

Er sah auf sein Maßband und stellte fest, dass er vorhin vergessen hatte, wieder einen Zentimeter abzuschneiden.

Nachdem er dies nachgeholt und über alles noch einmal nachgedacht hatte, beschloss er, Häberle anzurufen. Vielleicht war ja der Chefermittler an diesen Erkenntnissen interessiert. Dann wäre Häberle gewiss nicht so töricht, sich auf den Maulkorberlass zu berufen und deshalb pflichtgemäß ein Gespräch mit dem Journalisten abzulehnen. Schließlich kannten sie sich beide schon ein halbes Berufsleben lang. Und beide standen kurz vor dem Ruhestand.

»Da gilt's, ein paar harte Nüsse zu knacken«, stöhnte der Computerspezialist aus den Reihen der Sonderkommission. »Wir haben aus Misselbrünns Wohnung jede Menge Material. Vieles verschlüsselt und codiert.«

Häberle nickte verständnisvoll. »Mehr als euer elektronischer Schnickschnack würde mich interessieren, was dieser merkwürdige Notizzettel soll, den ihr unter Mehlfurts Schreibtischunterlage gefunden habt. Der Name ›Misselbrünn‹ mit Pfeilen gegen die beiden anderen unleserlichen Namen.« Sie hatten ihn inzwischen kopiert und die Blätter an die Kollegen verteilt.

In Anlehnung an Linkohrs Bericht über seine Begegnung mit Eva Langbein entschied Häberle: »Wir werden jetzt alle, die wir bisher kennengelernt haben, genauestens unter die Lupe nehmen. Diesen Oliver, den der Kollege Linkohr gerade ins Spiel gebracht hat, ebenso wie diesen Mehlfurt junior. Und natürlich auch dessen Mutter. Alle. Einschließlich Rimbledon, auch wenn es manchen Herrschaften nicht in den Kram passen sollte.«

Er wurde vom Läuten des Telefons unterbrochen. Widerwillig nahm er den Hörer ab und lauschte. »Nicht jetzt, Herr Sander, bitte«, murmelte er, doch alle im Raum konnten es hören und wussten, dass nur der Lokaljournalist gemeint sein konnte.

Häberle kniff die Augen zusammen, zog ein ungeduldiges Gesicht, doch dann hellte es sich auch schon wieder auf. »Und da sind Sie sich sicher?«, hakte er nach, lauschte wieder, um dann um vieles freundlicher zu sagen: »Okay, kommen Sie her. Ich erwarte Sie.«

Er legte auf und informierte die Kollegenschar über den Hinweis des Anrufers: »Sander hat Kontakt zu einer Journalistin in Südtirol. Mir scheint, alle wissen mehr als wir.«

Ralf hatte am Nachmittag seinen Porsche wieder aus der Werkstatt holen können. Tatsächlich waren die beiden Reifen mutwillig zerstört worden, worauf jeweils ein dünner Einstich in deren Seitenwand hindeutete. Er bezahlte schweren Herzens mehr als 400 Euro und fuhr zu seiner Mutter nach Niederstotzingen zurück, der er weismachte, er sei wohl in einen spitzen Gegenstand hineingefahren, der gleich zwei Reifen erwischt habe.

Als er bei ihr im Esszimmer saß, fühlte er sich wieder von der erdrückenden Atmosphäre umgeben, die aus Schweigen, Vorwürfen und der Ungewissheit über das Schicksal des Vaters bestand. Wie ein dämpfendes Tuch lag dies über ihnen, wie ein Leichentuch, dachte Ralf, dessen Gedanken sich um die Frage drehten, wie lange er diese Situation noch aushalten musste. Aber solange der Vater nicht gefunden war, tot oder lebend, konnte er unmöglich seine Mutter allein lassen. Er würde also auf absehbare Zeit wieder in seinem Jugendzimmer wohnen und all sein Tun ihr gegenüber rechtfertigen müssen. Wie damals als Kind, oder als er sich als Jugendlicher fürs andere Geschlecht zu interessieren begonnen hatte.

Seit er nach Frankfurt gezogen war, hatte es kaum noch persönliche Gespräche gegeben. Mittlerweile stand eine Mauer des Schweigens zwischen ihnen. Dabei hätte es noch so viel zu bereden gegeben, gerade jetzt. Doch nach dieser letzten aufregenden Nacht, in der er kaum geschlafen hatte, fühlte er sich eigentlich viel zu müde, um ein Thema anzusprechen, das ihn brennend interessierte. Aber während der Fahrt von der Porsche-Werkstatt zurück nach Niederstotzingen war er wild entschlossen gewesen, sie mit etwas zu konfrontieren, das er gerne auch mit seinem Vater ausdiskutiert hätte. Nun erzwangen die eingetretenen Umstände ein anderes Vorgehen. Länger zu schweigen, half nichts. Denn ganz sicher würde demnächst auch die Polizei aufkreuzen und ähnliche Fragen stellen. Bereits gestern Nachmittag hatte er mit dem Schlimmsten gerechnet, als sich diese beiden Kriminalisten so auffallend für seinen Job und den seines Vaters interessiert hatten. Es schien ihm, als wüssten sie weitaus mehr als das, was sie hatten durchblicken lassen.

»Sag mal, Mutter«, hörte er sich plötzlich sagen. Etwas in ihm hatte die Vernunft besiegt. »Ist dir an Vaters Verhalten in letzter Zeit etwas aufgefallen?«

»Aufgefallen?« Sie schien gerade tief in Gedanken versunken gewesen zu sein.

»Hatte er Probleme? Hat es etwas gegeben, das ihn beunruhigte?« Ralf spielte nervös mit einem Kugelschreiber, der auf dem Tisch gelegen war.

»Wie meinst du denn das? Dein Vater war ein viel beschäftigter Mensch.« Es klang nicht gerade mitleidig. »Die Arbeit hat in den letzten Jahren erheblich zugenommen.«

Ralf überlegte, ob sie ihm ausweichen wollte. »Nein, ich mein nicht, ob ihm die Arbeit über den Kopf gewachsen ist. Hat er denn nie etwas erzählt über das, was ihn beruflich beschäftigte?«

Silke Mehlfurts Augen blitzten auf und zu ihrem Sohn herüber. »Da hätte er mir viel erzählen können! Die ganze Elektronikgeschichte, mit der ihr euch befasst, ist für mich ein böhmisches Dorf. Das weißt du. Er war immer bei den großen Firmen unterwegs. Manchmal wochenlang bei ein und derselben.«

»Und er hat nie erzählt, wie's da war und was es zu tun gab?«, fragte Ralf, obwohl er sich an so gut wie kein Gespräch mit dem Vater erinnern konnte, bei dem dieser einmal ausführlich etwas über seine Arbeit erzählt hatte. Das Einzige, woran er sich aus frühen Jugendtagen entsann, war der immer wieder gehörte Ratschlag an den Sohn, auch in die Computerbranche einzusteigen. »Das ist die Zukunft, da kannst du gutes Geld verdienen«, war einer dieser Sätze, der sich in Ralfs Gedächtnis eingebrannt hatte.

»Er hat seinen Job gemacht«, erwiderte seine Mutter, die den Blick wieder von ihm abwandte und zögernd fragte: »Oder hast du etwas anderes gehört?«

Die Art, wie sie das sagte, ließ ihn aufhorchen. Entweder war jetzt die Zeit gekommen, etwas deutlicher zu werden, oder es wäre vielleicht angeraten, noch darüber zu schweigen. Auf ihn war in den letzten Wochen und Tagen so viel eingestürzt, dass er zunächst seine Gedanken und Erkenntnisse sortieren sollte. Schließlich war jemand hinter ihm her, jemand, der ihn einschüchtern wollte – warum auch immer. Hatte er rein zufällig in ein Wespennest gestochen, von dem er bislang nichts geahnt hatte? Ein Wespennest, in dessen Umfeld sich sogar sein eigener Vater bewegt hatte? Er räusperte sich und entschied, wenigstens eine Andeutung zu machen: »Diese Firma, bei der Vater beschäftigt ist«, begann er, worauf ihm seine Mutter wieder direkt ins Gesicht sah, irgendwie verstört, wie er meinte, »diese Firma scheint sich nicht ausschließlich mit Softwareservice für Großunternehmen zu befassen.« Er hielt inne, doch seine Mutter schwieg.

»Diese Firma«, fuhr er deshalb vorsichtig fort, »befasst sich auch damit, unliebsame Mitarbeiter heimlich zu überwachen. Wie etwa in Toiletten, Umkleideräumen und Kantinen und direkt bei der Arbeit.«

»So. Tut sie das?«, gab Silke Mehlfurt desinteressiert zurück. »Ist das denn so ungewöhnlich? Heutzutage doch wohl kaum. Vermutest du darin den Grund für Vaters Verschwinden?«

Ralf zuckte mit den Schultern. Er musste das Thema vertiefen. Vielleicht war die Zeit jetzt dazu reif.

Sander war von einem Uniformierten zu Häberle begleitet worden. Die beiden begrüßten sich herzlich und zogen sich in eines der gerade leeren Büros zurück. »Manchmal ist die Presse schneller als die polizeiliche Zusammenarbeit in Europa«, lächelte der Chefermittler, als sie sich gegenübersaßen.

»Leider wird das bei Ihren Oberen nicht gerne gesehen«, gab Sander zurück. »Dabei geht's bei uns unbürokratisch zu. Anruf, zack – und alles ist geschwätzt.«

Häberle nickte, verkniff sich aber seine Bemerkungen zu den nicht immer einfachen internationalen Ermittlungsabläufen. Zwar konnte er innerhalb der EU durchaus eigene Recherchen anstellen, aber nicht immer legten die Kollegen im Ausland großen Eifer an den Tag, wenn dringend internationale Zusammenarbeit geboten erschien. Nach Sanders Anruf hatte sich Häberle sofort mit der Polizei in Bozen in Verbindung gesetzt, mit der er vor einigen Jahren mal wegen einer dubiosen Spielautomatenbande selbst zusammengearbeitet hatte. Ein auskunftsfreudiger Kollege der »Squadro Mobile«, dem Amt für kriminalpolizeiliche Ermittlungen, hatte ihm bestätigt, dass in der vorgestrigen Nacht in Sexten eine Bergvilla niedergebrannt war. Es werde wegen des »Verdachts der vorsätzlichen Brandstiftung« ermittelt, weil Experten davon ausgingen, dass das Haus mit mehreren Molotowcocktails angezündet worden war. Die Namen *Carlucci* und *Bronso* waren den Kollegen in Bozen ein Begriff. Carlucci schien als Großindustrieller in halb Italien eine Rolle zu spielen und Bronso war tatsächlich, wie Sanders Südtiroler Kollegin herausgefunden hatte, schon mehrmals ins Visier italienischer Ermittler geraten. Und beide Namen entsprechen offenbar jenen, die auf dem Zettel standen, der unter Mehlfurts Schreibtischunterlage gefunden worden ist, kombinierte Häberle, ohne dies auszusprechen. Stattdessen ging er auf das Feuer ein.

»Aber ob die Herrschaften in der Nacht vor dem Brand in der Villa waren, haben die Kollegen in Bozen noch nicht rausgekriegt«, stellte Häberle fest, nachdem er mit Sander noch einmal die Fakten durchgegangen war.

»Das wird sich doch mit den Handydaten feststellen lassen. Ich nehme nicht an, dass Italien damit den gleichen Zirkus macht wie wir hier in Deutschland.« Sander gehörte nicht zu jener Sorte Journalisten, die sofort aufheulten, wenn zur Aufdeckung von Verbrechen auch elektronische Spuren verfolgt wurden. Er war der Meinung, dass ein gesetzestreuer Bürger nichts zu befürchten brauchte, wenn irgendwo ein paar Wochen oder Monate lang die Bewegungsdaten seines Handys gespeichert wurden. Viel schlimmer erschien es ihm, dass unkontrollierbare Geheimdienste nicht nur die sogenannten Geodaten abgriffen, sondern auch angeblich in ganz großem Stil den Inhalt von Gesprächen oder E-Mails.

»Wir haben inzwischen offiziell Kontakt mit Südtirol aufgenommen«, erklärte Häberle. »Das sage ich Ihnen jetzt aber nur, weil Sie Hinweisgeber, sozusagen Zeuge sind – nicht aber als Journalist. Haben wir uns da verstanden?« Er räusperte sich. »Im Übrigen, ganz im Vertrauen ein gut gemeinter Rat: Behalten Sie das alles mal für sich. Die Herrschaften, mit denen wir's hier noch zu tun kriegen, verstehen bestimmt keinen Spaß.«

Sander spürte plötzlich wieder neuen journalistischen

Tatendrang in sich. Wahrscheinlich hatte aber Häberle recht, wenn er zur Vorsicht mahnte. Dieser Fall überstieg möglicherweise alles, was sie beide bisher in dieser beschaulichen Region erlebt hatten.

Als ob er Sanders Gedanken erraten habe, fügte der Chefermittler an: »Die Herrschaften spielen ein paar Ligen höher als unsere übliche ›Kundschaft‹. Denken Sie ans Allgäu.«

Sander wusste, worauf Häberle anspielte: auf den jüngst publik gewordenen Verdacht, wonach sich Cosa Nostra, Camorra und eine Organisation namens Ndrangheta im Allgäu ausbreiteten. Der Fund von 1,6 Kilogramm Kokain bei einem Polizisten in Kempten hatte den Spekulationen Tür und Tor geöffnet. Eine italienische Buchautorin, das wusste Sander, hatte dort sogar vermutet, dass an bestimmten Stützpunkten, wie etwa Pizzerien, jede Menge Geld, Drogen und Waffen umgeschlagen würde. Die Autorin, eine Journalistin namens Petra Reski, hatte Deutschland als »Geldwäscheparadies« bezeichnet und ein Beispiel genannt, das Sander lebhaft in Erinnerung war: Wenn ein jugendlicher Italiener eine Riesensumme in eine Pizzeria investiere, müssten sich deutsche Behörden mit der Behauptung zufriedengeben, das Geld stamme von einem Onkel in Italien.

Nachdem Sander sein Wissen preisgegeben hatte, meinte Häberle: »Genau, Herr Sander. Behalten Sie's in Ihrem und unserem Interesse mal für sich.« Abschließend merkte er an: »Die ganz großen Medien sind auf den Fall ›Misselbrünn‹ ja auch noch nicht richtig angesprungen.«

Zum Glück, dachte Sander. Es würde gewiss nicht mehr lange dauern, bis sowohl die öffentlich-rechtlichen als auch die privaten Fernsehsender ihre mit Satellitenschüsseln bestückte Karawane auf die Alb entsandten, um vor Misselbrünns Haus Stellung zu beziehen. Jetzt, da dank der Südtiroler Kollegin die internationale Dimension des Falles bekannt wurde, würde Misselbrünn direkt in die Schusslinie geraten.

Eva Langbein war auch jetzt, Stunden nach dem Gespräch mit Linkohr, noch aufgewühlt. Sie hatte Mühe, sich auf ihre Arbeit zu konzentrieren. Außerdem sollte keiner aus ihrem Team bemerken, wie sehr sie seit Tagen unter Hochspannung stand. Oliver Garrett nahm jedoch zur Kenntnis, dass sie seit ihrer gemeinsamen Nacht auf Distanz zu ihm ging. Auch jetzt, an diesem Nachmittag, als das ganze Team im Casino ihres Instituts zusammensaß und Kaffee trank, mied sie den Blickkontakt zu ihm. Seit zwei Tagen hatte sie auch nicht mehr über den Spionageangriff gesprochen. Einer aus der Kollegenrunde jedoch nahm nun die Gelegenheit wahr, das Thema wieder aufzugreifen: »Hast du inzwischen etwas zu der ›Wanze‹ rausgekriegt?«

Eva ließ am Ton ihrer Stimme heraushören, dass sie nur ungern daran erinnert werden wollte: »Die Sache ist am Laufen. Ich werde euch über den Fortgang informieren, sobald es was Neues gibt.«

Oliver wollte etwas sagen, wurde dann aber von seinem Handy daran gehindert. Er zog es aus der Brusttasche seines Jeanshemds, blickte aufs Display und verließ den Tisch, um sich einer Fensterbank zuzuwenden, an der er ungestört sprechen konnte. »Wer?«, fragte er leise, doch zwei seiner Kollegen, die ihm am nächsten waren, bekamen trotzdem mit, was er mit gedämpfter Stimme sagte: »Und wieso?« Er schluckte und wandte sich noch weiter beiseite. »Wann?« Kurze Pause. »Okay, morgen.« Er

lauschte angestrengt und sagte schließlich: »Hab's kapiert.«
Dann drückte er die Aus-Taste, atmete tief durch und kam,
blass geworden, an den Tisch zurück.

Eva Langbein hatte es registriert.

Häberle hatte sich nicht mehr abwimmeln lassen. »Und
wenn der jetzt Himmel und Hölle in Bewegung setzt, meinetwegen den Bundesinnenminister verrückt macht, jetzt
ist Schluss mit lustig«, sagte er zu Linkohr, der bei der kurzen Fahrt zu Misselbrünns Wohnhaus in Weiler auf dem
Beifahrersitz saß.

»Das wird er tun«, meinte der junge Kriminalist. Sie hatten ihren Besuch vor zwei Stunden angekündigt, um Misselbrünn die Gelegenheit zu geben, einen Anwalt hinzuzuziehen. Vermutlich ließ Misselbrünn einen Juristen von
irgendeiner Prominenten-Kanzlei aus München anrollen.

Tatsächlich parkte bereits ein Jaguar mit Münchner
Kennzeichen vor dem Haus. »Die Einschüchterungstruppe
ist schon da«, witzelte Häberle und parkte den Dienstwagen
gleich dahinter. Linkohr war auf das Gespräch gespannt,
zumal er seinen Chef schon häufig beim Umgang mit sogenannten Prominenten erlebt hatte. Häberle verstand es wie
kaum ein anderer, unterschwellige Drohungen zu ignorieren oder entsprechend abzuschmettern.

Misselbrünn führte die Kriminalisten in das helle Esszimmer, wo sich ein distinguierter grauhaariger Mann
bedächtig aus dem Polsterstuhl erhob und die beiden Kriminalisten per Handschlag begrüßte. »Rechtsanwalt Dr.
Holdinger«, stellte Misselbrünn vor. »Er hat sich freundlicherweise bereit erklärt, mich in dieser Angelegenheit
juristisch zu beraten.« Vor ihm auf dem dunklen Tisch
waren bereits Schriftstücke und Aktenordner bereitgelegt.

»Mein Mandant ist verwundert über die Art und Weise, wie man ihm unterschwellig zu verstehen gibt, etwas mit dem Tod seiner Frau zu tun zu haben«, sagte Holdinger, nachdem sie sich gesetzt hatten. »Sie werden verstehen, dass wir die Beschlagnahmung seiner EDV-Anlage einer Prüfung unterziehen lassen müssen.«

Häberle ging nicht darauf ein, zumal das Vorgehen in der vergangenen Nacht von der Staatsanwaltschaft initiiert und per richterlichem Beschluss hieb- und stichfest war.

»Ihnen stehen alle juristischen Wege offen«, stellte Häberle klar. »Wenn Ihr Mandant der Meinung sein sollte, wir würden uns zu Unrecht in seine privaten Angelegenheiten einmischen, ist es Ihnen unbenommen, dagegen vorzugehen. Allerdings«, Häberle sah zu Misselbrünn, der seine Krawatte gelockert und einen Hemdknopf geöffnet hatte, »müsste es auch in seinem Interesse liegen, uns alle Informationen zur Verfügung zu stellen, die Rückschlüsse auf den Mörder seiner Frau geben könnten.«

»Rückschlüsse in *seinem* Computer?«, fragte der Anwalt erstaunt zurück. »Ich muss doch sehr bitten, Herr Häberle! Welche Art von Rückschlüssen sollte das denn sein? Doch nur solche, die ihn selbst belasten sollen.« Holdingers stoische Ruhe erinnerte Häberle an einen Verwaltungsbürokraten, der mit seinen Akten verstaubt war. Aber vermutlich lauerte hinter dieser Fassade das geschulte und erfahrene Gehirn eines listigen Juristen, der es gewiss schon mit der halben Münchner Schickeria zu tun gehabt und damit ein ansehnliches Vermögen verdient hatte. Vielleicht, so überlegte Häberle, war er sogar der Hausjurist aus dem Dunstkreis von Misselbrünns globalen Finanzjongleuren.

»Als Anwalt ist Ihnen natürlich geläufig, dass alle Ermittlungen auch dazu beitragen können, jemanden zu entlasten. Mein Kollege und ich sind heute nur hierhergekommen, um einige Ungereimtheiten aus der Welt zu schaffen. Unsere Fragen sind sicher schnell beantwortet.«

Holdinger rückte seine Brille weiter zur Nasenspitze, um besser über die Gläser seiner Lesebrille hinwegsehen zu können. »Mein Mandant wird keine Frage beantworten, die ihn selbst belasten könnte.«

»Das ist sein gutes Recht«, sagte Häberle und warf Linkohr einen vielsagenden Blick zu.

»Mein Mandant«, fuhr Holdinger ungerührt fort, »hat Ihnen bereits gesagt, dass er sich während seiner Dienstreise sehr um seine Frau gesorgt hat. Er hat sogar mehrfach daheim angerufen, was sich gewiss anhand der Daten aus seinem Mobiltelefon feststellen lässt – sofern Sie dies noch nicht getan haben.«

Häberle hob eine Augenbraue. »Wir kennen inzwischen Herrn Misselbrünns Bewegungsmuster.« Er wollte nicht zugeben, dass die Geodaten noch nicht komplett vorlagen, und fügte vorsichtig an: »Teilweise jedenfalls.«

Misselbrünn holte verärgert Luft. »Sie haben bereits …«

Sein Anwalt hielt ihn mit einer Geste von weiteren Bemerkungen zurück. »Lassen Sie mal«, sagte er, »wir müssen davon ausgehen, dass von allen Personen, die zum Umfeld Ihrer Frau gehörten, solche Bewegungsdaten abgerufen wurden. Aussagekräftig sind diese allerdings nicht. Sie belegen nur, dass ein bestimmtes Gerät zu einem bestimmten Zeitpunkt an einem bestimmten Ort eingeloggt war. Nicht aber, ob der Besitzer auch dort war.« Er verzog das Gesicht zu einem verächtlichen Grinsen Richtung Häberle. »Ich hatte kürzlich einen Fall, da lag das Mobiltelefon eines Mandanten zufällig tagelang im Handschuhfach eines fremden Autos, in dem er's vergessen hatte. War dann ein glatter Freispruch.«

Schwätzer, dachte Häberle, Angeber, Schaumschläger. Dir wird das Lachen noch vergehen. Der Chefermittler passte sich dem bedächtigen Tonfall des Anwalts an. Eine seiner großen Stärken war es, auf diese Weise seinem Gesprächspartner entgegenzukommen. Linkohr schätzte diese Eigenschaften an seinem Chef ganz besonders und lauschte aufmerksam dem weiteren Verlauf.

»Herr Misselbrünn hat uns von seinem geschäftlichen Besuch einer Bank in Lienz berichtet und gesagt, dass er von dort sogar vom Festnetz aus versucht hat, seine Frau anzurufen, angeblich, weil zu diesem Zeitpunkt sein Handy nicht funktioniert hat.«

Misselbrünn zeigte keine Regung. Sein Anwalt lehnte sich zurück, als ob Häberles Erläuterungen gar nichts zur Sache täten.

»Nun wissen wir aber«, fuhr der Chefermittler fort, »dass sein Handy die ganze Zeit über eingeloggt war, er also durchaus hätte telefonieren können.« Er wartete auf eine Reaktion, doch Misselbrünn suchte nur Blickkontakt mit seinem Anwalt. Holdinger ließ sich nicht beirren. »Was soll uns das beweisen? Dass es im Ausland zu einer kurzen Unterbrechung kommen kann, dürfte wohl im Bereich des Möglichen liegen. Da sehen wir gelassen den Ausführungen eines Sachverständigen entgegen.«

Holdinger verzog die Mundwinkel zu einem gekünstelten Lächeln. »Der Versuch, meinem Mandanten eine vorsätzlich gelegte falsche Alibispur anzudichten, führt auf ziemlich dünnes Eis. Finden Sie nicht auch, Herr Häberle?« Er verschränkte die Arme und fuhr überheblich fort: »Im Übrigen steckt mein Mandant sein Mobiltelefon nicht immer in die Freisprechanlage, sondern nutzt es auch über die Bluetooth-Funktion. Ich nehme an, Sie wissen, was ich meine.« Er runzelte die Stirn. »In diesem Fall kann sich der Akku entleeren. In Anbetracht all dieser Umstände wird es deutlich, dass Herr Misselbrünn aus Sorge um seine Frau die Gelegenheit wahrgenommen hat, in dem Lienzer Bankhaus ein Telefon benutzen zu dürfen.« Jetzt hielt es Misselbrünn für angebracht, selbst eine Bemerkung einfließen zu lassen: »Ich hab den ganzen Tag über versucht, meine Frau anzurufen, auch noch auf der Fahrt zu meinem zweiten Termin in Südtirol.«

Häberle war dankbar, dass dieses Stichwort auf diese Weise gegeben wurde. »Apropos Südtirol«, wiederholte er deshalb. »Natürlich geht uns der Inhalt Ihres dortigen Gespräches nichts an. Aber«, er suchte nach der passenden Formulierung, »inzwischen haben wir Hinweise darauf, dass Sie Gast in einer Bergvilla in Sexten waren.«

Häberle bemerkte, wie sich Misselbrünns Gesichtsfarbe veränderte und seine Augen unruhig wurden. Holdinger blieb weiterhin mit verschränkten Armen sitzen.

»Eine Bergvilla«, fuhr Häberle fort, »die eine Nacht später bis auf die Grundmauern niedergebrannt ist.«

»Entschuldigen Sie, Herr Häberle«, unterbrach ihn der Anwalt, »aber so leid es mir tut, ich vermag nicht nachzuvollziehen, was das mit der Tatsache zu tun hat, dass mein Mandant einen Tag zuvor dort geschäftlich zu tun hatte.«

»Ich bin auch noch nicht fertig«, erwiderte Häberle. »Die Bergvilla ist im Besitz eines Großindustriellen.« Er beobachtete, wie Misselbrünn unruhiger wurde. »Und dieser Großindustrielle wiederum wird – ich will es mal vorsichtig ausdrücken – von den Kollegen in Bozen als ›mafiösen Kreisen nahestehend‹ bezeichnet.«

Misselbrünn wollte erneut etwas sagen, doch sein Anwalt fasste ihn am Unterarm und legte ihm mit dieser Geste Zurückhaltung auf. »Ich glaube, jetzt gehen Sie einen Schritt zu weit«, sagte Holdinger ruhig, aber unüberhörbar energischer. Er griff zu einem dicken goldglänzenden Kugelschreiber und legte sich ein leeres Blatt Papier zurecht, als wolle er sich gleich Notizen machen. »Sollte jemals mein Mandant in irgendeinen wie auch immer gearteten Zusammenhang mit Bandenkriminalität gebracht werden, sähen wir uns gezwungen, jegliche, ich betone, jegliche Maßnahmen zu ergreifen, die dies nicht nur unterbinden, sondern auch den Verbreiter solcher Gerüchte einer Strafe zuführen.«

So schön können nur Juristen eine Drohung in Worte kleiden, dachte Häberle, ohne sie jedoch zu kommentieren. »Diese Geschichte in Sexten würde uns gar nicht interessieren, wenn wir nicht zufällig auch anderweitig auf die Namen zweier Männer gestoßen wären, die Herr Misselbrünn in dieser Bergvilla getroffen hat.«

Misselbrünn suchte vergeblich Blickkontakt mit seinem Anwalt, den nichts zu erschüttern schien.

»Carlucci heißt der Industrielle, dem das Haus gehört, und Bronso hieß sein Gast. Und dieser Bronso – dafür gibt es bei den Kollegen in Bozen deutliche Hinweise – wird tatsächlich mit der Mafia in Verbindung gebracht.«

Misselbrünn öffnete den Mund, fand aber nicht die passenden Formulierungen. Sein Anwalt war ohnehin schneller: »Das vorhin Gesagte gilt weiterhin, Herr Häberle. Sollte dieser Herr Carlucci Kontakte zu Personen aus jenem kriminellen Umfeld, wie Sie es vermuten, pflegen, ist das nicht Sache meines Mandanten. Auch Sie können für den Umgang, den Sie in Ausübung Ihres Berufes pflegen, nicht verantwortlich gemacht werden.«

Aalglatt, dachte Häberle, der sich nicht aus der Reserve locken ließ, sondern heimlich Linkohr zublinzelte. Er überlegte, ob er noch weitere Ermittlungsergebnisse preisgeben sollte. Dass sie die Namen von Misselbrünn, Carlucci und Bronso unter Mehlfurts Schreibtischunterlage gefunden hatten, wollte er vorläufig noch verschweigen – dafür wollte er einen anderen Trumpf aus dem Ärmel ziehen. Eine Information, die die Sonderkommission erst kurz vor ihrer Abfahrt erhalten hatte.

»Vielleicht wäre es dienlich, wenn Herr Misselbrünn selbst etwas über das Gespräch in Sexten erzählen könnte«, unternahm Häberle einen Vorstoß. »Ich hatte in den vergangenen Minuten mehrmals das Gefühl, dass er etwas sagen wollte.«

»Herr Misselbrünn wollte nichts sagen«, erwiderte Holdinger, noch ehe sein Mandant überhaupt Luft holen konnte. »Seine Geschäftsbeziehungen – das werden Sie verstehen – unterliegen strengster Geheimhaltung, zumal sie nichts mit dem Tod seiner Frau zu tun haben. Herr Misselbrünn hat während seines Aufenthalts in Sexten von dieser schrecklichen Tragödie hier im Hause erfahren und ist auf direktem Weg heimgefahren.«

»Nicht ganz«, wandte jetzt Linkohr ein, worauf sich alle Augen auf ihn richteten. »Ich darf daran erinnern, dass er, zumindest was den zeitlichen Rahmen betrifft, nicht sofort zu uns gefahren ist. Er war erschöpft und hat unterwegs im Auto einige Stunden geschlafen.«

»Das ist korrekt«, mischte sich Misselbrünn mit einem Kopfnicken zu seinem nun doch leicht verwunderten Anwalt ein. »Mich hatte die Nachricht vom Tod meiner

Frau sehr stark getroffen, weshalb ich meine Gedanken sammeln musste und, übernächtigt und leicht alkoholisiert, wie ich war, auf einem Autobahnparkplatz bei Innsbruck eingeschlafen bin.«

Holdinger nickte zustimmend. »Das ist nachvollziehbar und keinesfalls unglaubwürdig, Herr Linkohr. In seinem Alter steckt man eine durchgemachte Nacht nicht so einfach weg wie in jungen Jahren.« Linkohr überlegte, ob dies eine Anspielung auf ihn war und wenn ja, was Holdinger damit bezwecken wollte.

Häberle schien eine durchwachte Nacht offenbar mit denselben Gedanken zu verbinden wie Linkohr. »Nur noch eine etwas indiskrete Frage«, entschied sich der Chefermittler zu einer neuerlichen Attacke. »Haben Sie – oder auch Ihre Frau – in den vergangenen Tagen in der Wohnung Damenbesuch gehabt?«

Kurzes Schweigen. Holdinger jedoch ließ die peinliche Stille nicht lange andauern. »Erklären Sie mir bitte, was Sie mit dieser Frage bezwecken?«

»Nein«, entgegnete Häberle mit sonorer Stimme. »Wir erlauben uns, hier als Fragesteller aufzutreten. Wir wollen auch gar keine Namen von etwaigem weiblichen Besuch wissen – sondern nur, ob es welchen gegeben hat.«

Misselbrünn räusperte sich. »Es hat keinen gegeben. Zumindest nicht in meiner Gegenwart. Welchen Besuch meine Frau während meiner Abwesenheit empfängt, entzieht sich natürlich meiner Kenntnis.«

»Es wurde nie darüber gesprochen?«, staunte Häberle.

»Ich war in letzter Zeit häufig unterwegs und während meiner eng bemessenen Freizeit, hier daheim, kümmere ich mich nicht, mit wem meine Frau ein Kaffeekränzchen organisiert hat.«

Linkohr glaubte erneut herauszuhören, dass es mit der Beziehung vermutlich nicht zum Besten stand.

»Vielleicht«, machte Häberle weiter, »gab es bei den Besuchen, die Ihre Frau möglicherweise empfangen hat, auch mehr zu bereden als nur Klatsch und Tratsch.«

»Das mag sein«, erwiderte Misselbrünn mürrisch, »aber wir haben nicht darüber gesprochen.«

»Ihre Frau hat, so sieht es zumindest aus, den Täter ins Haus gelassen. Es gab keinerlei Einbruchspuren …«

Holdinger wehrte ab: »Ihnen dürfte aber auch bewusst sein, wie leicht man eine Haustür öffnen kann, die nicht mit dem Schlüssel verschlossen und nur ins Schloss gezogen wurde? Ein Profi macht das ruckzuck, ohne Lärm und ohne dass das jemand in der Nachbarschaft merkt. Auch derjenige, der sich in der Wohnung aufhält, wird des Eindringlings erst gewahr, wenn er schon mit ihm konfrontiert ist.«

Häberle wollte auf diese altbekannte Tatsache nicht eingehen. »Wer immer da gekommen ist und wie auch immer, er muss auch gewusst haben, dass die Überwachungsanlage nichts taugt beziehungsweise sogar ausgeschaltet war.«

Holdinger winkte verächtlich ab. »Der Versuch, meinen Mandanten hineinzuziehen, ist ziemlich durchsichtig, Herr Häberle. Durchsichtig und vor allem absolut untauglich.«

Häberle beschloss, sich auf keine Diskussion einzulassen, sondern wollte nur noch wissen: »Sie bleiben also dabei, dass in Ihrer Gegenwart – sei es jetzt mit oder ohne Ihre Gattin – in den letzten Tagen keine weibliche Person in dieser Wohnung war. Auch keine Putzfrau oder Ähnliches?«

Misselbrünn sah Hilfe suchend zu seinem Anwalt, der ihm jedoch die Antwort nicht abnehmen wollte. »Ja, ich bleibe dabei«, sagte Misselbrünn deshalb. »Ganz sicher.«

»Darf ich fragen, was für Sie daran so wichtig ist?«, hakte der Anwalt nach, obwohl er nach Einschätzung Häberles bereits ahnen konnte, worum es ging.

»Das dürfen Sie«, entgegnete der Chefermittler, »wir haben nämlich im Wohnzimmer an der Couchgarnitur die DNA einer weiblichen Person gefunden. DNA, die nicht von Ihrer Frau stammt.«

14

Ralf hatte keine Zweifel, dass seine Recherchen richtig waren. Denn was er seit Jahren beruflich anwandte, erschien ihm im privaten Umfeld geradezu als Kinderspiel. Er hatte den Aufenthalt im elterlichen Haus dazu benutzt, nicht nur die persönlichen Dinge des Vaters zu sichten, sondern auch die seiner Mutter. Dabei war ihm klar geworden, dass ihr Handel mit Kosmetikartikeln offenbar bei Weitem nicht so gut florierte, wie sie dies immer behauptete. Außerdem war er bei der heimlichen Durchsicht ihres Handys, das sie in einer Schublade in der Diele aufbewahrte, unter den an- und abgehenden Anrufen auf eine Nummer gestoßen, die in den vergangenen Wochen häufiger auftauchte. Er hatte mit der Rufnummernunterdrückung dort selbst einen Anrufversuch unternommen, doch dieser war ins Leere gegangen. Auch eine Recherche im Internet hatte nicht weitergeführt, weshalb er sich vornahm, nach seiner Rückkehr an den Arbeitsplatz mit den dortigen Mitteln weitere Nachforschungen anzustellen.

Doch jetzt interessierte ihn vielmehr eine SMS, die seine Mutter von dieser Nummer erst gestern erhalten hatte – mit einem Hinweis auf den heutigen Abend, 19.30 Uhr. ›Diesmal 2574,2‹, war zu lesen gewesen. Ralf hatte sich die Zahl notiert und das Handy wieder unbemerkt in die Schublade zurückgelegt. Zunächst hatte er gemutmaßt, bei der Zahl handle es sich um eine Funkfrequenz. Doch bei genauerem Überlegen verwarf er diese Idee wieder. Ihm war nämlich eingefallen, dass es ein Flusskilometer der Donau sein könnte. Sie zählte zu den wenigen Flüssen, deren Kilometrierung nicht an der Quelle begann, sondern dort endete. Er erinnerte sich noch an ausgiebige Radtouren mit seinem Vater, der ihm einst diese grünen Tafeln mit den schwarzen Zahlen erklärt hatte, und soweit er noch wusste, war die Strecke entlang des Donauriedes etwa 2570 Kilometer vom Schwarzen Meer entfernt.

Er musste natürlich aufpassen, dass er bei seinem Vorhaben unbemerkt und unerkannt blieb. Bereits gestern war er deshalb unweit von Unterelchingen und Weißingen auf einen Wanderparkplatz gefahren, um zu Fuß den Uferbereich der gemächlich dahinfließenden Donau zu erkunden und den entsprechenden Flusskilometer zu suchen. Dieser befand sich tatsächlich unweit einer Stelle, an die ein frisch geschotterter Forstweg heranführte. Ralf war ihn abgegangen und in einigen Windungen durch den Auwald bis zu einer Kleingartenanlage gelangt, die sich an einen ehemaligen Baggersee schmiegte, direkt an der Straße, die Ulm mit der weiten Ebene des Rieds verband.

Seine Strategie für den heutigen Abend sah vor, seinen Cayenne auf einem kleinen dicht bewachsenen Parkplatz abzustellen und sich auf Trampelpfaden durch den dichten Bewuchs zum Uferweg durchzuschlagen. Dort käme er etwa 400 Meter westlich des mutmaßlichen Treffpunkts zum Donau-Uferweg.

Um mit den Grünschattierungen des Waldes zu verschmelzen, hatte er sich für eine dunkelgrüne Hose und eine moosgrüne Jacke entschieden, dazu eine ebenso grüne Schildmütze, die sich tief ins Gesicht ziehen ließ, das zusätzlich hinter einer großen Sonnenbrille verborgen war. Sein kleines Fernglas und eine leistungsfähige Minikamera steckten in den Taschen seiner Jacke, außerdem eine kleine Dose Pfefferspray und sein abgeschaltetes und ausgeloggtes Handy, das seinen Standort nicht verraten konnte.

Auf einem fast völlig verwachsenen Trampelpfad zwängte er sich durch das dichte Unterholz zu dem Uferweg vor. Zweige wischten über sein Gesicht, Dornen verhakten sich in seiner Kleidung.

Zufrieden stellte er fest, dass er noch weit genug von dem vermuteten Treffpunkt entfernt war. Er atmete durch und ließ das abendliche Konzert der Vögel auf sich wirken. Auf dem nahezu schnurgeraden Weg entlang des Flusses waren einige Spaziergänger und Jogger weit genug entfernt, so dass es niemandem auffiel, als er sich ins Ufergebüsch der Donau verdrückte.

Ein Entenpärchen flog wild quakend stromabwärts davon und zog beim überstürzten Start eine Bugwelle hinter sich her. Ein wunderschöner Abend, dachte Ralf. Ihm kamen jene Jugendtage in den Sinn, als er hier mit einem Mädchen, das er heute längst aus den Augen verloren hatte, in einem aufblasbaren Boot gepaddelt war. Noch ehe sich diese Erinnerung mit nostalgischen Gefühlen verbinden konnte, schreckte ihn das Geräusch näherkommender Fahrradreifen auf, die im feinen Sandboden knirschten. Er drehte sich um und sah zwei Radler in Richtung Ulm, also stromaufwärts, vorbeiziehen. Nichts Besonderes, beruhigte er sich. An so einem Abend wie heute waren hier viele Menschen unterwegs. Er setzte sich auf einen Baumstumpf, dessen Holz bereits morsch geworden war, und blickte in Gedanken versunken über die breite Wasserfläche hinweg zur anderen Seite, wo hohe Bäume lange Schatten über den Fluss warfen.

Es blieb Zeit, die wilden Gedanken zu ordnen, die sich

seit Tagen kaum mehr bändigen ließen. Er hatte noch eine Dreiviertelstunde Zeit, die Ereignisse zu sortieren, den Versuch zu unternehmen, sie logisch einzureihen.

Wer war der oder die Unbekannte? Wen wollte oder musste seine Mutter hier im freien Gelände treffen – sozusagen jenseits des Donaurieds in einer Umgebung, die zweifellos keine Abhörmöglichkeiten bot. Und die Formulierung in der SMS-Botschaft, wonach sie sich »diesmal« bei diesem Flusskilometer treffen wollten, ließ darauf schließen, dass es auch schon andere Orte gegeben hatte. Sonst hätte sich der konkrete Hinweis auf den heutigen Platz erübrigt. War also von vornherein ausgemacht, dass diese konspirativen Treffs – wenn es sich denn um solche handelte – nach einem bestimmten System abliefen?, zuckte es Ralf durch den Kopf.

Der Grund dafür musste wichtig sein, denn seine Mutter hatte doch wohl gewiss genügend andere Sorgen, nachdem es noch immer kein Lebenszeichen von Vater gab. Was galt es also, heimlich an der Donau zu besprechen? Oder war es einfach die Zuneigung zu jemandem, den sie in dieser Situation brauchte? Nein, rief sich Ralf zur Ordnung. Wäre ein Geliebter im Spiel, hätte es dieser merkwürdigen Art der Verabredung nicht bedurft.

Obwohl er solche Gedanken, die zunehmend die Oberhand gewannen, zu verdrängen versuchte, mahnte er sein Unterbewusstsein zur Vernunft. Er durfte sich jetzt nicht von Mutmaßungen und Pessimismus leiten lassen.

Seit er sich mit dieser Frau Misselbrünn befasste und in den Sog ihres Mannes geraten war, erschien ihm plötzlich alles, was er entdeckt hatte, ziemlich suspekt. Zudem hatte er bereits Monate zuvor bei seiner beruflichen Tätigkeit Spuren verfolgen müssen, die er offiziell in keinem seiner Protokolle auftauchen ließ.

Ihm war aber stets klar gewesen, dass er eines Tages nicht umhin kommen würde, unangenehme Gespräche zu führen oder gar, noch schlimmer, seinen Job zu verlieren. Jetzt aber war er in eine Sache hineingezogen worden, die er als Privatmann bewältigen und erledigen musste. Deshalb hielt er es für angebracht, die Kriminalpolizei vorläufig herauszuhalten, auch wenn er sich inzwischen nicht mehr so selbstbewusst fühlte, wie er es von sich gewohnt war. Sein Vorpreschen erschien ihm im Nachhinein als ein riskantes Unternehmen, doch konnte er es nicht mehr rückgängig machen. Die zerstochenen Reifen waren in diesem Zusammenhang eine erste Warnung.

In seiner Ausbildung hatte er auch gelernt, auf Verfolger oder observierende Personen zu achten. Natürlich war niemals auszuschließen, dass er etwas übersah – durch ein geschicktes Ablenkungsmanöver etwa, wie es in diesen Kreisen gang und gäbe war, um jemanden in die Irre zu leiten.

Er zuckte zusammen. Von rechts drang ein flatterndes und plätscherndes Geräusch an sein Ohr, das sich drohend näherte. Doch es waren nur zwei Schwäne, die auf der Wasseroberfläche starten wollten, kräftig Anlauf nehmen mussten und offenbar mühsam an Höhe gewannen.

Nur kurz wurde er aus seinen finsteren Gedanken gerissen, doch dann übernahm bereits das Unterbewusstsein wieder die Kontrolle und spielte ihm Horrorszenarien vor, die mit der Entführung seines Vaters begannen und mit der Erschießung seiner Mutter endeten.

Dann mahnte seine Armbanduhr zum Aufbruch. Die 400 Meter bis zum mutmaßlichen Treffpunkt würden zwar schnell zurückgelegt sein, doch er musste völlig unauffällig und stets in Deckung bleiben. Er stand auf, spürte schmerzhaft, dass der Baumstumpf sein Gesäß malträtiert hatte, und stieg die schmale strauchbewachsene Böschung zum Uferweg zurück, wo gerade ein sportlich gekleideter Radfahrer vorbeikam, der freundlich grüßte.

Ralf überlegte, ob die freundliche Geste echt gewesen war. Wenn er observiert wurde, konnten sich die Gegner alle möglichen Gemeinheiten einfallen lassen. Aber er durfte jetzt nicht hinter jeder Person einen Angreifer vermuten.

Er hatte entschieden, wie ein abendlicher Spaziergänger wirken zu wollen, blieb immer wieder nach einigen Schritten stehen, sah zur Donau hinüber oder zu den Baumwipfeln hinauf und erreichte schließlich jenen Punkt, den er sich gestern als günstigen Beobachtungsstandort auserwählt hatte. Mit seinem Fotoapparat mimte er nun den Hobbyfotografen, der auf der Suche nach einem sommerlichen Motiv war, trat nach links in den bewachsenen Waldstreifen, bückte sich zu einigen Blumen, deren Blätter den Boden bedeckten, und schielte zu dem Weg, der knapp 50 Meter entfernt quer durch den Wald vom Parkplatz her führte. Die Baumstämme standen dicht und das Unterholz bot genügend Schutz, sodass er von dort aus nicht gesehen werden konnte. Er selbst jedoch hatte die Spaziergänger, die in diesem Bereich unterwegs waren, genau im Visier. Seine Mutter würde er ohnehin allein an ihrem Gang und ihrer Figur erkennen. Allerdings konnte er sich nicht sicher sein, ob sie tatsächlich vom Parkplatz kam – und vor allem, aus welcher Richtung die andere Person auftauchte.

Ralf ging weiter in den Auwald hinein, trat aber vorsichtig auf, um im abgestorbenen Laub allzu lautes Rascheln oder gar das Knacken morscher Äste möglichst zu vermeiden. Glücklicherweise sorgte der Verkehr auf der nahen A7-Autobahnbrücke für einen gleichbleibenden Geräuschpegel.

Wieder überkamen ihn Zweifel: Was machte es für einen Sinn, wenn die Zielperson, wie in seinem Job ein Unbekannter genannt wurde, hier an die Donau kam, obwohl sie sich beide doch problemlos auf dem Parkplatz hätten treffen können? Darauf gab es nur eine einzige Antwort: Auf ein Treffen in freier Natur konnten sich Verfolger nur schwer einstellen. Doch was, wenn diese Person auch schon in der Nähe ist?, schoss es Ralf durch den Kopf. Wenn sie ihn ebenfalls observierten und ihn schon eine Dreiviertelstunde, getarnt als Jogger oder Radler, auf dem Baumstumpf hatten sitzen sehen? Oder sie hatten die ganze Aktion inzwischen abgeblasen, weil sie ihn enttarnt hatten. Ralf entfernte sich in dem Waldstück noch ein paar Schritte weiter von der Donau, bückte sich immer wieder, riss ein Blatt von einer Pflanze ab, fotografierte und bestaunte die hochgewachsenen Stämme der Bäume – ganz so, als sei er ein fachkundiger Botaniker. Dann aber ein entsetzlicher Schrei, laut und kreischend. Nicht aus menschlichem Mund. Nur eine Krähe, beruhigte sich Ralf. Direkt über ihm. Sie hatte Alarm geschlagen – aber nicht für Menschen, sondern für ihre Artgenossen. Ralf sah den schwarzen Vogel davonfliegen. Doch gleichzeitig nahm er im Augenwinkel eine Bewegung wahr, die sein Unterbewusstsein zwischen den dicht beieinanderstehenden Bäumen hindurch registriert hatte.

Es war eine leuchtend rote Wanderjacke und bei der Person, die dort ging, handelte es sich eindeutig um seine Mutter, die auf dem Waldweg der Donau entgegenstrebte.

Ralf hielt inne und beobachtete aus sicherer Distanz, wie sich das Rot der Jacke zum Ufer bewegte.

Viel zu lange hatte er sich darauf konzentriert. Denn da war plötzlich ein Knacken. Ein Knacken, das ihm einen mächtigen Adrenalinstoß verpasste. Ein Knacken, ganz nah und viel zu laut, als dass es von einem Tier hätte herrühren können. Er drehte sich reflexartig um, bereit zu einem Angriff. Doch es dauerte eine Schrecksekunde, bis er sich in dieser unübersichtlichen Umgebung orientiert hatte und zwischen zwei dicken Baumstämmen, die ihm vorübergehend die Sicht versperrten, eine Person erspähte. Gebückte Haltung, wettergegerbtes, faltiges Gesicht.

Ralfs Herz raste, alle Sinne waren auf Alarm gestellt. Einen kurzen Augenblick fühlte er sich wie gelähmt, als schnüre ihm etwas die Kehle zu. Doch augenblicklich schaltete sein Kopf auf Entwarnung.

Dieses Gesicht vor ihm sah nicht wie das eines hinterhältigen Verfolgers aus. Aber kaum gedacht, bereits verworfen: Schwachsinn, mahnte ihn die Vernunft, gerade so ein harmloses Aussehen würde den Verfolger ja besonders raffiniert und erfolgreich machen. Noch während er diesem Unbekannten wortlos gegenüberstand – eine Ewigkeit, wie es ihm schien –, richtete sich ein anderer Teil seiner Sinne auf etwas, das ihm beinahe entgangen wäre.

Drüben am Uferweg, hinter dem vielen Grün, verschmolz das Rot der Wanderjacke mit etwas Dunklem. Ralf fühlte sich in die Enge getrieben. Diese eine Sekunde, die er hier stand – dort dieser Mann aus dem Wald, da drüben ein Unbekannter, der zu seiner Mutter gekommen war – diese eine Sekunde war Horror pur. Stress, Schweißausbruch, Zittern. Hatten sie ihn jetzt in die Falle gelockt?

»Dem Misselbrünn haben Sie ganz schön eingeheizt«, meinte Linkohr, als sie wieder talabwärts fuhren.

Häberle grinste. »Ich wette, dass er jetzt noch eine Weile mit seinem Advokaten zusammensitzt, um zu beratschlagen, wen sie uns auf den Hals hetzen können, um uns zu stoppen.«

Linkohr überlegte. »Das mit der weiblichen DNA muss nicht unbedingt was heißen.«

»Natürlich nicht«, brummte Häberle. »Genauso gut könnte seine Frau eine Freundin eingeladen haben. Aber komisch reagiert hat Misselbrünn trotzdem, finden Sie nicht auch?«

»So einer wie der wird ja wohl einige Liebesabenteuer haben …«

»Was heißt da ›einer wie der‹?«, frotzelte Häberle und blinzelte seinem jungen Kollegen auf dem Beifahrersitz zu. »Dazu muss man kein großer Banker sein.«

»Aber mit viel Geld läuft die Sache einfacher«, gab Linkohr resignierend zurück und musste schmerzlich an die hohen Investitionen denken, die er für seine Verflossenen schon aufgebracht hatte. »Unsereiner kann nicht mal mit ein paar ›Hunnis‹ um sich werfen.«

»Wenn's nur am Geld hängt, können Sie's eh vergessen«, tröstete ihn der Chefermittler.

»Das sagt sich so leicht, aber letztlich finden doch nur die Reichen und Schönen zusammen.«

»Ob's dann auch die Glücklichen sind, ist eine andere Frage.«

Linkohr wollte noch etwas erwidern, wurde aber vom Klingelton des Diensthandys unterbrochen. Die Kollegen der Sonderkommission hatten offenbar eine Neuigkeit. Linkohr meldete sich und lauschte, dann entfuhr ihm sein Lieblingsspruch, der jetzt auch Häberle aufhorchen ließ: »Da haut's dir 's Blech weg.«

Linkohr beendete das Gespräch und berichtete: »Man hat das Auto von Mehlfurt gefunden, diesen Audi Q5.«

»Ach«, entfuhr es Häberle. »Und wo?«

»In Neresheim im Klosterhof.« Linkohr fügte an: »Aber ohne Mehlfurt.«

Häberle verschlug es die Sprache. Das würde mit Sicherheit auch die Kollegen interessieren, die seit Jahren an einem ungeklärten Mordfall auf Granit bissen. Auch damals war ein wichtiges Auto im Klosterhof gefunden worden.

Häberle überlegte kurz. »Ich will jetzt wissen, wo sich der Misselbrünn heute rumtreibt. Rufen Sie die Kollegen noch mal an. Ein Job für unsere Jungs vom Mobilen Einsatzkommando.«

Linkohr drückte die Kurzwahltaste – ohne lange zu fragen, weshalb Häberle so plötzlich eine Observation Misselbrünns anordnen wollte.

Ralfs Herz raste noch immer. Der Mann, der zwischen den Bäumen aufgetaucht war, trug einen Korb, der mit kleinen roten Beeren gefüllt war. Walderdbeeren?, durchzuckte es Ralf. Gibt es denn hier Walderdbeeren, um diese Zeit, in den Donau-Auwäldern? Doch nicht hier im Unterholz. Ein unrasiertes Gesicht und ein Lachen, das einige Zahnlücken sehen ließ. Dünne weiße Haare hingen ungekämmt in ein rötliches Gesicht. Der Mann war um die 70.

»Jetzt sind Sie aber erschrocken«, grinste er.

»Um ehrlich zu sein – ja«, sagte Ralf gedämpft und versuchte krampfhaft zu erklären, weshalb er sich mitten im Wald aufhielt.

»Ich beobachte Vögel, da oben.« Er deutete mit seiner

Kamera verlegen zu den Baumwipfeln hinauf. »Und Sie? Sie sammeln Beeren?«

»Ja, wollen S' ein paar?« Er hob den Korb, damit Ralf die kleinen Früchte sehen konnte, die auf Zeitungspapier lagen.

»Hab sie draußen gefunden, aber hier drinnen im Wald gibt's wohl keine«, offenbarte er mit einem Akzent, der auf Bayrisch-Schwaben schließen ließ.

»Sind Sie Biologe oder was?«, fragte der Fremde erneut viel zu laut, wie Ralf verärgert feststellte, während sein Interesse auf die beiden Personen gerichtet war, deren Umrisse sich zwischen der dichten Baumreihe drüben am Uferweg abzeichneten. Dort war eindeutig ein ziemlich großer Mann angekommen. Er stand seiner Mutter gegenüber. Sie schienen sich kurz zu umarmen. Ralf nahm dies alles zur Kenntnis und versuchte, den lästigen Beerensammler so schnell wie möglich loszuwerden.

»Ich muss mich wieder um meine Arbeit kümmern«, sagte er deshalb, ohne die Frage des Unbekannten beantwortet zu haben, der ihn darauf mit einem mürrischen »Na, dann viel Erfolg«, stehen ließ, sich umdrehte und wieder laubraschelnd im Labyrinth dieses Waldes verschwand.

Ralf sah ihm noch kurz nach, versuchte, sich sein Gesicht einzuprägen – man konnte schließlich nicht wissen – und drehte sich langsam zum Uferweg, wo seine Mutter und ihr Begleiter nebeneinander donauabwärts gegangen waren.

Dieser Mann trug offenbar ein Jeanshemd und eine helle Wanderhose – so jedenfalls konnte es Ralf von seinem Standort aus erkennen. Er verharrte noch kurz und trat dann aus seiner sicheren Deckung heraus.

Nun lag das Donauufer wieder in beide Richtungen

weithin einsehbar vor ihm. Schnurgerade. Somit konnte er zu den beiden Personen, denen sein Interesse galt, einen großen Abstand halten. Es waren gut und gerne bereits an die 400 Meter, schätzte Ralf anhand der Kilometertafeln. Zu indentifizieren war der Mann aus dieser Distanz natürlich nicht. Gerade dies aber musste gelingen, nahm sich Ralf vor. Er wollte unbedingt wissen, wen seine Mutter hier traf, während sein Vater auf rätselhafte Weise noch immer verschwunden blieb.

Mit der dienstlichen Hochleistungskamera wäre es möglich, ein Gesicht auch noch auf 300 Meter Entfernung und bei schlechter Beleuchtung klar und deutlich abzulichten. Dazu brauchte er aber eine entsprechende Position, die außerdem absolut unauffällig sein musste. Inzwischen war die Distanz auf 500 Meter angewachsen. Radler, Jogger und Wanderer bevölkerten in lockerer Folge das Ufer.

Ralf rief sich in Erinnerung, dass der beschauliche Weg nun bald auf dem langen Hochwasserdamm verlaufen würde, der den Auwald und das angrenzende Ried beinahe bis Leipheim vor Überschwemmungen schützte. Unterwegs zweigten allerdings jede Menge Pfade ab, die sich in den Wald hineinschlängelten. Ralf beschloss, gleich zu Beginn des Damms das Ufer zu verlassen und auf dem parallel im dichten Unterholz verlaufenden Weg zu joggen. Auf diese Weise konnte er die beiden Personen ungesehen überholen, sich etwa drei, vier Kilometer weiter vorne im Gebüsch auf die Lauer legen und sie beim Näherkommen aus sicherer Distanz fotografieren. Ralf rief sich die weitere Strecke in Erinnerung.

Die Donau beschrieb kurz vor Leipheim einen sanften Bogen, an dem es eine gute Perspektive zum Fotografieren geben würde. Doch bis dahin waren es noch knapp vier Kilometer und es stellte sich die Frage, ob seine Mutter und ihr Begleiter überhaupt so weit gehen würden. Behielten sie ihr Tempo bei, brauchten sie dafür etwa eine Stunde, schätzte er.

Innerhalb des Waldes musste er einigen Windungen folgen, tangierte verwachsene Tümpel und joggte einige Hundert Meter auf einem kaum erkennbaren Pfad dahin, einmal sogar völlig weglos durch lichtes Gebüsch. Ausgerechnet hier bretterte eine sportliche Mountainbikerin, feuchtes Erdreich aufwühlend, in knappen Shorts auf ihn zu, worauf er instinktiv ins Unterholz hechtete. Sie schenkte ihm ein mitleidiges Lächeln – ein überhebliches? Oder gar ein verdächtiges? Nein, rief er sich zur Ordnung. Es war ein charmantes Lächeln und du Idiot hast es nicht erwidert. Augenblicke später hatte sie der Wald bereits wieder verschlungen. Ralf folgte ihren Reifenspuren in Gegenrichtung und gelangte zu einem breiteren Pfad.

Der verstrichenen Zeit und seinem üblichen Lauftempo nach zu urteilen, hatte er jetzt gegenüber seiner Mutter und ihrem Begleiter gewiss einen Vorsprung von mindestens einem Kilometer herausgeholt. Das musste reichen, um im dichten Unterholz eine günstige Position zu finden, von der aus der Uferdamm unauffällig überblickt werden konnte. Den Abstand dorthin schätzte er auf annähernd 300 Meter. Schließlich entdeckte er in dem nahezu undurchdringlichen Gestrüpp ein passendes Guckloch, das genau auf den Uferweg zielte, der hier im sanften Bogen der Donau auf Leipheim zu folgte. Er brauchte sich nicht einmal zu bücken. Das olivgrüne Gehäuse seiner Mini-Kamera ging ohnehin in diesem allgegenwärtigen Grün unter. Außerdem war er weit genug vom Waldweg entfernt, um auch von dort aus nicht gesehen zu werden.

Jetzt musste er nur darauf vertrauen, dass die beiden Zielpersonen zwischenzeitlich nicht abgebogen waren oder umgedreht hatten. Er blinzelte in Richtung des Dammweges hinaus, wo ihm die Abendsonne entgegenstrahlte.

Jogger und Radler warfen nun lange Schatten. Doch jetzt gab es Hundegebell von der anderen Seite – aus Richtung des Waldwegs. Das Kläffen vermischte sich mit Kindergeschrei. Er hoffte, dass der Hund friedlich blieb und nicht den Ehrgeiz hatte, ihn im Gebüsch aufzuspüren. Doch dann hallte der energische Befehl eines Mannes durch den Wald und das Bellen verstummte.

Ralf war erleichtert. Er konzentrierte sich wieder auf seine winzige Sichtschneise.

Die Sonne war vollends hinter den hohen Bäumen verschwunden, als endlich zwei Silhouetten auftauchten, die nebeneinander hergingen und von denen eine zweifellos seine Mutter sein musste.

Ralf hob seine Kamera, stellte das Zoom optimal ein und bekam die beiden trotz dieser Distanz formatfüllend aufs Bild. Er hielt den Auslöser gedrückt, worauf lautlos eine unablässige Folge von Fotos geschossen wurde. So sehr er sich auch anstrengte, er konnte den Mann auf dem Display aber nicht erkennen. Doch spätestens daheim am Computer, wenn er die Aufnahme um ein Vielfaches vergrößerte, würde er ein optimales Bild von ihm haben. Stünde ihm jetzt eines jener Super-Richtmikrofone zur Verfügung, wie er es oftmals dienstlich nutzte, hätte er gewiss einige Gesprächsfetzen aufnehmen können. Denn während er weitere Bildfolgen knipste, diskutierten die beiden heftig gestikulierend miteinander.

Ralf zog sich vorsichtig ins dichtere Gebüsch zurück, um innerhalb des Waldes wieder den parallel führenden

Weg einzuschlagen. Jetzt war es nicht mehr weit bis zur Leipheimer Staustufe, wo direkt am Donauufer ein kleines Umspannwerk den produzierten Strom ins Netz speiste.

Ralf joggte, um wieder aufzuholen, und schlug sich abseits der Starkstromleitung erneut in den wilden Bewuchs, spürte kratzende Dornen im Gesicht und musste sich durch hochgeschossene Brennesseln kämpfen.

Dies alles nahm er in kauf, denn er wollte wissen, ob seine Mutter und der Unbekannte hier nun die Donau verließen oder ob sie noch etwa einen Kilometer weiter zu dem großen Parkplatz beim Leipheimer Schützenhaus ›Güssen‹ gehen würden.

Es dauerte nicht lange, bis die beiden wieder in sein Blickfeld gerieten, die eingezäunten Transformatoren des Umspannwerks umwanderten und ihren Weg unter der nahen A8-Autobahnbrücke fortsetzten.

Ralf stutzte. Jetzt waren sie schon beinahe zwei Stunden unterwegs und noch immer nicht am Ziel? Er wusste zwar, dass seine Mutter gerne ausgedehnte Wanderungen machte und sein Vater diese Leidenschaft nicht mit ihr teilte, aber dieser abendliche Spaziergang erschien ihm zunehmend suspekt.

Als die beiden Personen weit genug entfernt waren, wagte er sich wieder aus der Deckung. Inzwischen hatte auch die Zahl der Radler und Jogger deutlich abgenommen. Deshalb galt es nun, in der langsam einbrechenden Dämmerung, den Abstand so groß wie möglich zu halten. Ralf schätzte, dass es bis zu dem Schützenhaus nur noch etwa 800 Meter waren – und plötzlich wurde ihm bewusst, dass es ausgerechnet jenes Haus war, an dem man laut Polizeiprotokoll seinen Vater zuletzt gesehen hatte. Danach war er auf sein Fahrrad gestiegen und nur noch ein kurzes Stück weit geradelt – über einen Waldpfad weg von der Donau und hinüber nach Riedheim.

Ralf spürte seinen Puls bis zum Hals schlagen, obwohl er sich körperlich jetzt gar nicht mehr anzustrengen brauchte. Je mehr er darüber nachdachte, was das Verhalten seiner Mutter zu bedeuten hatte, desto stärker verspürte er zunehmendes Unbehagen.

Sie näherte sich mit dem Mann einer weiteren Straßenbrücke, während auf der anderen Donauseite ein Containerzug Richtung Ulm ratterte und die idyllische Flussniederung unangenehm beschallte.

Ralf ging langsam, täuschte wieder Interesse für den Uferbewuchs vor und las von den Containern, die drüben vorbeizogen, die Aufschriften: China-Shipping und Hamburg-Süd. Internationaler Handel durchs beschauliche Donautal, dachte er, um sich sogleich wieder anderen Gedanken hinzugeben.

Denn jetzt unterquerten die beiden jene Brücke, die Leipheim mit seinem Heimatdorf Niederstotzingen verband – mit einer Straße, die quer durchs gottverlassene Ried führte. Sie zählte zur Lieblingsradstrecke seines Vaters.

Als Ralf erkannte, dass seine Mutter und der Mann auf den mit Bäumen bestandenen und stark frequentierten Parkplatz des Schützenhauses zugingen, blieb er an der Auffahrtsrampe zur Brücke stehen. Die Dämmerung war inzwischen so weit fortgeschritten, dass auf eine Distanz von mehreren Hundert Metern garantiert keine Personen mehr erkannt werden konnten.

Ralf lehnte sich an ein Geländer und behielt seine Mutter und ihren Begleiter im Auge. Was, wenn sie jetzt noch weitergehen?, überlegte er und beschloss, die Verfolgung auch dann noch fortzuführen. Augenblicke später stellte sich diese Frage nicht mehr. Die beiden näherten sich einem Fahrzeug, das in der Mitte des Parkplatzes in der linken Reihe stand. Während sie in das Auto einstiegen, knipste er mit seiner lichtstarken Kamera erneut eine ganze Bildfolge.

Scheinwerfer flammten auf, der Wagen setzte sich in Bewegung und rangierte aus der Parklücke. Ralf verschwand hinter einem Gerätecontainer der Leipheimer Feuerwehr. Erst als der rasant beschleunigende Wagen vorbei war, wagte er sich in der Hocke aus der Deckung und richtete die Kamera auf das Heck des Autos, um wieder mehrere Bilder zu schießen. Allerdings behinderte von seiner Perspektive aus dichter Grasbewuchs den Blick auf das Kennzeichen. Mehr als ein ›DLG‹ für Dillingen konnte er nicht entziffern, zumal das Fahrzeug sehr schnell um die Ecke zur Brückenauffahrt abbog.

Ralf hoffte, dass sich aus der Bildfolge später das gesamte Kennzeichen zusammensetzen ließ. Auch zum genauen Fahrzeugtyp hatte er in der Eile keine Hinweise gefunden. Nur dass es ein grauer Porsche war, daran bestand für ihn kein Zweifel, aber den genauen Typ hatte er nicht identifizieren können.

Er drückte sich wieder hinter den Container, denn falls das Auto über die Brücke nach Leipheim hinüberfuhr, bestand die Möglichkeit, dass er von oben hätte gesehen werde können. Wieso aber, so überlegte er, war der Mann plötzlich so schnell davongerast? Hatte er bemerkt, dass ihnen ein Verfolger auf den Fersen war? Oder hatte er die Beschleunigung eines solchen Wagens bei einem kurzen Druck aufs Gaspedal einfach nicht bedacht? Wohl kaum, sagte ihm eine innere Stimme. Wer so einen Wagen fährt, kann mit ihm umgehen. Er selbst fuhr zwar keine Sportwagenvariante dieses Fabrikats, wusste aber die Beschleunigung des Motors durchaus einzuschätzen.

Nachdem der Wagen nicht nach Leipheim hinüber gerast war, entschied Ralf, über die Brücke zum Bahnhof zu gehen. Dort würde er gewiss ein freies Taxi finden, das ihn zu seinem Auto zurückbringen konnte.

Misselbrünn wäre am liebsten daheimgeblieben. Doch der abendliche Termin mit Mariangela ließ sich nicht verschieben. Auch nicht angesichts der Schwierigkeiten, die sich aus dem Gespräch mit Häberle ergeben hatten.

In jeder anderen Situation hätte er sich auf die Frau gefreut – aber jetzt war der Zeitpunkt denkbar ungünstig. Hat die denn keine Ahnung, was gerade los ist?, schoss es ihm durch den Kopf, als er frisch geduscht nach Ulm fuhr und dort seinen Mercedes ins enge Parkhaus Fischerviertel rangierte. Ohne sich umzusehen, schlug er den direkten Weg zu dem kleinen Hotel ein, das ob seiner windschief gewordenen Wände das ›Schiefe Haus‹ hieß. Die vielen Menschen, die an diesem Abend im beliebten Fischerviertel unterwegs waren, nahm er nur beiläufig zur Kenntnis. Seine unauffälligen Verfolger des Mobilen Einsatzkommandos hatten leichtes Spiel.

Vorbei an Fachwerkgebäuden und über eine Brücke, unter der das Flüsschen Blau der Donau zustrebte, erreichte er innerhalb weniger Minuten sein Ziel. Unterwegs musste er immer wieder die Gedanken an jene Nächte verdrängen, die er mit Mariangela schon in diesem Hotel verbracht hatte. Er schätzte dort die familiär-intime Atmosphäre und das gediegene Ambiente – vor allem aber, dass es nur wenige Zimmer hatte.

Entsprechend bescheiden war die Rezeption, die lediglich aus einem Schreibtisch bestand, der sich unter den steilen hölzernen Treppenaufgang zwängte. Misselbrünn stellte sich der Empfangsdame vor und gab sich als jenen Gast zu erkennen, für den Frau Carlucci bereits ein Doppelzimmer genommen und vermutlich auch seinen Namen eingetragen habe. Die Hotelangestellte fand dies mit einigen Mausklicks im Computer bestätigt, nannte die Zimmernummer und wünschte ihm einen schönen Abend. Ein paar Minuten später betraten zwei weitere Männer das Hotel, doch da war Misselbrünn längst an seinem Ziel angelangt.

Er war die Holztreppe nach oben gestiegen, hatte an die Zimmertür geklopft und wurde sofort von einer strahlenden Mariangela umarmt und mit einem Kuss begrüßt.

»Danke, mein Schatz, dass du es möglich gemacht hast«, flüsterte sie.

Misselbrünn wehrte ihre körperliche Nähe freundlich ab und drückte die Tür hinter sich zu. »Mariangela«, er sah ihr tief in die großen Augen, »ich freue mich, dich zu sehen, und ich weiß es zu schätzen, dass du wegen mir die weite Fahrt auf dich genommen hast. Aber …«

»Aber gar nichts«, stoppte sie ihn und machte ein paar Schritte nach hinten, um sich ihm in ihrer ganzen Schönheit zu präsentieren. Sie wusste sehr wohl, worauf er stand, und hatte sich ein kurzes schwarzes, vor allem aber eng anliegendes Lederkleidchen angezogen, mit dem sie nicht nur ihm, wie er sofort vermutete, sondern auch allen anderen Männern den Kopf verdrehen würde. »Na, gefall ich dir?«, fragte sie keck und stellte sich in Pose.

»Hinreißend, wirklich hinreißend«, entfuhr es ihm, doch es hörte sich unecht an. Er ging auf sie zu und legte einen Arm um ihre schmale Schulter. »Aber glaub mir,

Mariangela, ich stecke mittendrin in einer Sache, die mir die Lust auf Sex gründlich verdorben hat.«

»Och«, sie zog eine Schnute. »Ich hoffe, dir ist klar, dass ich deinetwegen fast 600 Kilometer gefahren bin. Da darfst du so etwas jetzt nicht zu mir sagen.«

Misselbrünn atmete schwer. »Was hältst du davon, wenn wir zuerst was essen gehen?«

»Nicht viel«, entgegnete sie grinsend. »Ich bin hungrig auf etwas anderes.«

Ihm verschlug es beinahe die Sprache. Er kannte sie jetzt seit drei Jahren und wusste, wie direkt und feurig sie sein konnte, aber ihr gelang es immer wieder aufs Neue, ihn mit frivolen Bemerkungen zu überraschen. Diesmal erschienen sie ihm aber beinahe zu direkt. »Und du bist dir sicher, dass dich allein das Verlangen nach mir so schnell hiergezogen hat?«, fragte er mit der Sachlichkeit eines Bankers.

Die Frau sah ihn ungläubig von der Seite an. »Wie? Du hast wirklich keine Lust, mit mir diese Nacht zu verbringen? So wie das letzte Mal? Hier, in diesem wunderschönen Hotel, wo wir so herrlich das Rauschen des Flusses hören können?«

Sie lauschten beide, um das Wasser der Blau bewusst wahrzunehmen.

»Mariangela, bitte«, versuchte er, klaren Kopf zu behalten, obwohl er inzwischen spürte, dass er der Versuchung nicht lange würde widerstehen können. »Was glaubst du, was dein Gregori tun würde, wenn er uns hier so sähe?«

»Gregori«, sie wich weiter zurück und kam dem Doppelbett nahe, als wolle sie einen sanften Sturz in die Kissen provozieren, »wie kommst du denn da drauf? Du weißt genau, dass mir Gregori egal ist. Würde ich so weit fahren, um dich zu sehen, wenn ich auf Gregori Rücksicht nehmen wollte? Für Gregori zählt nur das Geld. Nur die Firma, die Börse, die Aktien. Und seit er mit Silvio zusammenarbeitet, ist er überhaupt unausstehlich.«

Misselbrünn lehnte sich gegen den Schrank und kämpfte gegen seinen inneren Schweinehund, der ihn befürchten ließ, dass er bald den Kampf gegen die Vernunft verlieren würde. Mariangela hatte sich mit den Waffen einer Frau geschickt darauf vorbereitet. »Auch du solltest in diesen Tagen kühlen Kopf bewahren«, versuchte er, sich der erotischen Macht ihrer Weiblichkeit zu entziehen.

»Dann kühl ihn mir doch ab«, gab sie zurück, »mir ist furchtbar heiß.« Sie befeuchtete sich ihre Lippen mit der Zunge. »Und dir ist doch auch heiß, oder etwa nicht?« Sie kam wieder auf ihn zu und legte ihm den rechten Arm um den Hals, um ihm mit der linken Hand übers Gesäß zu streicheln.

»Mariangela«, seine Stimme war heiser geworden, »bist du wirklich nur gekommen, um mit mir zu schlafen?«

Er spürte, wie ihre Umarmung heftiger wurde und sie ihren Körper fest gegen den seinen drückte. Auch er umfasste jetzt das kühle Leder ihres tief ausgeschnittenen Kleidchens.

Sie drückte ihm einen Kuss auf den Mund und sah ihm tief in die Augen: »Karl-Eugen, du solltest nicht hinter allem etwas Schlechtes vermuten. Ich will nicht dein Geld, ich will auch nicht, dass du deine Meinung zu Gregori und Bronso änderst. Ich will nur eines …« Sie sah ihn erwartungsvoll an, doch Misselbrünn schwieg und genoss die Nähe zu dieser Frau, die ihn innerhalb weniger Minuten in eine andere Welt entführt hatte.

»Ich will nur eines«, wiederholte sie flüsternd, »und zwar dich. Nur dich.«

Ralf hatte sich mit einem Taxi von Leipheim zu dem Parkplatz bei Unterelchingen bringen lassen, auf dem sein Porsche Cayenne ziemlich verlassen in der Dunkelheit stand. Die Fahrt hinüber nach Niederstotzingen dauerte nur eine Viertelstunde. Er schlich sich ins Haus, stellte aber schnell fest, dass seine Mutter noch nicht zurückgekehrt war. Entweder, so überlegte er, war sie mit dem Mann noch irgendwo essen oder zu ihm mit nach Hause gegangen. Ralf zog sich in sein Zimmer zurück, verband Kamera und Computer miteinander und lud die Fotos auf den großen Applemonitor. Sein Interesse galt zunächst dem Kennzeichen des Autos, das durch die rasante Vorbeifahrt etwas unscharf geworden war. Trotz des hohen Grases am Wegesrand war mithilfe der geschossenen Bildfolge nun die komplette Buchstaben- und Zahlenkombination eindeutig erkennbar. Ralf notierte sie auf einem Stück Papier und speicherte die gesamte Fotoserie von der Abfahrt des Sportwagens auf einer externen Festplatte.

Dann machte er sich über die anderen Bilderfolgen her, die er aus seinem Versteck am Donauufer geschossen hatte. Die beiden Personen erschienen scharf und deutlich, obwohl die Fotos gegen den im Westen hellen Abendhimmel geknipst worden waren. Hatte das Zoom bereits die 150 Meter entfernten Menschen nahezu formatfüllend erfasst, so erbrachten die Vergrößerung und die Bildbearbeitung am Monitor eine noch viel bessere Qualität.

Schließlich gelang es Ralf, den Kopf des Mannes so groß wie ein Porträt erscheinen zu lassen. Reine Routine für einen Computerexperten, dem eine Software zur Verfügung stand, wie sie in Kreisen professioneller Observierer zum täglichen Handwerkszeug gehörte.

Ralf schätzte den Mann auf etwa 50 Jahre. Das Gesicht war braun gebrannt. Vermutlich ein sportlicher Typ, dachte er, damit erklärt sich auch der flotte Schritt der beiden. Auch seine Mutter war sportlich und konnte problemlos weite Strecken zu Fuß zurücklegen. Und plötzlich durchzuckte es ihn: Hatte er die beiden nur bei einem flotten Spaziergang erwischt? War alles ganz harmlos, und er hatte sich in etwas verrannt, das in Wirklichkeit überhaupt nichts mit den Ereignissen der letzten Tage zu tun hatte? Nein, Quatsch, rief er sich zur Ordnung. Denk an die SMS, an die eindeutig konspirative Verabredung! Ralf hackte wilde Codes in seine Tastatur, gab blind lange Kommandos ein, was für ihn, der das Zehnfingersystem wieselflink beherrschte, kein Problem war, und ließ ein Monitorfenster nach dem anderen aufblitzen. Er konnte sich von seinem heimischen Computer aus in einen Teil des Firmennetzwerks einloggen. Dort stand ihm ein komplexes Gesichtserkennungsprogramm zur Verfügung. Seit selbst ein simpler Heimcomputer mit einer solchen Software zur Bildbearbeitung ausgerüstet war, gab es für professionelle Anwender längst ausgeklügelte Systeme, mit denen in Sekundenschnelle alle Gesichter gescannt werden konnten, die Überwachungskameras an Flughäfen oder an sonstigen sensiblen Orten einfingen. Und jede Person, von der irgendwo einmal auf der Welt ein Foto datenmäßig erfasst wurde, konnte auf diese Weise problemlos identifiziert werden.

Ralf ließ das Bild des unbekannten Mannes von einem solchen Programm überprüfen. Bereits nach wenigen Sekunden erschien auf dem Monitor ein Vergleichsfoto. Es zeigte mehrere Männer, die um einen Streifenwagen der Polizei herumstanden. Drei Personen waren uniformiert –

und zwar mit grünen Jacken, wie sie die Polizei von Baden-Württemberg noch bis vor drei Jahren getragen hatte. Bei einem weiteren Mann, der sich abseits dieser Gruppe aufhielt, handelte es sich eindeutig um jenen, den Ralf an der Donau fotografiert hatte und dessen Kopf die Software jetzt rot umrandete. Ralf klickte darauf und bekam einen Text zu lesen: ›Aufnahmedatum: 3. Juni 2010. Heidenheim, Mordfall Bartel. Person ›rechts‹ – es handelte sich um jene, für die sich Ralf interessierte – ›namentlich nicht bekannt, vermutlich V-Mann‹. Ralf presste enttäuscht die Zähne zusammen. Ein Polizeispitzel.

Geschossen hatte das Foto einer von Ralfs Kollegen, der damals im Auftrag einer Detektei in den bis heute ungeklärten Mord eingeschaltet worden war.

Ralf war erleichtert, dass er seinen Kollegen Felix Kniest sofort erreichte. Nach einigen Frotzeleien über die aktuellen Fälle kam er schnell zur Sache.

»Du könntest mir einen riesigen Gefallen tun, wenn du mir den Halter eines Porsches ausfindig machen würdest.«

»Eine heiße Liebe oder was?«, kam es stichelnd zurück.

»Nein, irgend so ein Typ, den wir sogar im Archiv haben. Leider ohne Namen.«

»Spionage?«

»Keine Ahnung, weiß ich noch nicht. Du hast ihn bei diesem Heidenheimer Mordfall vor einigen Jahren fotografiert. Soll ein V-Mann sein.«

»Sag mal, ich dachte, du hast dir ein paar Tage Auszeit genommen?«, wunderte sich Felix. »Welcher Sache rennst du denn hinterher?«

Ralf überlegte, ob er den Kollegen in die privaten Nachforschungen einweihen sollte. »Immer noch diese Misselbrünn-Affäre – die Frau von dem Banker, du weißt schon.

Der Auftrag in meiner Heimat. Dummerweise ist die Frau jetzt tot.«

»Wie? Tot?« Das Interesse von Felix stieg.

»Mausetot«, gab sich Ralf emotionslos. »Erschossen. In der eigenen Wohnung.«

»Aber das ist doch Sache der Kripo. Wäre es nicht besser, du ziehst dich zurück? Du weißt, unser Chef sieht es nicht gerne, wenn wir in etwas reingeraten, was dann in der Öffentlichkeit hochgekocht wird.«

»Weiß ich, klar. Aber ich möchte trotzdem wissen, wer dieser V-Mann ist.«

Pause. Felix schien nicht sonderlich begeistert über die kollegiale Bitte zu sein. »Es ist Dienstschluss«, gab er zu bedenken. »Nicht bei uns, aber bei den anderen.«

Wen er mit »den anderen« meinte, war Ralf klar: die inoffiziellen Quellen, derer sie sich in einem Grauzonenbereich bedienen durften. »Aber ich kann's ja mal versuchen.« Felix ließ sich das Kennzeichen geben.

»Dillingen«, stellte er sofort fest. »Das ist doch bei dir irgendwo an der Donau oder sehe ich das falsch?«

»Richtig getippt. Was glaubst du, wie lange du brauchst?«

»Wenn unser ›V-Mann‹ noch da ist …«, er lachte, »ein Glück, dass unsere V-Leute sehr zuverlässig sind, aber die verdienen auch fürstlich.« Er räusperte sich. »Wenn ich noch einen an den Apparat kriege, dauert's nicht lange. Sonst halt morgen Vormittag, aber das weißt du ja.«

»Wäre super, wenn's heute noch klappen würde«, bedankte sich Ralf und legte auf.

Keine zehn Minuten später hatte er die Information, die er brauchte. Und den Namen hatte er gestern doch schon einmal gehört. Von diesem Kommissar in Gegenwart seiner Mutter.

15

Lokaljournalist Georg Sander war beunruhigt. Sie hatten bisher nur einen einzigen großen Artikel über den Mordfall veröffentlicht und in den folgenden Tagen lediglich darauf hingewiesen, dass die Kriminalisten nach wie vor im Dunkeln tappten. Auch von Häberle war keine Hintergrundinformation zu erhalten gewesen. Dies wertete der erfahrene und altgediente Journalist als ein Zeichen dafür, dass eine höchst brisante Sache am Laufen war. Ohnehin wunderte es ihn, dass sich auch die großen Medien bisher auffallend mit Mutmaßungen über den Mord an dieser Bankersfrau zurückhielten. Sander jedenfalls blätterte jeden Tag nervös die große Boulevardzeitung durch. Möglicherweise erschien den dortigen Kollegen aber die Story doch nicht sensationell genug, weil sich die Ermordete nie auf internationalem Parkett als Glamour-Lady präsentiert hatte. Und auch Misselbrünn hatte bisher stets die Öffentlichkeit gemieden. Kein Ehepaar also, das den Stoff für eine Klatsch- und Tratschgeschichte hergab wie einstens ein Bundespräsident oder ein Verteidigungsminister.

Die Misselbrünns, so überlegte Sander, hatten es geschickt verstanden, sich im Hintergrund zu halten. Merkwürdigerweise machte inzwischen sogar das Gerücht die Runde, die Frau habe einen Einbrecher auf frischer Tat ertappt und sei dabei erschossen worden. Keine Beziehungstat also in der High Society.

Obwohl die Journalistin des Südtiroler ›Dolomiten‹ in ihrer Reportage über den Villenbrand in Sexten darüber spekuliert hatte, dass sich dort auch ein internationaler Banker aufgehalten habe, dessen Frau ›in diesen Tagen in Süddeutschland von einem Unbekannten erschossen‹ worden sei, war das Thema offenbar bisher von keiner anderen Zeitung groß aufgegriffen worden. Nur der lokale Fernsehsender ›Filstalwelle‹ hatte vorgestern einen kurzen Filmbericht gesendet, dabei jedoch insbesondere Nachbarn zu Wort kommen lassen, die allerdings nur ganz allgemein ihr Entsetzen über das Verbrechen zum Ausdruck brachten. Informationswert gleich null, hatte Sander gedacht.

An diesem Freitagmorgen, als er mit seiner Doris am Frühstückstisch saß und in der Zeitung blätterte, überkam ihn plötzlich das Gefühl, als sei er möglicherweise nicht der Einzige, der gegenüber den Ermittlungsbehörden vorläufige Zurückhaltung versprochen hatte. Andererseits hielt er es für wenig wahrscheinlich, dass Boulevardblätter, wenn sie erst mal Blut gerochen hatten, auf Wunsch eines Kommissars oder Staatsanwalts auf die Geschichte verzichteten. Möglicherweise änderte sich dies, nachdem die Kollegin aus Südtirol in der heutigen Augabe des »Dolomiten« darüber berichtete. Ihren Artikel hatte Margarete Obermoser ihm noch am gestrigen Abend vorab per E-Mail zugesandt. Sander war überrascht gewesen, wie deutlich sie die Spekulationen über die angeblichen Männerseilschaften in Carluccis Bergvilla ansprach. Manche Formulierung empfand er als ziemlich mutig. Vermutlich bekäme man in Deutschland damit gewisse Schwierigkeiten, weil Juristen die eine oder andere Behauptung als einen Verstoß gegen die Persönlichkeitsrechte ansehen würden. Sander musste an einen Jahrzehnte zurückliegenden Fall denken, als er einmal das Umfeld eines ermordeten Geschäftsmanns –

und damit auch dessen allzu große Schwäche fürs weibliche Geschlecht – in einem Artikel durchleuchtet hatte. Prompt war vonseiten der Angehörigen der Versuch unternommen worden, ihn wegen »Verunglimpfung des Andenkens Verstorbener« vor den Kadi zu zerren. Daraus war allerdings nichts geworden. Der Mord aber konnte nie aufgeklärt werden.

»Ich ruf mal die Obermoser an«, sagte er und Doris wusste, wen er meinte. Er ging in sein Büro und wählte die Privatnummer der Südtiroler Kollegin. Als sparsamer Schwabe, der er war, vermied er es normalerweise, von daheim aus geschäftliche Ferngespräche ins Ausland zu führen. Doch in diesem Fall erschien es ihm wichtig, frei und ungezwungen reden zu können, ohne dass nachher die Kollegen in dem hellhörigen Großraumbüro seinem Gespräch lauschten. Außerdem lagen auch lange Gespräche nach Italien heutzutage nur im Cent-Bereich. Dies konnte sich sogar ein Journalist leisten.

Die Kollegin war sofort am Apparat und hörte sich zunächst Sanders Lob über ihren gemailten Artikel an, der heute, wie sie bestätigte, unverändert im Blatt erschienen sei.

»Gut recherchiert«, fasste Sander schließlich zusammen. »Sie waren deswegen tatsächlich in Mailand?« Er hielt es für nahezu unmöglich, dass eine Provinzjournalistin aus Bozen zur Recherche nach Mailand gefahren war. Immerhin rümpften in seiner Redaktion die Kollegen schon die Nase, wenn er sich in seltenen Fällen einmal einen Tag lang bei einer wichtigen Gerichtsverhandlung im *fernen* Ulm aufhielt. Das waren gerade mal schlappe 33 Kilometer. Da hatte eine Dienstreise von Bozen nach Mailand eine vergleichsweise ganz andere Dimension.

»Ja, ich war gestern kurz dort – mit dem Flieger von Bozen aus«, prahlte Frau Obermoser, offenbar um zu zeigen, dass Bozen mit einem Flughafen an die Zentren Europas angebunden war.

»Dieser Carlucci, so schreiben Sie, pflege enge Kontakte zu den Mächtigen der europäischen Finanzmärkte – und Sie nennen sogar den Misselbrünn namentlich.«

»Ja natürlich«, kam es selbstbewusst mit deutlich hörbarem Südtiroler Dialekt zurück. »Ich hab gute Kontakte«, erwiderte sie. »Ich hab mal zwei Semester in Mailand studiert und dort einen Freund, der bei einem großen Schweizer Geldinstitut eine führende Position hat.«

»Ach?«, staunte Sander, der bei solchen Gesprächen immer schmerzhaft erkennen musste, dass er beruflich nie weit herumgekommen war – von einigen wenigen Dienst- oder gesponserten Informationsreisen mal abgesehen. Dabei jedoch hatte er jede Menge Kollegen kennengelernt, deren vollmundige Erzählungen über phänomenale Kontakte oder Storys jedoch im umgekehrten Verhältnis zur Anzahl ihrer Veröffentlichungen gestanden waren. Noch konnte er nicht abschätzen, zu welcher Kategorie Margarete Obermoser gehörte.

»Mein alter Freund«, fuhr sie fort, »ist in der Schweiz für die Ermittlungen zum Datenklau zuständig. Steuer-CDs und solche Geschichten. Er hat bereits zwei Bankangestellte entlarvt, die Daten von angeblichen deutschen Steuersündern an Deutschland verkauft haben. Ein astreines Hehlergeschäft, wenn Sie mich fragen. Der deutsche Staat kauft geklaute Ware. Im Normalfall wäre das doch bei Ihnen auch strafbar, oder?«

Sander wollte nicht darauf eingehen. Wenn's um Geld ging, war kein Geschäft zu schmutzig. Weder beim Staat noch in irgendwelchen gesellschaftlichen Schichten. Das wusste er aus langen Berufsjahren.

»Sie schreiben, Carlucci sei in Korruptionsgeschichten verwickelt, an denen er angeblich gut verdient ...«, kam Sander wieder zur Sache.

»Habe ich Ihnen ja schon gestern angedeutet. Carlucci ist einer der Reichsten Italiens, muss man wissen. Mein Schweizer Freund meint, Carlucci habe deshalb keine Probleme, über Misselbrünn an weitere Millionen heranzukommen. Damit sollen Verantwortliche in den Regierungen bestochen werden, damit verbotene Waffenex- oder -importe elegant umgangen werden können. Die Waffenproduzenten wiederum – wo immer sie auch sitzen – zeigen sich nach den erfolgten Milliardengeschäften gerne erkenntlich, um es mal vorsichtig auszudrücken. Sie lassen dann großzügig einige Millionen zurückfließen. Das ist natürlich Geld, das keinerlei Spuren hinterlassen darf und sozusagen ›gewaschen‹ werden muss. Eine Aufgabe, die der Misselbrünn dank seiner globalen Beziehungen problemlos hinkriegt.«

Sander hatte bereits nach dem gestrigen Telefonat so etwas vermutet.

»Aber jetzt scheint es so zu sein, dass Carlucci kalte Füße gekriegt hat. Nachdem auch sein Duz-Freund Berlusconi keine schützende Hand mehr über ihn halten kann, sind die Strukturen ein bisschen aus den Fugen geraten.« Die Kollegin war wieder in ihren sprudelnden Redeschwall verfallen, den Sander bereits kannte. »Also versucht Carlucci, sich seither zu distanzieren. Und Misselbrünn, so meint mein Freund in der Schweiz, gerät dadurch auch in Bedrängnis, weil seine illegalen Geldtransfers aufzufliegen drohen.«

Sander schrieb eifrig mit. So deutlich war dies in dem gemailten Artikel doch nicht zum Ausdruck gekommen. Aber wenn es stimmte, dass einer der ganz Großen aus den Finanzkreisen ins Umfeld von Waffenhändlern und korrupten Politikern geraten war, nahm der Fall eine ganz andere Dimension an. Sander überlegte, ob Häberle wohl schon etwas davon wusste.

»Allerdings«, drang Margarete Obermosers Stimme nun deutlich gedämpfter an sein Ohr, »Sie werden bemerkt haben, dass ich den Artikel nicht mit meinem richtigen Namen gezeichnet habe, sondern mit einem Pseudonym. Das hat seinen Grund.« Sie stockte. »Wer über solche Dinge schreibt, muss bei uns in Italien mit dem Schlimmsten rechnen.«

Sander ließ die Worte nachklingen. Hatte die Kollegin wirklich Angst? Er selbst hatte während seiner Laufbahn keinen einzigen Artikel aus Angst vor Repressalien unter falschem Namen veröffentlicht.

»Auch Sie sollten vorsichtig sein«, ergänzte Margarete Obermoser zum Abschluss des Telefonats.

»Da haut's dir 's Blech weg«, brummte der übermüdete Linkohr, als er erfuhr, mit wem Misselbrünn die Nacht verbracht hatte. »Mit einer Italienerin«, wiederholte er träumerisch, als habe er in Gedanken eine rassige Südländerin vor Augen, um die er Misselbrünn beneidete.

»Und auch noch namens Carlucci«, reagierte Häberle betont sachlich. »Das MEK hat ganze Arbeit geleistet. Bis zum frühen Morgen ist er bei ihr geblieben.« Der Chefermittler legte das Protokollblatt beiseite. »Frau Carlucci – oder soll ich Signora sagen? – hat sich noch bis zum Sonntag, also bis übermorgen im ›Schiefen Haus‹ eingemietet.«

»Aber was die beiden gesprochen haben, wissen wir nicht?«

»Hätten die Jungs vom MEK gewusst, wo das lustvolle Treffen stattfindet, hätten sie das Zimmer verwanzt, das dürfen Sie mir glauben«, grinste Häberle.

»Und jetzt?«

»Misselbrünn ist wieder nach Hause gefahren. Vorläufig reicht uns diese Erkenntnis. Außerdem treffen Sie ihn ja heute Abend ohnehin – bei der Langbein, denke ich.«

Linkohr nickte. Er war ganz besonders gespannt darauf.

»Aber nehmen Sie noch einen Kollegen mit. Für alle Fälle«, gab ihm Häberle den Rat und fügte spöttelnd an: »Die Waffen der Frauen sind immer geladen.«

Linkohr erwiderte nichts, sondern wandte sich der neuen Aufgabe zu: »Wir wollten doch nach Neresheim fahren, oder?«

Häberle warf sich seine leichte Jacke über und begleitete Linkohr, der gleich auf dem Fahrersitz des Dienstwagens Platz nahm und den Motor startete.

»Carlucci«, brummte Häberle in sich hinein. »Unglaublich, welche Beziehungen der Sander hat.«

»Wieso der Sander?«, fragte Linkohr erstaunt, als sie Geislingen in Richtung Heidenheim verließen. Die Fahrt würde knapp eine Stunde dauern.

»Seinem Hinweis haben wir's doch zu verdanken, dass wir den Namen vollständig entziffern konnten, der auf Mehlfurts Schmierzettel unter der Schreibtischunterlage stand.«

Linkohr nickte. »Und Carlucci soll dieser Geldsack aus Mailand sein. Stimmt.«

»Der Sander hatte diesmal den richtigen Riecher. Oder besser gesagt: seine Kollegin in Südtirol. Die hat behauptet, der Misselbrünn sei mit den Carluccis und noch einem Italiener, dessen Name mir wieder entfallen ist, in dieser Bergvilla gewesen, eine Nacht bevor das Ding abgefackelt wurde. Und jetzt …«, Häberle hielt sich krampfhaft an dem Griff über der Tür fest, weil Linkohr viel zu schnell die Kurven der Steinenkircher Steige nahm, »… jetzt verbringt die Signora eine Nacht mit Misselbrünn.«

»Wahnsinn«, entfuhr es Linkohr. »So langsam frag ich mich: Geht's jetzt um Geld oder um Sex.«

Häberle lächelte. »Vermutlich um beides, Herr Kollege. Aber das ist doch immer so, oder?«

Linkohr schwieg. »Wie aber passt nun Mehlfurts Auto in Neresheim zu all dem?«

»Überhaupt nicht«, sagte Häberle und versank tief in Gedanken, während der Wagen über die karge Hochfläche der Ostalb in Richtung Heidenheim rollte.

Linkohr wusste, dass Häberle gerade alle Varianten des Puzzles durchspielte. Wie ein Hochleistungscomputer. Vermutlich hatte der Chef die Lösung schon parat.

Ralf hatte einen Entschluss gefasst. Solange er nicht abschätzen konnte, inwieweit seine Eltern in die Sache verwickelt waren, wollte er auf eigene Faust weiterermitteln – wohl wissend, dass er sich damit auch selbst in Gefahr begab. Aber er hatte es schon oft mit schweren Kalibern zu tun gehabt. Allerdings war dann der mächtige Verwaltungsapparat seines Arbeitgebers hinter ihm gestanden. Bei allem, was er jetzt tat, konnte er sich auf niemanden mehr berufen, der ihm beistehen würde. In diesem Fall war er ganz allein auf sich gestellt – abgesehen davon, dass seine Chefs irgendwann einmal wissen wollten, welche Ergebnisse er beim Auftrag der Frau Misselbrünn erzielt hatte. Aber nachdem sie tot war, stellte sich diese Frage vorläufig nicht.

Den Namen Oliver Garrett hatte er nicht zum ersten Mal gehört. Deshalb hatte er auch Mühe gehabt, seine Verwunderung zu unterdrücken. Garrett war vor ein, zwei Jahren bereits einmal am Rande erwähnt worden, als es um einen Fall von Industriespionage in einem Göppinger Großunternehmen gegangen war. Dort hatte Garrett damals ein Praktikum gemacht und sich mit einem Angestellten angefreundet, der später in den Verdacht geraten war, eine Ausspäh-Software ins Firmennetzwerk eingeschmuggelt zu haben. Allerdings hatte man keinem von beiden letztlich etwas nachweisen können.

Ralf hatte Garrett nie persönlich getroffen. Doch jetzt sollte sich das ändern. Ralf hatte ihn gestern angerufen und sich als Privatdetektiv ausgegeben – was schließlich nicht ganz gelogen war. Mit dem Hinweis »auf den Fall Misselbrünn« bat er um ein dringendes Gespräch, worauf Garrett ziemlich kurz angebunden reagiert hatte. Offenbar war er gerade in einer Besprechung und deshalb zu keiner längeren Diskussion in der Lage gewesen. Nur deshalb hatte er vermutlich sofort der Bitte zu einem Treffen am heutigen Freitag um zehn Uhr auf dem Parkplatz bei der Ulmer Donauhalle eingewilligt. Ralf hatte ihm seinen auffälligen Porsche Cayenne geschildert und das Gespräch mit einer dezenten Drohung beendet: »Ich bin mir sicher, dass es in Ihrem Interesse ist, mit mir zu reden. Wir haben uns da sicher verstanden.« Dann hatte er aufgelegt.

Tatsächlich bog noch kurz vor den Zehnuhrradionachrichten ein schwarzer Golf älteren Baujahres auf den Parkplatz und näherte sich Ralfs Auto. Ralf, der rückwärts eingeparkt hatte, konnte durch die spiegelnde Windschutzscheibe den Fahrer nicht sehen. Erst als das Auto vor dem Cayenne stoppte, erkannte er, dass hinterm Steuer der junge Mann saß, den er erst am Mittwochabend im Ulmer Zunfthaus in Gesellschaft von Misselbrünn gesehen hatte.

Ralf winkte ihm zu, worauf der schwarze Golf schräg gegenüber in eine freie, aber enge Parklücke rangierte. Oliver Garrett zwängte sich mit sportlich anmutenden Bewegungen aus dem Wagen. Er trug eine dunkelblaue Jacke, Jeans und Turnschuhe, deren grüne Sohlen ihm schon gestern aufgefallen waren. Zögernd kam er auf den großen Porsche zu.

Ralf ließ die Seitenscheibe nach unten gleiten und rief ihm zu: »Pünktlich auf die Minute.«

Oliver schwieg und blieb an der Fahrertür stehen. »Und? Darf ich fragen, wer Sie überhaupt sind?« Es klang nicht sehr überzeugend.

Ralf war auf diese Frage gefasst gewesen, obwohl er davon ausging, dass Oliver ihn ebenfalls erkannt hatte. Immerhin waren sie sich im ›Zunfthaus‹ eine Zeit lang gegenübergesessen.

»Mehlfurt mein Name, Ralf Mehlfurt, Detektiv in der EDV-Branche«, sagte er ruhig und bemerkte sofort die Unsicherheit in dem braun gebrannten jugendlichen Gesicht.

»Mehlfurt? Ralf?«

Ralf überlegte, ob das Erstaunen echt oder gespielt war. Oliver hatte seine Fassung schnell wieder gefunden: »Privatdetektiv, oder was? Und was wollen Sie von mir?«, versuchte er, arrogant und abweisend zu wirken. Die übliche Taktik, um von der eigenen Unsicherheit abzulenken, dachte Ralf und ging gleich in die Offensive: »Ihnen sagt der Name ›Misselbrünn‹ etwas?«

Ein Zucken huschte über Olivers Gesicht. »Und was soll ich damit zu tun haben?«

»Ich schlage vor, wir unterhalten uns in Ruhe. Steigen Sie ein.«

»Ich soll in Ihren Wagen steigen? Ne«, er grinste verlegen, »wenn wir überhaupt etwas zu bequatschen haben, dann gehen wir da rüber in das Lokal«, wehrte Oliver ab und deutete zum Hotel Lago hinüber.

»Gerne«, zeigte sich Ralf bereit, »aber vielleicht ist manches, das wir zu bereden haben, nicht unbedingt für fremde Ohren bestimmt.« Er lächelte. »Ich erinnere nur an den Fall in Göppingen.«

»Wie?« Oliver war erneut perplex. »Sie …?«

Ralf nickte zufrieden. »War nur so ein Hinweis. Nichts weiter. Aber vielleicht wäre es doch besser, wir würden uns hier unterhalten.« Er machte eine Kopfbewegung zur Beifahrertür hinüber. »Steigen Sie ein«, er lächelte süffisant, »meinen Wagen kennen Sie ja schon.« Es war der erste Versuch, den jungen Mann einzuschüchtern.

Oliver überlegte, willigte dann aber wortlos ein und ging um das Fahrzeug herum. »Okay«, sagte er beim Einsteigen und ließ die Tür ins Schloss fallen, »was wollen Sie von mir?«

»Von Ihnen persönlich gar nichts«, beruhigte ihn Ralf und lehnte sich zurück. »Oder besser gesagt: noch nichts. Auf eine andere Sache komme ich später zu sprechen. Jetzt will ich nur ein paar Informationen, mehr nicht.«

Oliver spielte nervös mit den Fingern und sah durch die Windschutzscheibe zu der Parkanlage der Friedrichsau, die sich entlang der Donau erstreckte. »Zu Misselbrünn oder was?«

»Auch, ja. Aber insbesondere zu einem Italiener«, er zog

ein ausgedrucktes Foto aus seinem Jackett und hielt es Oliver vor die Nase, »zu diesem hier. Er heißt wohl Silvio.«

Oliver nahm das Foto entgegen und sein Blick verharrte auf den beiden abgebildeten Männern, die eindeutig in einem Lokal saßen. Dass seine Hände zu zittern begannen, konnte er nicht mehr verbergen, denn das leicht vibrierende Papier machte es deutlich. »Das ist eine ziemliche Schweinerei«, presste er hervor und reichte den Ausdruck zurück.

»Soll ich Ihnen sagen, was danach passiert ist?«, blieb Ralf ungerührt und legte das Foto auf die Ablage unter der Windschutzscheibe.

Oliver schwieg und würdigte ihn keines Blickes.

»Danach sind Sie gekommen«, trumpfte Ralf auf und behielt den Mann neben sich scharf im Auge. »Sie sind eine Weile geblieben, dann frühzeitig gegangen – und etwa eine Stunde später waren zwei Reifen meines Autos platt.«

»Was?«, zischte Oliver jetzt gefährlich. »Nun reicht's mir aber. Sie wollen mich mit einer Straftat in Verbindung bringen, bloß weil ich ein paar Bekannte getroffen habe?«

»Nichts will ich. Wenn das nur ein harmloses Treffen mit Bekannten war, ist doch alles in Ordnung.« Er ließ es ruhig klingen. »Dann können wir uns zusammentun und gemeinsam ein paar Rätsel lösen.«

»Ich wüsste nicht, wobei ich Ihnen helfen kann.«

Ralf entschied sich für einen Direktangriff: »Zum Beispiel, wenn Sie mir sagen, auf welcher Seite Sie stehen.«

Oliver wandte sich reflexartig zu ihm. »Was wollen Sie damit sagen – auf welcher Seite ich stehe?«

»Sie wissen ganz genau, was ich meine«, schlug Ralf jetzt einen schärferen Ton an. »Sie haben Kontakt mit Misselbrünn und Sie wissen mehr, als Sie mir hier eingestehen wollen. Sie wissen längst auch ganz genau, was meine Mission ist.« Er sah ihm fest in die Augen und war davon überzeugt, dass er seinem Kontrahenten überlegen war. »Soll ich Ihnen mal was sagen: Dummerweise hat Eva Langbein Ihre Wanze entdeckt und damit alles durchkreuzt.«

»Wie bitte?«, Oliver rang sich ein gekünsteltes Lächeln ab. »Das ist wohl ein schlechter Witz. Sie bringen Eva Langbein ins Spiel? Jetzt sollten Sie aber aufpassen, dass Sie da nichts durcheinanderbringen.« Seine Stimme hatte einen unerwartet drohenden Unterton angenommen. »Ich glaube, Sie verfolgen ganz andere Ziele als verschmähter Liebhaber. Ich weiß doch, dass Sie der Ralf sind, der scharf auf Eva ist. Nur um an Informationen zu gelangen, steigen Sie mit ihr ins Bett. Sie sind nämlich derjenige, der hier ein falsches Spiel spielt. Sie sollten sich in Acht nehmen, mein Lieber. Sehr in Acht nehmen. Weder ich noch irgendjemand anderes wird sich diese Schnüffelei gefallen lassen. Und falls Sie mir noch etwas andichten wollen – was weiß ich, Ihre blöden Reifen oder sonst was – dann werde ich juristische Schritte einleiten. Das war's.« Er öffnete die Wagentür, stieg aus und warf sie mit aller Gewalt ins Schloss.

Ralf zitterte jetzt auch.

Die Benediktinerabtei Neresheim thront mächtig und weithin sichtbar auf einem Hügel. Zentrum ist zweifelsohne die prächtige Kirche aus dem Spätbarock. Der baumbestandene Innenhof, den mächtige Gebäudekomplexe umrahmen, ist durch einen torartigen Durchlass zu erreichen. Links davon gibt es eine Reihe von Parkplätzen, die jetzt von rot-weißen Absperrbändern der Polizei gesperrt waren. Mehrere Streifenwagen standen davor, außerdem zwei weiße Kastenwagen ohne Aufschrift. Männer und Frauen in weißen Schutzanzügen hatten sich über einen schwarzen Audi Q5 mit HDH-Kennzeichen hergemacht, als Häberle und Linkohr an diesem sonnigen Vormittag den Klosterhof betraten und die Kollegen der Ulmer Spurensicherung per Handschlag begrüßten.

»Es ist der Wagen von Mehlfurt senior«, sagte einer der Beamten. »War nicht verschlossen, aber auch keine Gegenstände drin.«

»Spuren?«, fragte Häberle nach.

»Wir hoffen's. Mikrofasern an den Sitzen, ein paar Haare auf der Mittelkonsole. Mehr kann ich noch nicht dazu sagen.«

»Denkt auch an das Navi, vielleicht war es eingeschaltet und hat etwas aufgezeichnet.«

Linkohr ging an dem Absperrband entlang, um sich ein Bild von der Situation zu verschaffen. Der Audi war mit der Kühlerhaube Richtung Mauer geparkt. »Warum stellt einer den Wagen ausgerechnet hier ab?«, fragte er, ohne natürlich eine Antwort zu erwarten.

»Ihr wisst«, erwiderte der Mann von der Spurensicherung, »dass hier schon mal ein Fahrzeug stand, das wir regelrecht zerlegt haben.«

Häberle nickte. »Auch eine Bankersfrau-Geschichte.«

»Was heißt ›auch‹?«, staunte der Beamte.

»Mittlerweile gehen wir davon aus, dass der vermisste Mehlfurt auch etwas mit der Ermordung dieser Frau Misselbrünn zu tun hat. Haben Sie doch sicher davon gehört.«

Der Mann im weißen Schutzanzug nickte, während ein anderer näher kam. »Was auffällig ist«, sagte er, »da wurde wohl in jüngster Zeit etwas erneuert.« Er ließ die Heckklappe aufspringen und deutete auf die Scharniere. »Man könnte meinen, sie sei in jüngster Zeit ausgetauscht worden.«

»Die Heckklappe?«, staunte Häberle und besah sich einige frische Arbeitsspuren an den Verschraubungen.

»Das kann natürlich auch schon ein paar Wochen her sein«, musste der Kollege einräumen. »Die Stoßstange drunter scheint nicht ersetzt worden zu sein.«

»Fahrgestellnummer und so weiter sind aber okay?«, hakte Häberle nach.

»Stimmen mit den Zulassungsdaten überein, ja.« Der Spurensicherer wandte sich von der offenen Heckklappe ab. »Wir lassen den Wagen, sobald wir hier fertig sind, abschleppen zu uns nach Ulm. Dann können wir ihn in Ruhe auseinandernehmen.«

Häberle lächelte zufrieden. »Bitte jedes Detail protokollieren. Auch was sich im Fahrzeug findet – im Handschuhfach, in den Seitentaschen und so weiter. Und schaut auch unter die Fußmatten. Ihr kennt ja die üblichen Verstecke.«

»Rauschgift?«, fragte der Beamte zweifelnd.

»Eher nicht. Aber schaut bitte überall nach.«

»Gibt es hier eigentlich Überwachungsanlagen?«, fragte Linkohr dazwischen und sah an den Gebäuden hinauf, wo er einige Vorrichtungen entdeckte, die ihn an Kameras erinnerten.

»Ja, gibt es. Aber sie sind nicht auf den Parkplatz hier ausgerichtet.«

»Und die Zufahrt am Tor?« Linkohr wies mit einer raschen Kopfbewegung dorthin. »Wird von den Kameras auch nicht erfasst. Sie überwachen nur den Zugang zur Kirche. Reinfahren kann hier jeder ganz unbemerkt. Wir haben bereits gestern Abend die Patres befragt. Bislang kann niemand sagen, seit wann der Audi hier steht.«

Häberle knurrte: »Wenn jetzt zu Geld, Macht, Einfluss und womöglich Sex auch noch Patres ins Spiel kommen, dann wird's erst richtig spannend.«

Die Kollegen sahen ihn verwundert an, doch Häberle wollte nicht näher auf seine Bemerkung eingehen. Stattdessen wandte er sich an den Verantwortlichen der Spurensicherung: »Sie werden ja auch den Fußraum des Fahrers untersuchen? Schmutz und so weiter?« Der Angesprochene nickte.

Häberle war bereits im Begriff, die Parkplatzsituation aus einigen Metern Entfernung zu begutachten, als er noch eine Bitte nachschob: »Und schauen Sie doch mal nach, welcher Sender im Radio zuletzt eingestellt war.«

Diesmal wurde nur mit einem zögernden Kopfnicken geantwortet. Offenbar verstand der Mann von der Spurensicherung den Sinn der Frage nicht.

Auch Linkohr wusste nichts damit anzufangen.

Sogar dem Pressesprecher der Ulmer Staatsanwaltschaft war Sanders Frage zu heiß gewesen. Er stellte das Gespräch mit dem Lokaljournalisten an den Behördenchef durch. Damit war klar, dass es ziemlich einsilbig werden würde. Bereits am Tonfall des Leitenden Oberstaatsanwalts Schwehr spürte Sander die übliche Distanz.

Es erübrigte sich die Frage, was es Neues zum Fall Misselbrünn gebe. Sander musste gleich zur Sache kommen um nicht mit allgemeinen Floskeln, wie »wir ermitteln in alle Richtungen«, abgespeist zu werden. Allzu oft plapperten dies viele seiner Journalistenkollegen gedankenlos nach.

»Stimmt es, dass Misselbrünn enge Kontakte zu Mafiakreisen in Italien pflegt?«, begann er deshalb knallhart.

Schwehr verhielt sich abwartend, was Sander bereits

als den Versuch wertete, eine ausweichende Antwort zu suchen. »Davon ist uns nichts bekannt«, kam es trocken zurück. »Den bisherigen Erkenntnissen zufolge gibt es dafür keinerlei Anhaltspunkte. Deshalb erscheint es angemessen, das berufliche Tätigkeitsfeld des Ehemanns der Ermordeten außen vor zu lassen.«

»Wenn dies also keine Rolle spielt, wogegen richtet sich dann ein Tatverdacht?« Sander begann, nervös Kringel auf einen Zeitungsrand zu malen.

»Sie werden verstehen, dass ich dazu keine Angaben machen kann. Wir haben bereits verlautbart, dass es zwischen Täter und Opfer eine Zufallsbegegnung gewesen sein kann. Möglicherweise hat die Frau nach einem Klingeln an der Haustür arglos geöffnet, wurde überwältigt und dabei getötet.«

»Ein Raubmord also?«, fragte Sander dazwischen.

»Eine von mehreren möglichen Varianten.«

»Welche Rolle hat dieser Audi gespielt, den eine Nachbarin gesehen hat? Mit dem Kennzeichen vom Main-Taunus-Kreis?«

Wieder rang Schwehr nach einer Formulierung. »So wie es aussieht, hat dieser Audi keine Rolle gespielt. Vielleicht hat sich die Zeugin auch beim Ablesen des Kennzeichens vertan. Jedenfalls hat uns dies nicht weitergebracht.«

»Und auf wen war das abgelesene Kennzeichen zugelassen?«

»Kein Kommentar, Herr Sander. Und ich bitte, dies zur Kenntnis zu nehmen.«

Sander grinste zu seinem Kollegen auf der anderen Seite der Schreibtischgruppe. Jetzt kam es darauf an, den Staatsanwalt aus der Reserve zu locken. »Ich kann Ihnen aber sagen, dass die Zeitung in Südtirol heute einen umfassenden Hintergrundartikel zu Misselbrünns Beziehungen nach Italien veröffentlicht hat. Misselbrünn wird dort in Verbindung zur Mafia gebracht, zu Waffenhandel und Korruption. Und zu einem millionenschweren Industriellen namens Carlucci. Ist das schon in Ihre Ermittlungen eingeflossen?«

Erneut gab es eine Pause in der Leitung. »Nochmals, Herr Sander«, gab sich Schwehr ungehalten, »ich werde dazu nichts sagen. Wir sind mitten in den Ermittlungen. Egal, welche Namen oder Details Sie mir noch präsentieren wollen – es ist für Sie nicht zielführend.« Er räusperte sich. »Und was irgendwelche Zeitungen im Ausland berichten, ist für uns ohnehin nicht relevant. Im Übrigen kann ich Ihnen nur den Rat geben, sich zurückzuhalten und nicht irgendwelche Verschwörungstheorien publik zu machen.«

»Ich bin mir ziemlich sicher«, konterte Sander, »dass es nicht mehr lange dauert, bis auch überregionale Medien das Thema groß aufgreifen. Immerhin haben Staatsanwaltschaft und Kripo jetzt fast eine Woche lang geschwiegen.«

»Diese Wertung ist allein Ihre Sache«, gab sich Schwehr wieder gelassener. »Wir werden dann an die Öffentlichkeit gehen, wenn wir es für angemessen halten.«

»Inwieweit hat der Vermisstenfall in Niederstotzingen mit Misselbrünn zu tun?«, hakte Sander unvermittelt nach.

Schwehr pausierte kurz und ließ ein ungeduldiges Atmen vernehmen. »Auch dazu kann ich Ihnen empfehlen, keine voreiligen Schlüsse zu ziehen oder Gerüchte zu verbreiten.«

Sander merkte, dass sich das Gespräch im Kreise zu drehen begann. Er bedankte sich und beendete es.

Sein Kollege Kauz von der anderen Schreibtischseite hatte natürlich mit einem Ohr Sanders Fragen verfolgt.

»Harter Brocken, der Schwehr, was?«, zeigte er minimales Mitleid.

»War nicht anders zu erwarten«, meinte Sander. »Wir können aber trotzdem für morgen einen großen Artikel einplanen. Ich werde mich dabei auf die Geschichte der Kollegin aus Südtirol berufen und daraus zitieren.«

Kauz nickte. Sanders Vorschlag erschien ihm genial. Wenn man andere Zeitungen zitierte, war man selbst aus der Schusslinie. Außerdem lagen tagelange Recherchen oder gar eine Dienstreise ins Ausland weit über den personellen und finanziellen Möglichkeiten eines Heimatblatts.

Sander hatte sich gerade mit grünem Leuchtstift über den ausgedruckten Text der Kollegin aus Bozen hergemacht, als ihn der schrille elektronische Ton seines Telefons aufschreckte. Auf dem Display wurde keine Nummer übertragen. Er meldete sich knapp und vernahm nach kurzer Pause eine Männerstimme, die ihm mit italienischem Akzent zu verstehen gab: »Lasse die Finger weg von Misselbrünn. Kein Wort mehr zu Misselbrünn. Hast du verstanden? Wenn wieder was schreibe über Misselbrünn, bist du tote Mann. Fertig. Kapiert?« Klick und Rauschen in der Leitung.

Sander hielt den Hörer noch eine Weile erschrocken ans Ohr. Sein Kollege Kauz sah ihn ob dessen langen Schweigens verwundert an.

Sander legte den Hörer schließlich zitternd in die Schale zurück.

Häberle hatte bei der Rückfahrt nach Geislingen wieder Butterbrezeln besorgt, die er jetzt zur Mittagszeit an die Kollegen der Sonderkommission verteilte.

»Und wieso gerade Neresheim und das Kloster?«, wollte ein Jüngerer aus dem Kollegenkreis wissen.

»Ich geh mal davon aus, dass uns der Täter auf eine falsche Spur lenken will«, meinte Häberle, der vor der versammelten Mannschaft wieder seinen Lieblingsplatz eingenommen hatte – an den Rahmen der offen stehenden Tür gelehnt. »Aber auch unsere Kollegen von der ›Sonderkommission Flagge‹ sind der Meinung, dass unsere Sache nichts mit der ihrigen zu tun hat.« Alle im Raum wussten, dass sich diese inzwischen nach Göppingen umgesiedelte Sonderkommission seit 2010 mit einem bislang ungeklärten Mord an einer Bankiergattin abmühten, bei dem ein Erpresser den Ablegeort für das geforderte Geld neben der Autobahn mit einer Deutschlandflagge gekennzeichnet und den Wagen seines Opfers im Klosterhof Neresheim abgestellt hatte. Seit Wochen lief ein großangelegter Gentest, dem sich rund 3300 Männer unterziehen mussten. »Also vergesst das«, bekräftigte Häberle. »Und dass die Mehlfurts in Niederstotzingen wohnen, wo damals am Tattag der Ehemann der Ermordeten gerade beim Bürgermeister war, hat garantiert nichts zu bedeuten. Allenfalls so viel, dass unser Täter erst dadurch auf die Idee gekommen ist, Mehlfurts Auto ebenfalls im Klosterhof abzustellen.« Der Chefermittler schien sich seiner Sache absolut sicher zu sein und fügte an: »In beiden Fällen handelt es sich zwar um eine Bankersgattin, aber darüber hinaus gibt es keinerlei Parallelen.«

»Dein Wort in Gottes Ohr«, kam ihm eine Stimme entgegen. »Und wenn wir's mit einem Psychopathen zu tun haben, der immer nach demselben Muster vorgeht?«

Häberle schüttelte den Kopf: »Ich hab mit den Kollegen gesprochen«, widersprach er überzeugt, »sie schließen das aus.«

»Damit sie nicht noch einen zweiten Mord an der Backe haben«, brummte es aus der Runde.

Eine junge Beamtin, die den anderen Fall nur vom Hörensagen kannte, lenkte zu Häberles Zufriedenheit wieder die Aufmerksamkeit auf das aktuelle Geschehen: »Wie reimt sich das mit der neuen Heckklappe zusammen?«, fragte die Frau, die im Hintergrund an einem Computer saß und Kaffee trank.

»Das ist vorläufig ein Rätsel. Muss nicht unbedingt etwas bedeuten. Aber die Kollegen nehmen den Wagen jetzt ganz auseinander«, teilte Häberle mit.

»Das Auto war tatsächlich nicht abgeschlossen?«, vergewisserte sich die Frau weiter.

»Ja, das ist so. Der Zündschlüssel steckte. Vermutlich jener, der in Mehlfurts Garage fehlt.«

»Wir haben aber etwas Neues«, meldete sich ein ergrauter Kriminalist, der sich über seinen Oberlippenbart strich und in seinen Bürostuhl versunken war. »Frau Mehlfurt hat uns schlichtweg angelogen, als sie euch gesagt hat, sie kenne keinen Rimbledon.«

»Ach«, machte Häberle und verschluckte sich beinahe an seiner Brezel. »Lass mal hören.«

Der Kriminalist hob seinen Oberkörper von der Stuhllehne ab und wühlte in einem Wust von Papieren. »Passt mal auf, wir haben den Rimbledon durchleuchtet – und siehe da: Er und Frau Mehlfurt haben eine gemeinsame berufliche Vergangenheit. In den ›Cooke Barracks‹, falls ihr noch wisst, was das war!« Er sah in ratlose Gesichter, nur Häberle nickte eifrig: »Die Jungen werden's nicht wissen.«

»Also«, begann der Kollege, »es war die US-amerikanische Militärbasis in Göppingen. Bis 1992. Erste Infanteriedivision, die sich *Forward* nannte. Eine Stadt in der Stadt war das. Einschließlich der Angehörigen und Zivilbeschäftigten waren im Durchschnitt 3000 Amerikaner dort. Die hatten eigenes Kino, eigene Kirche, eigene Geschäfte. Heute ist davon so gut wie nichts mehr übrig. Außer der Kirche, aber die ist wohl als Kulturraum gedacht – und die Werfthalle, die wir alle als große Veranstaltungshalle kennen. Und in diesem Areal produziert auch der Südwestrundfunk seinen beliebten Tigerentenclub. So friedlich ist das geworden.« An den Gesichtern seiner Kollegen konnte er ablesen, dass sie die Sache nicht sonderlich interessierte. »Unter den Zivilbeschäftigten waren auch Rimbledon als Kind einer deutsch-amerikanischen Beziehung sowie Frau Silke Mehlfurt, die damals noch Friebe hieß – ohne amerikanische Wurzeln.«

Linkohr konnte es sich nicht verkneifen: »Da haut's dir 's Blech weg.«

»Mit anderen Worten: Die beiden haben etwas zu verheimlichen.«

»Ich hab mir das gleich gedacht«, meinte ein anderer. »Der Rimbledon als angeblicher V-Mann spielt ein falsches Spiel.«

»Ein Doppelspiel«, warf jemand aus dem Hintergrund ein.

»Und trotzdem versteh ich den Zusammenhang zu Misselbrünn noch nicht«, gab eine resolute Beamtin zu bedenken, die bereits die zweite Brezel in sich hineinstopfte.

»Es kommt aber noch besser«, meldete sich ein Kollege, der seine Lesebrille aufsetzte und einen Schnellhefter frisch ausgedruckter Blätter hernahm. »Bisher mussten wir aufgrund verschiedener Aussagen davon ausgehen, dass Mehlfurt junior, also dieser Ralf, zum Zeitpunkt des Verschwindens seines Vaters am vergangenen Montagabend angeblich im Raum Frankfurt-Darmstadt unterwegs war.« Er sah über den Rand seiner schmalen Brille hinweg in den Raum. »Das deckt sich leider nicht mit den Geodaten seines Handys. Mehlfurt junior war in Südtirol unterwegs. Und zwar genauer gesagt in Sexten, liegt im Hochpustertal im Gebiet der Drei Zinnen.«

Häberle musste sofort an Sanders Recherchen denken.

»Dort hat sich Mehlfurt ab Montagnachmittag aufgehalten«, fuhr der Beamte fort. »Sein Handy hat sich in der Umgebung in verschiedene Funkzellen eingeloggt. Aber in dieser Topografie hat das nicht viel zu bedeuten. Das können nur kurze Wege gewesen sein. Ab 23.27 Uhr hat er sich aber offenbar schnell entfernt. Und als ihn seine Mutter um 0.14 Uhr angerufen hat – auch das ist in den Unterlagen des Providers festgehalten, da war er bereits auf der Brennerautobahn und ist in Richtung Norden gefahren.«

Ein Raunen ging durch den Raum. »Der Kerl hat gewaltig Dreck am Stecken«, kommentierte eine Männerstimme.

»Sieht ganz danach aus«, fuhr der Ermittler fort. »Denn er hat um 1.37 Uhr ein äußerst interessantes Telefongespräch geführt. Wir kennen natürlich nicht den Inhalt, aber allein schon die Verbindung muss verwundern. Er hat kurz hinter Innsbruck, also Richtung Norden gesehen, den Misselbrünn angerufen, der sich zu diesem Zeitpunkt in einer Funkzelle vor ihm befand. Das können wir jetzt den komplett vorliegenden Geodaten – auch aus Österreich und Italien – entnehmen.«

»Unglaublich«, wurde er von einer Männerstimme unterbrochen. »Der Ralf Mehlfurt ruft den Misselbrünn an! Leute, das ist der Hammer! Das ist der Beweis, dass die beiden Fälle was miteinander zu tun haben. Da der vermisste Vater von Mehlfurt – und dort der Misselbrünn.«

»Der junge Mehlfurt hat dem Misselbrünn nachgespürt«, resümierte ein anderer.

»Nicht nur das«, machte der Ermittler mit gewissem Stolz in der Stimme weiter. »Die beiden haben sich wenig später auf dem Parkplatz des Autobahnrasthauses Holzkirchen getroffen. Zumindest waren ihre Handys für eine halbe Stunde in derselben Funkzelle eingeloggt. Danach haben beide zur selben Zeit ihre Geräte abgeschaltet.«

»Wieso das denn?«, fragte jemand.

»Vielleicht, weil ihnen bewusst geworden ist, dass es besser wäre, ihre weitere Tour durch die Nacht nicht nachvollziehbar zu machen.«

Nachdem der Beamte mit seinem Bericht fertig war, machte sich erstauntes Schweigen breit.

Häberle nahm einen Schluck Orangensaft und fühlte sich bemüßigt, das Gehörte zusammenzufassen: »Was sagt uns das nun?«, stellte er sich selbst die Frage, die allen unter den Nägeln brannte, und gab sogleich einige Antworten: »Dass Ralf Mehlfurt dem Misselbrünn nachgespürt hat, ist die Folge seines Auftrags, den er von Frau Misselbrünn gekriegt hat. Er hat ihn also observiert, dort in Sexten und sicher auch auf dieser Berghütte, die einen Tag später niedergebrannt ist – warum auch immer. Noch in der Nacht zum Dienstag, das war einen Tag vor dem Brand, haben die beiden irgendetwas zu besprechen gehabt, am Rasthaus Holzkirchen.« Häberle nahm noch einen Schluck. »Es dürfte für Misselbrünn nicht gerade angenehm gewesen sein: gerade telefonisch über den Tod seiner Frau informiert worden und dann ein nächtliches Treffen. Wie lange es ging, wissen wir nicht. Die Handys wurden erst viel später wieder eingeloggt. Das von Misselbrünn um 9.02 Uhr in Geislingen, das von Ralf Mehlfurt um 6.17 Uhr im Bereich

Langenau, also beim Donauried. Dies alles erklärt auch, weshalb Misselbrünn Dienstagfrüh bei uns verspätet aufgetaucht ist.«

»Und behauptet hat, die ganze Zeit auf der Autobahn gepennt zu haben«, warf Linkohr ein. »Das hab ich ihm sowieso nicht abgenommen.«

Häberle nickte. »Ich auch nicht. All das bringt uns aber in der Frage, wer Frau Misselbrünn am Sonntagabend erschossen hat, nicht weiter. Auch Ralf Mehlfurt hätte Zeit gehabt, denn er ist ja erst am Montag in Südtirol eingeloggt gewesen.«

Der Beamte, der die Geodaten ausgewertet hatte, griff ein: »Am Sonntag war er tatsächlich noch in Frankfurt. Er ist erst Montagfrüh Richtung Süden gefahren – ohne Stopp im Raum Geislingen. Er hat durchgängig die A8 benutzt, Karlsruhe-München und dann runter nach Kufstein und zum Brenner.«

»Okay, dann dürfte er nach Lage der Dinge als Täter ausscheiden, vorausgesetzt, sein Handy wurde nicht von einer anderen Person benutzt, was noch zu klären wäre.«

»Und wieso verschwindet zur gleichen Zeit sein Vater?«, fragte die Beamtin nach.

»Das ist tatsächlich eine harte Nuss«, räumte Häberle ein. »Ich bin davon überzeugt, dass sich Mehlfurts Job und der seines Sohnes nur bezüglich des Arbeitgebers voneinander unterscheiden. Ralf ist sozusagen bei der Spionageabwehr – er deckt schädliche Software und Industriespionage auf – der Vater hat möglicherweise für die Gegenseite gearbeitet. Darauf deutet sein etwas dubioser Arbeitgeber hin, diese Firma in Berlin, die nur über ihren Justiziar mit uns reden will.«

»Du meinst, er hat die Misselbrünn umgebracht – und

sein Sohn ist hinter das Geheimnis gekommen?«, meldete sich einer aus der gespannt lauschenden Kollegenschar. Denn wenn Häberle über seine Ideen dozierte und seiner Kombinationsgabe freien Lauf ließ, wollte normalerweise niemand unterbrechen.

»Zum Beispiel«, erwiderte der Chefermittler. »Aber deshalb lässt er seinen Vater nicht verschwinden. Ganz zu schweigen davon, dass Sohn Ralf zum Zeitpunkt des Verschwindens, oder sagen wir des möglichen Kidnappings seines Vaters offenbar schon jenseits des Brenners war.«

»Aber warum verschweigt dieser Ralf dann, wo er in dieser Zeit war? Warum hat er sein Handy nicht frühzeitiger abgeschaltet? Er und Misselbrünn?«, gab es eine neue Zwischenfrage.

»Vielleicht weil beiden zu diesem Zeitpunkt tatsächlich die Brisanz ihres Tuns noch nicht bewusst war. Beide hatten möglicherweise nicht damit gerechnet, dass sich für ihr Bewegungsprofil einmal die Kripo interessieren würde. Warum auch?«

»Misselbrünn hätte allen Grund dafür gehabt, sein Bewegungsprofil zu zeigen«, mischte sich nun auch Linkohr wieder ein. »Er kann damit immerhin nachweisen, dass er ab Sonntag, als seine Frau umgebracht wurde, nicht daheim war. Er hat ja sogar noch am Montag früh vom Festnetz eines Bankers in Lienz aus zu Hause angerufen und sich einen Zeugen beschafft, der bestätigen kann, dass er sich um seine Frau gesorgt hat.«

»Aber Sie haben ja selbst gehört, was er uns in Anwesenheit seines Anwalts dazu gesagt hat!«

»Herumgeeiert hat er. Fabuliert. Nein, Chef, das nehme ich dem auch nicht ab. Der hat sich nur ein Alibi beschaffen wollen. Und einen Grund, seine Frau umzubringen, hätte er auch – nach allem, was wir seit heute wissen. Heimliche Affäre mit Frau Carlucci. Das lässt doch tief blicken.«

»Mag sein«, ließ es Häberle dabei bewenden. »Was den alten Mehlfurt anbelangt, glaube ich eher, dass er zwischen die Fronten geraten ist.«

»Du glaubst wirklich, dass Mehlfurt senior im Auftrag eines Geheimdienstes unterwegs war?«, meldete sich ein korpulenter Mittfünfziger, der sich mit schmerzverzerrtem Gesicht erheben musste, weil ihn ein Rückenleiden plagte.

»Denk an das geheimnisvolle Getue des Innenministeriums, als es um die Kennzeichen ging! Denk an den Rimbledon, der angeblich V-Mann ist und der aus dem Dunstkreis der Amerikaner kommt. Denk an Frau Mehlfurt, die auch in diesen Kreisen beschäftigt war«, gab Häberle nun das Ergebnis seiner Überlegungen preis.

»Okay, klingt logisch. Aber wie passt dann Mehlfurt senior in dieses Gefüge?«, hakte der Kollege nach.

»Ich geb zu, das ist der Schwachpunkt.«

»Vielleicht sollen wir in diesem Zusammenhang noch einer anderen Sache nachgehen«, legte der Kollege nach. »Die weitere Auswertung seines Computers hat nämlich ergeben, dass er ein gewisses Interesse am Lotto spielen hatte.«

»Lotto? Ein Spieler?«, staunte Häberle.

»So wird man dies nicht sagen können, August. Aber er hatte über die Homepage des Deutschen Lottoblocks die jeweils gezogenen Zahlen abonniert – per E-Mail.«

Häberle zuckte mit den Schultern. »Ist das so außergewöhnlich? Das kann doch jeder.«

»Natürlich kann jeder abonnieren, der auch im Internet Lotto spielt. Das ist seit einiger Zeit ganz legal möglich. Nur fällt auf, dass Mehlfurt nie gespielt hat.«

»Nicht im Internet gespielt«, stellte Häberle klar.

»Ja, nicht im Internet. Er kann natürlich seinen Schein auch an einer Annahmestelle abgegeben haben.«

»Spielsucht wird man wohl kaum unterstellen können«, gab der Chefermittler zu bedenken, wollte aber diesen Aspekt im Hinterkopf behalten.

»Trotzdem, August«, blieb der Kollege hartnäckig, »wir sind auch auf etwas gestoßen, das möglicherweise mit den Lottozahlen korrespondiert. Eine Excel-Datei, wenn du weißt, was das ist …«

»Bin ja nicht ganz blöd«, grinste Häberle, »ein bisschen was verstehe ich von dem Computerzeugs auch.«

»Eine Tabelle also«, wurde der Kollege deutlich, »die von eins bis 49 geht wie die Lottozahlen. Irgendwie scheinen sich daraus Zahlenkolonnen zu ergeben, für die ich aber noch keine Erklärung gefunden habe.«

»Eine Codierung?«, fragte Häberle nach.

»Könnte so aussehen. Möglich aber auch, dass es nichts weiter als ein Lottosystem ist.«

»Für den todsicheren Sechser«, witzelte Häberle und ließ es dabei bewenden.

Ein anderer wechselte das Thema: »Und dann ist da noch die Sache mit dieser Institutsleiterin, dieser Eva Dingsbums«, warf der Kollege ein, worauf Linkohr ergänzte: »Langbein, heißt sie. Eva Langbein.«

Ein gedämpftes Lachen ging durch den Raum, als einer bissig kommentierte: »Unser Experte kennt sich in Frauennamen aus.«

Linkohr wollte nichts dazu sagen.

»Die Langbein, ja«, griff Häberle den Einwurf auf, »Opfer eines Lauschangriffs.«

»Und gute Bekannte von Ralf Mehlfurt – das dürfen

wir nicht vergessen«, erinnerte Linkohr und stellte sich in Gedanken diese aufregende Frau vor, die ihn so unkonventionell zu sich nach Hause eingeladen hatte. Oder hatte er dies nur so interpretiert? Es war doch nur der Vorschlag gewesen, die ›Wanze‹ heute Abend mitzunehmen. Aber sie hatte auch gesagt, sie könnten ihre Konversation an anderer Stelle fortsetzen. Linkohr war gedanklich gerade ganz weit weg, wurde aber durch den Namen ›Garrett‹ wieder zurückgeholt. Häberle hatte ihn eben erwähnt und angemerkt: »Den hat sie doch Ihnen gegenüber auch noch als Vertrauten genannt, oder?« Häberle hatte seine tragende Stimme lauter klingen lassen, nachdem ihm Linkohrs kurze gedankliche Abwesenheit aufgefallen war.

»Ja, Garrett«, zeigte sich Linkohr sofort wieder aufmerksam. »Einer aus diesem Institut.«

»Der Name klingt aber auch verdammt englisch«, meinte ein Kollege. »Vielleicht ist der der Schlüssel zu allem.«

»Oder die Langbein«, wagte Linkohr einzuwenden. Er tat dies ganz bewusst, um den Kollegen die erwartete Steilvorlage zu geben.

Einer griff auch gleich die Gelegenheit auf: »Vielleicht der Schlüssel zu deinem Glück, Mike. Heute Abend hast du doch ein Date bei ihr, oder?«

Häberle wurde hellhörig: »Aber nicht allein, mein lieber Herr Linkohr. Als Vorgesetzter habe ich auch eine Fürsorgepflicht. Nicht, dass es wieder endet wie schon einmal.«

Die Kollegen lachten.

Häberle stellte anschließend klar: »Den Misselbrünn lassen wir heute vorläufig in Ruhe. Wenn wir ihn allzu sehr piesacken, lässt er seinen Termin heute Abend bei der Langbein womöglich platzen.« Er grinste. »Und das wollen wir unserem Kollegen Linkohr doch nicht antun.«

16

Ralf Mehlfurt war nach dem abrupten Ende seines Gesprächs mit Oliver Garrett nach Niederstotzingen heimgefahren und hatte sich in seine einstige Jugendbude unters Dach geschlichen. Er wollte jetzt nicht mit seiner Mutter konfrontiert werden. Es gab viel zu viele offene Fragen, auf die sie ihm ohnehin keine ehrliche Antwort geben würde. Und je weiter er sich in das Umfeld seines Vaters vertiefte, desto bedrohlicher schien alles zu werden.

Er musste unbedingt Eva anrufen und sie warnen. Nach dem dritten Rufton meldete sie sich auf ihrem Handy. Ihrer Stimme war anzumerken, dass sie sich über seinen Anruf freute. Er erwiderte diese Begeisterung, um sie sogleich sanft zu dämpfen: »Pass mal auf, Evchen«, sagte er, »ich hab eine etwas merkwürdige Begegnung mit Oliver gehabt.«

»Mit Oliver?«, es kam eine Spur zu schnell, wie Ralf es empfand.

»Ja, mit Oliver Garrett. Ich bin inzwischen davon überzeugt, dass er in unserer Sache eine wichtige Rolle spielt.«

Sie hielt sich mit ihrer Verwunderung zurück. »Oliver?« Ihre Stimme hatte einen seltsam kühlen Klang angenommen. »Du meinst doch nicht etwa ...«

»Doch«, unterbrach er sie. »Ich meine, dass er sogar ganz stark in die Sache verwickelt ist. Und du solltest vorsichtig sein.«

»In welche Sache, Ralf? Wovon redest du jetzt?«

»In die komplexe Sache, die ich gerade bearbeite und in die ich deinetwegen geraten bin.« Auch er ließ es jetzt sachlich klingen – und schon tat es ihm wieder leid: »Entschuldige, Evchen, aber ich kann dir leider nicht alles so genau sagen. Ich möchte dich nur bitten, im Umgang mit Oliver etwas vorsichtig zu sein.«

»Vorsichtig? Wie soll ich das jetzt verstehen?« Sie atmete hörbar. »Du bist doch nicht etwa eifersüchtig, Ralf?«

»Ach, Evchen«, seufzte er, zumal er an diesen Aspekt bisher wirklich nicht gedacht hatte. »Nein, ich mach mir Sorgen um dich. Ehrliche Sorgen, verstehst du?«

»Und weshalb soll ich mich vor Oliver in Acht nehmen? Ich schätze ihn seit Langem als ehrlichen und loyalen Kollegen im Team.«

»Ist er aber vielleicht nicht. Aber bitte: Behalt das unbedingt für dich. Ich sag es dir nur, damit du vorsichtig bist.«

»Du meinst, er hat mir diese ›Wanze‹ ins Haus gebracht?«

Ralf wollte sich nicht festlegen. »Das kann ich dir nicht sagen. Noch nicht.«

Wieder war ihr schwerer Atem zu hören. »Und jetzt?«

»Du kriegst heute Abend Besuch«, wechselte er das Thema.

»Ja, das haben wir doch besprochen. Dieser Misselbrünn …«

»Ich werde da sein«, wurde sie von Ralf unterbrochen. »Am besten schon um 19 Uhr, eine Stunde, bevor er eintrifft.«

»Okay, ja«, sagte Eva zögernd.

»Du bist dir nicht mehr ganz so sicher, dass das richtig ist?«, fragte Ralf zweifelnd nach.

»Doch, doch, Ralf, natürlich. Aber es werden auch noch andere da sein …«

»Andere?« Er erschrak.

»Ja, die Kripo.«

»Du hast die Kripo verständigt?«

»Ja, nachdem mir der Name ›Misselbrünn‹ in der Zeitung aufgefallen ist – im Zusammenhang mit dem Mord an seiner Frau –, hab ich die Kripo verständigt.«

»Ach.« Ralfs Stimmung sank auf den Nullpunkt.

»Ja«, wurde Eva deutlicher, »und jetzt werden ein Herr Linkohr und wohl irgendeine Beamtin vom SEK mit dabei sein, auch heimlich – wurde mir heute früh schon so bestätigt.«

»Vom SEK?«, echote Ralf verständnislos. Wenn das Spezialeinsatzkommando eingeschaltet war, das normalerweise nur bei allerschwersten Verbrechen hinzugezogen wurde, dann schien auch bei der Kripo der Fall äußerst ernst genommen zu werden.

»Ist dir das nicht recht, Ralf?«, hörte er Evas Stimme wie aus weiter Ferne.

»Doch, doch«, er spürte seine trockene Kehle. »Natürlich. Das ist vernünftig. Aber dann brauch ich wohl nicht zu kommen. Dann hast du genügend Beschützer um dich.«

»Och«, gab sich Eva enttäuscht, »dann bin ich aber traurig. Du als mein größter Helfer und Retter machst dich aus dem Staub, wenn's brenzlig wird.«

Ralf überlegte, ob sie das ironisch oder ernst gemeint hatte. Er entschied sich für ›ironisch‹. »Nun mal im Ernst, es ist wirklich besser, ich mische mich da nicht ein. Wir können morgen wieder darüber reden, okay? Und sei mir bitte nicht böse.«

»Versprochen. Ich fühle mich wirklich in guter Obhut – und außerdem ist dieser Linkohr auch ein ganz netter Kerl.«

Wollte sie ihn schon wieder provozieren? Offenbar machte sich Eva einen Spaß daraus, ihn immer wieder aufs Neue herauszufordern. Doch jetzt wollte er nichts dazu sagen, zumal ihm etwas anderes am Herzen lag. »Noch eine Bitte, Evchen. Auch gegenüber den Polizisten kein Wort über das, worüber wir vorhin gesprochen haben. Kein Wort, bitte. Halte mich und Oliver da raus.«

»So?« Eva war verwundert.

»Ja, es ist besser. Für dich und mich – und für alle Beteiligten.«

»Woher weißt du, dass ich da bin?« Mariangela Carlucci war kreidebleich geworden, als sie die Stimme des Mannes am Handy vernahm. Er sprach italienisch, und sie antwortete ihm auch so.

»Das tut doch jetzt nichts zur Sache. Auch ich habe hier in Ulm etwas zu erledigen – genau wie du. Hab ich recht?«

Mariangela war an diesem Mittag an die Donau hinuntergegangen, um auf einem sonnigen Bänkchen den Enten und Schwänen zuzusehen. Sie blickte sich um, weil sie vermeiden wollte, dass ihr jemand zuhörte, denn obwohl sie sich auf Italienisch unterhielten, konnte man hier in Ulm zwischen den vielen Touristen nie sicher sein, ob nicht jemand lauschte und verstand, worum es ging.

»Du solltest mich hier nicht anrufen, Silvio«, sagte sie mit gedämpfter Stimme. »Im Übrigen geht es dich überhaupt nichts an, wo ich bin.«

»Die Sehnsucht muss tief in dir brennen nach deinem geliebten Karl-Eugen, hab ich recht?«

»Du sollst mich in Ruhe lassen. Mich und Gregori – und uns alle. Wir wollen mit deinen verdammten Geschäften nichts mehr zu tun haben.«

»Aber dein Karl-Eugen sieht das ein bisschen anders, findest du nicht auch? Ihm wird auch nichts anderes übrig bleiben, als zu uns zu halten.«

»Ich will nichts davon wissen. Lass mich bitte in Ruhe«, zischte Mariangela, während sie mit der linken Hand ihren knappen Rock glatt strich. »Verschwinde jetzt endlich aus meinem Leben.«

Silvio lachte hörbar. »Ich glaube, es wäre besser, wir würden uns mal zu einem persönlichen Gespräch treffen.«

»Nein, unter keinen Umständen. Ich werde nie mehr mit dir zusammen sein wollen.« Mariangela fühlte sich von einem jungen Pärchen gestört, das ein paar Schritte neben der Bank stehen geblieben war und ebenfalls die Wasservögel beobachtete.

»Hat dir Karl-Eugen erzählt, dass ich hier bin?«, fragte sie erschrocken zurück.

Er lachte. »In einer echten Männerfreundschaft gibt es viel, worüber man redet.«

»Das hat Karl-Eugen niemals getan. Niemals.« Doch schon, als sie es sagte, überkamen sie plötzlich Zweifel.

»Es könnte doch sein, meine liebe Mariangela, dass die Liebe abgekühlt ist – nach allem, was passiert ist.«

Mariangela schloss die Augen. Unbändiger Zorn stieg in ihr hoch. Am liebsten hätte sie ihr Smartphone im hohen Bogen in die Donau geworfen. Doch damit wäre kein einziges Problem gelöst gewesen.

Oliver Garrett war von dem Anruf Linkohrs völlig überrascht worden. Der Kriminalist hatte sich nicht abwimmeln lassen und ein ›rein informatives Gespräch‹ gefordert, ohne preiszugeben, worum es überhaupt ging. Widerwillig kam Garrett der Aufforderung zu einem sofortigen Treffen nach. Weil er erklärt hatte, im Institut unabkömmlich zu sein, war Linkohr auf die Idee verfallen, das Gespräch auf dem Parkplatz der nahen Ulmer Universität zu führen. Treffpunkt: Bushaltestelle in Richtung Innenstadt.

Bereits eine knappe halbe Stunde später sah er den jungen Mann dort stehen: Kurze schwarze Haare, dunkelblaue Jacke und klobige, grün schimmernde Turnschuhe. Linkohr hielt an, reckte ihm seinen Dienstausweis entgegen und bat ihn, einzusteigen. Garrett machte einen nervösen Eindruck und versuchte, durch einige arrogante Bemerkungen von seiner Unsicherheit abzulenken.

»Sie reißen mich mitten aus einer Besprechung heraus«, warf er Linkohr vor, der die Klimaanlage einschaltete, weil die Sonne bereits gnadenlos gegen die Windschutzscheibe knallte. »Wir hätten Sie auch ins Ulmer Präsidium vorladen können«, konterte Linkohr und bemerkte, dass sich auf der Stirn des jungen Mannes feine Schweißperlen gebildet hatten. »Seien Sie dankbar, dass ich Ihnen entgegenkomme. Außerdem ist manchmal ein Gespräch unter vier Augen und an neutralem Ort wesentlich zielführender.« Linkohr lächelte.

»Um ehrlich zu sein, ich kann mir überhaupt nicht vorstellen, was Sie von mir wollen.«

»Wirklich nicht? Keine Ahnung?«

Garrett krallte sich mit den Händen in die Polster des Sitzes.

»Vielleicht aber doch?«, machte Linkohr weiter. »Die Leiterin Ihres Instituts, in dem Sie beschäftigt sind, die hat Ihnen und Ihren Kollegen nicht davon berichtet?«

»Wovon soll sie denn berichtet haben?«

»Dass sie Opfer eines Lauschangriffs geworden ist. Minikamera in der Steckdose und so?«

»Ach das meinen Sie!« Garrett, so empfand es Linkohr,

schien erleichtert. »Dieses Ding in der Steckdose, ja klar, natürlich, davon hat sie berichtet. Und weshalb kommen Sie deshalb zu mir?«

»Wir kommen nicht nur zu Ihnen, aber Sie waren doch gelegentlich zu Besuch bei Frau Langbein?«

»Und da habe ich dann diesen Videospion in die Steckdose gesteckt, stimmt's? So denken Sie jetzt.«

»So denken wir überhaupt nicht«, log Linkohr. »Es geht nur um den Abgleich einiger Daten.«

»›Abgleich einiger Daten‹, so nennt man das jetzt«, keifte Garrett, woraufhin Linkohr entschied, die Gangart etwas schärfer zu gestalten: »Es geht nicht nur um diese Wanze – es geht um viel mehr. Es geht beispielsweise auch nur um Mord.« Linkohr wählte bewusst die zynische Art.

»Um Mord?« Der junge Mann neben ihm schien plötzlich wie vom Donner gerührt. »Um Mord? Wieso denn um Mord?«

»Lesen Sie keine Zeitung? Mord an Misselbrünns Frau – diesem Banker.«

»Aber jetzt versteh ich überhaupt nichts mehr. Was hat diese Wanze bei Eva – ich meine: bei Frau Langbein – mit diesem Verbrechen zu tun?«

»Das genau wollen wir herausfinden.«

»Bei mir, oder was?«

Linkohr gab keine Antwort darauf. »Sie wurden uns als enger Vertrauter von Frau Langbein geschildert.«

Ein Lächeln zuckte über Garretts Gesicht. »Ja, Vertrauter, natürlich. Und jetzt glauben Sie, ich hätte das schamlos ausgenützt? Sie sollten nicht gleich voreilige Schlüsse ziehen.«

»Das tun wir auch nicht«, beruhigte Linkohr und wechselte das Thema: »Hatten Sie in der jüngsten Vergangenheit den Eindruck, dass sich jemand auffallend für die Forschung Ihres Teams interessierte?«

Garrett zuckte mit den Schultern. »Was heißt auffallend? Wenn sie im Kollegenkreis auf ihre Arbeit angesprochen werden, dann ist das Thema Akkus und alles, was damit zusammenhängt, natürlich von großem Interesse. Was wir entwickeln, interessiert die ganze Welt.«

Linkohr bemerkte, dass er den richtigen Nerv seines Gegenübers getroffen hatte.

»Wir sind führend in diesem Bereich. Natürlich gibt es noch viele andere – aber wer plötzlich die Nase vorn hat, der ist der King.«

Linkohr hörte aufmerksam zu. »Um genau das geht es uns. Deshalb meine Frage: Ist Ihnen in letzter Zeit etwas Verdächtiges aufgefallen, das in Richtung – ja, sagen wir mal – Industriespionage gehen könnte?«

Garrett sah durch die Windschutzscheibe die Straße entlang und schien angestrengt nachzudenken. »Also wenn ich mir das so überlege – nein, nichts Auffälliges. Ich würde dann auch sofort hellhörig werden, weil wir ja vom Institut aus zu Verschwiegenheit und Geheimhaltung verpflichtet worden sind.« Er lächelte. »Nicht einmal Ihnen dürfte ich den Stand unserer Forschung erklären.«

Linkohr gönnte sich eine kurze Pause, während der er das Lenkrad fest umklammerte und dann entschied, einen Frontalangriff zu starten: »Sagt Ihnen der Name Mehlfurt etwas?«

Garretts Kopf schnellte zu ihm herüber. »Mehlfurt? Ist das der, der seit Tagen gesucht wird? Dieser verschwundene Mann an der Donau?«

»Richtig, der auch. Das stand so in der Zeitung. Aber es gibt da noch einen Mehlfurt – einen Sohn.«

Garrett kniff die Augen zusammen, als wolle er jetzt Linkohr besonders scharf ins Visier nehmen. »Wen?«, war alles, was er herauspresste.

»Ja, Ralf Mehlfurt, den Sohn des Vermissten.«

»Jaja«, antwortete Garrett. »Den Namen hat Eva – also Frau Langbein – neulich beiläufig erwähnt. Sie hat ihn wohl mit der Sache mit der Wanze beauftragt. Dieser Ralf scheint auch ein EDV-Experte zu sein.«

»Ah ja, dann hat man also darüber gesprochen?«

»Ja natürlich.« Garrett schien seinen Tiefpunkt wieder überwunden zu haben.

»Welche Art Beziehung hat denn Frau Langbein zu diesem Ralf?«

»Wie?« Mit dieser Frage hatte Garrett nicht gerechnet. »Beziehung? Sie meinen, intim und so?«

»Beispielsweise, ja.«

»Keine Ahnung«, erwiderte Garrett kühl und schnell. »Wissen Sie, das interessiert mich auch nicht.«

»Und Sie?«

»Wer – ich?« Garrett wurde verlegen.

»Ja, Sie. Wie würden Sie Ihre Beziehung zu Frau Langbein beschreiben?«

Garrett sah wieder geradeaus auf die Straße. »Kollegial und freundschaftlich. Mehr nicht. Wer etwas anderes behauptet, der lügt.«

»Wer sollte denn etwas anderes behaupten?«

»Na ja, in so einem Institut gibt es viel Klatsch und Tratsch. Da wird Ihnen schnell etwas angedichtet. Auch von Kollegen, die vielleicht auf das kollegiale oder freundschaftliche Verhältnis zwischen ihr und mir neidisch sind.«

»Also kein *Verhältnis*, wie man das landläufig so sagt?«

»Nein, nichts. Keine Bettgeschichte, falls Sie das meinen.«

Linkohr nickte verständnisvoll. Er konnte gut nachvollziehen, dass Garrett insgeheim vielleicht von solch einem Verhältnis zu dieser attraktiven Frau träumte.

»Noch eine allerletzte Frage, Herr Garrett«, schloss er das Interview, »Ihr Name klingt englisch oder amerikanisch. Darf ich fragen, woher er stammt?«

»Tut das etwas zur Sache? Ich kann Ihnen gerne meine Personalien geben, gar kein Problem: Oliver Garrett, 25 Jahre alt, wohnhaft in Illerkirchberg, kleines Einzimmerappartement. Geboren in Neu-Ulm. Mutter Deutsche, Vater ehemaliger GI, also US-Soldat, stationiert gewesen in Neu-Ulm bis zur Wende und jetzt Frührentner. Zufrieden?«

»Fast«, nickte Linkohr. »Sie persönlich haben aber keine Beziehungen zur US-Armee oder deren Dienststellen?«

Garretts Blick verfinsterte sich wieder. »Meinen Sie zur NSA, oder was?«

»Nein, nur ganz allgemein.«

»Natürlich – bloß weil ich einen amerikanischen Namen habe, muss ich doch nicht gleich für den Geheimdienst arbeiten. Oder ist jeder, der einen türkischen Namen hat, auch gleich ein islamistischer Terrorist?«

Linkohr verzichtete auf eine Erwiderung, wunderte sich aber über das plötzlich aggressive Verhalten des jungen Mannes.

Linkohr lag noch eine weitere Frage an ihn auf der Zunge. Doch sie wäre mit einem Namen verbunden gewesen, den er zum gegenwärtigen Zeitpunkt nicht nennen wollte. Stattdessen überreichte er dem jungen Mann eine Visitenkarte: »Falls Ihnen doch noch etwas einfallen sollte, das Sie mir sagen möchten, hier erreichen Sie mich immer.« Er deutete auf die Handynummer. »Rufen Sie mich einfach an. Rund um die Uhr.«

Oliver überlegte kurz, griff dann aber nach der Karte und steckte sie ein. »Ich wüsste zwar nicht, was ich Ihnen so Dringliches zu sagen hätte. Aber man weiß ja nie, wofür solch eine Telefonnummer gut ist.«

Häberle hatte vergeblich versucht, Rimbledon an die Strippe zu bekommen. Doch mehr als den automatischen Anrufbeantworter bekam er übers Festnetz nicht zu hören. Er hatte die Kollegen der bayrischen Polizeiinspektion Dillingen gebeten, zur angegebenen Adresse in Lauingen zu fahren, aber sie hatten wenig später mitgeteilt, dass sie nur das verschlossene Haus angetroffen hätten; die heutige Zeitung stecke noch im Briefkasten. Und beim Blick durchs Garagenfenster hätten sie festgestellt, dass dort kein Auto stehe. Eine etwas weiter entfernt wohnende Nachbarin habe gesagt, Rimbledon sei bereits am Vorabend weggefahren und offenbar seither nicht wieder zurückgekehrt.

Häberle biss sich verärgert auf die Lippe und überlegte, ob er Rimbledon zur Fahndung ausschreiben lassen sollte. Aber mit welcher Begründung? Alles, was sie bisher hatten, war nur ein vager Verdacht. Und außerdem würde es beim Innenministerium wieder großer Überzeugungskunst bedürfen, um diesen angeblichen V-Mann der Polizei anzuschwärzen. Trotzdem versuchte er, den V-Mann-Führer zu erreichen. Häberle hatte dessen Vorgänger zwar gekannt, aber mit dem jetzigen noch nicht direkt zu tun gehabt. Er bekam ihn sofort an den Apparat, schilderte die Situation und verlangte im dienstlichen Ton Auskunft darüber, ob der derzeitige Aufenthaltsort Rimbledons bekannt sei und falls ja, welche Aufgabe ihm momentan obläge.

»Herr Rimbledon ist derzeit nicht für uns tätig«, kam es trocken zurück.

Häberle versuchte, sich den Kollegen dort vorzustellen. Die Stimme klang zwar jung, aber vermutlich war der Mensch, dem sie gehörte, längst in die Rolle eines Verwaltungsbeamten hineingewachsen. »Rimbledon muss sich also nicht gelegentlich bei euch melden?«, fragte Häberle nach.

»Wenn er keinen offiziellen Auftrag hat, nein.«

»Und wo erreicht ihr ihn, wenn ihr ihn braucht?«

»Über sein Handy.«

»Ach – er hat ein Handy.« Häberle atmete schwer und ließ es ironisch klingen. »Dann können Sie mir doch sicher seine Nummer geben.«

»Hm«, machte der Bürokrat, »da müsste ich mich zuerst bei unserem Datenschützer kundig machen.«

Häberle war drauf und dran, die Fassung zu verlieren, mäßigte sich aber, weil er aus leidvoller Erfahrung wusste, dass sich Bürokraten dann erst recht herausgefordert fühlten und alle Register zogen, ihre volle Macht auszuspielen.

»Dann tun Sie es und rufen Sie mich so bald wie möglich zurück«, erwiderte er auf den Hinweis mit dem Datenschützer.

Häberle legt nur kurz auf, nahm den Hörer wieder in die Hand und meldete seinen Besuch bei Frau Mehlfurt in Niederstotzingen an. Zuvor jedoch brachte er mit sanfter Stimme sein Bedauern darüber zum Ausdruck, dass die aufwändige Suche nach ihrem vermissten Mann noch immer kein Ergebnis erzielt hatte.

Dies half allerdings nicht, ihre Skepsis gegenüber Häberles Ansinnen, sie kurz aufsuchen zu wollen, einzudämmen. Er musste deshalb hartnäckig bleiben, beantwortete auch keine der vielen Fragen, die sie stellte, sondern gab ihr unmissverständlich zu verstehen, dass er in einer Dreiviertelstunde bei ihr sein werde. Falls sie ihn nicht empfange, werde sie eine offizielle Einladung zur Vernehmung erhalten, und zwar für morgen früh, acht Uhr, ins Präsidium nach Ulm. Dies half, ihren Widerstand zu brechen. Überhaupt hatte Häberle in letzter Zeit den Eindruck, dass allein die Erwähnung des neuen Präsidiums den Menschen weitaus mehr Respekt einflößte als die frühere Bezeichnung ›Polizeidirektion‹. Dabei hatte sich außer dem Namen nicht viel verändert – außer dass der Verwaltungswasserkopf noch größer geworden war, dachte Häberle. Allein schon das Gebäude, das in Ulm der ›Neue Bau‹ genannt wurde, gab rein optisch weit mehr her als das Konglomerat aus verschiedenen Häusern, wie es die Direktion in Göppingen dargestellt hatte. Er hingegen wirkte mit seiner fünfeckigen Form wie eine Trutzburg, die abseits des Münsters stand.

Häberle legte auf und rief nach der Kollegin, die aus den Reihen des Spezialeinsatzkommandos für einen Tag der Sonderkommission zugeteilt war. »Eine kleine Aufgabe für uns«, sagte er, als die sportliche Endzwanzigerin mit ihren zum Pferdeschwanz gebundenen schwarzen Haaren zu ihm ins Zimmer kam. Häberle hatte bereits am Vormittag, als sie zum Dienstbeginn erschienen war, keinen Zweifel daran, dass sie es mit jedem Verbrecher auch im Nahkampf aufnehmen würde. Ohnehin war das Verfahren zur Aufnahme ins SEK äußerst anspruchsvoll, sodass letztlich nur die Fittesten und Gewieftesten, vor allem aber die Sportlichsten und Ehrgeizigsten dieser Einheit angehören konnten, die fürs Bundesland Baden-Württemberg in Göppingen stationiert war.

Christine, wie sie sich beim Vornamen nennen ließ, war hoch motiviert und mit dem, was am Abend auf sie zukommen würde, längst vertraut gemacht. Auch Linkohr hatte sich ihrer bereits fürsorglich angenommen, wie Häberle schmunzelnd bemerkt hatte.

Nach Niederstotzingen nahm sie Häberle nur mit, weil er mit Frau Mehlfurt vorsichtshalber nicht allein sein wollte. Man konnte nie wissen. Oft genug schon waren Kollegen wegen angeblicher sexueller Übergriffe in große Schwierigkeiten geraten.

Auf der Fahrt interessierte sich Häberle für den bisherigen beruflichen Werdegang Christines, die seit vier Jahren dem SEK angehörte und von zahlreichen sehr gefährlich klingenden Einsätzen berichten konnte.

Was denn ihr Freund dazu sage, wollte Häberle wissen – eine Frage, die vermutlich auch Linkohr längst gestellt hatte. »Ich bin derzeit solo«, sagte sie selbstbewusst. »Das ist in diesem Job auch das Beste. Mein Ex war auch Polizist – das heißt: Er ist es noch immer, im Revier Stuttgart-Mitte. Es hat zeitlich einfach nicht gepasst.« Sie lächelte, als trauere sie dieser zerbrochenen Liebe nicht nach.

Silke Mehlfurt öffnete sofort und führte die beiden Besucher mit missmutigem Gesicht in das rustikal eingerichtete Esszimmer. Häberle überlegte, ob ihr Sohn Ralf anwesend war. In der elterlichen Wohnung schien er sich jedenfalls nicht aufzuhalten.

»Ich hab auch gar nicht viel Zeit, das hab ich Ihnen schon am Telefon gesagt«, betonte Frau Mehlfurt und bot den Besuchern an dem eichenen Esstisch Plätze an.

Häberle knüpfte seine Jacke auf. »Es gibt nur ein paar Dinge, die sich persönlich besser besprechen lassen als am Telefon.«

»Ich denke, ich habe Ihnen schon alles gesagt«, gab Frau Mehlfurt patzig zurück. »Mir wäre es lieber, Sie kämen und würden mir sagen, dass Sie meinen Mann gefunden haben.«

»Es gibt leider nichts Neues, obwohl die Kollegen in Bayern und im angrenzenden Württembergischen das Gelände durchkämmt haben. Wir rätseln immer noch, warum das Auto aus der Garage gestohlen und in Neresheim abgestellt wurde.«

Frau Mehlfurt, auf deren Stirn sich sorgenvolle Falten gebildet hatten, holte tief Luft. »Sie können sich nicht vorstellen, wie das einen zermürbt. Jedes Mal, wenn das Telefon klingelt, denke ich, er meldet sich. Ein Mensch kann doch nicht einfach spurlos verschwinden.«

Häberle war darauf gefasst, dass sie in Tränen ausbrach, doch dazu kam es nicht. »Ich hoffe, Ihr Sohn Ralf steht Ihnen in diesen Tagen zur Seite«, sagte er ruhig.

»Ralf, ja, der hat aber auch seinen Job. Er hat zwar ein paar Tage freigenommen, aber irgendwann wird er wieder zurück müssen.«

»Ralf«, so begann Häberle auf das Thema einzugehen, »ist einer jener Punkte, über die wir uns unterhalten sollten.«

»Ralf?«

»Als Sie Ihren Sohn am Montagabend angerufen haben, hat er Ihnen gesagt, er sei in der Darmstädter Gegend unterwegs?«

»Ja, das hat er«, bestätigte sie zögernd. »Stimmt was nicht?«

»Wir haben festgestellt, dass er zu diesem Zeitpunkt gerade auf der A8, also auf dieser Autobahn da drüben unterwegs war – in Richtung Südtirol.«

»Wie? Er war hier?«

»Nicht direkt hier, er ist, wie gesagt, auf der A8 zuerst nach München und dann weiter Richtung Süden gefahren, nach Südtirol.«

Sie schien von dieser Nachricht echt überrascht zu sein. »Dazu kann ich nichts sagen. Da sollten Sie ihn selbst fragen. Er ist aber nicht da.«

Häberle gab sich abwartend. Sein Blick hing an dem bunten Blumenstrauß, der auf der Arbeitsplatte stand, die das Esszimmer von der Küche trennte. »Dies war der eine Punkt«, machte er weiter und verschränkte die Arme vor der Brust, »der andere betrifft Sie.«

»Mich?« Aus ihrem Gesicht entwich die Farbe, sodass die Schminke unangenehm auffiel.

»Als ich mit meinem Kollegen Linkohr vorgestern, am Mittwoch, bei Ihnen war, hatten wir Sie gefragt, ob Sie einen Herrn Rimbledon kennen.«

Häberle und Christine warteten gespannt auf eine Reaktion, aber Frau Mehlfurt blieb still sitzen und starrte den Chefermittler an.

»Sie haben gesagt, Sie würden ihn nicht kennen«, fuhr Häberle so ruhig fort, als handle es sich um eine beiläufige Feststellung.

Die Frau schwieg. Vermutlich schwankt sie zwischen Zorn und panischer Angst, dachte Häberle, weshalb er nicht allzu energisch nachfragen wollte. »Dafür kann es eine ganz normale Erklärung geben. Manches vergisst man …«

Christine war offensichtlich bereit, sofort einzugreifen, falls die Frau jetzt eine falsche Bewegung machen sollte. Doch Silke Mehlfurt blieb von ihrer Angststarre gefangen. Häberle entschloss sich für behutsames Vorgehen. »Manches kommt erst wieder in Erinnerung, wenn man ein Stichwort hört.« Er pausierte kurz. »Stichwort ›Cooke Barracks‹ Göppingen, amerikanischer Stützpunkt.«

Silke Mehlfurt atmete schwer, ihr Brustkorb bebte, sie ballte die Hände zu Fäusten. Doch es war kein Zeichen für einen drohenden Angriff, sondern des Zorns. »Sie haben mir nachgeschnüffelt«, brach es aus ihr heraus – eine Reaktion, mit der Häberle gerechnet, ja, die er sogar bewusst provoziert hatte. »Es ist unsere Aufgabe, die Zusammenhänge herauszufinden«, sagte er. »Sie und Herr Rimbledon waren Kollegen vor der politischen Wende. Sie waren Zivilangestellte der US-Army.«

»Ja und?«, giftete Frau Mehlfurt. »Was wollen Sie damit sagen?«

»Zunächst einmal nichts«, blieb Häberle gelassen. »Das ist nur eine Feststellung – eine von vielen, wie wir sie bei jedem Fall zusammentragen. Rückschlüsse ziehen wir erst ganz am Schluss.«

Christine verfolgte das Gespräch gebannt und bewunderte Häberles Vernehmungsmethode. Der Mann schaffte es, auch kritische Situationen mit der nötigen Ruhe und Zurückhaltung zu meistern.

Frau Mehlfurt rang sich kreidebleich zu einer Erklärung durch: »Wir waren Kollegen, ja, das ist lange her. Sehr lange. Manchmal telefonieren wir noch miteinander. Zu Geburtstagen oder zu Weihnachten.«

»Sonst aber gibt es keine Beziehung?«

Sie wurde unsicher. »Beziehung? Nein.« Ihre Stimme hatte einen seltsam kühlen Unterton angenommen.

»Gab es dann einen Grund, uns vorgestern diesen Kontakt vorzuenthalten?«

»Nein – wieso sollte ich Ihnen das bewusst vorenthalten haben? Ich hab's schlicht und einfach vergessen, vielleicht verdrängt, weil ich es für völlig unwichtig erachtete.« Wieder atmete sie schwer. »Und jetzt möchte ich Sie bitten, mich nicht länger zu belästigen. Oder haben Sie vergessen, welch schwere Zeit ich gerade durchmache? Seit fast einer Woche kann ich nicht mehr richtig schlafen.« Sie sah die beiden Besucher an. »Anstatt mit allen Kräften nach meinem Mann zu suchen, stellen Sie mir irgendwelche Fragen, die überhaupt nichts damit zu tun haben.«

Häberle nickte verständnisvoll. »Meine Kollegen lassen bei der Suche nach Ihrem Mann nichts unversucht, das dürfen Sie mir glauben.«

Sie schloss kurz die Augen. »Gibt es denn keine Hinweise darauf, dass er verschleppt wurde? Er lässt doch sein Fahrrad nicht zurück und verschwindet.«

»Wir gehen allem nach, Frau Mehlfurt. Wirklich allem. Seit das Auto aus der Garage gestohlen und jetzt in Neresheim aufgefunden wurde, sind sich die Kollegen absolut sicher, dass Ihr Mann nicht freiwillig verschwunden ist.« Er sah die Gelegenheit gekommen, eine weitere Frage zu stellen: »Hatte Ihr Mann mit dem Auto in jüngster Zeit einen Unfall?«

»Nein, nicht dass ich wüsste. Hat man denn etwas festgestellt?«

»Nein, nicht direkt«, wand sich Häberle heraus, um gleich mit einem anderen Thema abzulenken: »Hat Ihr Mann eigentlich Lotto gespielt?«

Ihre Mundwinkel zuckten, ihre Miene erstarrte. »Lotto? Sie meinen, er ist ein Glücksspieler?«

»Nein, es würde uns nur interessieren, ob er regelmäßig Lotto gespielt hat.«

»Keine Ahnung.« Sie wich seinen Blicken aus. »Das ist schließlich nichts Unrechtes. Ich weiß es nicht, wirklich nicht.« Sie wartete auf eine Reaktion Häberles, doch weil dieser schwieg, hakte sie nach: »Warum fragen Sie?«

Häberle ging nicht weiter darauf ein.

Linkohr war es gelungen, über die Rezeption des ›Schiefen Hauses‹ an die Handynummer von Mariangela Carlucci zu gelangen. Er erreichte sie sofort, doch als er sich als Kriminalist vorstellte, war es plötzlich still in der Leitung. Noch während er darlegte, dass man sie nur informatorisch zu »einem Fall befragen« wolle, um »ein paar Kleinigkeiten« abzuklären, ging ihr italienisches Temperament mit ihr durch: Sie wolle nichts, aber auch gar nichts mit der deutschen Polizei zu tun haben. Und den Herrn Misselbrünn, dessen Namen Linkohr zwangsläufig als Grund seines Anrufs hatte nennen müssen, kenne sie ohnehin nur am Rande. Als einen alten Freund der Familie, mehr nicht. Doch Linkohr blieb hartnäckig. Er bestand auf einem sofortigen Gespräch und drohte mit weiteren Ermittlungen »durch die Staatsanwaltschaft.« Linkohr hoffte, sie damit zum Einlenken bewegen zu können. Während sie ihren bissigen Redefluss auf ihn niederprasseln ließ, verfiel sie immer wieder ins Italienische, wovon Linkohr lediglich mehrfach »Mamma mia« herauszuhören glaubte. Sie wollte wissen, woher die Polizei überhaupt ihren derzeitigen Aufenthaltsort kenne – doch Linkohr sagte nichts. Er versuchte, sich diese temperamentvolle Italienerin vorzustellen. Gewiss schwarzhaarig, schlank und rassig, dachte er und wartete einen jener Momente ab, in denen sie Luft holen musste. »Ich schlage vor, wir treffen uns an der Rezeption Ihres Hotels. In 30 Minuten«, bestimmte er.

Mariangela schien mit einem solchen Befehlston nicht gerechnet zu haben. »Wie bitte?«

»In 30 Minuten im ›Schiefen Haus‹«, wiederholte Linkohr noch eine Spur energischer. »Und falls Sie nicht da sind, wird sich der Staatsanwalt einschalten.« Es war eine leere Drohung, von der Linkohr jedoch hoffte, dass sie auf die Italienerin Eindruck machte. Sie schwieg, worauf der Kriminalist noch deutlicher wurde: »In 30 Minuten. Haben Sie mich verstanden? Falls nicht, werden Sie sofort zur Fahndung ausgeschrieben und Sie werden noch festgenommen, ehe Sie unsere Landesgrenzen erreicht haben.«

Linkohr wartete keine Gegenreaktion mehr ab. Er legte auf, war sich aber nicht im Klaren, ob diese Drohungen etwas nutzten. Für eine Festnahme würde es niemals reichen. Denn ein außerehelicher Seitensprung war schließlich nach dem Strafgesetzbuch nicht verboten. Zum Glück, dachte Linkohr, auch wenn er selbst nicht verheiratet war.

Seit Ralf vergangene Nacht den Namen jenes Mannes gehört hatte, der ihm an der Donau vor die Kameralinse geraten war, drehte sich in seinem Kopf alles nur noch um ihn und dessen Beziehung zu seiner Mutter. Rimbledon, wohnhaft in Lauingen im Landkreis Dillingen – so hatte es ihm sein Kollege übermittelt. Ralf war bereits dort gewesen, hatte sich aber schnell entfernen müssen, weil sich offenbar auch die Besatzung eines Streifenwagens für die Wohnanschrift des Mannes interessierte.

Rimbledon, so hatte er aus sicherer Distanz beobachtet, war allem Anschein nach nicht daheim. Jedenfalls waren die Uniformierten, nachdem sie ein paar Worte mit einer Nachbarin gewechselt hatten, unverrichteter Dinge wieder davongefahren.

Ralf hatte noch ein paar Minuten gewartet, war dann ebenfalls über den mit grobem Kies bestreuten Weg zur Haustür gegangen, um zu klingeln. Natürlich gab es auch bei ihm keine Reaktion. »Da ist niemand daheim«, hörte er plötzlich eine Frauenstimme quer über die Wohnstraße schallen. Es war die Nachbarin, mit der vor wenigen Minuten erst die Polizisten gesprochen hatten. »Herr Rimbledon ist außer Haus«, wiederholte sie, während sich Ralf ihr langsam näherte. Die Frau mittleren Alters war damit beschäftigt, ihren elektrischen Rasenmäher startklar zu machen, musste jedoch erst das hoffnungslos verknotete Stromkabel entwirren.

»Haben Sie denn eine Ahnung, wo er sein könnte?«, fragte Ralf höflich und mit charmantem Lächeln nach.

»Der ist oft unterwegs«, erwiderte die Frau, ohne ihn eines Blickes zu würdigen. »Gerade eben war sogar die Polizei da und hat nach ihm gefragt. Hat er denn was angestellt?« Sie zerrte an dem Kabel, womit sie es immer fester verknotete.

»Weiß ich nicht«, sagte Ralf. »Ich wollte ihn nur mal wieder besuchen. Ich bin ein guter Freund von ihm.«

»Wenn Sie ein guter Freund von ihm sind«, meckerte die Frau, »dann hätten Sie doch vorher anrufen können, wenn Sie ihn besuchen wollen.«

»Ich war gerade zufällig in der Gegend«, log Ralf gelassen. »Und seine Handynummer hab ich daheim. Leider.«

»Dann kann ich Ihnen auch nicht weiterhelfen«, zeigte sich die Frau desinteressiert, während sie zum wiederholten Mal das Kabelende durch irgendwelche Schlaufen zog, immer heftiger, immer zorniger. Weil Ralf ihr neugierig zusah, warf sie ihm einen vorwurfsvollen Blick zu und sagte: »Herr Rimbledon ist oft unterwegs. Er arbeitet im Außendienst – aber fragen Sie mich nicht, was.«

»Gibt es denn niemanden, zu dem er hier engeren Kontakt hat?«, wagte Ralf einen neuerlichen Vorstoß. »Jemand, der nach seinem Haus schaut, wenn er nicht da ist?«

Sie kam einen Schritt näher. »Das bin ich. Das heißt, er

sagt immer, ich solle halt einen wachsamen Blick rüberwerfen. Mehr nicht. Das Haus hat er wohl rundum mit Alarmanlagen gesichert, aber er meint, ich solle trotzdem hin und wieder im Garten nach dem Rechten sehen.«

Ralfs Interesse stieg. »Und wenn Sie etwas Außergewöhnliches bemerken, was müssten Sie dann tun?«

»Wieso geht Sie das etwas an?« Sie wurde wieder misstrauisch und beäugte ihn von unten bis oben.

»Vielleicht haben Sie ja eine Handynummer von ihm.«

Ihr Blick war noch immer fest auf ihn gerichtet. »Natürlich hab ich das. Aber die darf ich nicht rausgeben.«

»Auch nicht einem guten Freund von ihm?«

»Woher soll ich wissen, ob Sie wirklich ein guter Freund von ihm sind? Wie heißen Sie überhaupt?«

»Jens Forster«, log er und nannte den Namen, unter dem er beruflich verdeckte Ermittlungen anstellte. Er und alle seine Kollegen bedienten sich bei heiklen Fällen falscher Namen, um die eigene Privatsphäre zu schützen. »Ich bin ein alter Freund von Herrn Rimbledon. Ich sollte ihn dringend sprechen.«

Die Frau zerrte wieder an ihrem Elektrokabel. »Herr Rimbledon hat extra ein Handy, auf dem nur ich anrufen kann. So hat er es mir mal gesagt. Eine Notfallnummer sozusagen, wenn mit dem Haus etwas ist. Die Nummer hat sonst niemand. Nur ich.« Der Stolz in ihrer Stimme war nicht zu überhören.

»Bei mir handelt es sich um eine Art Notfall, ehrlich«, knüpfte Ralf geschickt daran an. »Bitte!« Es klang geradezu flehend. »Ich muss ihn dringend sprechen.«

Die Frau hielt mit ihrer Arbeit inne und überlegte. »Gerade haben Sie mir aber gesagt, Sie seien zufällig in der Gegend …«

17

Misselbrünn hatte eine Aspirin genommen, Joggingjacke und Jogginghose angezogen und sich in einen der Terrassensessel gesetzt, die auf den Holzbohlen zwischen Haus und Swimmingpool standen. Er musste an Sylvia, seine Tochter denken, die in München einen Filmemacher geheiratet und die Kontakte zu den Eltern abgebrochen hatte. Misselbrünn war darauf gefasst gewesen, dass sie über die Nachricht vom Tod ihrer Mutter nicht gerade emotional berührt sein würde. Sylvia hatte zwar angekündigt, zur Beerdigung kommen zu wollen, doch sein Wohlbefinden schien sie nicht sonderlich zu interessieren. Ganz bestimmt aber, so schoss es ihm durch den Kopf, würde sie sich das Haus in Weiler gerne aneignen, wenn er eines Tages von der Bildfläche verschwand.

In den sanften Wellen des Wassers reflektierte das Sonnenlicht, als seien es tausend Edelsteine. Es wäre verlockend gewesen, ein erfrischendes Bad zu nehmen, aber er fühlte sich dazu viel zu schwach. Wieder mal hatte er bei der Staatsanwaltschaft angerufen und noch vor dem Wochenende wissen wollen, wann die Leiche seiner Frau endlich freigegeben würde. Man war aber nicht zu einer konkreten Auskunft bereit gewesen. Angeblich war der Zuständige am Freitagnachmittag nicht mehr zu erreichen. Und sein Stellvertreter hatte erklärt, man werde am Montag darüber befinden.

Misselbrünn wollte alles so schnell wie möglich hinter sich bringen, das Haus verkaufen und sich irgendwo in der

Nähe einer größeren Stadt niederlassen. Plötzlich erschien ihm dieses Weiler viel zu kleinbürgerlich. Außerdem würden die Menschen hier gewiss schlimme Gerüchte verbreiten. Nein, hier konnte er nicht bleiben. Schon gar nicht in diesem Wohnzimmer, in dem seine Frau tot aufgefunden worden war. Er wollte ein ganz neues Leben beginnen, was jedoch eine Illusion sein würde – angesichts seines Berufs. Vielleicht würde er sich deshalb irgendwo im Ausland eine neue Bleibe suchen, sich Hausangestellte leisten und mit niemandem über das, was geschehen war, reden. Vielleicht würde er auch spurlos verschwinden und sich um gar nichts mehr kümmern.

Während er halb liegend, halb sitzend in den blauen Himmel starrte, kämpfte er mit sich, ob er den für heute Abend anstehenden Termin wahrnehmen sollte oder ob es einfach zu gefährlich war, diese Angelegenheit weiter zu verfolgen. Andererseits würde er sich wohl eher noch mehr verdächtig machen, wenn er das vor Wochen geplante Treffen mit Frau Langbein platzen ließ. Vielleicht aber hätte sie sogar Verständnis dafür. Er könnte sagen, er sei durch den Tod seiner Frau psychisch gar nicht zu solchen Gesprächen fähig. Aber schließlich musste das Leben weitergehen. *The show must go on*, kam es ihm in den Sinn. Die Show muss weitergehen – auf allen Bühnen der Welt, und wenn das Drumrum noch so grausam ist.

Er hätte nicht mehr sagen können, wie lange er so in den Himmel gestarrt und mehrere Kondensstreifen verfolgt hatte, die sich hier, unweit der Navigationsfunkfeuer des Stuttgarter Verkehrsflughafens, zu kreuz und quer verlaufenden Linien formierten, aufquollen und wieder zerfielen. Während sein Geist dahindämmerte, zwischen Realität, Fantasie und Ängsten, riss ihn plötzlich der schrille elektronische Ton seines italienischen Handys hoch. Er holte tief Luft und stieg langsam aus seinem Sessel, schlüpfte in die Badeschlappen und ging in die Wohnung zurück. Dort sah er auf das Display des Geräts und erkannte die Nummer. Nein, jetzt wollte er nicht mit Mariangela reden. Nicht jetzt. Er warf das röhrende Gerät auf die Couch und deckte es mit einem Kissen ab. Dann ging er zu seinem Sessel zurück. Er musste seine Gedanken ordnen, die sich immer wieder um die eine Frage drehten, welche Erkenntnisse die Kripo zum Tod seiner Frau bereits gewonnen hatte.

Ralf zuckte innerlich zusammen. Verdammt, dachte er, die Frau ist clever. Rimbledons Nachbarin von schräg gegenüber hatte ihn bei einem Widerspruch entlarvt. Wieso sollte er etwas Wichtiges mit ihm zu besprechen haben, wenn er angeblich nur rein zufällig in der Gegend war? Ralf lächelte. »Stimmt«, ging er sofort auf ihren Einwand ein, »weil ich gerade hier in der Gegend war, wollte ich die Gelegenheit wahrnehmen, ein wichtiges Problem gleich mit ihm direkt zu besprechen.«

»Hm«, machte die Frau und musterte ihn erneut. »Wie heißen Sie? Jens …?«

»Jens Forster«, wiederholte Ralf seinen falschen Namen. »Forster, mit ›o‹.«

Sie schien sich den Namen einprägen zu wollen, wischte sich die Hände an ihrer Arbeitsschürze ab und stapfte über die Wiese zum Haus. »Ich schau mal nach«, murmelte sie dabei. »Aber Sie müssen Herrn Rimbledon sagen, dass Sie mich bedrängt haben, die Nummer rauszugeben.«

Ralf versprach es, sah sich um, bewunderte die bunten Blumen und staunte über die Ruhe, die in diesem Wohngebiet herrschte. In der Luft lag nur das Zwitschern der Vögel, kein Autolärm störte die Idylle. Die villenartigen Häuser mit ihren großflächigen Grundstücken versteckten sich hinter üppigem Heckenbewuchs. Auch Rimbledons Gebäude war von allen Seiten von Sträuchern umgeben.

Zwei Minuten später tauchte die Frau wieder auf, hielt ein aufgeschlagenes Notizbuch in der Hand und wiederholte ihre Bitte: »Sagen Sie Herrn Rimbledon, dass ich die Geheimnummer nur wegen Ihrer Hartnäckigkeit herausgegeben habe. Sonst kriege ich bestimmt Ärger.«

»Versprochen«, entgegnete Ralf ein zweites Mal und zog einen Notizblock und einen Kugelschreiber aus seiner Jackentasche. Die Frau diktierte ihm jede Zahl der elfstelligen Handynummer einzeln. Ralf wiederholte sie, bedankte sich und verschwand in seinem großen Porsche, in dem er sofort zu telefonieren begann.

Nach vier Ruftönen meldete sich eine Männerstimme mit einem knappen »Hallo«.

Ralf spürte seinen Puls pochen. »Herr Rimbledon?«, fragte er energisch.

»Mit wem spreche ich?«, kam es vorsichtig zurück.

»Mit jemandem, dessen Namen Ihnen geläufig sein dürfte«, sagte Ralf leise und beobachtete durch die geschlossene Seitenscheibe die Nachbarin, die jetzt ihren Elektrorasenmäher aufheulen ließ.

»Und?« Rimbledon blieb auf Distanz.

»Mehlfurt«, schockte ihn Ralf. »Mehlfurt. Nicht Johannes Mehlfurt, sondern Ralf Mehlfurt.«

In der Leitung blieb es stumm, weshalb Ralf befürchtete, Rimbledon habe aufgelegt. »Sind Sie noch dran?«, fragte er deshalb nach.

»Mehlfurt?«, echote Rimbledon schließlich. Er schien die Zusammenhänge kapiert zu haben. »Ja – und?«

»Wir sollten uns treffen«, verlangte Ralf selbstbewusst. »Dringend. Es gibt einiges zu besprechen. Und es ist auch in Ihrem Interesse.«

»Darf ich fragen, worum es geht?« Rimbledon wurde hörbar unsicher.

»Das werde ich Ihnen sagen, wenn wir uns gegenübersitzen. Von Mann zu Mann. Ich denke, Sie sind solche konspirative Treffen gewohnt. Als Spitzel der Polizei ...«, spielte Ralf seinen Trumpf aus, mit dem er beweisen wollte, dass er über die heimliche Tätigkeit Rimbledons Bescheid wusste.

»Sie spielen ein gefährliches Spiel«, drang es an Ralfs Ohr. »Sie sollten Ihre Finger von Dingen lassen, die eine Nummer zu groß sind für Sie.«

»Diese Einschätzung sollten Sie mir überlassen, Herr Rimbledon«, konterte Ralf jetzt energischer. »Ich bin kein Alleinkämpfer, falls Sie dies denken.« Damit wollte er ihm verständlich machen, dass es keinen Sinn machen würde, ihn zu liquidieren. Andere würden sofort seinen Platz einnehmen.

Rimbledon schwieg.

»Also«, machte Ralf weiter, »ich möchte Sie noch heute sehen. Allein. Ich schlage als Treffpunkt das Schützenhaus in Leipheim vor, heute Abend, 20 Uhr. Ich lass uns auf meinen Namen einen Tisch im Freien reservieren. Der Abend ist lau.«

»Wie bitte?«

»Schützenhaus Güssen in Leipheim. Ich denke, dass Sie es kennen. Ist sehr belebt dort.« Ralf wartete vergeblich auf eine Reaktion. »Dann kann uns beiden dort nichts passieren. Keine Angst also.«

Ralf hatte geschickt den Spieß umgedreht. Eigentlich

hätte er selbst allen Grund gehabt, sich vor Rimbledon zu fürchten. Doch nun hatte er diesem indirekt zu verstehen gegeben, dass auch ihm Gefahr drohen könnte. Ralf ließ ihn nicht mehr zu Wort kommen. »Sie werden vor mir da sein und nach der Platzreservierung für Mehlfurt fragen. Ich komme dann. Dass Sie mich möglicherweise nicht erkennen, ist egal. Dafür kenne ich Sie umso besser.«

»Jetzt mal langsam, junger Mann ...«

»Kein Wort mehr, Herr Rimbledon. Sie kommen – und zwar allein. Wenn nicht, dann ...«

»Hören Sie auf, mir zu drohen. Ich bin weit weg unterwegs. Wie soll ich da in ein paar Stunden in Leipheim sein?«

»Das ist Ihr Problem«, giftete Ralf zurück, musste sich aber eingestehen, dass Rimbledon tatsächlich einige Hundert Kilometer entfernt sein konnte. »Wo sind Sie denn?«

»Das geht Sie einen Dreck an«, wurde Rimbledon jetzt ungehalten. »Sie werden mir gar nichts vorschreiben. Gar nichts.«

»Okay, das ist Ihre Entscheidung. Mit Ihrem schnellen Wagen schaffen Sie das, auch wenn Sie jetzt noch einige hundert Kilometer entfernt sind. Sie sollten es schaffen, Herr Rimbledon.« Weil sein Gesprächspartner nichts erwiderte, schob Ralf noch eine Bemerkung nach: »Oder sind Sie schon auf der Flucht?«

Linkohr war geradezu atemlos. So hatte er sich Mariangela in seinen kühnsten Träumen nicht vorgestellt. Nachdem sie am Telefon ziemlich ruppig gewesen war, hatte er sein ursprüngliches Wunschbild von ihr ohnehin negativ verändert. Als sie jetzt die schmale Holztreppe im ›Schiefen Haus‹ heruntergestöckelt kam, wurde sein Blick zunächst wie magisch von den miniberockten Beinen angezogen, ehe er der weiteren weiblichen Formen gewahr wurde und schließlich in ein aschfahles Gesicht sah, aus dem sie ihn mit großen, aber kalten Augen anstarrte.

Linkohr rang sich ein charmantes Lächeln ab, reichte ihr die Hand zur Begrüßung und sagte: »Wir haben miteinander telefoniert. Schön, dass Sie hier sind.«

Grußlos erwiderte sie: »Sie haben mich dazu gezwungen. Wollen wir hier oder gehen wir irgendwohin?«

Linkohr war innerlich zusammengezuckt. Das ›wollen wir hier‹, hatte sie in einem Tonfall gesagt, der alle Optionen offen hielt, dachte er – und erschrak über sich selbst. Wie konnte er sich nur in einer solchen Situation derart aus der Fassung bringen lassen? »Ich schlage vor, wir gehen in ein Straßencafé – bei diesem Wetter«, sagte er und rief sich selbst zur Ordnung. Er durfte sich jetzt nicht von den Reizen dieser Frau von seiner Arbeit ablenken lassen. Auf gar keinen Fall.

»Dann bringen wir es hinter uns«, verlangte Mariangela, wandte sich sofort zur Eingangstür und trat in die spätnachmittägliche Sommerhitze hinaus.

»Ein Wetter – fast wie bei Ihnen in Italien«, begann Linkohr eine seichte Konversation und steuerte über das Kopfsteinpflaster auf ein Café zu, wo er einen der wenigen freien Tische unter einem Sonnenschirm erspähte.

»Sie sehen schon«, sagte Linkohr, als sie sich setzten, »wenn die Polizei Schlimmes mit Ihnen vorhätte, würden wir uns jetzt nicht zwanglos in einem Café unterhalten, sondern Sie ins Präsidium vorladen.«

»Sie sind auf mich gekommen, weil Frau Misselbrünn umgebracht wurde«, kam sie für Linkohr überraschend sofort zur Sache, während er noch in der Eiskarte blätterte. »Ja«, sagte er. »Das Ehepaar Misselbrünn hat einen sehr großen Bekanntenkreis, und wir halten es für notwendig, alle diese Menschen zu befragen.«

Er sah ihr in die großen dunklen Augen, in der er jedoch keinerlei Sympathie für ihn erkennen konnte. »Sie sind eine der vielen Randfiguren – wenn ich das mal so sagen darf.«

»Sie haben Herrn Misselbrünn observiert – so sagt man doch, oder?«

»Wir sind rein zufällig auf Sie gestoßen«, log Linkohr. »Deshalb die neugierige Frage: Sind Sie nur hierhergekommen, um Herrn Misselbrünn zu besuchen?«

»Das ist eine indiskrete Frage. Ich glaube nicht, dass ich die beantworten muss.«

»Natürlich brauchen Sie nichts zu beantworten«, beruhigte sie Linkohr mit gedämpfter Stimme. Er wollte nicht, dass die Gäste am Nebentisch etwas von ihrem Gespräch mitbekamen. »Sie können auch einen Anwalt zurate ziehen, aber damit wir uns nicht falsch verstehen: Wir sehen Sie nur als eine von vielen Zeugen und nicht etwa als Beschuldigte.«

Mariangela begann, nervös in der Getränkekarte zu blättern. »Ich hatte mit Herrn Misselbrünn ein paar geschäftliche Dinge zu besprechen. Wie Sie sicher auch schon herausgefunden haben, ist mein Mann alleiniger geschäftsführender Gesellschafter eines Großkonzerns in Mailand und international tätig. Da muss man die Finanzmärkte auf der ganzen Welt im Auge behalten. Herr Misselbrünn kennt sich wie kaum ein anderer in dieser komplexen Materie aus.«

»Sie sind also im Auftrag Ihres Mannes geschäftlich in Ulm, wenn ich das so zusammenfassen kann.«

Sie wollte etwas antworten, wurde aber von der Bedienung unterbrochen, die die Bestellung aufnehmen wollte. Sie entschieden sich beide für einen Bananen-Milchshake.

»Ja, rein geschäftlich«, kam Mariangela auf die Frage zurück.

Linkohr rang mit sich, ob er fragen sollte, warum die geschäftlichen Gespräche im ›Schiefen Haus‹ die ganze Nacht angedauert hatten. Er verkniff es sich aber. »Sie kommen häufig geschäftlich nach Ulm?«, fragte er stattdessen.

»Sie wollen jetzt sicher wissen, ob ich schon einmal bei den Misselbrünns im Haus war, stimmt's?« Sie hatte noch keinen Augenblick gelächelt. »Ich kann Sie beruhigen, Herr Kommissar, ich war noch nie bei den Misselbrünns. Und wenn es ein Verhältnis mit Herrn Misselbrünn gäbe – von dem Sie doch ausgehen – würde ich ja erst recht nicht in das Haus kommen, in dem seine Frau wohnt oder gewohnt hat.«

Linkohr nickte verständnisvoll. »Das klingt logisch, ja.« Er entschied, jetzt einen Schritt weiterzugehen. »Sie und Ihr Mann besitzen ein Berghaus in Sexten. Es ist Anfang der Woche niedergebrannt.«

»Das wissen Sie auch schon?«, staunte sie jetzt und zeigte zum ersten Mal so etwas wie Emotionen. »Man hat es uns niedergebrannt, angezündet. Irgendwelche Leute behaupten, es sei die Mafia gewesen, aber ich kann Ihnen versichern, Herr Kommissar, wir – mein Mann und ich – haben nie Probleme mit der Mafia gehabt. Erpressung, wenn Sie das meinen, oder Schutzgelder.«

»Und was vermuten Sie dann, was hinter dem Brandanschlag stecken könnte?«

»Neid. Neid dieser Menschen in Sexten. Den Südtirolern traue ich alles zu. In manchen steckt immer noch der Hass gegen die Italiener ziemlich tief.«

Linkohr nahm auch dies kommentarlos zur Kenntnis,

um gleich eine neue Attacke zu starten. »Sagt Ihnen eigentlich der Name ›Bronso‹ etwas?«

»Bronso?« Über ihr schönes Gesicht zuckte etwas, das auf eine Irritation schließen ließ, wie Linkohr es empfand. »Bronso, sagen Sie? Auch ein Italiener dem Namen nach?«

»Keine Ahnung. Italiener oder Südtiroler – egal.«

»Es gibt sicher viele Bronsos. Aber ...«, sie zögerte, »mir fällt keiner ein. Haben Sie einen Vornamen?«

»Nein, haben wir nicht.«

»Wer soll dieser Bronso sein – oder was soll er getan haben?«

Linkohr zuckte mit den Schultern. »Hat dann wohl nichts zu bedeuten.«

Sie sah ihn zum ersten Mal herausfordernd an, und er musste gegen das aufkommende Verlangen ankämpfen, diese Frau einmal privat treffen zu wollen. Es kam ihm Eva Langbein in den Sinn, danach aber auch gleich Christine, diese SEK-Kollegin. Er spürte, wie sein Seelenleben wieder einmal in Unordnung geriet. Aber er durfte sich jetzt in nichts hineinziehen lassen – weder von Eva Langbein noch von dieser rassigen Italienerin.

»Bronso, nein«, sagte sie schließlich bestimmt, »da kann ich Ihnen nichts dazu sagen.«

Linkohr wartete, bis die Bedienung die Gläser mit dem Bananen-Milchshake serviert hatte, in denen jeweils ein gebogener Strohhalm steckte, der mit einer Orangenscheibe garniert war.

Mariangela stocherte mit dem Halm in der Milch und sog das kühle Getränk heraus.

»Entschuldigen Sie«, sagte Linkohr langsam, »Herr Misselbrünn war noch am Montagabend in Ihrer Berghütte, das wissen wir von den Kollegen aus Sexten.« Er wollte die Journalistin nicht erwähnen. »Und drei oder vier Tage später reisen Sie zu einem geschäftlichen Gespräch zu ihm nach Ulm. Da muss es doch etwas ganz Wichtiges zu besprechen gegeben haben.«

Mariangela sah ihn nicht an, sondern angelte sich mit einem langen Löffel ein Stück Banane aus der Milch. »Es muss nicht immer etwas zu besprechen geben, Herr Kommissar. Sie kennen doch diese bürokratischen Vorschriften. Nur Unterschriften zählen. Da bleibt nichts anderes übrig, als einmal ein paar Kilometer zu fahren – auch wenn das noch so zeitaufwändig ist.«

»Es ging also um einen Vertrag«, blieb Linkohr hartnäckig.

»Eine Bürgschaftssache, ganz kompliziert. Ich glaube, das tut aber nichts zur Sache.«

»Vorläufig nicht«, erwiderte Linkohr vielsagend. Sie schien weiterhin auf ihren Shake konzentriert, während an einem der Nebentische Gäste gingen und sofort andere kamen. »Wie lange werden Sie noch in Ulm bleiben?«, wollte er von der Italienerin wissen.

»Bis übermorgen, bis Sonntag. Ich gönne mir noch ein paar schöne Tage. Sollte aber das Wetter schlechter werden, werde ich früher zurückfahren. Morgen oder schon Sonntag früh.«

Er spürte, dass das Gespräch nicht mehr sehr viel hergeben würde, doch er konnte jetzt nicht einfach aufstehen und gehen. Zudem wollte er noch ein bisschen Small Talk mit der Frau machen. Vielleicht war sie gesprächiger, wenn er keine dienstlichen Themen mehr ansprach. »Sie leben in Mailand?«, fragte er deshalb.

Sie sah auf. »Ist das eine dienstliche Frage oder wollen wir jetzt privat miteinander plaudern?« Als ob sie seine

Absicht durchschaut hätte, hob sie eine Augenbraue, was Linkohr als erstes Zeichen von Sympathie wertete.

»Privat. Auch ein Kriminalist hat ein Privatleben«, deutete er mit einem Lächeln an. »Mailand kenne ich zwar nicht, aber ich bin ein Fan der Riviera und des Gardasees.«

Ihr Gesicht nahm wieder einen misstrauischen Ausdruck an. »Gardasee?«

»Ja, ich war mal vor einigen Jahren mit Freunden am Gardasee zum Campen. Südlicher Zipfel. Nicht oben in den Bergen.«

»Wollen Sie mich jetzt schon wieder aushorchen?«

»Ich verstehe nicht so recht?«, zeigte sich Linkohr verwundert und sog genüsslich am Strohhalm.

»Jetzt tun Sie mal nicht so, als ob Sie nicht wüssten, dass mein Mann und ich auch einen Bezug zum südlichen Gardasee haben.«

»Nein, ehrlich. Weiß ich nicht.« Er versuchte, kein gesteigertes Interesse zum Ausdruck zu bringen. »Aber von uns Deutschen haben auch sehr viele einen Bezug zum Gardasee.«

Sie biss sich auf die Unterlippe, als täte es ihr leid, leichtfertig zu viel verraten zu haben. »Mein Mann und ich haben einen Zweitwohnsitz. Mailand ist uns oft zu hektisch. Nur Verkehr, Verkehr, Verkehr. Auch wenn wir außerhalb wohnen – aber Lago di Garda, vor allem außerhalb der Saison, wenn keine Deutschen da sind«, sie lächelte zum ersten Mal, »das ist eine sehr beschauliche Ecke.«

»Wo haben Sie Ihr Haus am Gardasee?«

»Entschuldigen Sie, Herr Kommissar, aber das möchte ich jetzt nicht sagen. Das wissen auch nur ganz enge

Freunde von uns.« Sie zwinkerte plötzlich mit einem Auge. »Dazu zähle ich Sie jetzt nicht.«

Linkohr nahm es kommentarlos hin, freute sich aber, dass die Frau ihre anfängliche Skepsis verloren hatte.

Sie unterhielten sich noch eine Zeit lang über Urlaube und die Konjunkturlage in Italien, über die Linkohr jedoch nur ein lückenhaftes Zeitungswissen hatte.

Dann winkte er der Bedienung zum Bezahlen. Er beglich für sie beide die Zeche, ließ sich eine Quittung geben – in der Hoffnung, dass der Bürokratismus nicht allzu aufwändig sein würde, um die Kosten erstattet zu bekommen. Sie standen beide auf, worauf Mariangela den Saum ihres Röckchens herunterzog, als sei es ihr peinlich, in Ulm derart freizügig herumzugehen. Linkohr ließ ihr den Vortritt, löste aber seinen Blick von ihrer aufregenden Figur, um im Vorbeigehen ihren Strohhalm aus dem leeren Milchglas zu nehmen und in einer Innentasche seiner Jacke verschwinden zu lassen. Mariangela hatte nichts davon bemerkt, dafür wurde Linkohr von einer jungen Frau angestarrt, die am Nebentisch saß und seinen seltsamen Diebstahl offenbar nicht zuordnen konnte.

Es war ein schwüler Abend am Gardasee. Gregori Carlucci fühlte sich nicht wohl in seiner Haut. Dass seine Frau über ein verlängertes Wochenende nach Deutschland gefahren war, um wichtige Dokumente in Empfang zu nehmen, die seinen sofortigen Ausstieg aus dem Milliardengeschäft bedeuten sollten, bescherte ihm ein ungutes Gefühl. Natürlich war Mariangela selbstbewusst genug, um sich auch in schwierigen Situationen durchsetzen zu können. Aber wenn er an Misselbrünn dachte, dann überkamen ihn Zweifel, ob sie dem gerissenen Banker gewachsen war. Am liebsten hätte er seine Frau begleitet, doch sie hatte darauf bestanden, allein zu fahren. Nach dem verheerenden Brand in der Bergvilla erschien es ihr ratsam zu sein, das Haus am Gardasee nicht leer stehen zu lassen. »Die werden uns noch ganz schön unter Druck setzen«, hatte Mariangela vor ihrer Abreise gesagt. Gregori Carlucci war über diese Worte entsetzt gewesen. Doch obwohl es sich zweifelsohne um eine Brandstiftung gehandelt hatte, konnten sie der Polizei nicht die Vorgeschichte offenbaren, die das Motiv des Täters gewesen zu sein schien. Schließlich gab es in Sexten genügend Gerüchte dazu.

Er blickte vom großzügigen Balkon auf den Gardasee hinaus, sah links gegenüber die Halbinsel Sirmione, die an Tagen wie heute gewiss wieder Tausende Touristen angezogen hatte. Dort, wo unterhalb der Villa der mit Palmen bestandene parkähnliche Garten zum See hin auslief, begrenzte der Uferweg das stattliche Grundstück. Während die Sonne hinter den sanften Hügeln jenseits des Sees langsam verschwand, waren hier, zwischen Lazise und Bardolino, noch immer viele Spaziergänger und Radler unterwegs.

Carlucci goss sich noch einmal ein Glas Rotwein von Bardolinos Sonnenhängen ein, obwohl er wusste, dass damit nichts besser wurde. Die Ereignisse der vergangenen Tage lagen bleischwer auf seinem Gemüt. Er nahm einen kräftigen Schluck und ließ sich hinter dem gläsernen Geländer des Balkons in einen Gartensessel sinken. Er musste an Misselbrünn denken, der nach der vorausgegangenen hitzigen Diskussion im Berghaus seltsam verändert, aber nicht gerade panisch auf die Todesnachricht seiner Ehefrau reagiert hatte. Aber vermutlich lag es daran, dass man in Kreisen, in denen Misselbrünn verkehrte, die Emotionen unterdrückte, um keine Schwächen zu zeigen.

Carlucci versuchte, sich den Montagabend auf der Berghütte noch einmal mit allen Details in Erinnerung zu rufen. Als äußerst unangenehm hatte er das unbekannte Auto empfunden, das plötzlich an der Zufahrt aufgetaucht und dann von Bronso in die Flucht geschlagen worden war.

Bronso, ja, durchzuckte es ihn. Der hatte sich seit Montagabend nicht mehr gemeldet. Ein seltsames Verhalten, dachte Carlucci. Bronso hatte während ihrer hitzigen Debatte in Sexten energisch darauf bestanden, dass sich an ihrem Plan nichts ändern durfte. »Wir müssen nur vorsichtiger sein«, hatte er mehrfach gesagt, hämmerte es in Carluccis Kopf. Und noch etwas war ihm in Erinnerung geblieben: Die Amerikaner seien mit ihrem Geheimdienst NSA nicht zu unterschätzen. »Die haben die ganze Welt im Griff«, war Bronsos Überzeugung gewesen. Und er hatte hinzugefügt: »Nur gut, dass sie selbst so viel Dreck am Stecken haben, dass sie nicht alles auffliegen lassen können.«

Carlucci sprang nervös auf. Er umklammerte den Stahlrahmen der gläsernen Balustrade und ließ seinen Blick über die Wasserfläche streichen. Eine Äußerung Bronsos traf ihn, wie schon in den vergangenen Tagen, mit voller Wucht: »Ich befürchte, dass dieser Snowden in Moskau noch einige Zeitbomben in seinen geklauten Geheimdienst-Unterlagen hat.«

Spätestens, als diese Äußerung gefallen war, hatte er gewusst, dass es allerhöchste Zeit war, sich von Bronso zu trennen. Carlucci strich sich über den brummenden Schädel und rückte seine Designerbrille zurecht. Hatte er da soeben unten am Uferweg einen Mann wahrgenommen, der im schmalen Schilfgürtel verschwunden war?

Er kniff die Augen zusammen, um im Gegenlicht der bereits zur Hälfte untergegangenen Sonne die Szenerie durch den Bewuchs seines Gartens hindurch besser erkennen zu können. Er konzentrierte sich auf jene Stelle im Schilf, an der er die Person vermutete. Dort, das wusste er, konnte man jetzt, in den wasserarmen Sommermonaten, auf dem flachen und steinigen Untergrund weit hinausgehen.

Carlucci wagte seine Augen nicht von diesem Punkt wegzubewegen, weil es schwer sein würde, ihn wiederzufinden. Nach einigen Minuten, während denen mehrere Dutzend Fußgänger und Radler vorbeigezogen waren, beschlich ihn der Gedanke, Opfer seiner eigenen Angst geworden zu sein. Vermutlich spielten seine Nerven schon so verrückt, dass er sich überall von Angreifern umzingelt sah. Vermutlich war der Mann nur zum Pinkeln ins Schilf gegangen und an anderer Stelle wieder herausgekommen. Oder es war alles ganz anders gewesen – vielleicht eine Täuschung. Carlucci spürte, wie ihn die Anspannung der vergangenen Tage, die Müdigkeit und jetzt auch der Wein übermannten. Er ging zurück zu seinem Sessel und ließ sich in die Polster fallen.

Während er die Augen schloss und sich innere Ruhe verordnete, zuckte wieder Bronso durch seine Gedanken. War Bronso auch nach Deutschland gereist? Dorthin, wo seine Frau jetzt war, nach Ulm? Zu Misselbrünn?

Wieso waren sie alle in Ulm – und er nicht? Carlucci fand keine Ruhe. Natürlich waren dies Hirngespinste, versuchte er sich zu beruhigen. Was sollte Bronso in Ulm?

Aber warum hatte Mariangela so großes Interesse gehabt, die Dokumente selbst abzuholen? Natürlich hatte man sie nicht mit der Post schicken können. Ihr Inhalt war dafür viel zu sensibel. Aber Mariangelas Begeisterung, allein nach Ulm zu fahren, hatte ihn in den vergangenen

Tagen bereits einige Male stutzig gemacht. Gab es in Ulm etwas, das ohne ihn ablief? Instinktiv sah er auf die Uhr. Wenn er jetzt losfuhr, wäre er noch in der Nacht dort, sagte ihm eine innere Stimme. Doch die Vernunft mahnte ihn: nicht jetzt, nicht heute. Und überhaupt: Wohin sollte er in Ulm? Zu wem? Nein, mahnte er sich zur Ruhe, dein Kopf spielt verrückt, du hast viel zu viel Alkohol getrunken.

Aber vielleicht erschien es doch geboten, Mariangela zur Seite zu stehen. Und noch einmal seine Position gegenüber Misselbrünn zu vertreten.

Carlucci kämpfte gegen die Vernunft. Aber was war schon vernünftig, wenn einerseits sein guter Ruf als einer der größten Konzernchefs Italiens auf dem Spiel stand und andererseits ein gewaltiger Druck auf ihn ausgeübt wurde? Und zwischen allem Mariangela – die ihm seit einiger Zeit seltsam entrückt erschien.

Würde er jetzt alles verlieren? Sich selbst, sein Glück – und womöglich sein Leben? Er sprang wieder auf und starrte auf das Schilf hinüber, das in der hereinbrechenden Dämmerung nun geheimnisvoll und drohend wirkte.

Linkohr hatte noch den aufregenden Anblick Mariangelas vor seinem geistigen Auge. Er musste sie aus seinen Gedanken verdrängen – jetzt, da er den Kollegen der Sonderkommission seine ›Trophäe‹ präsentierte: den Strohhalm, den die Frau im Mund gehabt hatte. Er hatte das Beweismittel, an dem ihre DNA haftete, noch im Auto in eine Plastiktüte gesteckt und legte es nun auf einen der Schreibtische. »Damit werden wir feststellen können, ob die DNA identisch mit jener ist, die wir in Misselbrünns Wohnzimmer gefunden haben.« Er blickte triumphierend in die Runde: »Ihr erinnert euch? DNA einer weiblichen Person.«

»Darauf bist du ja spezialisiert«, stichelte schon wieder jemand und Linkohr war es so langsam leid, bei jeder passenden oder unpassenden Gelegenheit mit seinen Frauengeschichten aufgezogen zu werden. Er selbst fand das längst nicht mehr komisch, zumal es ohnehin sein ureigenstes Problem war, keine Freundin zu finden, die all seinen Idealen entsprach. Wieder tauchte Mariangela in seinen Gedanken auf. Nein, nicht jetzt, befahl er seinem Unterbewusstsein. »Mariangela Carlucci und ihr Ehemann«, verkündete er stolz seine Erkenntnisse, »haben übrigens noch einen Zweitwohnsitz am Gardasee. Allerdings hat sie mir nicht verraten wollen, wo genau.«

»Schade«, höhnte ein Kollege, »dabei wäre das doch ein guter Stützpunkt für einen Urlaub für dich. Aber tröste dich, du hast ja heute Abend noch einen wichtigen Termin – gleich mit zwei attraktiven Frauen.«

Linkohr tat so, als habe er die Stichelei gar nicht bemerkt, und lächelte Christine zu: »Ja, darauf freue ich mich jetzt schon. Und damit ihr keine Sorgen zu haben braucht, dass mir etwas zustößt, wird mich die liebe Christine begleiten.«

Häberle, der wieder an den Türrahmen gelehnt stand, räusperte sich. »Kollegen«, sagte er laut, »versuchen wir mal, uns aufs Kerngeschäft zu konzentrieren. Heute Abend können wir möglicherweise interessante Erkenntnisse gewinnen – allerdings nur, falls Misselbrünn tatsächlich bei dieser Institutleiterin auftaucht. Ich befürchte nämlich, dass ihn die Signora Carlucci über das Rendezvous mit dem Kollegen Linkohr informiert hat. Vorausgesetzt natürlich, das nächtliche Treffen mit Misselbrünn ist harmonisch verlaufen.« Er überlegte. »Falls er aber bei der Institutsleiterin auftaucht, wird er ihr ja wohl erklären müssen, welche Zusagen er machen kann und vor allem wofür. Ich geh mal davon aus, dass Frau Langbein die richtigen Fragen stellt, die auch uns interessieren.« Er nahm Blickkontakt mit Linkohr auf. »Sie sollten sie vielleicht noch instruieren. Geht bitte rechtzeitig genug zu ihr, damit ihr euch ein gemütliches Versteck aussuchen könnt.« Häberle grinste. »Es wird ja schon irgendeine Besenkammer geben. Es muss ja nicht gleich das Schlafzimmer sein.«

Christine lächelte in sich hinein. Sie kannte inzwischen die Frotzeleien um Linkohr zur Genüge.

»Was mir Kummer macht«, räumte Häberle ein, »das ist dieser Ralf Mehlfurt. Seine Mutter hat gesagt, er sei derzeit nicht zu Hause und wohl auch nicht erreichbar.«

»Ausschreiben zur Festnahme«, kommentierte dies ein altgedienter Kriminalist.

»Hab ich mir auch schon überlegt, aber die Staatsanwaltschaft will noch nicht so recht mitmachen. Ich hab aber die Kollegen vom dortigen Polizeirevier Giengen an der Brenz gebeten, das Haus der Mehlfurts nicht aus den Augen zu lassen.«

»Wie? Das hast du einfach so hingekriegt? Ohne bürokratischen Aufwand?«, staunte jemand.

»Unser neues Präsidium hat auch etwas Gutes: Wir können plötzlich kreisübergreifende Anordnungen treffen.«

»Wow«, entfuhr es einer Beamtin, doch es klang nicht so, als hielte sie diese Änderung für eine sensationelle Verbesserung.

»Bei Rimbledon, unserem legendären V-Mann, verhält es sich etwas anders«, knurrte Häberle. »Die Staatsanwaltschaft sieht keinen Grund, sein Haus überwachen zu lassen, obwohl er sich auf der Handy-Nummer, die mir der V-Mann-Führer nach viel Ach und Weh rausgerückt hat, nicht meldet.«

»Da ist doch etwas oberfaul«, schallte ein Kommentar durch die versammelte Mannschaft. »Vielleicht hat man dir gar nicht die richtige Nummer gegeben.«

»Das mag sein«, entgegnete Häberle, »aber wirklich Konkretes können wir dem Rimbledon andererseits auch nicht vorwerfen – außer dass er möglicherweise ein Verhältnis mit Frau Mehlfurt hat.«

»Aber dass dieser Rimbledon eine dubiose Rolle spielt, mein lieber August, das kann ich dir seit einer halben Stunde beweisen«, meldete sich aus den hinteren Reihen ein Kriminalist, der nach Körperumfang und Alter dem Chef ebenbürtig war. »Im Reifenprofil und im Fahrerfußraum des Audis von Mehlfurt haben die Kollegen ein paar Kieselsteine gefunden, die's in sich haben. Sie sind identisch mit jenen, die sich rund um Rimbledons Haus finden: Zugangsweg zur Haustür und vor der Garage.«

»Oh«, machte Häberle. »Dann könnte der Wagen mal dort gestanden sein.«

»Falls es nicht noch bei anderen Verdächtigen dieselben Steine gibt – was übrigens durchaus möglich ist. Wie häufig sie in Hofeinfahrten liegen, könnte uns ein Kieswerk sagen. Aber …«, der Kriminalist klickte mit der Maus, »weitaus interessanter ist die Sache mit der Heckklappe. Sie scheint tatsächlich ausgetauscht worden zu sein. Aber auch noch etwas anderes, meinen die Techniker im Präsidium …« Er ließ auf seinem Bildschirm ein großformatiges Foto des Audi Q5 erscheinen. Es zeigte den Wagen von vorn. »Hier seht ihr den Audi mit dem typenspezifischen Kühlergrill. Dieses Teil«, er pausierte kurz und deutete mit dem Kugelschreiber auf den Kühlergrill mit den Audi-Ringen und dem unterhalb davon integrierten Kennzeichen, »wurde offenbar auch erneuert.«

»Ach«, tönte es vielstimmig und einer fragte: »Was macht das für einen Sinn? Heckklappe und Kühlergrill? Auffahrunfall? Hinten einer drauf und dann noch auf den Vordermann geschoben?«

»So einfach darfst du das nicht sehen. In so einem Fall hätt's ja wohl auch noch drum rum ein bisschen Blech verbogen. Stoßstange oder so. Doch dafür haben die Techniker keine Anhaltspunkte gefunden.«

Häberle räusperte sich. »Der Austausch der Teile hängt mit den Kennzeichen zusammen.« Ihm waren sofort die dubiosen Kennzeichen aus dem Main-Taunus-Kreis eingefallen, die ihnen Rimbledon freiwillig ausgehändigt hatte.

»Dazu muss man aber nicht gleich ganze Fahrzeugteile austauschen«, hielt eine Frauenstimme dagegen.

»Eigentlich nicht, nein«, erwiderte Häberle und vergrub die Hände in seinen Jeanstaschen. »Aber falls es eine Vorrichtung gegeben hat, die den Kennzeichenwechsel erleichtert, vielleicht per Funkfernsteuerung vom Fahrersitz aus und sogar während der Fahrt, dann schon. In Geheimdienstkreisen ist alles möglich. Knopfdruck, das Kennzeichen klappt nach hinten weg und ein neues erscheint.«

»Du meinst, der Mehlfurt hat das gebraucht?«, fragte jemand.

»Na ja, der Audi ist von der Konstruktion her dafür prädestiniert: Die Heckklappe samt einer solchen Vorrichtung kann ausgetauscht werden – und vorn klebt das Kennzeichen nicht, wie bei den allermeisten Fahrzeugtypen, nur an der Stoßstange oder an dem, was man heute so bezeichnet, sondern es ist in den Kühlergrill integriert und so mit einer komplett drehbaren Maschinerie ebenfalls leicht und schnell auszutauschen.« Der Beamte hatte auf der Audi-Homepage die Wagenansichten gefunden und zeigte den

Audi Q5 mit einigen Mausklicks von allen Seiten. »Wie geschaffen für eine Kennzeichen-Wechselvorrichtung.«

»Genial«, kommentierte Häberle. »Und um das zu vertuschen, hat man Mehlfurts Audi aus der Garage geklaut, die Teile ausgetauscht und dann das Auto im Klosterhof Neresheim abgestellt.«

»Um uns möglicherweise auf eine falsche Fährte zu locken«, ergänzte der Beamte, der den Wagen wieder vom Bildschirm verschwinden ließ. »Man hat uns vormachen wollen, der Fall habe etwas mit dem ungeklärten Heidenheimer Mord zu tun.«

»Die Arbeit eines Profis«, resümierte Häberle.

»Eines V-Mannes der Polizei«, schaltete sich Linkohr ein.

»Zum Beispiel«, bekräftigte ihn der Chefermittler. »Eines V-Mannes, dem dieser Heidenheimer Fall natürlich nicht entgangen sein dürfte. Immerhin hat sich ja auch das ZDF mit ›XY ... ungelöst‹ mehrfach damit auseinandergesetzt.«

Nach kurzer Pause warf einer der Kollegen ein: »Wenn also am Auto des vermissten Mehlfurt eine solche Vorrichtung angebracht war – was noch reine Spekulation ist – dann hätten wir doch die Verbindung zwischen ihm und dem Mord an Frau Misselbrünn. Dann war er's, der zuletzt bei ihr war. Denkt an die Zeugin, die den dicken Audi gesehen hat.«

»Richtig«, meinte Häberle, »aber leider reine Spekulation. Fakt ist nur, dass entsprechende Teile an dem Audi ausgetauscht wurden, und zwar fachgerecht, ohne dass wir beweisen können, dass da irgendeine Vorrichtung dran war. Fakt ist auch, dass wir Kieselsteine gefunden haben, die zu Rimbledons Hofeinfahrt gehören könnten – aber genauso gut zu zig anderen.« Er überlegte kurz. »Hat man denn auch festgestellt, welcher Sender im Autoradio eingestellt war?«

Linkohr stutzte und blätterte in seinen Unterlagen. »Ja, hat man«, sagte er und ließ am Tonfall erkennen, dass er dieser Erkenntnis keinerlei Bedeutung beimaß. »Es war wohl Bayern 1.« Der Jungkriminalist wollte sich viel mehr auf etwas anderes konzentrieren: »Vergessen Sie die Beziehung zwischen Rimbledon und Frau Mehlfurt nicht, die die beiden uns verschweigen wollten.«

»Natürlich nicht«, entgegnete Häberle. »Das ist doch der einzige Punkt, der sich konkret nachweisen lässt.« Er kratzte sich nachdenklich im Haar. »Ich bin deshalb mehr denn je der Überzeugung, dass Mehlfurts Sohn Ralf der Schlüssel zum Ganzen ist. Er hatte ja offensichtlich allen Grund, seinen Aufenthaltsort am Montag geheim zu halten. Wie wir wissen, war er unseren Geodaten zufolge am Montagabend jenen ganz nah, die ich mal zur Misselbrünn-Clique zählen möchte – in dieser Bergvilla in Sexten.«

Linkohr nickte und hatte plötzlich ein schlechtes Gefühl. »Hoffentlich ist ihm nichts zugestoßen. Er bewegt sich immerhin in Kreisen, zu denen sogar wir nicht ohne Weiteres Zugang haben.«

Häberle verkniff sich eine Bemerkung, sondern gab sich optimistisch: »Vielleicht wissen wir heute Abend mehr, wenn Kollege Linkohr und Christine von Frau Langbein zurück sind.« Er holte tief Luft. »Ich werde hier auf euch warten. Aber passt auf euch auf. Man kann nie wissen: Möglicherweise kommt Misselbrünn nicht allein.«

18

Ralf musste an seinen Vater denken, als er bei der Leipheimer Donaubrücke von der Hauptverkehrsstraße abbog und den gut frequentierten, lang gezogenen Parkplatz des Schützenhauses ›Güssen‹ erreichte. Das niedrige Gebäude schmiegte sich, umgeben von viel Grün, in einen Geländestreifen zwischen Fahrweg und Donau ein. Zum zweiten Mal schon hatten ihn seine Recherchen hierher geführt, hier, wo sein Vater am Montagabend zuletzt lebend gesehen worden war. Nur etwa einen Kilometer davon entfernt befand sich jene Stelle, an der das Fahrrad aufgefunden wurde.

Ralf rangierte seinen großen Wagen in eine Parklücke etwa 50 Meter von der Gaststätte des Schützenvereins entfernt. Unter einer Reihe von Bäumen waren zwei Dutzend Autos geparkt. Beim flüchtigen Betrachten konnte er dort aber keinen Porsche entdecken, der jenem entsprach, in den gestern Abend unweit von hier seine Mutter eingestiegen war.

Ralf prüfte noch einmal die Uhrzeit. 20.16 Uhr zeigte die digitale Anzeige im Armaturenbrett. Rimbledon müsste längst hier sein, wollte er seiner Aufforderung nach einem Treffen nachkommen.

Ralf stieg aus, ließ die Verriegelung per Fernsteuerung zuklicken und sah sich prüfend um. Bereits auf der Herfahrt hatte er nachfolgende Fahrzeuge im Rückspiegel im Auge behalten. Seit ihm vorgestern in Thalfingen die Reifen zerstochen worden waren, ließ er äußerste Vorsicht walten. Er wusste, dass jene, denen er auf der Spur zu sein schien, nicht mit sich spaßen ließen. Zwar würde es keinem von ihnen helfen, wenn er aus dem Weg geräumt würde, denn er hatte alle Erkenntnisse nicht nur auf Speichersticks gezogen, sondern auch in der ›Cloud‹ gespeichert, deren Zugangsdaten nur sein engster Kollege in Frankfurt kannte. Seit es diese Möglichkeit gab, war es sinnlos, einen unbequemen Mitwisser aus der Welt zu schaffen. So gesehen würde es auch keinen Sinn machen, diesen nach Moskau geflüchteten Snowden umzubringen, im Gegenteil: Leute wie dieser Whistleblower waren gewiss intelligent genug, um dafür zu sorgen, dass nach ihrem Tode noch weitaus Brisanteres an die Öffentlichkeit käme als zu ihren Lebzeiten. Ralf hatte gleich mehrere solche Vorkehrungen getroffen. Die Frage war allerdings, ob die Daten, die dann von seinem Frankfurter Kollegen ans Tageslicht gebracht würden, bei den Medien als hieb- und stichfest gälten. Ganz sicher aber würden die staatlichen Stellen alles daran setzen, seine Aufzeichnungen als absurd und völlig abwegig darzustellen. Wer hätte auch schon vor zwei Jahren auch nur annäherungsweise das Ausmaß dieser NSA-Abhöraktionen geglaubt? Vermutlich wäre sogar jeder Schriftsteller, der sich so etwas hätte einfallen lassen, ins Reich der Science-Fiction verbannt worden. Ralf konnte sich dunkel an einen Kriminalroman erinnern, in dem schon vor etwa zehn Jahren geheime US-Abhöranlagen in unterirdischen Bunkern auf der Schwäbischen Alb eine Rolle gespielt hatten. Ein Hirngespinst des Autors, hatte er damals gedacht und dessen Namen längst vergessen. Seltsamerweise war ihm aber der Titel des Romans in Erinnerung geblieben, eben weil die Geschichte so unglaublich geklungen hatte: Trugschluss.

Jetzt schien sie zumindest in Teilen Realität geworden zu sein. Ralf ging an den Autos entlang und vergewisserte sich, dass in keinem jemand saß. Natürlich gab es hier genügend Verstecke, tief im dichten Buschwerk, das er gestern entlang der Donau selbst als Deckung genutzt hatte. Und ob sich unter den vielen Besuchern der Gaststätte jemand befand, der ihn observierte, war ebenso wenig auszuschließen. Dabei hatte er gerade diese Umgebung für ein konspiratives Treffen als günstig erachtet. Denn wo es viele Menschen gab, brauchten weder er noch Rimbledon zu befürchten, in einen Hinterhalt gelockt zu werden.

Jetzt aber schien es, als sei Rimbledon gar nicht gekommen. Ralf schlenderte, vorbei an Pflanzkübeln mit hoch aufgeschossenen Gewächsen, auf die Sitzreihen der Biertischgarnituren zu. Stimmengewirr mischte sich mit Geschirrklappern und animiertem Lachen.

Ralfs Blicke überflogen die Menschenmenge, ohne bekannte Gesichter zu entdecken. Rimbledon war dort auch nicht zu vermuten, zumal Ralf ausdrücklich einen separaten Tisch hatte reservieren lassen. Tatsächlich gab es einen solchen abseits der Biertischgarnituren zur Donauseite hin. Ralf steuerte darauf zu und erklärte einer Bedienung, dass er ›für Mehlfurt‹ einen Tisch reserviert habe. Die junge Frau lächelte, nickte und zeigte auf jenen, den Ralf vermutet hatte. »Aber ich glaube, Ihr Gast kommt nicht«, sagte sie und wischte mit einem Lappen über die Tischfläche. »Er hat vorhin angerufen und etwas Seltsames ausrichten lassen.« Sie kramte einen Zettel aus ihrer Schürze. »Der Chef hat's aufgeschrieben.«

Ralf, der sich gerade hatte setzen wollen, trat dicht an sie heran.

»Hier«, sie deutete auf etwas Handgeschriebenes, »so hat es der Mann am Telefon gesagt: ›Kontaktaufnahme unterlassen. Sonst Ex. Denken Sie an Ihren Vater.‹«

Ralf quälte sich ein Lächeln ab. »Kann ich den Zettel haben?«

»Ja natürlich«, sagte die Bedienung achselzuckend und überließ ihm das Papier. »Möchten Sie etwas trinken?«

»Bitte?« Ralf war geistig abwesend gewesen. »Ach so, ja. Ein Pils bitte.«

Er sank langsam auf den hölzernen Gartenstuhl und es schien ihm, als sei alles um ihn herum ausgeblendet. Noch einmal las er die Worte, die der Wirt in aller Eile notiert hatte. »Sonst Ex«, stand da, der medizinische Begriff, hinter dem sich der Tod verbarg. Exodus. Tod.

Eine Drohung. Rimbledon drohte ihm mit dem Tod. ›Denken Sie an Ihren Vater‹, las er weiter. Hatte dies zu bedeuten, dass sein Vater bereits tot war?

Ralf fühlte sich plötzlich von einigen Menschen an den Biertischen beobachtet, aber auch von zwei Radfahrern, die gerade ihre Räder an einen Baum lehnten.

War er jetzt einen Schritt zu weit gegangen? War er auf etwas gestoßen, dessen Ausmaß er gar nicht ermessen konnte? Warum diese Drohung von Rimbledon? Eigentlich hatte er den Gegner ganz woanders vermutet: im Umfeld Misselbrünns.

Dass ihm die Bedienung das Bier brachte, nahm er schon gar nicht mehr zur Kenntnis. Er griff instinktiv nach dem Glas und nahm einen Schluck.

Wieder starrte er auf den Zettel, faltete ihn schließlich sorgfältig zusammen und steckte ihn in die Brusttasche seines Jeanshemds.

Dann lehnte er sich zurück und sah zu den Baumwipfeln hinauf, deren sattes Grün sich vom Blau des sommerlichen Abendhimmels friedlich abhob. Ralf versuchte, sich zu beruhigen, doch sein Innerstes war von den Worten ergriffen, die auf diesem Stück Papier standen. Wusste seine Mutter davon? Hatte sie es gestern während des Spaziergangs am Donauufer mit Rimbledon so abgesprochen?

Ralfs Gedanken vollführten eine Achterbahnfahrt. Was hatte er denn getan? Er war doch nur dem Auftrag von Frau Misselbrünn nachgegangen, mehr nicht.

Ralf blieb eine Viertelstunde sitzen, bezahlte und ging, ohne die anderen Gäste eines Blickes zu würdigen, zum Parkplatz zurück. Vielleicht sollte er mit Eva reden, dachte er, doch noch während er überlegte, ob er sie anrufen konnte, fiel ihm ein, dass sie heute Abend Besuch erwartete. Von Misselbrünn und diesem jungen Kriminalisten.

Wie in Trance ging er wieder an den beidseits eines Mittelwegs aufgereihten Autos entlang zu seinem Cayenne, der die anderen Fahrzeuge deutlich überragte. Sein Gehirn war viel zu sehr mit der Drohbotschaft beschäftigt, als dass es jetzt noch auf etwas anderes achtete. Die Wachsamkeit, mit dem ihm bei der Herfahrt das Unterbewusstsein jede außergewöhnliche Bewegung gemeldet hatte, war verflogen. Er fühlte sich unendlich müde, erschöpft und verängstigt. Vermutlich hatte auch das Bier dazu beigetragen. Er überlegte, wie lange er dies alles noch durchhalten würde. Seit einer Woche hatte er nicht mehr richtig geschlafen, seit Montag quälte ihn die Ungewissheit, was mit seinem Vater geschehen war. Und mit jedem Tag spürte er, wie er weiter in etwas hineingezogen wurde, gegen das er sich nicht wehren konnte.

Inzwischen wusste er viel, aber noch nicht genug. Wieder kämpfte er mit seiner inneren Stimme, die ihm empfahl, sich endlich mit der Polizei zusammenzutun – auch auf die Gefahr hin, dass er vieles von sich preisgeben müsste. Aber dann bräuchte er nicht mehr im Geheimen zu ermitteln, sondern könnte sogar auf den Rückhalt des Kommissars hoffen. So aber war er der Einzelkämpfer, der möglicherweise längst zum Kreis der Verdächtigen gezählt wurde.

Ralf hatte vorsichtshalber seit gestern sein Handy ausgeschaltet. Er wollte nicht erreichbar sein, für niemanden. Und er würde heute Nacht auch nicht zu seiner Mutter nach Hause fahren.

Eva, ja – er musste wieder an seine geliebte Eva denken. Er würde sie später anrufen – später, wenn davon auszugehen war, dass Misselbrünn und die beiden Kriminalisten längst die Wohnung verlassen hatten. Vielleicht konnte er bei Eva … Er wagte es nicht einmal, auf die Erfüllung dieses Traumes zu hoffen.

Plötzlich wurde ihm bewusst, dass er jetzt wirklich alle Vorsichtsmaßnahmen ignoriert hatte. Denn als er seinen Porsche Cayenne erreichte, erschreckte ihn eine Person, deren kurz geschorenes schwarzes Haar über dem Dach des Fahrzeugs zu sehen war.

Eine Person, die er kannte. Ralf erstarrte in der Bewegung. Er vermochte in diesem Augenblick nicht einzuschätzen, was gleich geschehen würde.

Eine Begegnung, die ihm völlig irrational erschien.

Warum gerade der?

»Wetten, dass ich dich mit wenigen Griffen aufs Kreuz legen könnte?« Christine grinste, während Linkohr mit dem Dienstpolo von Geislingen über die Alb nach Albeck fuhr und ihn die Frauenstimme aus dem Navi zur Adresse von Eva Langbein lotste. Er war durch die schelmische

Bemerkung seiner Kollegin abgelenkt worden. Vorausgegangen war nichts weiter als ein Scherz über deren Tätigkeit beim Spezialeinsatzkommando.

»Dann brauchst du sicher keine Angst vor einem Überfall zu haben nachts allein in einer Fußgängerunterführung«, meinte er, während der Wagen durch Bernstadt rollte.

»Du kannst es ja mal probieren«, grinste sie weiter, »nachher, wenn wir fertig sind, in einer Fußgängerunterführung.«

Linkohr war verlegen. Fast hätte er bei dem Gehöft Osterstetten die Abzweigung in das kleine Verbindungssträßchen hinüber nach Albeck verpasst, obwohl ihn die Navi-Stimme bereits vor 300 Metern darauf vorbereitet hatte.

Sie erreichten den Ortsrand von Albeck, sodass sie nun genau den Anweisungen aus dem Gerät folgen mussten. »Wenn wir Pech haben, sitzen wir heute Abend eine ganze Weile in irgendeiner Besenkammer rum«, meinte Linkohr, während er dem beschriebenen Straßenverlauf nach rechts in den alten Ortskern folgte.

»Wie kommst du denn gerade auf eine Besenkammer?«, lachte Christine. »Hat dich der Boris Becker inspiriert, der sich dort mal zu etwas hat hinreißen lassen?«

»In 100 Metern haben Sie Ihr Ziel erreicht«, unterbrach sie die Frauenstimme aus dem Navi-Gerät. Vor ihnen lag die »Alte Steige«, die sich zwischen den Häusern entlang aufwärts schlängelte, die einmal landwirtschaftliche Anwesen waren. »Dort, das Haus muss es sein«, meinte Linkohr und deutete auf das entsprechende Gebäude. »Ich fahr noch ein Stück weiter. Dort können wir unser Auto unauffälliger abstellen als hier.«

Sie waren eine Stunde vor Misselbrünns Termin da. Die Abendsonne stand tief und sie warfen lange Schatten, als sie die etwa 100 Meter zu einem stilvoll sanierten Haus zurückgingen. Bereits nach dem ersten Klingeln wurden sie von Eva Langbein herzlich begrüßt. »Mein Personenschutz ist da«, stellte sie ironisch fest und schüttelte beiden die Hände. »Kommen Sie rein.«

Linkohr ließ Christine den Vortritt und folgte den Damen, die beide, wie er mit Kennerblick von hinten feststellte, seinem Idealbild einer Frau entsprachen. Nein, jetzt durfte er sich unter keinen Umständen ablenken lassen. Nicht schon wieder.

»Ich hoffe natürlich, dass er kommt«, sagte Eva Langbein und bot ihnen einen Platz auf der Ledercouch an. »Jedenfalls hat er nicht angerufen und abgesagt. Darf ich Ihnen etwas zu trinken anbieten?« Ihre beiden Gäste lehnten dankend ab.

Eva Langbein hatte bereits einige Akten über ihr Akku-Projekt auf den gläsernen Tisch gelegt. »Ich habe mich natürlich ein bisschen vorbereitet.« Sie deutete auf zwei Schnellhefter. »Das sind alles fingierte Dokumente, aus denen ein Laie keinerlei Rückschlüsse auf unser Projekt ziehen kann. Und ein Fachmann natürlich gleich gar nicht. Ich werde ihn mit einigen technischen Begriffen eindecken, die so kompliziert sind, dass er gar nicht wagen wird nachzuhaken, weil er sonst einräumen müsste, von all dem keine Ahnung zu haben. Außerdem werde ich ihm weismachen, wir hätten bereits einige Angebote aus China und Südkorea vorliegen. Dies könnte ihn aus der Reserve locken.«

»Wichtig ist natürlich, dass das Gespräch auch auf die angeblichen Finanzierungsangebote kommt. Hintergrund

und so weiter«, instruierte Linkohr sie. »Vor allem aber, wie stark interessiert er an Ihren Forschungsergebnissen ist, ob er irgendwelche Kopien verlangt oder Unterlagen sehen will.«

»Ja natürlich«, gab sich Eva Langbein kooperativ, »deshalb hab ich mir das ja zurecht gelegt. Das dürfen Sie mir glauben.« Sie strich die engen Jeans über ihren Oberschenkeln glatt.

»Sie sollten ihn gegen Ende des Gesprächs auch so beiläufig fragen, ob die Finanzierung über Italien erfolgen wird.«

»Ach so, Sie meinen wegen des dubiosen Anrufs aus Italien?«

»Ja, dann können wir mal seine Reaktion darauf testen.«

»Sie würden sich aber nicht in das Gespräch einmischen?«

»Nein, wir haben das nicht vor. Wir bleiben in Deckung sozusagen. Sie brauchen aber keine Angst zu haben. Für den Fall, dass er in irgendeiner Weise handgreiflich wird, steht Ihnen meine Kollegin zur Seite. Die kann jeden Mann mit wenigen Griffen zu Boden ringen.« Er lächelte Christine zu, die sofort verstand, dass er auf das vorausgegangene Gespräch im Auto anspielte. »Sie ist beim Spezialeinsatzkommando, SEK«, fügte er an, worauf Eva Langbein anerkennend mit dem Kopf nickte.

»Wie haben Sie es sich vorgestellt? Wo sollen wir uns aufhalten?«, hakte er nach und sah sich um. Die Wohnung bestand, soweit er es überblicken konnte, nur aus einem einzigen großen Raum. Das Wohnzimmer ging nahtlos ins Esszimmer über und dieses wiederum war nur durch zwei dicke naturbelassene Balken und eine große Arbeitsplatte von der Küche getrennt. Als sie hereingekommen waren, hatte er allerdings in der Diele noch einige andere Türen gesehen. Vermutlich Bad, WC und sicher auch ein Schlafzimmer.

»Ich habe mir das so vorgestellt«, erläuerte Eva Langbein, »dass die Tür hier zur Diele offen bleibt – das ist bei mir nichts Ungewöhnliches – und Sie machen sich's im Schlafzimmer schräg gegenüber gemütlich.« Sie grinste, worauf auch Christine ein Lächeln andeutete. Er hätte jetzt gerne gewusst, was die beiden Frauen dachten.

»Ich hab euch ein Tischchen rübergestellt und zwei Stühle«, plante Eva Langbein weiter und brachte mit dieser eher freundschaftlichen Anrede zum Ausdruck, dass sie ihr Gespräch nicht allzu distanziert führen wollte. »Zwei Flaschen Wasser, eine Flasche Apfelsaft hab ich auch rübergestellt – oder soll's noch etwas anderes sein?«

»Vielleicht eine Flasche Rotwein«, frotzelte Linkohr, »dann hören wir besser.«

Die beiden Frauen kicherten wie junge Mädchen. »Nein, Quatsch«, kam Linkohr wieder zur Sache, »wenn alles gut läuft, können wir nachher noch irgendwo hingehen.«

»In Albeck«, entfuhr es Eva Langbein geradezu abwertend. »Dann stürzen wir uns ins Albecker Nachtleben. Ganz genau. Bin ich auch dafür.«

Damit wusste Linkohr, dass sich in dieser Gemeinde mit Einbruch der Dunkelheit vermutlich nicht mehr allzu viel abspielte. Dabei hatte er doch einmal irgendwo gelesen, dass dieses Albeck einst einen genialen Unternehmer und Erfinder hervorgebracht hatte – den Robert Bosch, dessen Geburtshaus das heutige Hotel Krone war.

»Wir lassen die Tür des Schlafzimmers angelehnt«, unterbrach Eva Langbein den kurzen Gedankensprung des Kriminalisten. »Ihr braucht keine Angst zu haben, dass sie von allein weiter aufgeht – auch nicht durch einen Luftzug. Der Teppichboden bremst sie.« Sie hatte offenbar bereits alle Eventualitäten durchgespielt. »Ihr dürft natürlich nicht laut niesen oder husten. Und den Gang zur Toilette müsst ihr euch leider auch verkneifen. Ich hoffe, das ist okay.«

Linkohr unterdrückte eine Bemerkung. Er war schließlich lange genug Kriminalist, dass man ihm solche Anweisungen nicht zu geben brauchte. Und sicher wusste auch Christine, was eine solche Observation bedeutete. Aber er wollte jetzt Frau Langbein nicht kränken. Ihr schien dieses Detektivspiel sogar Spaß zu machen.

»Wem haben Sie eigentlich etwas von unserem heutigen ›Date‹ gesagt?«, wollte er von ihr wissen.

»Dem Ralf«, sagte sie verblüfft. »Wieso?«

»Nur so eine Frage, nicht, dass wir noch mit weiterem Besuch rechnen müssen.«

Eva Langbein schüttelte stumm den Kopf.

»Ralf Mehlfurt«, griff Linkohr dankbar das Stichwort auf. »Haben Sie den in letzter Zeit gesehen?«

»Nein, zuletzt am Dienstag …«, sie überlegte, »ja, am Dienstag war's.«

»Und am Telefon – auch nichts?«

Wieder brauchte sie einen Moment, um nachzudenken. »Auch nicht am Telefon, nein.«

»Aber er wollte sich doch um die seltsame Vorrichtung in der Steckdose kümmern, die Sie uns heute zeigen wollten.«

»Oh ja – hätte ich jetzt fast vergessen in der Aufregung.« Sie stand auf, ging in die Diele und kam mit einem Schuhkarton zurück, den sie auf den Glastisch stellte und öffnete. In weiße Tücher und Watte verpackt brachte sie das

Objekt zum Vorschein, das sie vor einer Woche in einer Steckdose entdeckt hatte. »Drüben in der Schrankwand, in dieser Steckdose links, da war dieses Hightechgerät drin.« Die Kriminalisten beugten sich über den kleinen Stift.

»Vorn ist eine winzige Videokamera drin«, informierte Eva Langbein. »Und in dem Stift selbst befindet sich ein Sender, so haben wir festgestellt. Er arbeitet auf der Frequenz eines WLAN-Netzes. Das heißt, es muss hier in der Nähe ein WLAN-Netz aufgebaut gewesen sein, ein fremdes – nicht meines. So was kann von einem geparkten Auto aus betrieben werden.«

»Ein Fahrzeug ist Ihnen in dieser Zeit aber nicht aufgefallen?«

»Hier stehen immer Autos an der Straße entlang.« Sie deutete zum Fenster.

»Was das natürlich mit dem Misselbrünn zu tun hat, das ist für uns auch noch rätselhaft«, stellte Linkohr klar und lehnte sich wieder in das Leder der Couch zurück, während Christine das Objekt noch genauer begutachtete und es vorsichtig zwischen zwei Finger nahm, die sie mit einem Tuch umhüllt hatte.

»Wie Sie ja wissen«, fuhr Eva Langbein fort, »ist mir das alles erst komisch vorgekommen, nachdem ich in der Zeitung den Namen Misselbrünn gelesen habe – dass die Frau dieses Bankers umgebracht worden ist und ausgerechnet er sich für meine Forschung interessiert. Ralf, den ich als meinen ehemaligen Kommilitonen um Rat gefragt habe, ist der Meinung, dass da ein merkwürdiger Zusammenhang bestehen könnte.«

»Obwohl es natürlich die verrücktesten Zufälle geben kann«, warf jetzt Christine ein, »die Welt ist voller unglaublicher Zufälle, man muss sie nur erkennen.«

Linkohr horchte auf. Befasste sich die Frau, die im Job knallhart reagieren musste, auch mit der Frage, ob es Zufälle gab oder ob alles einer schicksalshaften Fügung unterlag? »Wenn Sie all die zufälligen Begegnungen, die man gelegentlich hat, einmal genau analysieren, dann werden Sie sagen, es kann nicht alles nur Zufall sein. Manchmal entscheidet ein winziger Augenblick darüber, ob man jemandem begegnet oder nicht«, eiferte sich Christine, während Linkohr wieder zur Sache kommen wollte und sich an Eva Langbein wandte: »Und was ist mit dem anderen Mitarbeiter von Ihnen – mit diesem Garrett, so heißt er doch?«

»Ein netter Kerl, wie ich schon einmal sagte. Sehr ehrgeizig. Vielleicht hab ich ihm zu viel Hoffnung gemacht.«

»Hoffnung?«, echote Linkohr.

»Ja, er hat möglicherweise Kollegialität mit Freundschaft verwechselt. Ich hab ihm das jetzt deutlich sagen müssen.« Sie senkte ihren Blick, als sei es ihr unangenehm, darüber zu reden. »Wissen Sie, manchmal hat man das Gefühl, dass man jetzt einen anderen Weg beschreiten muss – vielleicht sogar einen, den man schon einmal ein Stück weit gegangen ist und dann gemeint hat, er sei der falsche.«

Linkohr räusperte sich und lenkte das Gespräch wieder in andere Bahnen: »Im Vordergrund unserer Ermittlungen«, so betonte er, »steht der Mord an Frau Misselbrünn. Alles andere sind Nebenerscheinungen, wobei wir nicht wissen, welche davon zum Mörder führt. Vielleicht auch gar keine. Allerdings sind wir im Lauf der Woche zu der Erkenntnis gelangt, dass alles in irgendeiner Weise miteinander zu tun haben kann. Sowohl Misselbrünn als auch Ralfs verschwundener Vater und sogar dieses Gerät in Ihrer Steckdose.« Linkohr sah auf seine Armbanduhr. Es war 19.47 Uhr, Zeit also, das Versteck im Schlafzimmer in Augenschein zu nehmen. »Wir sollten schauen, was Sie für uns vorbereitet haben«, sagte er deshalb, stand auf und warf beim Vorbeigehen am Fenster einen kurzen Blick auf die Straße hinaus, wo einige Fahrzeuge parkten. Linkohr hatte im Augenwinkel etwas gesehen, das seine Aufmerksamkeit erregte. Er war bereits am Fenster vorbei, hielt dann aber inne, um noch einmal vorsichtig durch die dünnen Vorhänge hindurchzuschauen. Schräg gegenüber stand ein ziemlich bulliger BMW, dessen Kennzeichen nicht nach einem deutschen aussah. Christine hatte das seltsame Verhalten ihres Kollegen bemerkt und trat näher an ihn heran. »Guck dir das an«, er deutete durch den Vorhang auf besagtes Auto. Auch Eva Langbein interessierte sich jetzt ebenfalls dafür. »Italienisches Kennzeichen«, begründete Linkohr seine Reaktion. »Soweit ich das von hier aus sehen kann.« Wie zu sich selbst, bemerkte er: »So wie der dasteht, fällt der doch sofort auf. Will da einer provozieren?«

»Ach«, entfuhr es Eva Langbein, die inzwischen den Karton mit dem Abhörgerät wieder in der Diele verstaut hatte. »Provozieren. Wozu? Wen?« Ihr war das Entsetzen anzuhören.

Linkohr wusste, was jetzt zu tun war. »Komm mit«, sagte er zu Christine, »wir gehen ins Schlafzimmer.«

Ralf hatte das Gefühl, einem Todfeind gegenüberzustehen. Dass er ihn so schnell wieder treffen würde, verhieß nichts Gutes. Oliver Garrett, den er erst heute Vormittag zur Rede gestellt hatte, trat langsam hinter dem Porsche Cayenne hervor. Sein Gesicht war in der aufkommenden Abenddämmerung fahl. »Na, überrascht?«, fragte er frech.

»Was soll das?«, brach es aus Ralf hervor, dessen ganzer Körper vom Schock des Zusammentreffens wie gelähmt war.

»Jetzt pass mal auf«, zischte Oliver leise. Allein schon das Duzen verriet, dass jetzt keine Höflichkeitsfloskel zu erwarten war. »Du spielst ein sehr gefährliches Spiel. Wenn du glaubst, dich als Schnüffler aufspielen zu können, wirst du sehr schnell merken, dass dir das nicht gut bekommt.« Oliver Garrett trat langsam um das Heck des Wagens, während Ralf Mehlfurt dagegen ankämpfte, einen Schritt zurückzugehen. Er vermochte in diesem Augenblick die Rolle seines Kontrahenten nicht abzuschätzen. »Ich gebe dir einen guten Rat«, machte Oliver weiter und blieb eine Armlänge von Ralf entfernt stehen. »Mach dich aus dem Staub. Hau ab, verstehst du?« Seine Stimme hatte einen gefährlichen Unterton angenommen. »Hau ab, wenn du deinen Vater jemals wieder lebend sehen willst. Misch dich nicht in Sachen, die dich nichts angehen. Du hast selbst genug Dreck am Stecken.«

»Nun mal langsam«, versuchte Ralf, sein Gegenüber zu besänftigen. »Heute Vormittag hat das aber ganz anders geklungen.«

»Weil ich mir nichts unterstellen lasse!«, konterte Oliver und sah sich vorsichtig um, doch da war niemand, der ihr Gespräch hätte hören können. Die Gäste des Schützenhauses waren weit genug entfernt. »Ich hab dir heute schon einmal gesagt, dass du die verdammte Schnüffelei sein lassen sollst.«

»Wer schnüffelt denn hier hinter wem her?«, konterte Ralf aggressiv. »Anders ist ja wohl kaum zu erklären, dass du mir hier auflauerst. Oder hat man dich informiert?«

»Informiert? Ha – das würde dich wohl interessieren. Jetzt pass mal auf: Ich wiederhole jetzt, was ich dir schon heute Vormittag gesagt habe. Hau ab. Lass deine schmutzigen Pfoten von all dem hier. Oder hältst du mich für so naiv, dass ich nicht weiß, mit welchen illegalen Tricks du und deine Kollegen arbeiten? Du hältst dich wohl für besser und anständiger als diese NSA von den Amerikanern. Doch was macht ihr? Doch genau dasselbe, nur tut ihr so, als wäret ihr die Guten, die die Menschheit vor Cyberangriffen retten.«

»Das ist doch jetzt nicht unser Thema«, wandte Ralf wieder ruhiger ein. »Wäre es nicht besser, wir würden vernünftig miteinander reden?«

»Quatsch nicht rum«, unterbrach ihn Oliver und trat einen halben Schritt näher, was Ralf als unangenehm empfand. »Reden, reden, reden und diskutieren. Vergiss es. Was hast du denn mit Misselbrünn in der Montagnacht auf der Autobahn zu bequatschen gehabt?«

Ralf traf diese Bemerkung wie ein Blitz. Rasend schnell musste sein Gehirn die Ereignisse der vergangenen Woche auf die Reihe bringen und sortieren. Oliver wusste also von der Begegnung am Rasthaus Holzkirchen?

»Jetzt bist du geschockt, was?«, erkannte Oliver sofort, dass er einen Tiefschlag gelandet hatte. »Du hast versucht, Misselbrünn einzuschüchtern, ihn zu erpressen versucht, wenn ich das mal so ausdrücken darf. Weil du irgendwelches abenteuerliches Material erschnüffelt hast. Du und deine komische Firma in Frankfurt, die natürlich nur *hehre Ziele* verfolgt«, höhnte Oliver und verstummte augenblicklich, weil gerade eine Gruppe Radfahrer auf dem Weg hinter den Autos vorbeikam.

Ralf wollte etwas entgegnen, aber Oliver ließ ihn nicht zu Wort kommen: »Mit diesem Schritt hast du dich zu weit vorgewagt. Denn nun wissen alle, dass du es warst, der zu dieser Berghütte in Südtirol gefahren ist. Und vielleicht warst du es sogar, der sie eine Nacht später angezündet hat. Aus Rache, oder was weiß ich, warum.«

Ralfs Gedanken rasten und er suchte verzweifelt nach einer entsprechenden Entgegnung. Doch Oliver war schneller. »Jetzt staunst du«, ging dessen Redeschwall weiter, »denn jetzt dreh ich den Spieß um. Vielleicht solltest du mal lieber in die andere Richtung schnüffeln. Denk an deinen verehrten Herrn Vater! Ich bin mir sicher, dass du ganz genau weißt, was da gelaufen ist – oder noch immer läuft. Aber du willst es nicht rauslassen, stimmt's?«

Ralf fühlte sich ertappt.

»Hier den großen Maxe spielen«, fuhr Oliver fort, »aber selbst so tun, als seist du das reinste Unschuldslamm. Aber ich sage dir zum letzten Mal: Wenn du nicht augenblicklich verschwindest von hier, dann lass ich dich auffliegen. Dich und deinen Vater – falls er überhaupt noch lebt. Denn mit deinem Schnüffeln hier machst du doch alles viel schlimmer.« Oliver musste erneut unterbrechen, weil sich zwei Personen näherten, die in einen Golf einstiegen. Erst als die Türen zugeschlagen waren und Ralf noch einmal um Mäßigung gebeten hatte, machte Oliver weiter: »Alles hat doch erst richtig angefangen, als du hier aufgetaucht bist. Und ich sage dir: Wenn du meinen Rat nicht befolgst, wird dich dieser Kommissar Häberle auch durch die Mangel drehen. Dafür werde ich sorgen.« Er wandte sich ab, als wolle er es dabei belassen, doch dann fügte er an: »Hast du eigentlich ein Alibi fürs vergangene Wochenende? Vergiss nicht, den Bullen geht's nicht um Spionage, sondern um Mord. Da kannst du ganz schnell in was Dummes reingeraten. Sehr schnell. Also hau ab, solange es noch Zeit ist.«

Oliver drehte sich weg und spurtete wie ein Jogger davon in Richtung der Leipheimer Donaubrücke.

Häberle hatte sich gerade zurückgelehnt, um die Ereignisse dieses Freitags zu überdenken, als sich das Telefon meldete. Es war Linkohr, dessen Tonfall Hektik und Stress befürchten ließ. Ohne Umschweife kam er zur Sache: »Vor Langbeins Haus steht ein BMW mit italienischem Kennzeichen. Ich kann es aber nicht ablesen. Vermutlich ist es dieser Italiener, der in den Ermittlungsakten auftaucht. Bronko oder Bronso oder so ähnlich. Sie erinnern sich?« Er wartete keine Antwort Häberles ab, sondern bat um Unterstützung: »Schicken Sie eine Streife vorbei. Die Straße heißt ›Alte Steige‹«, er buchstabierte und nannte die Hausnummer. »Schicken Sie am besten noch einige weitere Kollegen. Aber unauffällig. Damit wir nichts versemmeln.«

»Okay, verstanden«, bestätigte Häberle und wünschte viel Glück.

Häberle sah auf die Uhr. Wenige Minuten vor 20 Uhr. Von Geislingen bis Albeck brauchte er rund 30 Minuten. Er hoffte inständig, den Kriminaldauerdienst in Ulm zu erreichen. Tatsächlich meldete sich sofort ein Kollege, der sich Häberles Ersuchen anhörte und eine Zivilstreife auf den Weg nach Albeck schickte. Gleichzeitig wurde das landesweit operierende Präsidium ›Einsatz‹ in Göppingen verständigt, von wo aus das Mobile Einsatzkommando alarmiert wurde. Ob die Spezialeinheit, deren vorrangige Aufgabe die verdeckte Observation war, per Hubschrauber eingeflogen wurde oder auf dem eher unauffälligen Landweg nach Albeck kommen würde, überließ der Ulmer Kollege den Kräften selbst. »Es darf aber kein Aufsehen geben. Alles verdeckt«, betonte Häberle, wohl wissend, dass die speziell ausgebildete Truppe für ihr Vorgehen ohnehin keine Empfehlung brauchte. Häberle informierte die Kollegen der Sonderkommission und entschied sich, selbst nach Albeck zu fahren. Zufrieden stellte er fest, dass ein Zivilwagen mit einem unauffälligen Ulmer Kennzeichen zur Verfügung stand – ein weißer Mercedes, wie es sie im Alb-Donau-Kreis zu Tausenden gab. »Brauchen Sie Unterstützung?«, fragte einer aus der Mannschaft, doch Häberle winkte ab. »Bleibt ihr mal hier. Vielleicht gibt's heute Nacht noch genügend Arbeit.« Er lächelte.

Dann verschwand er aus dem Raum und war wenige Minuten später auf der B10 in Richtung Ulm. Freitagabend um diese Zeit hemmten glücklicherweise nur wenige Lastwagen den Verkehrsfluss. Häberle entschied sich für die kürzeste Streckenvariante: Bei Tomerdingen bog er von der B10 ab, um über Beimerstetten und Hörvelsingen Albeck zu erreichen. Aus dieser Richtung in den Ort kommend, so hatte er sich vor der Abfahrt bei Google Earth ein Bild verschafft, befand sich die genannte Straße rechts im Zentrum.

Als er die »Alte Steige« mit ihrer landwirtschaftlichen Bebauung erreichte, erkannte er sogleich anhand der Hausnummern, in welcher Richtung sich das gesuchte Gebäude befand. Häberle folgte den Kurven weiter, als ihm plötzlich der geparkte BMW mit dem italienischen Kennzeichen ins Auge stach. Demnach musste sich die Wohnung, in der sich Linkohr derzeit aufhielt, irgendwo schräg gegenüber befinden. Ohne den Kopf zum BMW zu drehen, schielte Häberle auf das Kennzeichen, um es sich einzuprägen. Anschließend bog er rechts in eine Wohnstraße ein, wo ihm Linkohrs Dienstwagen auffiel. Er fuhr daran vorbei und hielt nach einer Hofeinfahrt an. Bis jetzt hatte er in diesem dörflichen Gebiet nirgendwo einen Wagen gesehen, der einer Ulmer Zivilstreife zuzuordnen gewesen wäre. Entweder hatten sich die Kollegen so gut getarnt, was Häberle hoffte, oder sie waren noch gar nicht eingetroffen.

Der Abstellplatz, den er ausgesucht hatte, lag bereits im Schatten, sodass es einem Beobachter schwerfallen würde, die Vorgänge innerhalb eines Autos erkennen zu können. Häberle griff zum Bordbuch und blätterte darin, um nach außen hin den Anschein zu erwecken, irgendetwas Schriftliches zu erledigen. In Wirklichkeit drückte er mit der anderen Hand einige Tasten des eingebauten Funkgeräts, um mit dem Kriminaldauerdienst in Ulm in Kontakt zu treten. Häberle hatte sich noch immer nicht an den neuen Rufnamen gewöhnt. Statt ›Dora‹, wie es jahrzehntelang in Baden-Württemberg geheißen hatte, wurden die Dienststellen im Präsidiumsbereich nun schlicht mit ›Ulm‹ und einer Zusatznummer gerufen. Häberle wollte von den Kollegen wissen, ob die versprochene Zivilstreife bereits das Objekt erreicht habe.

»Vor zehn Minuten eingetroffen«, kam die Stimme zurück, während Häberle weiterhin scheinbar interessiert in seinem Bordbuch blätterte.

»Standort?«, fragte er. Seit der Polizeifunk digitalisiert und – hoffentlich – abhörsicher war, konnten sie es auch in heiklen Situationen wie diesen wagen, die Position anzugeben.

Der Mann im Ulmer Präsidium nannte die »Alte Steige« und die Hausnummer. Das muss drei Häuser neben der Anschrift von Frau Langbein sein, konstatierte Häberle und staunte, dass ihm das Fahrzeug nicht aufgefallen war. Ganz sicher waren die Kollegen entweder mit einem klapprigen Klein-Lkw gekommen oder ihnen war eine andere Tarnung eingefallen, wie etwa das Arbeiten an einer landwirtschaftlichen Maschine.»MEK auf dem Weg«, ergänzte die Stimme im Lautsprecher, den Häberle so leise wie möglich gestellt hatte.

»Verstanden«, erwiderte Häberle und bewegte die Lippen kaum. »Aber Abstand halten.«

Es klickte wieder im Lautsprecher. »Einsatzleitung obliegt dem Chef. Er hat eine BAO zusammengerufen.«

Häberle schoss der Blutdruck in die Höhe. Eine BAO? Hatte er richtig gehört? Eine ›Besondere Aufbauorganisation‹, wie sie für schwerste Kriminalfälle vorgesehen war – mit großem personellen und technischen Aufwand

»Sie wissen doch, seit wir die neue ...«

Häberle unterbrach ihn unwirsch:»Ist Ihnen eigentlich klar, Kollege, dass ich mich selbst hierhergebeben habe, um das Geschehen vor Ort zu koordinieren?« Er hatte Mühe, seinen Unmut nicht zu grob zu artikulieren. Jetzt saßen sie in Ulm und dirigierten den Einsatz von ihren Monitoren aus, auf denen der Ortsplan von Albeck dargestellt wurde – als ob so etwas die wahre Situation vor Ort abbilden konnte. Womöglich erschien bald auch noch ein Hubschrauber, der mit Videokameras Luftbilder vom Tatort ins Ulmer Lagezentrum übermittelte, ärgerte sich Häberle, ohne es auszusprechen

»Entschuldigen Sie«, kam es zurück, »aber Anweisung ist Anweisung. Entscheidungen trifft das Präsidium.«

Häberle stieß die Luft aus. »Mann«, zischte er den Kollegen an, »ich beweg meinen Arsch an die Front und da hockt einer in Ulm, weit weg vom Schuss, und will mir sagen, was zu tun ist.«

»Bitte keine Diskussion. MEK kommt, Einsatzleitung Ulm. Ende.« Der Mann im Präsidium unterbrach die Leitung.

Häberle bebte innerlich vor Zorn. Was für ein Schwachsinn! Hatten sie nicht alle von mehr Polizeipräsenz und Bürgernähe gesprochen? Was war denn mehr Bürgernähe als polizeiliche Praxis? Zählte heute die langjährige Erfahrung nichts mehr? Warum, so hämmerte es in Häberles Kopf, hatte er sich eigentlich die Mühe gemacht, hierherzufahren, um sich dann abkanzeln zu lassen wie ein Wachtmeister, der gerade erst die Ausbildung begonnen hatte? Augenblicklich jagten ihm all die kritischen Bemerkungen der Kollegen durch den Kopf, die sich von Anfang an gegen die neu entstandenen Präsidiumswasserköpfe ausgelassen hatten, wohin sich all die Emporkömmlinge, Schönschwätzer und Theoretiker gerettet hatten, um möglichst schnell und ohne die Drecksarbeit auf der Straße erledigen zu müssen, die höheren und gut dotierten Dienstränge zu ergattern.

Und er, der kurz vor der Pensionierung stand und ein Leben lang den jungen Kollegen gepredigt hatte, dass die eigentliche kriminalistische Arbeit direkt am Tatort stattfand und nicht am Computer, der saß jetzt da wie ein gescholtenes Kind. Am liebsten wäre er mit Vollgas und quietschenden Reifen davongefahren und hätte gleich morgen früh den Dienst quittiert. Doch zwei Dinge hielten ihn zurück: sein Wille, den Fall zu lösen, und die Sorge um Linkohr und Christine, die jetzt in einem dieser Häuser hockten, während draußen möglicherweise ein Mafioso lauerte.

Diese Nacht war nichts für Bürokraten.

Häberle schloss die Augen. Er hätte per Funk auch die Zivilstreife erreichen können. Aber das war ihm jetzt wirklich zu dumm.

Misselbrünn war kurz nach 20 Uhr eingetroffen. Eva Langbein hatte zuvor alle Spuren ihrer Besucher beseitigt, die Schlafzimmertür angelehnt und heimlich die Tonaufnahme-App ihres Smartphones eingeschaltet, das in einer schwarzen Lederhülle im Bücherregal lag. Misselbrünn gab sich als weltgewandter Gentleman, entschuldigte sich für den freitagabendlichen Termin, aber er sei damals, als er mit dem Geschäftsführer des Instituts Kontakt aufgenommen habe, davon ausgegangen, dass er erst am Wochenende von seiner Geschäftsreise heimkomme. Und da er ja ganz in der Nähe wohne, habe er gebeten, den Termin am Freitagabend wahrnehmen zu dürfen.

»Nun ist alles leider anders gekommen«, sagte er, während ihn Eva Langbein ins Wohnzimmer führte. »Sie haben es sicher gelesen.«

»Mein herzliches Beileid«, murmelte Eva mitfühlend, wurde aber sofort ganz aufmerksame Gastgeberin. »Darf ich Ihnen etwas anbieten? Einen Kaffee oder Wasser?«

»Nein, danke, das ist sehr nett von Ihnen. Ich möchte Sie nicht allzu lange aufhalten, auch ich habe etwas Ruhe dringend nötig.« Er knöpfte sein Jackett auf. »Ich wollte aber nicht so unhöflich sein, den Termin abzusagen.«

»Das wäre nicht schlimm gewesen«, entgegnete Eva gelassen. »In solch einer Lage muss man doch Verständnis aufbringen.« Sie vermutete, dass sich hinter der coolen Fassade des Geschäftsmanns eine große Unruhe verbarg. »Weiß man denn immer noch nicht, was geschehen ist?«

»Wie?« Er schien mit seinen Gedanken weit weg gewesen zu sein. »Ach so – nein. Nichts, gar nichts. Keine Spur.«

»Das tut mir leid.« Eva wollte das Thema nicht vertiefen, zumal sie merkte, dass Misselbrünn wortkarg reagierte.

»Man hat Ihnen sicher gesagt, worum es geht«, kam er auf den Grund seines Besuchs zu sprechen.

»Um die Förderung unserer Forschung«, zeigte sich Eva informiert.

»Ein interessantes Projekt«, lobte Misselbrünn. »Etwas, wofür die Europäische Union und die hiesigen Finanzmärkte bestimmt zu gewinnen sind.«

»Und wie sieht das konkret aus?«, drängte Eva und schielte zur Diele hinaus, um beruhigt festzustellen, dass die Tür des Schlafzimmers noch immer einen Spaltbreit offen war.

»Sobald wir die verschiedenen Kommissionen davon überzeugen können, dass Ihre bisherigen Forschungsergebnisse einen Durchbruch auf dem Gebiet der Speicherung elektrischer Energie erwarten lassen, braucht sich Ihr Institut keine Sorgen mehr um die Finanzierung zu machen.«

Für Eva klang dies eine Nuance zu großspurig. »Das heißt mit anderen Worten, ich muss als Erstes *Sie* jetzt überzeugen.«

»Nein, um Gottes willen, nicht mich. Dazu verstehe ich viel zu wenig von dieser Materie.«

»Wie würde dann das weitere Procedere aussehen?«

»Wie ich Ihrem Geschäftsführer bereits angedeutet habe: Wir benötigen Exposés zu Ihren Ergebnissen und einige technische Details über die Stoßrichtungen Ihrer Forschung.« Er lächelte charmant. »Ein paar Dokumente nur, die belegen, in welche Richtung das geht.«

Eva nickte verständnisvoll und nahm einen der bereitgelegten Schnellhefter zur Hand. »Damit habe ich gerechnet. Ich habe Ihnen ein paar Dinge kopiert.« Sie schlug eine Seite auf, die mit unzähligen mathematischen und chemischen Formeln jeden Laien sofort erschlug. »Hier. Das ist kurz zusammengefasst, woran wir derzeit arbeiten.« Sie sah in sein ratloses Gesicht. »Natürlich nur etwas für Fachleute. Aber Ihnen ist schon bewusst, dass es sich hier um streng geheime Unterlagen handelt?«

»Aber ich bitte Sie, gnädige Frau! Wenn ich das nicht wüsste, wäre ich nicht persönlich gekommen. Ich habe selbstverständlich Ihrem Geschäftsführer absolute Diskretion zugesichert.«

Eva sah die Gelegenheit gekommen, einen Versuchsballon zu starten: »Industriespionage ist heutzutage weit verbreitet.«

»Oh ja, wem sagen Sie das«, konterte Misselbrünn seufzend, »die Chinesen versuchen es mit allen Tricks, das dürfen Sie mir glauben. Gerade deshalb wollen wir – die Europäische Union und die Finanzmärkte«, er wiederholte diese Begriffe geradezu gebetsmühlenartig, »dazu beitragen, dass das in Europa entwickelte Know-how auch innerhalb der Europäischen Union bleibt. Unsere Förderung ist natürlich an einige Bedingungen geknüpft.«

»Bedingungen?«

»Ja natürlich. Zum Beispiel, dass die Forschungsergebnisse und die daraus zu erzielende praktische Anwendung nur über Unternehmen vermarktet werden darf, die ihren Firmensitz innerhalb der EU haben.«

»Und hoffentlich auch hier Steuern zahlen?«, ergänzte Eva. »Wer gibt Ihnen denn die Gewissheit, dass so ein Unternehmen nicht längst einem Finanzhai – oder sagen wir besser: einer Heuschrecke? – gehört, die ihren Firmensitz auf den Cayman Islands hat?« Gerade erst hatte sie gelesen, dass die Geislinger Weltfirma WMF in die Klauen eines solchen Investors geraten war, der seinen Sitz tatsächlich auf den Caymans hatte und selbst wiederum ein Ableger des weltweit größten Investors namens Blackrock in den USA war, dessen einziges Ziel es war, das Vermögen anderer zu vermehren. Sprich: Die Unternehmen, an denen er über unzählige verschachtelte Gesellschaften beteiligt war, auszusaugen. Trotz satter Gewinne wurden die Arbeitnehmer ausgepresst wie Zitronen. Wenn Eva so etwas hörte, spürte sie Zorn in sich aufsteigen. Nein, sie wollte unter allen Umständen vermeiden, dass das, was sie in Ulm entwickelten, ähnlichen Raubtieren zum Fraß vorgeworfen wurde. Aber wahrscheinlich waren sie und ihr Team viel zu schwach, um dies verhindern zu können. Und Misselbrünn, davon war sie überzeugt, hatte auch nur seinen eigenen Vorteil im Auge: Provisionen oder, noch schlimmer, ergaunertes Know-how gewinnbringend weiterzuveräußern. Mochten dann auch ein paar Hunderttausend oder Millionen an das Institut fließen – zum Schein. In Wirklichkeit wurde die Grundlagenforschung anderswo aufgegriffen und vermarktet.

»Sie sind misstrauisch«, stellte Misselbrünn fest und holte sie damit wieder aus ihrer gedankenversunkenen Phase.

»Nicht misstrauisch«, erwiderte sie schnell und ließ ein Lächeln über ihr Gesicht huschen, »sondern nur sozial eingestellt.«

»Sozial eingestellt?«, er wiederholte die beiden Worte, als wäre ihm deren Bedeutung völlig fremd.

»Ja, sozial eingestellt. Sie haben richtig gehört«, gab Eva schnippisch zurück. »Gut möglich, dass man in Ihren Kreisen die Bedeutung dieser Worte nicht kennt.« Kaum hatte sie es gesagt, war sie über sich selbst erschrocken. Falls hinter Misselbrünns Angebot eine ernst zu nehmende Sache stand, war sie auf dem besten Weg, es zu vermasseln.

Misselbrünn lächelte überlegen. »Junge Leute neigen manchmal dazu, Sozialfantasten zu sein. Das darf man ihnen nicht verübeln, wollen sie doch nur das, was wir alle wollen: eine bessere und gerechtere Welt. Nur gibt es bisweilen eine gewisse Diskrepanz zwischen den jungen Engagierten, die die Welt nur aus theoretischen Lehrbüchern kennen, und den erfahrenen Strategen, die wissen, dass die Welt nicht mehr so funktioniert, wie vor der Erfindung von Computer und Internet.«

»Da mögen die Ansichten auseinandergehen«, lenkte Eva ein. Am liebsten hätte sie ihm ins Gesicht geschrien: Du Kotzbrocken, verschwinde sofort aus meiner Wohnung. Aber die Höflichkeit und der Zweifel, ob er wirklich Böses im Schilde führte, geboten Zurückhaltung.

»Es liegt nun an Ihnen allein, ob Sie an der Schwelle zu einem neuen Zeitalter Mitwirkende oder Zuschauerin sein wollen«, machte Misselbrünn weiter. »Ich weiß natürlich nicht, wie weit Ihre Befugnisse gehen. Aber Ihr Geschäftsführer hat mir versichert, Ihnen da freie Hand zu lassen ...«

Eine versteckte Drohung?, überlegte Eva. Natürlich, im Klartext hieß dies doch: Wenn du nicht mitmachst, geh ich halt wieder zu ihm.

»Mehr als das, was ich Ihnen zusammengestellt habe, kann ich Ihnen nicht geben«, erwiderte sie eine Spur kühler.

Er nahm den Schnellhefter und blätterte die Seiten schnell durch. Sein flüchtiger Blick sagte ihm, dass er davon nichts verstand. »Und damit können Fachleute Ihre Forschungsergebnisse und die Art und Weise, wie Sie Ihr Ziel erreichen wollen, tatsächlich nachvollziehen?«

Eva nahm den zweiten Schnellhefter zur Hand. »Ich habe mir die Mühe gemacht, auch ein paar laienhaft verständliche Sätze reinzuschreiben.« Sie deutete auf einen Abschnitt und las vor: »*Lithium-Polymer-Batterien sollen die Akkus zunächst einmal sicherer machen. Die Erfahrung hat gelehrt, dass Lithium-Ionen-Batterien brennbar sind.* Und hier steht«, ihr machte es sichtlich Freude, Misselbrünn zu irritieren, »*Große Hoffnung wird in neue Materialien gesetzt wie etwa Schwefel. Er weist eine höhere Energiedichte auf und steht praktisch unbegrenzt zur Verfügung. Dies räumt ihm einen Vorteil gegenüber dem knappen Kobalt ein, das in Lithium-Ionen-Batterien als Kathodenmaterial benutzt wird.*« Sie sah zu ihm auf, doch er schien solchen Erläuterungen nichts entnehmen zu können. »Es geht um hohe Leistung und möglichst viele Ladezyklen«, fuhr sie fort. »Dann gibt es noch Redox-Flow-Batterien mit flüssigen Elektrolyten. Das ganze Spektrum ist so komplex, dass wir auch eng mit der Fraunhofer-Gesellschaft zusammenarbeiten.«

Misselbrünn holte tief Luft. »Daraus schließe ich, dass die Forschungsarbeit auf mehreren Beinen steht und Sie mit Ihrem Institut nur eines davon sind – aber eben eines, das am weitesten vorangeschritten ist.«

»Soweit ich das beurteilen kann, ja. Darauf sind wir ja auch besonders stolz.« Sie wartete einen Augenblick. »Deshalb sind wir auch begehrte Gesprächspartner.«

»Wie darf ich das verstehen?«

»Na ja, so ein Ansinnen beziehungsweise Angebot, wie Sie es an uns herantragen, haben wir natürlich auch schon von anderer Seite erhalten«, log sie überzeugend.

Jenseits der Diele, hinter der nur angelehnten Tür des Schlafzimmers, sahen sich Linkohr und Christine gespannt an. »Jetzt«, flüsterte der Kriminalist der jungen Beamtin zu.

»Von anderer Seite?«, hörten sie Misselbrünn eine Spur lauter nachhaken.

»Natürlich«, gab sich Eva Langbein eher gelangweilt, »aber wie ich Ihnen schon sagte, ich halte nichts davon, Know-how in fremde Hände zu geben. Aber die Chinesen sind wirklich wild drauf, wenn ich das mal so ausdrücken darf, und selbst Südkorea hat starkes Interesse.«

Linkohr hätte jetzt allzu gerne Misselbrünns Gesicht gesehen.

»Ist Ihnen bewusst, was Sie da sagen?«, fragte Misselbrünn. »Das beweist doch, wie publik Ihre Fortschritte bereits geworden sind. Ihr Institut könnte allen möglichen Spionageangriffen ausgesetzt sein.«

»Vermutlich ist es das auch schon.«

Linkohr nickte abermals seiner Kollegin zu. »Die macht es gut«, flüsterte er.

»Wart's ab, bis sie nach Italien fragt«, flüsterte Christine zurück.

Linkohr musste an den BMW denken. Leider befand sich das Schlafzimmer auf der Rückseite des Gebäudes, sodass von diesem Fenster aus die Straße nicht überblickt werden konnte.

Misselbrünns Stimme drang wieder herüber: »Gibt es denn einen begründeten Verdacht, wonach Sie bereits ausgespäht werden?«

Eva entschied sich für eine ausweichende Antwort. »Nicht konkret, nein. Aber man weiß ja nie ...«

»NSA und so«, erwiderte Misselbrünn. »Dieser Snowden hat uns doch gelehrt, dass die Amis nicht nur überall mitlauschen, sondern sich auch für technisches Know-how interessieren. Wenn Sie mich fragen: Das tun die nur, um alles und jedes militärisch nutzen zu können.«

»Und in welcher Höhe wären Ihre Fördermittel?«, wechselte Eva das Thema.

»Nun, das kommt darauf an, wie vielversprechend unsere Experten Ihre bisherigen Ergebnisse einstufen. Es geht letztlich natürlich um die Abwägung von Risiken.« Er räusperte sich. »Alles hängt vom Geld ab, auch wenn manche dies nicht wahrhaben wollen.« Es schien eine klare Anspielung auf Evas soziales Gewissen zu sein. »Wer investiert, will auch eine Verzinsung seines Kapitals in Aussicht haben. Das hat natürlich in unserem Fall nichts mit Aussaugen zu tun, wie Sie es erwähnt haben. Wir wollen in innovative Forschung investieren – um natürlich irgendwann an den Erfolgen teilhaben zu können. Aber es sind nicht private Investoren, sondern Staaten, Banken und natürlich wiederum Unternehmen, die mit dem, was Sie entwickeln, in die Massenproduktion gehen könnten. Allen voran die Autoindustrie, die sich von leistungsstarken Akkus einen enormen Innovationsschub erhofft. Oder Windkraftanbieter, die ihre erzeugte Energie speichern wollen, um sie bei hoher Stromnachfrage ins Netz einspeisen zu können. All diese Industriezweige sind bereit, viel Geld in die Hand zu nehmen, um Forschung wie die Ihrige zu fördern.«

»Und die vertreten Sie?«, fragte Eva zaghaft nach.

»Nicht ich – der europäische Finanzmarkt.«

Eva hatte mit diesem Begriff bisher nie etwas anfangen können. Finanzmarkt – dahinter verbarg sich doch nur ein undurchsichtiges Labyrinth aus Banken, Börsen und jeder Menge Finanzjongleuren, die auf alles Mögliche Wetten abschlossen. Früher hatte sie noch geglaubt, Börsen seien seriöse Einrichtungen. Doch seit dort auch auf fallende oder steigende Kurse gewettet wurde – ganz ohne das eingesetzte Kapital zu besitzen, man sprach dann wohl von

Leerkäufen – kam ihr das alles vor wie eine drittklassige Spielhalle in einem Ulmer Vorort.

»Und alle Investoren haben ihren Sitz in der EU?«, fragte Eva.

Linkohr grinste: »Jetzt kommt's.«

»Natürlich, wie ich Ihnen sagte«, bestätigte Misselbrünn.

»Auch Italien?«

Er lächelte verlegen. »Ja, auch Italien. Warum fragen Sie?«

»Ich hab halt einen Grund«, sagte sie schnippisch.

»Haben Sie was gegen Italiener?«

»Ne«, blieb sie einsilbig. »Kein Problem.«

»Und doch scheinen Sie Vorbehalte zu haben.«

Linkohr nickte erneut Christine zu. »Jetzt wird er unsicher.«

»Es gab da einen Vorfall«, begann Eva vorsichtig, »der mich etwas verunsichert hat.«

»Vorfall?« Sie hatte Misselbrünns Neugier eindeutig geweckt.

»Nein«, wehrte sie ab, als sei ihr die eigene Bemerkung unangenehm gewesen. »Ich möchte Sie damit nicht belästigen.«

»Erklären Sie mir's, dann können wir's vielleicht aus dem Weg schaffen.«

Linkohr wollte gerade wieder etwas seiner Kollegin zuflüstern, als ein Ton die Stille zerriss, der ihn bis tief in die Seele hinein traf. Wie ein Schlag aus der Hölle. Sein Puls raste, er hatte das Gefühl, gleich tot umzufallen.

Christine starrte ihn entsetzt an.

19

Ralf war nach der unerwarteten Begegnung mit Oliver nicht gleich heimgefahren, sondern mit seinem Cayenne ziellos umhergeirrt, war dabei durch Langenau gekommen und wäre am liebsten nach Albeck abgebogen, doch dann fiel ihm wieder der Termin ein, den Eva für diesen Abend mit Misselbrünn ausgemacht hatte. Dort auch nur in der Nähe aufzukreuzen, empfahl sich jetzt nicht. Weil er sich von einigen Autos verfolgt fühlte, fuhr er nach Ulm, um im Innenstadtverkehr abschätzen zu können, ob tatsächlich jemand hinter ihm her war. Beruhigt kam er nach einigen Runden durch Altstadtgassen zu dem Ergebnis, dass er sich getäuscht hatte. Er stellte den Wagen im Parkhaus ›Fischerviertel‹ ab und beschloss, die laue Abendluft zu genießen. Er ging kreuz und quer durch schmale Gassen, querte die Blau, ließ sich von prächtigen Fachwerkbauten ablenken, deren Fundamente seit ewigen Zeiten im Wasser standen, und musste sich an manchen Stellen durch den sommerabendlichen Touristenstrom drängen. Er verbrachte einige Zeit in diesem idyllischen Teil der Stadt und erreichte schließlich an der Stadtmauer den Durchgang zur Donau. Von der Uferwiese plärrte ihm allerdings Heavy-Metal-Musik aus ebensolch metallenen Lautsprechern entgegen. Ralf sah sich einigen Gestalten gegenüber, die sich zuhauf in dieser Grünanlage tummelten und denen er niemals nachts in einer finsteren Fußgängerunterführung begegnen wollte. Diese Belagerung entlang der Donau war auch der Grund, weshalb der Touristenstrom hier abbog – zu den Stufen, die zur Stadtmauer hinaufführten. Ralf wollte diesen Typen, die im Gras lagen und sich reichlich mit Getränkedosen eingedeckt hatten, nicht allzu nahe kommen. Vermutlich waren sie friedlich, wollten sich nur im höllischen Lärm dessen, was sie als Musik empfanden, mit Alkohol zudröhnen und mit bunten Tattoos auf dem Oberkörper angeben, was offenbar auch einigen Mädels tatsächlich imponierte.

Ralf konnte mit dieser Art der Jugendkultur nichts anfangen. Eigentlich bemitleidete er diese jungen Menschen, die sich mit Tattoos oder Piercings entstellten und sich allein schon rein optisch jeder Chance beraubten, eine vernünftige Ausbildungsstelle zu bekommen. Er stellte sich dann immer einen mittelständischen Handwerksmeister vor, der es sich gar nicht leisten konnte, mit einem Lehrling aus dieser Szene bei seiner gutbürgerlichen Kundschaft aufzukreuzen.

Ralf zog es also vor, auf der Mauer zu spazieren, einigen Studentinnen zuzulächeln und die Skyline von Neu-Ulm zu betrachten, die aus dieser Perspektive überwiegend aus dem Wohnklotz des Donaucenters bestand, das wie ein Fremdkörper direkt an der Donau terrassenförmig in die Höhe ragte. Er sog die laue Abendluft in sich hinein und versuchte, seine Gedanken zu sortieren. Möglicherweise war jetzt der Zeitpunkt gekommen, an dem es im eigenen Interesse sinnvoll war, den Alleingang aufzugeben. Auch wenn er damit seinen eigenen Vater in ein schlechtes Licht rücken musste. Ralf spürte, dass er ohne Unterstützung keinen Schritt mehr weitergehen konnte oder besser durfte. Frau Misselbrünn, die ihn erst in diesen Schlamassel hineingezogen hatte, war sich offenbar der Brisanz dessen bewusst gewesen, was sie hinter den Geschäften ihres

Mannes vermutete. Aber eigentlich wäre ohne Eva Langbeins Anruf alles gar nicht so schlimm gekommen, überlegte er, während er sich dem sogenannten Rosengarten näherte, einer beschaulichen, vor allem aber duftenden Pflanzetage in der Stadtmauer, unweit jener Stelle, an der einst der legendäre Schneider von Ulm seinen misslungenen Flugversuch über die Donau unternommen hatte.

Ralf versuchte, all die Erkenntnisse aus den letzten Tagen logisch einzuordnen. Dass dabei sein eigener Vater und möglicherweise sogar seine Mutter ebenfalls eine Rolle spielten, erschien ihm immer wahrscheinlicher. Inzwischen fürchtete er sich vor jeder neuen Entdeckung – bis hin, dass man ihm selbst womöglich noch einen Strick daraus drehte. Es war ihm, als nähere sich ihm eine unsichtbare Gefahr, die bereits einen Schatten auf sein Gemüt warf. Längst hatte er sein ganzes Verhalten darauf ausgerichtet. So blieb sein Handy nun stets ausgeloggt und notwendige Telefonate führte er wieder von Telefonzellen oder Telefonsäulen aus, auch wenn dies wegen der Karten, die man dafür meist brauchte, ziemlich umständlich, aber auch relativ teuer war. Seinen Rechner hatte er vom Internet getrennt, zumal er um die Möglichkeiten wusste, sich von außen in einen Computer einzuschleichen und alles auszuspähen. Nein, er wollte nicht noch weiter zwischen die Fronten geraten, sondern sich vor illegalen Angreifern ebenso schützen wie vor der Polizei.

Diesen beiden Kriminalisten, von denen ihm nur der schwäbische Name des Chefs in Erinnerung geblieben war, traute er alles zu. Deren dezent-zurückhaltende Art, verbunden mit geradezu fürsorglichen Formulierungen, schuf Vertrauen, von dem man sich nicht täuschen lassen durfte. Dieser Häberle und sein Assistent hatten sich verdächtig oft mit seiner Mutter befasst – und dabei wenig Interesse an dem Vermisstenfall gezeigt. Jegliche Frage dazu hatten sie mit dem Hinweis abgeschmettert, dafür seien die Kollegen in Ulm oder gar im angrenzenden Bayern zuständig. Und dies nur, weil sich dort die Spur zu dem Vermissten verlor. Wenn natürlich die beiden Fälle strikt getrennt wurden, weil es der Bürokratismus so wollte, dann war zu befürchten, dass eine Menge Arbeitskraft als ›Reibungsverlust‹ auf der Strecke blieb.

Es war über eine Stunde vergangen, als Ralf zur Tiefgarage zurückkam und mit seinem Wagen das heimische Niederstotzingen ansteuerte. Die Dämmerung war bereits weit fortgeschritten. Instinktiv verfolgte er im Rückspiegel wieder die Lichter nachfolgender Autos. Doch auch als er Ulm verlassen hatte, gab es hinter ihm nichts Verdächtiges. Während er das nächtliche Thalfingen passierte, musste er unweigerlich an die zerstochenen Reifen denken, die zweifelsohne eine Warnung gewesen waren, die Hände von den Recherchen zu lassen. In Mafiakreisen, das wusste er, wurden Gastwirte, die sich weigerten, Schutzgeld zu zahlen, auf diese Weise eingeschüchtert. Sozusagen als erste Stufe folgender und weitaus schwerwiegenderer Sanktionen.

Nach einer halben Stunde hatte Ralf sein Ziel, das elterliche Haus in Niederstotzingen, erreicht. Dass wenige Meter davon entfernt ein dunkler Wagen parkte, nahm er nicht zur Kenntnis, zumal in dieser Wohnstraße unzählige Autos standen. Er rangierte seinen Cayenne rückwärts in die breite Hofeinfahrt, stieg aus und stellte auf dem Weg zur Haustür fest, dass im Wohnzimmer seiner Mutter noch Licht brannte. Noch während er den Schlüssel aus der Hosentasche kramte, schreckte ihn ein Schatten auf, der sich ihm im schummrigen Licht einer Straßenlampe von schräg hinten näherte. Ihn überkam eine Gänsehaut.

Misselbrünn war mitten im Satz stecken geblieben, als er das Geräusch aus Richtung Diele vernahm. Auch Eva Langbein zuckte zusammen, weil sie diesen seltsamen elektronischen Ton nicht kannte, hatte sich aber sofort wieder unter Kontrolle. »Mein Handy, entschuldigen Sie.« Sie stand auf, spürte ihre angstweichen Knie, denn ihr war sofort klar gewesen, woher dieser elektronische Ton, der schnell wieder verstummt war, nur kommen konnte. Sie eilte in die Diele, wo sie schräg gegenüber die angelehnte Tür zum Schlafzimmer zaghaft öffnete – in der Hoffnung, dass sich keine der dort versteckten Personen zeigte. Aber Misselbrünn konnte von seinem Sitzplatz aus ohnehin diesen Bereich nicht überblicken, sofern er dort blieb.

Eva warf einen flüchtigen Blick ins Schlafzimmer. Lautlos deutete ein sichtlich entsetzter Linkohr auf sein inzwischen abgeschaltetes Handy und gab Zeichen, sie solle zurück ins Wohnzimmer gehen.

Eva wusste, was zu tun war, sagte »Hallo«, als telefoniere sie wirklich, wartete kurz und beendete das fiktive Gespräch: »Das geht jetzt nicht, danke. Ich melde mich später.« Dann verließ sie den Raum, lehnte die Tür wieder an und eilte durch die Diele zurück ins Wohnzimmer. »Nur mein Handy«, lächelte sie gezwungen und setzte sich wieder. »Einer meiner Mitarbeiter hat ein Problem.«

Misselbrünn nickte anerkennend: »Freitagabend und immer im Dienst.«

»Forschung und Kreativität können sich nicht auf fixe Dienstzeiten beschränken. Nur wer frei im Geist ist, darf auf den genialen Geistesblitz hoffen«, erwiderte sie.

Misselbrünn hob eine Augenbraue. »Da mögen Sie recht haben. Aber Sie wollten mir von einem Vorfall berichten, bevor wir unterbrochen wurden.«

Er hat also Interesse daran, dachte Eva. »Na ja, meine Frage, ob auch Fördergelder aus Italien fließen, zielt darauf ab, dass ich vor einigen Tagen einen seltsamen Anruf erhalten habe.«

»So?« Misselbrünn zeigte sich überrascht, wobei Eva nicht abschätzen konnte, ob diese Reaktion ehrlich oder gespielt war. Sie erhob sich, um von einer Ablage in der Schrankwand einen Notizblock zu holen. »Am Montag rief jemand hier an. Weil ich nicht da war, hat sich nur die Nummer auf dem Display gefunden. Aus Italien, vermutlich von einem Handy. Ich war zunächst im Zweifel, was dies zu bedeuten hat, weil ich eigentlich keine Kontakte nach Italien pflege. Aus Neugier habe ich zurückgerufen und bin auf einem Anrufbeantworter gelandet.« Sie kam mit dem Notizblock zur Couch zurück und deutete auf ihre handschriftlichen Aufzeichnungen. »Dieser Anrufbeantworter war seltsamerweise nur für mich besprochen. Jemand hat also ganz bewusst auf dieser Nummer einen Rückruf von mir erwartet.«

Misselbrünn hörte aufmerksam zu.

»Ich hab den Text aufgeschrieben«, schilderte Eva weiter, »italienischer Akzent. Ein Mann hat gesagt: ›Signorina Langbein, wir wissen alles über Sie. Wenn Leben ist wichtig für Sie, dann Mund halten und cooperazione mit uns. Warten auf neue istruzioni.‹« Sie legte den Block wieder beiseite und sah ihr Gegenüber abwartend an.

»Ein Italiener, ja«, war alles, was Misselbrünn zu sagen vermochte. Er schien für einen Augenblick irritiert zu sein. »Aber seither hat er sich nicht mehr gemeldet?«

»Nein. Ich weiß auch nicht, wie ich dies einschätzen soll.«

»Haben Sie die Polizei eingeschaltet?«
»In dieser Sache nicht, nein.«
»In dieser Sache?«, fragte Misselbrünn schnell zurück. Es klang misstrauisch.

Linkohr hatte sich nebenan im Schlafzimmer wieder von seinem Schock über das aufheulende Handy erholt. Insgeheim schämte er sich vor Christine, dass ihm so ein Lapsus unterlaufen war. Jedem Polizeischüler wurde eingebläut, in brenzligen Situationen darauf zu achten, dass das Handy ausgeschaltet, zumindest aber stumm gestellt war. Natürlich hätte es ihn brennend interessiert, wer ihn am Freitagabend anrief – aber beim flüchtigen Blick aufs Display hatte er nur ›Unbekannter Anrufer‹ gelesen. Es war also keine Nummer übertragen worden.

Christine hob den Zeigefinger und deutete Richtung Wohnzimmer. Gleich würde Eva Langbein noch etwas Entscheidendes sagen.

»Ja, in dieser Sache habe ich nichts weiter unternommen. Aber es gab noch etwas anderes …«, hörten sie die Frauenstimme vom Wohnzimmer her.

»So? Etwas Beunruhigendes?« Misselbrünn wurde hörbar unsicherer.

»Ein Lauschangriff«, sagte Eva. »Spionage. Und ich bin zunehmend davon überzeugt, dass der Italiener am Telefon und ein Spionageangriff auf mich beziehungsweise mein Institut etwas miteinander zu tun haben.«

»Ich verstehe nicht …«

»Man will mich systematisch einschüchtern.« Evas Stimme nahm einen emotionalen Klang an. »Hier in meiner Wohnung wurde eine ›Wanze‹ versteckt.«

»Wie bitte?«

»Eine winzige Videokamera samt Mikrofon, basierend auf WLAN-Verbindung. Ich denke, Sie verstehen, was dies bedeutet. Übertragung übers Internet und so.«

»Und was glauben Sie, wer dahinter stecken könnte? Die italienische Mafia?«

»Zum Beispiel«, gab sich Eva selbstbewusst.

»Und deshalb fragen Sie mich nach italienischen Verbindungen?«

»Auch, ja.«

»Da kann ich Sie beruhigen«, fand Misselbrünn zu seiner Sachlichkeit zurück. »Die Finanzmärkte, die ich vertrete, sind frei von solchen Strukturen. Keine Geldwäsche, keine unsauberen Geschäfte, das dürfen Sie mir glauben.«

Es entstand eine kurze Pause, während der sich Linkohr und Christine ratlos anschauten. Dann jedoch schien Misselbrünn auf ein rasches Ende des Gesprächs zu drängen. »Gestatten Sie, dass ich Ihre Unterlagen zur Überprüfung der Förderungswürdigkeit Ihres Vorhabens unserer Kommission vorlege?«

»Aber bitte, gerne. Zu diesem Zwecke habe ich das gewünschte Exposé doch ausgearbeitet«, erwiderte Eva zuvorkommend.

An den Geräuschen war zu vernehmen, dass sie sich beide erhoben. »Dann höre ich wieder von Ihnen?«, fragte Eva. »Falls Sie es tatsächlich ermöglichen könnten, uns die in Aussicht gestellten Fördermittel zukommen zu lassen, würden wir uns natürlich sehr freuen.«

»Ich werde mein Möglichstes tun«, versprach Misselbrünn auf dem Weg zur Diele. Was, wenn er jetzt rein versehentlich die angelehnte Schlafzimmertür aufdrückte?, durchzuckte es Linkohr und wagte kaum noch zu atmen, während Christine ziemlich entspannt neben ihm saß.

»Was mich ein bisschen beunruhigt«, hörten sie Eva ganz dicht neben der Tür sagen, »bevor Sie gekommen sind, wurde draußen auf der Straße, schräg gegenüber, ein Auto mit italienischem Kennzeichen abgestellt …«

»Was sagen Sie da?«, unterbrach sie Misselbrünn überrascht.

»Ein BMW mit italienischem Kennzeichen«, wiederholte sie.

Kurze Pause. »Italie…«, er sprach es nicht fertig aus, »na, da dürfen Sie jetzt nicht gleich böse Buben vermuten, Frau Langbein.« Er tat es hörbar als völlig abwegig ab. »Nicht jeder Italiener ist ein Mafioso. Aber«, er wurde wieder ernster, »ich glaube, Sie täten vielleicht doch gut daran, die Warnung vom Telefon nicht auf die leichte Schulter zu nehmen. Halten Sie mich bitte auf dem Laufenden, falls die angekündigten neuen Instruktionen eintreffen.«

Eva Langbein schwieg und brachte ihren Gast zur Tür. Sie plauderten noch eine Zeit lang über belanglose Dinge, zum Leidwesen von Linkohr und Christine, die geduldig in ihrem Versteck ausharren mussten. Es war inzwischen fast Mitternacht.

Es war zwar nur ein Schatten gewesen, lautlos und schnell, aber Ralfs Unterbewusstsein alarmierte all seine Sinne. Er drehte sich reflexartig um – doch da flammten bereits zwei helle Halogenlampen auf, die ihn blendeten. »Halt, stehen bleiben, Polizei«, hallte eine Stimme durch die nächtliche Straße. Sehen konnte er niemanden. Wenn da tatsächlich Polizisten waren, hatten sie sich hinter den grellen Lichtern verschanzt.

Ralf fühlte sich wie gelähmt, zitterte, spürte Panik.

Eines der Lichter kam näher, sodass er die Silhouette einer großen Person erkennen konnte. Waren es Polizisten?

Ralfs Gehirn ratterte blitzartig alle denkbaren Möglichkeiten herunter. Polizei, Geheimdienst, Mafia? Alle Varianten schossen durch seinen Kopf – und alle waren sie gleichermaßen bedrohlich. Eine Flucht schien gänzlich ausgeschlossen.

»Polizei«, wiederholte die Männerstimme jetzt leiser. Mit wenigen Schritten war ein Uniformierter bei ihm und leuchtete ihm mit der starken Lampe ins Gesicht. Ralf wehrte den blendenden Lichtstrahl ab, um den angeblichen Polizisten besser sehen zu können. Der Mann trug tatsächlich eine blaue Uniform samt Mütze, hatte Dienstgradabzeichen auf der Schulter und ließ rein äußerlich keinen Zweifel an seiner Profession aufkommen. Jetzt näherte sich auch die zweite Lampe.

»Ralf Mehlfurt?«, schnarrte der Beamte. Als Ralf nicht gleich antwortete, wurde die Frage etwas unfreundlicher: »Sind Sie Ralf Mehlfurt? Ja oder nein?«

»Bin ich«, antwortete der junge Mann, der noch immer regungslos dastand. »Und was soll das hier?«

»Feststellung Ihres Aufenthaltsorts«, blaffte ihm der Polizist entgegen, dessen Kollege nun auch herangekommen war.

»Wie bitte?« Ralf glaubte sich im falschen Film. »Ich wohne doch hier.«

»Sie waren aber nicht zu erreichen«, gab der Uniformierte bissig zurück. »Die Kripo benötigt Sie dringend als wichtigen Zeugen.«

Der zweite Beamte mischte sich ein: »Seien Sie froh, dass Sie nicht zur Festnahme ausgeschrieben wurden.«

»Sie werden sich morgen um neun bei Kriminalhauptkommissar Häberle in Geislingen melden. Haben wir uns verstanden?«, wurde der Wortführer energisch und wiederholte: »Morgen, obwohl Samstag ist. Polizeirevier Geislingen. Alles klar?« Wieder leuchtete er ihm direkt ins Gesicht, das kreideweiß geworden war.

»Jaja, klar. Hab ich verstanden.« Ralf suchte vergeblich nach einer Formulierung, um seine Verwunderung zum Ausdruck zu bringen. Sie hatten ihn geradezu übertölpelt, dachte er, musste sich aber eingestehen, dass die Begegnung nun doch harmloser gewesen war, als er zunächst befürchtet hatte.

Natürlich wusste er, dass es keinen Sinn machte, die Streifenbeamten nach dem Grund zu fragen, weshalb Häberle so dringend mit ihm sprechen wollte.

Er fühlte sich elend, fror und zitterte.

Hoffentlich hatte seine Mutter im Haus nichts von dem Spektakel mitgekriegt.

Die Beamten löschten ihre Lampen und gingen zu ihrem Wagen zurück.

Ralf sah ihnen nach und musste sich vergegenwärtigen, dass alles, was er soeben erlebt hatte, Realität war. Kein böser Albtraum, kein Spuk, der wie aus heiterem Himmel über ihn hereingebrochen war. Nein, die Beamten hatten tatsächlich auf ihn gewartet. Vermutlich schon seit Stunden. Ein enormer Aufwand dafür, dass er angeblich nur als Zeuge gehört werden sollte.

War er jetzt selbst in die Schusslinie geraten?

»Zielperson kommt«, flüsterte ein Mann, der in Eva Langbeins Wohnstraße im Laderaum eines verrosteten weißen Kastenwagens mit der Aufschrift ›Heizung, Sanitär,

Wasser‹ saß. Durch ein unscheinbares Guckloch in der Karosserie hatte er das Haus, dem sein Interesse galt, im Blickfeld. Die Beleuchtung war gut, sodass er sein Nachtsichtgerät nicht einsetzen musste. Er konnte auch ohne technische Hilfsmittel erkennen, dass soeben ein Mann aus dem Gebäude gekommen war, bei dem es sich um den beschriebenen Misselbrünn handeln musste. Dieser überquerte die Fahrbahn in Richtung des abgestellten BMW, ging jedoch daran vorbei. Der Beobachter glaubte, bei dem Mann eine Handbewegung wahrgenommen zu haben, die dem BMW-Fahrer signalisierte, ihm zu folgen.

»Hat Zielfahrzeug passiert«, meldete der Mann im Lieferwagen. Er hatte ein Pilotenmikrofon, ein sogenanntes Headset, an die Lippen gepresst. »Hat dem Fahrer vermutlich ein Zeichen gegeben, ihm zu folgen.«

Seine Kollegen vom Mobilen Einsatzkommando waren in ganz Albeck unauffällig mit Zivilwagen verteilt und hatten sich teilweise als abendliche Spaziergänger getarnt. Einer von ihnen mimte mit seinem Polizeihund sogar einen harmlosen Gassigang entlang des Ortsrandes.

Alles schien in dem stillen Albeck so wie immer zu sein. Und doch entging den MEK-Spezialisten rund um den Ortskern nicht das Geringste.

Misselbrünn war schnell weitergegangen – die ansteigende Straße hinauf, wo er an einer breiteren Stelle seinen Mercedes abgestellt hatte, gar nicht weit weg von Häberles Standort. Wenige Minuten später erhellten die Scheinwerfer des langsam vorbeifahrenden BMW die Szenerie, während Misselbrünn gerade in seinen Wagen stieg, um dem Italiener zu folgen.

»Personen und Fahrzeuge aus meinem Blickfeld«, ließ der MEK-Mann im Lieferwagen per Funk verlauten.

»Verstanden«, bestätigte eine Männerstimme im Kopfhörer. »BMW fährt weiter, zweite Person steigt in Mercedes und fährt ab.«

Mehrere Dutzend Männer und Frauen wussten jetzt, was zu tun war: den beiden Autos mit jeweils unterschiedlichen und mehrfach wechselnden Fahrzeugen zu folgen und die Abstände so groß wie möglich zu halten. Sie bogen aus der Alten Steige nach links in die Durchgangsstraße ein und nahmen Kurs auf Langenau zur dortigen Autobahnanschlussstelle.

Häberle blieb regungslos hinterm Steuer seines Dienstwagens sitzen und gab den Kollegen per Funk einen Tipp: »Es könnte eine sehr lange Geschichte werden. Stellt euch darauf ein. Ulm wird auch die Behörden in Österreich und Italien verständigen. Viel Glück.«

Linkohr und Christine hatten sich noch eine halbe Stunde mit Eva Langbein unterhalten und sie für ihr couragiertes Gespräch mit Misselbrünn gelobt. Zunächst allerdings war Linkohrs peinliches Missgeschick ein Thema gewesen. »Sie haben Gott sei Dank richtig reagiert«, sagte er anerkennend. »Wären Sie über den ungewöhnlichen Signalton meines Handys ebenso erschrocken wie ich, hätte Misselbrünn garantiert Lunte gerochen.«

Christine wagte inzwischen auch schon Sticheleien: »Manchmal muss man halt immer erreichbar sein, um nichts zu verpassen.«

»Ein Glück, dass er nicht gemerkt hat, dass mein Handy auf einem Regal im Wohnzimmer lag«, meinte Eva, verschwieg jedoch, dass sie ihr Smartphone heimlich auf die Tonaufzeichnungsfunktion geschaltet hatte.

Linkohr warf ihr einen neckischen Blick zu. »Ich weiß

nicht mal, wer angerufen hat«, sagte er beinahe entschuldigend. »Es wurde keine Nummer übertragen.«

»Aber Misselbrünn hat den Zwischenfall kaum zur Kenntnis genommen«, stellte Eva fest. »Ich hab ihm doch gut eingeheizt, oder?«

»Sehr gut«, lächelte Christine anerkennend.

»Und was passiert jetzt?«, fragte Eva, während sie nun hinter den zugezogenen Vorhängen beobachteten, wie Misselbrünn an dem BMW entlanggegangen war, der ihm wenig später folgte.

»Das MEK bleibt dran«, sagte Linkohr.

»MEK?« Eva konnte mit dieser Abkürzung nichts anfangen.

»Mobiles Einsatzkommando. Zuständig für Observation. Denen entkommt keiner. Fantastisch, wie unauffällig ganze Heerscharen von Polizisten manchmal tagelang hinter jemandem her sein können.«

»Wohin wird's diesmal gehen?«

»Ich kann nur raten«, erwiderte Linkohr, »aber ich halte es für nicht ausgeschlossen, dass die Reise nach Italien geht.«

»Ach?«, staunte Eva, »und so weit fahren Ihre Kollegen denen hinterher? Geht das überhaupt? Ins Ausland. Durch Österreich und Italien?«

»Geht«, erwiderte er selbstbewusst, wohl wissend, dass es durchaus bürokratische Hindernisse gab. »Alles EU. Allerdings übernehmen die nationalen Einsatzkräfte das Kommando – vor allem, wenn's um den Zugriff geht.«

»Sie lassen den Misselbrünn einfach frei rumlaufen und bis nach Italien fahren, mitsamt diesem Italiener? Es wäre doch wesentlich einfacher, sie gleich hier zu verhaften.«

»Natürlich – wir wollen aber nicht nur sie, sondern vor allem auch die Hintermänner.«

»Aber der Misselbrünn hat doch seine Frau umgebracht, oder?« Eva überkamen plötzlich Zweifel. Für sie war bisher festgestanden, dass er seine Frau ermordet hatte, weil sie möglicherweise zu viel von seinen dubiosen Machenschaften wusste.

»Nachweisen können wir ihm das bislang nicht. Er hat hieb- und stichfeste Alibis. Dass er möglicherweise Personen aus der Mafiaszene kontaktiert, ist zunächst allein nicht strafbar, sofern er da selbst nicht mitmischt, was wir bislang auch nicht wissen.«

»Aber es ist doch unbestritten, dass auch hierzulande vieles von der Mafia durchgedrungen ist«, wurde Eva ernst. Wieder musste sie an den dubiosen Anrufer denken. »Ich hab erst kürzlich im Fernsehen eine Dokumentation gesehen, da ging's um mafiöse Strukturen in der deutschen Bauwirtschaft. Angeblich gibt es kein einziges Großprojekt, an dem die Mafia nicht beteiligt ist – über Briefkastenfirmen und dies sehr wohl mit Wissen der eigentlichen Auftragnehmer.« Eva zitierte die Recherchen der Fernsehjournalisten, wonach manchen Baufirmen das Mitwirken der Mafia gar nicht mal so unrecht sei. Denn auf diese Weise konnten sie sich einiger Subunternehmen bedienen, die wiederum ihre Schwarzarbeiter einsetzten und somit Sozialabgaben und Steuern sparten. Und letztlich, so habe es in dem Bericht der ARD geheißen, bekämen die offiziellen Auftragnehmer sogar einen Teil des ordentlich an den Subunternehmer bezahlten Betrags wieder cash zurück, schilderte Eva den Inhalt der Reportage. »Ich hab das zwar nicht ganz verstanden, aber dass da auch in Deutschland große Sauereien laufen, ist mir klar geworden.« Sie lächelte Linkohr wieder zu, der mit einem Seufzer erwiderte:

»Oh nein, man darf sich die Mafia nicht als eine mordende Familienbande vorstellen, sondern als eine gut strukturierte und organisierte Bandenkriminalität, bei der jeder Beteiligte verdient – also Korruption in riesigem Stil. Allerdings, das darf man nicht übersehen: Bricht einer aus dem System aus oder versucht, gegenüber der Polizei auszupacken, gibt es kein Pardon.«

Eva Langbein kombinierte: »Vielleicht ist Frau Misselbrünn ausgebrochen oder sie hat die Geschäfte ihres Mannes durchschaut – und, zack, war sie weg.«

Linkohr nickte: »So könnte es gewesen sein, ja.« Er sah ihr in die schönen Augen: »Hüten Sie sich also, diesen Kreisen allzu nahe zu kommen.«

BMW und Mercedes waren von Albeck direkt zur nahen Autobahnanschlussstelle Langenau gefahren, um gegenüber der hell erleuchteten Lagerhallen der Spediton Dachser in Richtung Süden abzubiegen. »Südwärts«, rauschte die Information in die Kopfhörer. »Es ist damit zu rechnen, dass sich die Zielpersonen ziemlich schnell vorwärts bewegen. PS-starke Fahrzeuge nehmen die unmittelbare Verfolgung auf, andere ziehen nach.«

Es klickte im Lautsprecher und die nächste Meldung folgte: »Halter des Mercedes Benz ist Karl-Eugen Misselbrünn, wohnhaft in Geislingen an der Steige.« Häberle, der jetzt in respektablem Abstand folgte und den Funkverkehr mithörte, nickte zufrieden. Er hoffte inständig, den Fall bis Sonntag abgeschlossen zu haben. Nur dann würde er um 21 Uhr in entspannter Atmosphäre das Endspiel gegen Argentinien anschauen können.

Jetzt jedoch verdrängte er diese Gedanken. Er wartete gespannt darauf, dass sich endlich auch die italienischen Behörden meldeten und den Halter des BMW nannten.

Mittlerweile hatten sich die beiden Fahrzeuge bereits durchs Autobahnkreuz Ulm/Elchingen geschlängelt, um nun auf der A 8 Kurs auf München zu nehmen. Häberle war zunächst noch davon ausgegangen, sie würden über die A 7 Richtung Füssen, Reutte/Tirol und Innsbruck zum Brenner fahren. Falls sie tatsächlich Italien ansteuerten, hatten sie sich nun aber offenbar für die Route über München entschieden.

Die Observierer brauchten bei Nacht keine allzu großen Abstände zu halten, denn die Verfolgten waren gar nicht in der Lage, im Rückspiegel einzelne Fahrzeugtypen zu unterscheiden. Wie häufig die Scheinwerfer wechselten und wer wen überholte, ließ sich kaum zuordnen.

Auf der Autobahn konnte eines der Verfolgerfahrzeuge auch einmal überholen, eine halbe Stunde vorauspreschen und sich dann wieder in eine Lkw-Kolonne einreihen und zurückfallen lassen, während andere aus sicherer Distanz an den Ausfahrten beobachteten, ob die beiden Autos die Richtung beibehielten. Alles absolut unauffällig. Die MEK-Spezialisten hatten solche Situationen schon viele Male geübt.

»Achtung an alle«, wurden die stereotypen Standortmeldungen in den Kopfhörern unterbrochen. »Fluchtrichtung lässt als Ziel Italien vermuten. Das österreichische Landeskriminalamt in Innsbruck und das zuständige Bezirkspolizeikommando sind bereits informiert. Sobald die Grenze erreicht ist, übernimmt Innsbruck Führung und Koordination.«

»Italien«, murmelte einer in sein Mikrofon, sodass es alle hören konnten, »wollte ich schon lange mal wieder hin.«

»Ich auch«, meldete sich Häberles Stimme, die den MEK-Kollegen völlig unbekannt war. »Mein Name ist

Häberle, August Häberle. Ich habe den Fall bisher geleitet.«

Keiner konnte mit dem Hinweis »bisher« etwas anfangen. Nur Häberle wusste, dass er jetzt seine Kompetenzen möglicherweise überschritt. Das Führungs- und Lagezentrum im Präsidium Ulm hatte ihm ja bereits deutlich zu verstehen gegeben, in welchen Händen die Befehlsgewalt lag. Aber Häberle, der sich mit den neuen bürokratischen Strukturen nicht abfinden konnte, wollte die Beamten, die jetzt alles geben mussten, nicht allein lassen. Außerdem würde es wichtig sein, am Ziel der »Reise« mit dabei zu sein, wenn es galt, die Gründe aufzudecken, deretwegen Frau Misselbrünn hatte sterben und Mehlfurt senior verschwinden müssen.

Was halfen da irgendwelche Theoretiker im fernen Ulm, die dann bei allem, was sie tun wollten, zuerst einen bürokratisch langen Dienstweg einhielten? Zwar waren auch ihm verwaltungsinterne Grenzen gesetzt, aber die Vergangenheit hatte gezeigt, dass eine nicht ganz legale Dienstreise innerhalb der EU weitaus mehr brachte als Umwege über irgendwelche Verwaltungshindernisse.

Jetzt war schnelles Handeln gefragt. In Österreich mussten die Spezialeinsatzkräfte in Innsbruck mit einbezogen werden, vermutlich ›Eko-Cobra‹, dachte Häberle. Und in Italien würde zunächst die Quästur Bozen – so die Bezeichnung für das Südtiroler Polizeipräsidium – in die Verfolgung mit eingeschaltet, später dann die Quästur Verona. Geregelt waren solche grenzüberschreitenden Einsätze im Schengener Abkommen.

Während Häberle zwischen zwei Sattelzügen mit knapp 90 km/h dahinrollte und sich in einem kurzen Telefongespräch von Linkohr die Situation bei Frau Langbein schildern ließ, erwartete er, dass von Ulm aus tatsächlich die Weichen für die weitere Aktion gestellt wurden. Mit seinem jungen Kollegen vereinbarte er, sich von unterwegs regelmäßig zu melden. Der morgige Tag werde mit Sicherheit spannend. Allerdings dämpfte der junge Kollege die Euphorie seines Chefs mit dem Hinweis, dass man in Ulm nicht gerade erfreut über dieses Vorpreschen reagiert habe.

Häberle nahm es knurrend zur Kenntnis. Sollten sie ihn doch vom Dienst suspendieren, das war ihm egal. Was konnte er schon verlieren, so kurz vor der Pension? Wahrscheinlich würden sie ihm seine Ruhestandsbezüge kürzen. Sollten sie doch. Es war ohnehin Zeit, sich auf ein Leben nach dem Job vorzubereiten. Er gehörte bei Gott nicht zu denen, die fürchteten, plötzlich unnütz daheim zu sitzen. Er hatte genügend Hobbys. Und außerdem hatte ihm ein befreundeter Rechtsanwalt angeboten, für seine Kanzlei als Privatdetektiv tätig zu sein. Ein reizvolles Angebot, überlegte Häberle. Ihm würden dann keine Bürokraten, die von der praktischen Arbeit keinen Schimmer hatten, irrsinnige Vorschriften machen. Er brauchte sich nur noch an Recht und Ordnung zu halten und konnte Ermittlungen anstellen, ohne gegenüber einem Staatsanwalt Rechenschaft ablegen zu müssen. Vielleicht war er heute Nacht diesem Traum näher, als er glaubte.

Häberle hatte den Abstand noch größer werden lassen. Meist war er mehrere Kilometer hinter den unablässig wechselnden Verfolgungsfahrzeugen geblieben, hatte sich an einem Rasthaus ein ›Pickerl‹ für die österreichische Autobahnmaut besorgt und freute sich insgeheim, wieder einmal in den Süden fahren zu dürfen.

Doch dann wurde die Fahrt abrupt unterbrochen. Bereits kurz vor Augsburg bogen der BMW und der Mercedes zum Rasthaus Edenbergen ein. Für die Profis in den zivilen Verfolgerfahrzeugen war das aber kein Problem: Einer, der noch weit hinter ihnen war, wurde angewiesen, ebenfalls zum Rasthaus abzubiegen, während die anderen bis zur Anschlussstelle Augsburg oder gar bis zum nächsten Parkplatz weiterfuhren, um neue Instruktionen abzuwarten. Häberle nahm die Gelegenheit wahr, sich vor die unauffällige Kolonne zu setzen. Er steuerte den übernächsten Parkplatz an: Adelzhausener Berg. Die beiden Zielpersonen, so ließ sich eine Männerstimme in Häberles Lautsprecher vernehmen, waren ins Rasthaus gegangen. Unterdessen teilte ein anderer im Funk mit, dass nun auch der Halter des BMW ermittelt sei. Die italienischen Behörden hatten den Namen ermittelt: Silvio Bronso, wohnhaft in Trient.

Häberle nickte wieder zufrieden, lehnte sich zurück, schaltete das Radio ein und lauschte dem Nachtprogramm. Kurz nach halb eins überlegte er, ob er noch einmal seine Frau Susanne anrufen sollte, die er bereits im Lauf des Abends darauf vorbereitet hatte, dass er in dieser Nacht nicht heimkommen würde. Weil er wusste, dass sie meist unruhig schlief, wenn er einen nächtlichen Einsatz hatte, entschied er sich, sie mit einem Anruf zu überraschen. Sie war auch gleich am Apparat und fragte mit einer Mischung aus Sorge und Interesse, wo er sich aufhalte. »Ich bin dann mal vermutlich kurz in Italien«, sagte er.

»Wie bitte?«, kam es ungläubig zurück. »Du machst Witze!«

Häberle versicherte, dass er es ernst meinte und sich so bald wie möglich wieder melden werde.

Susanne hatte in den langen Ehejahren die spontanen und manchmal sogar unkonventionellen Entscheidungen mitgetragen – stets in der Hoffnung, dass er sich nicht mehr zumutete, als es seine Gesundheit zuließ. Oft schon hatte sie befürchtet, ihm könnten Stress und Übergewicht eines Tages körperliche Probleme bescheren. Und dabei wäre erhöhter Blutdruck noch das geringste Übel.

Daran mochte er jetzt nicht denken, nachdem er das Gespräch mit einigen lieben Worten beendet hatte. Ihm fielen die Urlaube ein, die er mit Susanne im Wohnmobil am Gardasee verbracht hatte. Allerdings waren sie nie über München und den Brenner gefahren, sondern stets als österreichische ›Mautflüchtlinge‹ über den Reschenpass und den Vinschgau zur italienischen Autobahnanschlussstelle bei Bozen.

Im Funk blieb es verdächtig ruhig. Nach einer halben Stunde, als sich die digitale Uhr bereits ein Uhr näherte und es im Dienstwagen schon merklich kühler geworden war, drückte er die Ruftaste, um Gewissheit zu erlangen, dass ihm nichts entgangen war. Die Antwort kam prompt: »Zielpersonen noch immer in Rasthaus. Essen und diskutieren.«

»Verstanden«, gab Häberle zurück. Wenn er sich jetzt nur nicht vertan hatte. Was, wenn die beiden Männer gar nichts im Schilde führten? Welcher Häme wäre er in Ulm ausgesetzt – jetzt, nachdem bereits ›halb Europa‹ in Alarmbereitschaft war?

Nein, beruhigte er sich. Schließlich war es doch merkwürdig, dass sich diese beiden Männer, von denen einer immerhin als global tätiger Bankmanager galt, nachts so lange in einem Autobahnrasthaus aufhielten.

Vermutlich war der Ort ihres Gesprächs eine reine Vorsichtsmaßnahme, um sich nicht per Handy über das weitere Vorgehen verständigen zu müssen. Bislang jedenfalls hatte das MEK keine auffälligen Mobilfunkgespräche abfischen können. Allerdings, so war anzunehmen, benutzten die beiden Männer ohnehin Handys, deren Nummern ihnen nicht zugeordnet werden konnten. Das MEK, dies wusste Häberle, bediente sich bei Einsätzen dieser Art eines sogenannten IMSI-Catchers, der eine kleine Mobilfunkzelle simulierte. Weil sich in sie alle Handys im näheren Umkreis einloggten, konnten ihre Standorte und die Gesprächsverbindungen nachvollzogen werden. Allerdings durfte sich der IMSI-Catcher nicht allzu weit von den ›Zielobjekten‹ entfernen, was sich gerade bei Verfolgungsfahrten wie der jetzigen als nachteilig erwies.

Häberle war in solche Gedanken versunken, als ihn die Lautsprecherstimme aufschreckte: »Sie kommen zurück«. Es war inzwischen 1.45 Uhr geworden. Als sich die beiden Nobelkarossen wieder in den Verkehr auf der Autobahn eingefädelt hatten, setzte sich die Karawane der wechselnden Verfolger ebenfalls wieder in Bewegung, beginnend mit einem Fahrzeug, das bei der Anschlussstelle Augsburg einbog. Häberle wartete noch fünf Minuten, um dann ebenfalls gemächlich seine Fahrt fortzusetzen.

In den Nachtstunden hatte sich der Verkehr um München herum ausgedünnt. Häberle fuhr trotzdem kaum schneller als 90. Er wollte und durfte sich auch nicht in die Einsatztaktik der Kollegen des Mobilen Einsatzkommandos mischen. Später, im Ausland, mussten sie sich mit den dortigen Kollegen verständigen, die, so hoffte Häberle, über Funk problemlos erreichbar sein würden.

Er hatte jetzt Zeit, viel Zeit, um über alles nachzudenken. Manchmal reihte er sich für einige Kilometer erneut in die Kolonne der Lastzüge ein. Doch sobald er sich nicht mehr so stark auf den Verkehr konzentrieren musste, flammte in seinen Gedanken der Kompetenzstreit mit dem Ulmer Einsatzleiter auf. Dann ärgerte er sich, dass ihn dies von den Überlegungen zum weiteren Fortgang des Falls ablenkte. Dabei hatte er sich zu dem möglicherweise folgenschweren Alleingang entschieden, weil er der festen Überzeugung war, den Schlüssel zu allem, was sie in der vergangenen Woche beschäftigt hatte, irgendwo in Italien zu finden, vermutlich sogar am Gardasee. Immerhin war aus Äußerungen Frau Carluccis bekannt geworden, dass dort, ziemlich im Süden, sie und ihr Mann ein Haus besäßen. Häberle hatte dies dem Ulmer Präsidium pflichtgemäß mitgeteilt.

Kurz vor Kiefersfelden nahm er über die Freisprecheinrichtung seines Handys Kontakt zum Chef der MEK-Beamten auf, um sich zu informieren, wie die Kollegen in Österreich und danach jene in Italien auf das Ersuchen um Hilfe reagiert hatten. Während das Landeskriminalamt Innsbruck offenbar erleichtert zur Kenntnis genommen hatte, dass diese ›Nacheile‹, wie in Österreich ein solcher Einsatz genannt wurde, nur eine rund 120 Kilometer lange Transitaktion auf der Autobahn war, hatten sich die Verantwortlichen in Bozen und in dem für den Gardasee zuständigen Verona den Ablauf, vor allem aber einen möglichen Zugriff am Gardasee, detaillierter schildern lassen. Doch inzwischen schienen alle Einwände und bürokratischen Hemmnisse bewältigt zu sein.

Häberle wusste natürlich, dass die Rechte deutscher Einsatzkräfte im Ausland stark eingeschränkt waren. Vor allem durften sie keinen Gebrauch von ihren Schusswaffen machen.

Auch innerhalb der EU konnte es oftmals ein elendes Gerangel um Zuständigkeiten geben. Als ob das Verbrechen an den politischen Grenzen haltmachen würde, seufzte er in sich hinein. Während Verkehrssünder quer durch Europa von den allumfassenden Sesselfurzern, wie er despektierlich die Bürokraten zu nennen pflegte, gejagt wurden, gestaltete sich die Verfolgung großkalibriger Verbrecher manchmal als äußerst schwierig. Dabei galt es doch gerade in solchen Fällen wie in dieser Nacht, blitzschnelle Entscheidungen zu treffen.

Bereits beim Annähern an die österreichische Grenze hatte das MEK Kontakt mit den wartenden Kollegen der Alpenrepublik aufgenommen, worauf sich nun deutsche und österreichische Verfolgungsfahrzeuge abwechselten. Häberle ließ sich noch weiter nach hinten fallen und lauschte konzentriert den kurzen Funksprüchen der verdeckten Ermittler.

Die Kilometer quälten sich in der Dunkelheit dahin. Knapp 120 Kilometer waren es, vorbei an Innsbruck, hinauf bis zum Brennerpass. Das bedeutete eine Stunde Fahrt durch Österreich. Die beiden Zielpersonen, so schien es, hielten sich penibel genau an jedes Tempolimit und schienen nicht durch allzu schnelles Fahren auffallen zu wollen.

Schon deutete sich in dieser Sommernacht am Osthimmel ein zaghaftes Morgengrauen an, als nach der Europabrücke 8.50 Euro für die Maut fällig wurden und die Grenze zu Italien nahte. Die österreichischen Kollegen blieben zurück, während sich nun auf derselben Funkfrequenz eine Männerstimme mit stark italienischem Akzent meldete und bestätigte, dass die Einsatzkräfte den BMW und den Mercedes ins Visier genommen hatten. Als einige Minuten später auch Häberle die Grenze erreichte, bedankte er sich per Funk bei den österreichischen Kollegen, setzte seine Fahrt in den frischen Morgen hinein fort und war froh, dass sich um diese Zeit vor der Mautstelle Sterzing keiner der üblichen Staus gebildet hatte.

Nach eineinhalb Stunden weitete sich das enge Tal der Eisack, an der entlang sich die Brennerautobahn auf beeindruckenden Viadukten durch die Alpenlandschaft südwärts schlängelte. Die schwarzen Bergriesen wichen langsam zurück, das weite Tal, in das sich Bozen schmiegte, nahm die morgendlich-grauen Konturen an.

Trotz des erwachenden Tages musste Häberle jetzt mit der Müdigkeit kämpfen. Er griff zu mentholscharfen Bonbons, die er für solche Augenblicke in der Jacke stecken hatte. Eine Tasse Kaffee würde ihm jetzt über den körperlichen Tiefpunkt hinweghelfen, vielleicht auch ein frisches Brötchen. Er erkundigte sich, wie weit vorn sich die Zielfahrzeuge bereits befanden. »Ausfahrt Bozen-Süd«, bekam er zur Antwort. Häberle sah zu seiner Spritanzeige. Irgendwann würde er tanken müssen, aber so wie es aussah, reichte der vorhandene Treibstoff noch weitere 200 Kilometer, schätzte er. Offenbar hatten aber die beiden Männer, denen sie seit Stunden und inzwischen mehr als 400 Kilometer weit folgten, kein Bedürfnis, eine Pause einzulegen.

Häberle sah auf die Uhr. Während der Weiterfahrt in Richtung Süden näherte sich die digitale Anzeige bereits der sechsten Stunde. Gerade zog Bozen an ihm vorbei.

Sein Abstand zu den Verfolgern war inzwischen auf mehr als zehn Kilometer angewachsen. Er hatte die Klimaanlage ausgeschaltet und die linke Scheibe herabgleiten lassen, um die frische Morgenluft inhalieren zu können. Vermischt mit den Dieselabgasen erinnerte ihn der Geruch an lange Urlaubsfahrten auf der Autobahn. Uralte Schlager aus seiner Jugendzeit kamen ihm in den Sinn: »Auf der Straße nach Süden«, »Mendocino« und »Ein Bett im Kornfeld«. Mit seinem grasgrünen VW-Käfer, den er sich mit 20 gebraucht gekauft hatte, war er damals auch in den Süden gefahren. Er konnte sich aber nicht erinnern, ob es diese Autobahn damals schon gegeben hatte.

Mit Sicherheit hätte er sie aber gar nicht benutzt, denn mautpflichtige Straßen waren ihm schon damals ein Gräuel gewesen. Er grinste in sich hinein, als er daran denken musste, wie er sich oft stundenlang auf winzigen Nebenstraßen dahingequält hatte, nur um ein paar Lire Maut oder, wie später oft in Frankreich, einige Franc zu sparen.

Als er Jahre später in einem selbst umgebauten VW-Bus halb Europa erkundete, hatte er sogar die Wahnsinnsidee in die Tat umgesetzt, zwei 20-Liter-Kanister billiges deutsches Benzin mitzunehmen. Ganz abgesehen davon, dass sein Kleinbus damit eine ziemlich explosive Bombe geworden war, musste er die sperrigen Kanister nach ihrer Entleerung – was schon ziemlich bald notwendig war – wochenlang mit sich herumkutschieren. Bei 40 Litern und einem um möglicherweise 30 Pfennig günstigeren Spritpreis hatte die Ersparnis, so rechnete Häberle jetzt nach, gerade mal zwölf Mark betragen – heute also sechs Euro. Wie bescheuert muss ich damals gewesen sein?, dachte er und schämte sich noch im Nachhinein für seinen Sparfimmel. Ein Glück nur, dass sich außer ihm niemand mehr daran erinnerte. Es waren die Stunden des beginnenden Tages, wenn das dahindämmernde Gehirn und die automatischen Reaktionen des Unterbewusstseins solche verschütteten Erlebnisse aus den Tiefen der Seele hervorkramten.

Häberle versuchte, diese Gedanken abzublocken. Inzwischen hatte ein großes Schild am Straßenrand darauf hingewiesen, dass er jetzt die autonome Provinz Südtirol hinter sich ließ. Die Autobahn führte durch die schmale

Ebene der Etsch, die beidseits von hohen, meist senkrecht aufragenden Felswänden begrenzt wurde, als habe jemand die Obstplantagen auf den fruchtbaren Böden mit gigantischen Stützmauern vor den Bergen schützen wollen. In der Morgendämmerung wirkte das Tal zwischen den dunkelgrauen Wänden wie ein überdimensionaler Kanal. In Wirklichkeit war es der Fluss gewesen, der sich in Jahrmillionen in dieses Gestein einen Weg südwärts zur Po-Ebene gegraben hatte.

Inzwischen hatten Häberle und die Verfolger bereits den kurzen Tunnel bei Trient passiert. Bald würde sich entscheiden, ob der BMW und der Mercedes zum nördlichen Teil des Gardasees abbogen oder auf der Autobahn blieben.

Häberle wartete gespannt auf eine Meldung. »Zielfahrzeuge bleiben auf Autobahn«, kam es wenig später durch den Lautsprecher.

Ihre Route führte sie an Roveretto vorbei weiter in Richtung Süden, parallel zum Gardasee, den jedoch eine hohe Bergkette von der Autobahn trennte. Westlich davon war der Lago di Garda eingebettet in die Ausläufer der Alpen, deren höchster Punkt hier der Monte Baldo war. Im Norden, das wusste Häberle, war der See ein Eldorado für Surfer, weil das Wetter dort oftmals für kräftige Winde sorgte. Weiter unten im Süden, wo die Berge zurückwichen, das Klima mediterran war und sich die weite Ebene in Richtung Po erstreckte, umgab den Besucher hingegen jenes südliche Flair, das auch Häberle so sehr liebte. Aber den Gedanken daran durfte er jetzt gleich gar nicht aufkommen lassen. Er musste sich vergegenwärtigen, dass ihn hier kein Urlaub erwartete, sondern ein möglicherweise komplizierter Einsatz, der ihm, wenn's dumm lief, sogar die frühzeitige Pensionierung einbringen konnte, verbunden mit einem Disziplinarverfahren. Aber was scherte ihn das, wo er doch ohnehin die ganzen Neuerungen nicht mehr mittragen wollte?

»Sie fahren beim Rasthaus Adige-West raus«, meldete geraume Zeit später eine Stimme mit italienischem Akzent. Häberle war wieder hellwach. Adige-West, hämmerte es in seinem Kopf. Warum wollen die jetzt noch pausieren? Schließlich waren sie bereits auf Höhe des Gardasees angelangt. Das Ziel, sofern es tatsächlich dort lag, wäre innerhalb kürzester Zeit erreicht. Oder gab es jetzt noch etwas zu besprechen, was sie ihnen per Handy zu heiß erschien? Waren sie zu früh? Vielleicht mussten sie auch nur tanken.

Häberle beschloss, den nächsten Parkplatz anzusteuern – wohl wissend, dass es entlang dieser Autobahn nicht sehr viele Möglichkeiten zum Rasten gab. Als sich unerwartet schnell die Ausfahrt Affi näherte, die den südlichen Gardasee kennzeichnet, entschied er, dort abzufahren. Einen nachfolgenden schwarzen VW Golf mit GP-Kennzeichen nahm er nur beiläufig zur Kenntnis. Entweder war es ein Tourist oder ein getarntes MEK-Fahrzeug, dachte er, während er die Mautgebühr entrichtete und die nahe Tankstelle ansteuerte, um sich mit Kraftstoff zu versorgen.

Anschließend parkte er abseits der Ausfahrt, um auf die weiteren Informationen seiner Kollegen zu warten.

Wieder beschlichen ihn Zweifel, ob es richtig gewesen war, eine solch aufwändige Aktion einzuleiten. Wenn Misselbrünn nun doch ein rechtschaffener Banker war? Wenn sie womöglich gar keine hieb- und stichfesten Beweise vorlegen konnten, dass er tatsächlich mit dem Tod seiner Frau etwas zu tun hatte? Männer wie er hatten Kontakte und Freunde, mit deren Hilfe er sich Alibis und entlastende Falschaussagen beschaffen konnte. Was hatten die zwei jetzt noch so Wichtiges zu bereden? Oder hatte sie auch nur die Müdigkeit übermannt und sie wollten fit sein bei ihrer Ankunft am Gardasee?

20

Es war ein entsetzlicher Anblick. Die Rentnerin, die an diesem frischen Sommermorgen mit ihrem Hündchen auf dem Fußweg entlang der Donau außerhalb Ulms unterwegs war, hatte sich zunächst nur gewundert, dass Anton, der kleine Pudel, unweit einer Ruhebank vor einem Gebüsch abrupt stehen geblieben war. Weil er nicht zum Weitergehen zu bewegen war und sogar bellte, was er höchst selten tat, wollte sie selbst prüfen, was Antons Interesse geweckt hatte. Jetzt erstarrte sie in ihrer Bewegung. Denn dort, wo der Pudel aufgeregt kläffte und sein Schwanzstummel zitterte, ragte zwischen hohem Gras und gelbem Löwenzahn ein nacktes Bein aus den Büschen. Sie hielt den Atem an, hätte am liebsten geschrien, doch der Schock schnürte ihr den Hals förmlich zu. Nein, das war keine Schaufensterpuppe, wie sie zunächst gedacht hatte. Während sie regungslos stand und sich nicht traute, näher an die Fundstelle heranzutreten, bellte Anton weiter und sah sie dabei auffordernd an, doch endlich nach dem Rechten zu sehen.

Sie hätte nicht sagen können, wie lange sie stand und ihren Blick auf das Bein gerichtet hielt, das eindeutig einer Frau gehörte, deren restlicher Körper jedoch im dichten Strauchwerk versunken war. »Hallo, hallo«, brachte die Rentnerin endlich aus ihrer trockenen Kehle hervor. Aber da gab es keine Reaktion. Anton kläffte weiter und verlangte, für seinen Fund gelobt zu werden. Erst ein herannahender Radler, der auf dem Weg in Richtung Ulm war und offenbar schon von Weitem das ungewöhnliche Verhalten der Rentnerin bemerkt hatte, holte sie aus ihrer Starre. Der junge Mann stoppte seine rasante Fahrt, worauf die Frau sich zitternd an ihn wandte: »Schau'n Sie mal, da.« Sie deutete mit einer Hand zu dem Pudel, der jetzt ganz dicht an das Bein herangegangen war. Der Radler stieg ab, war mit zwei, drei schnellen Schritten neben dem Hund und drückte das Gebüsch über dem Körper auseinander, um die Frau, die dort lag, sehen zu können. »Hallo?«, rief auch er, zuerst vorsichtig, dann so laut er konnte, doch schon an der Art und Weise, wie die Frau dort im Gestrüpp hing, wie weggeworfen, ließ befürchten, dass sie keine Antwort mehr geben konnte. Ihr zweites Bein war angewinkelt, ihr Rock hatte sich in dem wilden Durcheinander dünner Äste verfangen, ihre Bluse ebenfalls, und ihre schwarzen Haare schienen wie unheimliches Gespinst mit dem Strauch verbunden zu sein. Ihr Kopf war auf unnatürliche Weise nach hinten geneigt, weil er in dem Gestrüpp keinen Halt gefunden hatte.

Der Mann ließ die Äste wieder zurückschnellen, während der Pudel jetzt noch aufgeregter bellte. »Sie ist tot«, sagte der Radler ernst, griff zu seinem Smartphone und drückte die Notruftaste. Kurz und knapp, als habe er darin Routine, meldete er eine »tote Frau« und schilderte den Fundort ebenso emotionslos: »Radweg zwischen Erbach und Ulm, direkt an der Donau, etwa dort, wo gegenüber die Iller mündet.« Er wartete kurz und bestätigte: »Ja, ich bleibe hier, bis die Streife kommt.«

Linkohr war hundemüde. Die vergangene Nacht hing ihm noch bleischwer in den Knochen. Er war nur kurz in seiner Junggesellenbude gewesen, hatte geduscht und das übliche Frühstück, bestehend aus Kaffee, Knäckebrot und irgendeinem Aufstrich, zu sich genommen, um an diesem hochsommerlichen Samstagvormittag wieder bei den ebenso schläfrigen Kollegen der Sonderkommission aufzutauchen. Bereits auf den Fluren war ihm das Hauptgesprächsthema zu Ohren gekommen: Häberle hatte sich im Dienst-Mercedes dem MEK angeschlossen und war seit vergangener Nacht auf dem Weg an den Gardasee. »Mutig, mutig«, meinte einer der Beamten aus der Sonderkommission. »Soweit ich mitgekriegt habe, ist Ulm nicht begeistert darüber.«

»Als ob das den Häberle stört«, meinte ein anderer, wie Linkohr im Vorbeigehen hören konnte. Am liebsten hätte er sich in das Gespräch eingemischt und gesagt: »So einen wie Häberle werden wir nie wieder kriegen.« Doch Linkohr versuchte, ruhig zu bleiben, wenngleich ihm noch in der Nacht angekündigt worden war, dass Ralf Mehlfurt aufgegriffen worden sei und man ihn auf neun Uhr zum Geislinger Revier bestellt habe.

Dieses Gespräch war der Grund gewesen, dass er kaum ein Auge zutun konnte. Die Nachricht hatte ihn ziemlich aufgewühlt, denn nun lag es allein an ihm, die richtigen Fragen zu stellen und Rückschlüsse zu ziehen – falls Ulm ihm nicht in die Parade fuhr.

Er atmete erleichtert auf, als auch Christine bereits wieder erschien. »Entschuldige«, sagte er zu ihr, »ich weiß, du hast wenig gepennt und dir steht eigentlich ein freier Samstag zu – aber ich wäre froh, wenn du mich begleiten könntest.«

»Aber Mike, das weiß ich doch«, alberte sie jetzt. »Nur deshalb bin ich nochmals gekommen.« Sie kannten sich zwar nun gerade mal erst 24 Stunden, aber wie es schien, lagen sie auf derselben Wellenlinie. Auf Augenhöhe sozusagen, dachte sie.

Er berichtete, dass vorige Nacht der seit Tagen unerreichbare Ralf aufgegriffen worden war und man ihm zur Auflage gemacht habe, heute um neun Uhr hier im Geislinger Polizeirevier zu erscheinen. Linkohr führte die junge Kollegin in die bisherigen Erkenntnisse ein – vor allem aber in die Ungereimtheiten, die sich nach der Auswertung diverser Handy-Geodaten gegen den jungen Mann ergeben hatten. »Eine ganz blütenreine Weste hat der sicher nicht. Wieso verschweigt er seinen wahren Aufenthaltsort am vergangenen Montag? Behauptet hat er, im Raum Frankfurt unterwegs gewesen zu sein, in Wirklichkeit ist er nach Südtirol gefahren, ausgerechnet dorthin, wo eine Nacht danach die Villa eines Vertrauten Misselbrünns – ein Italiener übrigens – in Flammen aufgegangen ist.«

Linkohr sah auf die Uhr. Es war halb acht. »Er kommt um neun. Bis dahin kannst du dich ja noch in die Akte einlesen.« Er schob ihr zwei Aktenordner über den Tisch zu. »Du darfst den Kerl gerne auseinandernehmen«, grinste Linkohr.

Sie sah ihn von der anderen Seite des Schreibtisches aus an. »Nichts tue ich lieber als das, Mike.«

»Weißt du, eigentlich bin ich viel zu müde, um mich auf sein Geschwätz einzulassen. Aber es muss sein. Wie gesagt, du bist die Wortführerin.«

»Danke für das Vertrauen«, freute sich Christine und Linkohr hoffte, einen ersten Etappensieg bei seiner Kollegin errungen zu haben.

Christine vertiefte sich in die bisherigen Protokolle, während Linkohr einen schockierenden Anruf entgegennahm: In Ulm war heute Morgen an dem Geh- und Radweg entlang der Donau eine weibliche Leiche aufgefunden worden. Die Sonderkommission in Geislingen, so hieß es, werde nur deshalb informiert, weil deren aktueller Fall auch in den Alb-Donau-Kreis und damit nach Ulm hineinspiele.

Das hat mir gerade noch gefehlt, dachte Linkohr und ließ sich berichten, dass die tote Frau keinerlei Papiere bei sich geführt hatte, die auf ihre Identität hinweisen konnten. Doch die Personenbeschreibung ließ ihn aufhorchen: etwa 40 Jahre alt, zierliche Gestalt, lange schwarze Haare, südländischer Typ; bekleidet mit einer bläulichen Bluse und einem schwarzen Lederrock, der als sehr kurz bezeichnet wurde. Die mutmaßliche Todesursache wurde mit »Strangulieren« angegeben. Starke Hämatome am Hals.

Als Linkohr die E-Mail aus Ulm las, begann sich sein Pulschlag zu steigern. Lange schwarze Haare, zierlich, mittleres Alter, kurzer Rock …

Mit so einer Frau war er erst gestern in einem Straßencafé im Ulmer Fischerviertel zusammen gewesen: Mariangela Carlucci, die rassige Italienerin.

Aber warum sollte er sich jetzt bei den Kollegen melden und sagen, dass er möglicherweise einer der Letzten war, der sie lebend gesehen hat?

Linkohr überlegte, welchen Sinn es machen würde, sich als Hinweisgeber zur Verfügung zu stellen. Schließlich konnte es in diesen Sommernächten unzählige schwarzhaarige, südländisch aussehende Frauen geben, die kurze Röcke trugen. Linkohr entschied, zuerst noch das endgültige Obduktionsergebnis abzuwarten. Früher oder später würde sich das Auffinden einer unbekannten weiblichen Leiche am Ortsrand von Ulm bis zu den Medien der näheren Umgebung herumgesprochen haben. Die meisten druckten vermutlich die Pressemeldung der Polizei unbesehen in feinstem Bürokratendeutsch ab, vermutete Linkohr angesichts der Erfahrung aus jüngster Zeit. Er jedoch würde sich freuen, wenn die Ulmer Ermittler noch eine Zeit lang zappelten, hatten sie es doch bis heute nicht fertiggebracht, den spurlos verschwundenen Johannes Mehlfurt aufzuspüren oder den 2010 verübten Mord an einer anderen Bankersgattin aufzuklären, der seither noch immer Rätsel aufgab. Allerdings, das sagte ihm sein Gewissen, musste er die negative Einstellung zur Polizeireform zügeln, denn er durfte es sich mit seinen Oberen nicht verscherzen, wollte er jemals aus dem Schatten der großen Ermittler hervortreten.

Als Ralf Mehlfurt eintraf, hatte sich Linkohr mit zwei Tassen starken Kaffees wieder aus seinem psychischen Tief erholt. Christine besorgte auch dem blassen jungen Mann aus Niederstotzingen Kaffee und sah ihn aufmunternd an: »Tut uns leid, dass wir Sie so früh herbitten mussten. Aber wir haben Sie über einen Tag lang nicht erreicht.«

»Hab mein Handy abgeschaltet«, sagte Ralf Mehlfurt erschöpft und griff nach der Tasse. »Ich wollte einfach von der Welt nichts mehr wissen. Das Verschwinden meines Vaters, die Arbeit, die Aufträge – ich bin ziemlich am Ende. Haben Sie bitte Verständnis dafür.«

Linkohr zog einen Bürostuhl an den Besuchertisch des Besprechungszimmers. »Das haben wir, Herr Mehlfurt. Und auch uns tut es leid, dass es bis heute keine Spur von Ihrem Vater gibt. Trotzdem können wir Ihnen das heutige Gespräch nicht ersparen. Wir haben nämlich ein paar wichtige Fragen an Sie – deshalb die dringende Bitte, zu uns zu kommen, vor allem aber, uns zu helfen.«

»Dringende Bitte ist gut«, erwiderte Ralf, nachdem er

einen Schluck genommen hatte, »Ihre Kollegen haben mich heut Nacht zu Tode erschreckt. Und von einer *Bitte* kann da keine Rede mehr sein. Sie haben den Termin einfach festgelegt.«

»Nachts wird manchmal eine andere Sprache gesprochen«, beruhigte Christine. »Bei solchen Einsätzen kann man nicht lange ›Grüß Gott‹ sagen.«

»Herr Mehlfurt«, begann Linkohr, obwohl er eigentlich Christine die Wortführung hatte überlassen wollen, aber ihm war klar geworden, dass er die Details am besten kannte, »Sie werden verstehen, dass wir bei allen Personen im Umkreis dieses Geschehens Nachforschungen angestellt haben. Und Sie als IT-Experte werden am ehesten wissen, welcher Art solche Recherchen sind.«

Ralf nickte. »Sie haben meine Bewegungsdaten verfolgt.« Er suchte Blickkontakt zu Christine, die freundlich nickte und erwiderte: »Reine Routine und alles im Rahmen der derzeit gültigen Datenschutzbestimmungen.«

»Hab nichts anderes erwartet«, gab Ralf klein bei.

»Um es kurz zu machen«, kam Linkohr zur Sache, »Sie waren am Montag nicht im Frankfurter Raum unterwegs, sondern auf der A7 und A8 auf dem Weg nach Südtirol.«

Ralf zeigte sich nicht überrascht. Er überlegte, ob sich die Polizei nur auf Handy-Geodaten stützte oder ob sie sich auch der Aufzeichnungen des Lkw-Mautsystems bediente, das an jedem der Überwachungsbrücken die Kennzeichen aller Fahrzeuge abscannte, obwohl nur jene der mautpflichtigen Lkws weiterverarbeitet wurden. Gewiss aber, da war sich Ralf ziemlich sicher, konnten bei Bedarf auch Pkw-Kennzeichen längere Zeit gespeichert werden. Diese Möglichkeit war allein schon im Hinblick auf die zu erwartende Pkw-Maut technisch vorhanden.

Derzeit durften Aufzeichnungen über Pkw-Kennzeichen zwar offiziell nicht verwendet werden – aber wer konnte schon etwas dagegen tun, wenn es Geheimdienste trotzdem taten? Da konnten Politiker noch so viele Untersuchungsausschüsse ins Leben rufen und den Datenmissbrauch anprangern – notfalls gab es immer jemand, der die Hand zum Schwur hob und damit versicherte, dass alle Datenschutzrichtlinien eingehalten worden waren.

»Wenn Sie meine Route schon kennen, erübrigt sich eine Antwort«, zeigte sich Ralf auf Linkohrs Feststellung hin bockig.

»Sie räumen also ein, in Südtirol gewesen zu sein«, stellte Linkohr ruhig fest.

»Natürlich, was soll ich auch anderes tun? Soll ich sagen, jemand habe mein Handy geklaut und sei damit rumgefahren?«

Christine warf dem jungen Mann einen freundlichen Blick zu. »Vielleicht wäre es gar nicht schlecht, wenn Sie Ihre Einmannrecherche aufgäben und mit uns zusammenarbeiten würden.«

Ralf scheint auf Christines weiblichen Charme abzufahren, stellte Linkohr mit einer gewissen Eifersucht fest. Doch seine innere Stimme riet ihm zu Gelassenheit. Denn wenn's der Sache diente, gönnte er der Kollegin den Erfolg.

»Wie meinen Sie das – ›Einmannrecherche‹?«, reagierte Ralf auf ihren Rat.

»Na ja, Herr Mehlfurt, es sieht doch ganz danach aus, als ob Sie in Ihrer Eigenschaft als Experte für Spionageabwehr – so sehe ich Ihren Job jedenfalls – auf eigene Faust recherchieren.« Christine deutete auf einen Aktenordner. »Frau Misselbrünn hat Sie beauftragt, das haben Sie selbst zu Protokoll gegeben – und wenig später hat Sie Ihre ehemalige Studienfreundin, Frau Langbein, um Hilfe gebeten. Sie sind Schritt für Schritt in diese Sache hineingeraten. So jedenfalls mein Eindruck, wenn ich die Ereignisse der vergangenen Woche Revue passieren lasse.«

Ralf spürte offenbar, dass er in eine heikle Situation hineingeschlittert war. »Vergessen Sie meinen Vater nicht. Ich mache mir große Sorgen um ihn. Sehr große.« Er nahm noch einen Schluck Kaffee. Seine Hand zitterte. »Denn ich glaube, dass er entweder nicht mehr lebt oder verschleppt wurde.«

»Verschleppt?«, entfuhr es Linkohr. »Wie kommen Sie denn da drauf?«

Ralf tat sich schwer, seine innersten Ängste zu offenbaren – wie schon seit Kindheitstagen. Er konnte zwar für andere recherchieren und verworrene Fälle aufdecken, doch über seine eigenen Probleme schwieg er beharrlich. Es war ein Verdrängungsprozess, der ihn nun vor einen riesigen Berg ungeklärter Probleme stellte.

Christine spürte seine innere Zerrissenheit. »Sie sind bei Ihrer Arbeit auf etwas gestoßen, das auch Ihren Vater belasten würde?«, vermutete sie vorsichtig. Der Gedanke dazu war ihr gekommen, als sie erfahren hatte, wie eng der Vermisstenfall mit dem Mord an Frau Misselbrünn verzahnt war. Und wenn es eine Verbindung gab, dann konnte dies nur Ralf sein, der Sohn des Vermissten, der im Auftrag von Frau Misselbrünn offenbar umfangreiche Recherchen angestellt hatte.

»Mein Vater hat, glaube ich, eine zentrale Rolle gespielt«, sagte Ralf leise, den Tränen nahe. »Und er hat wohl ein Leben lang nicht gewusst, was seine eigene Frau getan hat.«

Die beiden Beamten schwiegen betreten.

Innerhalb kürzester Zeit war der Geh- und Radweg entlang der Donau weiträumig abgesperrt worden. Uniformierte hatten alle Mühe, Neugierige fernzuhalten. Die Spurensicherung dokumentierte in der Hitze des Vormittags den Fundort der Leiche, sodass es mehr als zwei Stunden dauerte, bis ein Leichenbestatter gerufen werden konnte. Die Tote wurde mit Hilfe mehrerer Beamter sorgfältig aus dem Gestrüpp geborgen und in einen Zinnsarg gebettet.

»Keine Personalien, nichts«, stellte ein Beamter des Kriminaldauerdienstes gegenüber seinem vorgesetzten Kriminaldirektor Bernhard Stummel fest. »Ziemlich ungewöhnlich. Normalerweise sind Frauen mit Handtasche unterwegs.«

Stummel, ein gemütlich dreinschauender Fünfziger, der erst mit Gründung des Ulmer Präsidiums Kripo-Chef geworden war, nickte und deutete zur Donau: »So was kann man hier schnell verschwinden lassen.« Er überlegte kurz. »Prostituierte?«

Der Angesprochene zuckte mit den Schultern. »Könnte sein. Aber es war eine laue Sommernacht. Da sind viele luftig gekleidet.«

»Spuren?«, fragte Stummel knapp, hinter dessen sympathischer Fassade sich ein knallharter Ermittler verbarg.

»Am Hals Würgemale, Kleidung unversehrt«, meldete der Beamte. »Und hier zwischen Asphaltbelag und Fundort im weichen Erdreich deutliche Schuhabdrücke. Könnten, aber müssen nicht von dem Täter stammen.«

»Warten Sie mal«, unterbrach ihn Stummel nachdenklich, »wir hatten doch in der Nacht zu gestern den Einsatz mit dem Mobilen Einsatzkommando.« Er warf noch einmal einen Blick auf die tote Frau im Sarg. »Im Zusammenhang mit diesem Banker aus dem Bereich Geislingen. ›Misselbrünn‹ oder so ähnlich.« Er wandte sich wieder an den Beamten: »Soweit ich mich entsinnen kann, haben die den doch bei irgendeiner Italienerin im ›Schiefen Haus‹ observiert.«

»Sie meinen …?« Der Beamte wurde sich schlagartig der Tragweite dieser Feststellung bewusst.

Häberle parkte noch immer an der Tankstelle bei Affi. Er kämpfte mit der Müdigkeit, griff wieder zu seinen Bonbons und blinzelte in die Helle des Sommermorgens, als sich sein Handy meldete. Es war nicht der Einsatzleiter des MEK, sondern Linkohr, der ziemlich aufgeregt zu sein schien. »Wo sind Sie?«, fragte er ohne die üblichen Floskeln zu Beginn eines Gesprächs.

»Im Urlaubsgebiet«, erwiderte Häberle ironisch. »Was gibt's Neues, Herr Kollege?«

»Wir haben eine Leiche«, sagte Linkohr, fügte, ohne eine Reaktion des Chefs abzuwarten, sogleich an: »Aller Wahrscheinlichkeit nach ist es Frau Carlucci.«

»Die Italienerin aus dem Hotel?« Häberle war mit einem Schlag hellwach geworden.

»Ja, bei der Misselbrünn vorletzte Nacht war.«

Häberle unterrückte ein Gähnen. »Wie ist das passiert?«

»Vermutlich am frühen gestrigen Abend an der Donau, ziemlich genau an der Illermündung, auf Ulmer Seite nahe dem Radweg. Offensichtlich erdrosselt.«

»Wer hat sie gefunden?«

»Eine ältere Frau, die heute früh ihren Hund Gassi geführt hat. Die Kollegen aus Ulm haben's mir soeben übermittelt. Die wollten Sie sprechen.« Linkohr stockte. Häberle schloss daraus, dass es wegen seines plötzlichen

Verschwindens ziemlichen Ärger mit dem Präsidium gab. Gleichzeitig fühlte er sich aber durch dieses neuerliche Verbrechen in seiner Einschätzung bestärkt, dass Misselbrünn ganz tief in die Angelegenheit verstrickt war. Wieso sonst fährt der Kerl mitten in der Nacht mit einem Italiener davon?

»Drängen Sie darauf, dass die Spurensicherung ihr Hotelzimmer auf den Kopf stellt. Und zwar bevor dort ein Zimmermädchen sauber macht«, entschied Häberle. »Wir brauchen alles, jedes Detail. Alles, was sich findet.«

»Ich werde das den Ulmern so weiterleiten. Aber Stummel ist nicht sonderlich begeistert.« Dass Linkohr den Namen des neuen Kripo-Chefs erwähnte, konnte nur bedeuten, dass dieser die Ermittlungen an sich gerissen hatte.

»Stummel?«, entfuhr es Häberle deshalb.

»Er will die Leitung der Sonderkommission jetzt persönlich übernehmen«, sagte Linkohr kleinlaut. Es klang alles andere als freudig. »Sie halten einen Zusammenhang mit Mehlfurts Verschwinden nun doch für denkbar. Außerdem wollen sie auch die Kollegen der Sonderkommission ›Flagge‹ hinzuziehen.«

»Vom Heidenheimer Mordfall?«, staunte Häberle. »Das kann aber nicht Ihr Ernst sein?«

»Ulm ist seit einer halben Stunde völlig aus dem Häuschen«, schilderte Linkohr die Situation, wie er sie am Telefon empfunden hatte.

Häberle räusperte sich. »Sagen Sie den Herrschaften, der Häberle präsentiert ihnen heute noch eine Überraschung.«

»Soll ich wirklich?«

»Ja, sagen Sie es denen so, wie ich es gesagt habe. Halten Sie mich auf dem Laufenden – ich tue es auch.«

Häberles Gespräch wurde von einer anderen Stimme

im Lautsprecher übertönt: »Achtung, Zielfahrzeuge verlassen Autobahn an Ausfahrt Affi.«

»Wo sind Sie eigentlich?«, wollte Linkohr wissen.

»Affi, falls Sie wissen, wo das ist.«

»Keine Ahnung.«

»Ausfahrt südlicher Gardasee.«

»Was?«, hörte er Linkohrs überraschte Stimme. »Dann sind Sie die ganze Nacht durchgefahren?«

»So ist es. Aber was ist nun mit Mehlfurt?«

»Er ist bereits eingetroffen. Es sieht danach aus, als ob auch ich Ihnen heute noch eine Überraschung bieten könnte.«

Häberle beendete das Gespräch. Alles ließ darauf schließen, dass sich die Situation in den nächsten Stunden zuspitzen würde.

Jetzt durfte aber nichts mehr schieflaufen. Sonst würde er sich gleich einen Dauerurlaub am Gardasee buchen können.

Linkohr, der zum Telefonieren in einen Nebenraum gegangen war, kehrte wieder zu Christine und Ralf ins Büro zurück. Christine hatte inzwischen frischen Kaffee besorgt, während Ralf zusammengesunken auf dem Besucherstuhl auf den Fortgang der Vernehmung wartete. »Ist denn was passiert?«, fragte er zögernd und misstrauisch. »Ist was mit meinem Vater?«

»Nein. Nichts Besonderes, nur die ganz normale Hektik«, log Linkohr. Er setzte sich wieder zu den beiden und überflog schnell die Aufzeichnungen, die er in der vergangenen halben Stunde bereits gemacht hatte. »Wir waren dabei, über das Verhältnis zwischen Ihnen und Ihren Eltern zu sprechen«, schloss Linkohr an die unterbrochene Vernehmung an. »Sie sagen, Ihr Vater habe eine zentrale Rolle gespielt und er habe ein Leben lang nicht gewusst, welche Rolle seine Frau – also Ihre Mutter – gespielt hat?«

»Davon ist auszugehen, ja.« Ralf fiel es offensichtlich schwer, darüber zu reden. »Ich hab es lange nicht wahrhaben wollen, aber …«, er nahm einen Schluck Kaffee, »aber ich bin geschäftlich, wenn ich Spionagefälle untersucht habe, bei meinen aufwändigen Recherchen, die – na, sagen wir mal, mit ähnlichen Mitteln angestellt werden, deren sich auch die Gegenseite bedient …« Es war ihm sichtlich peinlich, derart ins Stottern geraten zu sein.

»Sie brauchen sich jetzt nicht zu rechtfertigen, Herr Mehlfurt«, beruhigte ihn Christine. »Welcher Art Ihre Methoden sind, lassen wir mal dahingestellt. Sprechen wir doch einfach mal nur über Ihren Vater, der, wie wir annehmen, am Montag früh beim Haus der toten Frau Misselbrünn war.«

»Sie meinen – was?« Ralf richtete sich erschrocken auf. Hatte er richtig gehört? »Sie meinen, dass mein Vater …?«

»… Frau Misselbrünn *nicht* umgebracht hat«, unterbrach ihn Linkohr und vervollständigte den Satz.

Ralf atmete schwer und brauchte ein paar Sekunden, um diesen beruhigenden Hinweis realisieren zu können.

»Oder wie sehen Sie es?«, hakte Christine auf ihre charmant zurückhaltende Art nach.

»Mein Vater … ja, ich bin einige Male auf ihn gestoßen. Auf seine Arbeit. Auf das, was er macht. Schon vor einem halben Jahr. Nicht erst, als Frau Misselbrünn unsere Firma beauftragt hat, ihren Mann … ja, wie soll ich das sagen …?« Er umklammerte mit beiden Händen die Tischkante.

»… ihren Mann auszuspähen«, half ihm Christine

weiter. »Frau Misselbrünn war möglicherweise mit den Machenschaften ihres Mannes nicht einverstanden. Sehe ich das richtig?«

»Ja, so könnte man das formulieren. Ihr Mann ist bei Weitem nicht so seriös, wie er sich nach außen darstellt. Er hat Beziehungen zur italienischen Mafia. Vieles deutet darauf hin, dass er recht gut an korrupten Geschäften verdient, auch an internationaler Geldwäsche aus Drogendeals – insbesondere aber wohl an Industriespionage und, noch viel mehr, an verbotenen Waffengeschäften mit diesen ›Schurkenstaaten‹, wie man sie bezeichnet: Syrien, Nordkorea und so weiter.«

»Sie sind ihm also auf die Spur gekommen?«, nickte Linkohr anerkennend. »Tolle Leistung. Und Ihr Vater war da auch involviert?«

»Nein, nicht in die Geschäfte. Mein Vater steht auf der Gegenseite – aber trotzdem nicht auf der guten.« Ralf wischte sich mit der Hand über die Stirn, als habe er Kopfweh.

»Er arbeitet im Auftrag des amerikanischen Geheimdienstes«, versuchte es Linkohr auf den Punkt zu bringen.

»Das wissen Sie?«, staunte Ralf.

»Wir gehen davon aus«, erwiderte der Jungkriminalist. »Ihr Vater war mit einem Audi Q5 unterwegs, an dem, wie wir annehmen, eine automatische Kennzeichenwechselvorrichtung installiert war. Wir glauben auch, sogar seinen Auftraggeber zu kennen: einen Herrn namens Rimbledon. Ist Ihnen der Name ein Begriff?«

Ralf zuckte zusammen. Den Namen hatten die Kriminalisten schon einmal erwähnt und jetzt sah es danach aus, als ob sie inzwischen sämtliche Zusammenhänge kannten.

»Rimbledon«, wiederholte er zaghaft. Er musste an das Gespräch am Mittwoch denken, als Linkohr und Häberle ihn und seine Mutter nach diesem Mann gefragt hatten. Beide waren einer Antwort ausgewichen.

Linkohr half nach: »Wir haben Sie vor ein paar Tagen schon mal gefragt, doch da waren Sie nicht bereit gewesen, uns zu helfen.«

»Mir ist der Name Rimbledon natürlich ein Begriff«, gab sich Ralf nun geschlagen. »Bei meinen beruflichen Recherchen bin ich öfters auch auf seinen Namen gestoßen. Sie müssten ihn aber auch kennen …«

»Richtig«, gab Linkohr zu. »Ein sogenannter V-Mann der Polizei. Nicht von uns zwar, aber möglicherweise von einem Geheimdienst.«

»Und gleichzeitig ein NSA-Mann«, sagte Ralf, stolz auf sein Insiderwissen. »Inwieweit er beide Jobs verbindet beziehungsweise bewusst ausübt, also sowohl für deutsche als auch für US-amerikanische Geheimdienste arbeitet, ist mir nicht klar geworden. Vielleicht ist er auch so etwas wie die Schnittstelle zwischen beiden. Man sagt doch, die deutschen und die amerikanischen Geheimdienste arbeiten eng zusammen – auch wenn das unsere Politiker so nicht zugeben wollen.«

»Wissen Sie denn, wo er sich derzeit aufhält?«, fragte Christine nach.

Ralf wollte eine schnelle Antwort geben, hielt sich aber zurück. Er wusste zwar nicht, wo sich Rimbledon aufhielt, aber dass er mit ihm telefoniert hatte, hätte er sagen können. Trotzdem entschied er sich, dies vorläufig für sich zu behalten. »Keine Ahnung, tut mir leid. Ich wüsste es auch gerne. Denn ich bin davon überzeugt, dass er mit dem Verschwinden meines Vaters zu tun hat.«

»Das glauben wir auch, Herr Mehlfurt.« Linkohr überlegte. »Sie haben angedeutet, dass Ihr Vater nie wusste, welche Rolle Ihre Mutter gespielt hat.«

Ralfs Lippen begannen zu zittern. Er kämpfte plötzlich wieder mit den Tränen.

Linkohr nutzte die Pause, um Häberle über den neuesten Stand zu informieren.

»Verdammt noch mal, der Häberle kann doch nicht einfach nach Italien fahren«, wetterte Kriminaldirektor Bernhard Stummel. »Das mag zu Göppinger Zeiten so gewesen sein, aber jetzt hören solche Alleingänge auf.«

»Er ist einer der Erfolgreichsten von Baden-Württemberg«, wagte der Beamte einzuwerfen, der die Spurensicherung an der Donau geleitet hatte.

»Erfolgreich hin oder her – wo kämen wir hin, wenn jeder hier nach Belieben mal nach Italien fahren kann«, konterte Stummel. »Wir werden noch genug Ärger mit den Italienern kriegen, wenn sich unser MEK dort unten zu weit vorwagt. Wehe diesem Häberle, wenn das danebengeht. Ich hoffe, er ist sich der Tragweite dessen bewusst, was er da angezettelt hat. Vor allem, wen er mit diesem Misselbrünn vor sich hat.«

Es klopfte an der Tür, worauf er mit einem lauten »ja bitte« reagierte. Vor ihm stand Rudi Pauer, einer der vier Pressesprecher, und entschuldigte sich für die Störung. »Aber ich hab die Presse in der Leitung, die Geislinger«, nannte er sein Anliegen, »dieser Sander – ich weiß nicht, ob Sie den schon kennen ...«

»... zur Genüge«, bellte Stummel. »Verschonen Sie mich mit dem.«

»Geht nicht so einfach«, entgegnete Pauer mit jenem

unterwürfigen Ton, wie er im Präsidium gewünscht war. »Er hat von irgendwoher Wind davon bekommen, dass es sich bei der Leiche um Mariangela Carlucci handelt, die wohl irgendwas mit diesem Misselbrünn zu tun hat.«

»Nachrichtensperre«, entschied Stummel. »Absolute Nachrichtensperre. Keine Informationen zu Personen und Namen, weder bestätigen noch dementieren. Nichts.« Stummel sprang von seinem Schreibtischstuhl auf. »Verfassen Sie eine kurze Pressemitteilung. Dürre Worte, kurz und knapp. Unbekannte Frauenleiche an der Donau gefunden, meinetwegen schreiben Sie: gefunden von einer Frau, die mit ihrem Hund Gassi ging. Obduktion angeordnet, Todesursache noch unbekannt. Und dann das Übliche: Zeugen gesucht, Bla, bla, bla. Ermittlungen in alle Richtungen.«

»Aber der Sander …«, wollte Pauer einwenden.

»… der Sander, der Sander, der Sander«, äffte Stummel ihn nach. »Woher kann der denn das alles wissen? Doch nur, weil jemand bei uns im Haus geplaudert hat. Eine Sicherheitslücke ist das. Und ich kann Ihnen sagen, Herr Pauer, die werde ich zu stopfen wissen.« Er wurde immer lauter. »Vergessen Sie den Sander. Und wenn irgendein Fernsehsender was will, schicken Sie ihn zu mir.«

Pauer nickte und verließ wortlos den Raum. Klar, dachte er, wenn's um ein Statement vor einer Fernsehkamera geht, wollen die hohen Herren selbst in Erscheinung treten.

Als die Tür wieder geschlossen war, drückte Stummel einige Tasten seines Telefons und ließ sich mit dem Präsidenten verbinden. »Stummel hier«, sagte er schnell, »Herr Präsident, ich glaube, wir sollten uns dringend über diesen Häberle unterhalten. Wie heißt er noch mal mit Vornamen …?«, er überlegte kurz, »August, ja, August. Welch ein lächerlicher Name.«

Der Spurensicherer am Besuchertisch hätte noch einige Fragen zum Fall der gefundenen Leiche gehabt. Doch er beschloss, die Angelegenheit nicht mehr zu vertiefen. Die Leitung des Polizeipräsidiums Ulm hatte offenbar andere Sorgen.

Häberle war nahezu eine Stunde auf dem Gelände der Tankstelle bei der Ausfahrt Affi gestanden. Die beiden Männer hatten sich an der Raststätte Adige-West viel Zeit gelassen. Die gesamte Aktion, so sein Eindruck, war aber über Stunden hinweg reibungslos, vor allem aber unauffällig verlaufen, obwohl Misselbrünn und der Italiener zweimal in Rasthäusern längere Pausen eingelegt hatten. Doch auch diese Stopps hatten die Verfolger – auch jene in Italien – routiniert gemeistert.

Während ihm die Stimme im Lautsprecher bereits die weitere Route vorgab, rollte Häberle vom Parkplatz der Tankstelle in einen großen Kreisverkehr hinein.

Dort nahm der Chefermittler die beschriebene Ausfahrt, geriet wieder auf eine Schnellstraße, von der er wenig später auf eine schmale Straße abbog. Nun mussten die Verfolger, allen voran die italienischen, noch größere Sorgfalt walten lassen, erkannte Häberle. Aber den Erfahrungen der vergangenen Stunden zufolge schienen die Italiener ihre Aufgabe voll und ganz im Griff zu haben.

Am helllichten Tag war es natürlich nicht mehr so einfach, unerkannt zu bleiben. Jetzt mussten sich die Fahrzeuge noch häufiger abwechseln, vor allem aber keine auffälligen Fahrmanöver veranstalten. Als günstig erwies sich der Touristenverkehr, sodass meist mehr Autos mit deutschen Kennzeichen als mit italienischen unterwegs waren. Selbst die deutschen MEK-Zivilwagen fielen hier nicht auf.

Als die Straße über die sanften Hänge abwärts führte, zeichnete sich weit vorn im morgendlichen Dunst die weiß glänzende Fläche des Gardasees ab. Es würde ein traumhafter Tag werden, dachte Häberle, doch die aufkommende Freude darüber wurde von der Ungewissheit gedämpft, mit der er bereits die ganze Nacht gekämpft hatte.

Die Stimme im Lautsprecher gab nacheinander mehrere Abbiegevorgänge an, die sich Häberle einprägen musste, zumal er noch kilometerweit davon entfernt war. Von seinen Urlaubsaufenthalten her waren ihm die Straßenverläufe zumindest vage in Erinnerung, auch wenn die Hinweisschilder ausgerechnet hier in dieser Urlaubsgegend mehr als dürftig, ja sogar ziemlich chaotisch waren. Allem Anschein nach steuerten aber die Zielpersonen einen der schönsten Orte am Gardasee an: Lazise.

Häberle war mit seiner Frau Susanne schon viele Male auf einem der unzähligen Campingplätze gewesen, dem Campeggio Spiaggia d'Oro, und hatte dort traumhafte Tage erlebt.

Traumhafte Tage, hämmerte es in seinem Kopf.

Würde es jetzt einen Albtraum geben? An einem strahlenden Sommertag? Vielleicht war es sogar sein letzter Tag als Kriminalist. Er hatte selten ein so ungutes Gefühl gehabt wie jetzt.

Ralf durchlebte noch einmal all die Gefühle, die sich seiner bemächtigt hatten, als er hinter das Geheimnis gekommen war, das seine Eltern ein Leben lang voreinander verheimlicht hatten. Noch heute fiel es ihm schwer, dies alles für möglich zu halten. »Meine Mutter und Rimbledon«, fing er an, während ihm Christine einfühlsam in die Augen sah, »die beiden ... sie kennen sich aus der Zeit, als sie beide Zivilangestellte bei der US-Armee in Göppingen waren.«

Linkohr nickte. Er fühlte alle seine vorausgegangenen Ermittlungen bestätigt.

»Und sie ...«, Ralf hatte es eigentlich nicht sagen wollen, doch er fühlte, dass die Zeit gekommen war, alles preiszugeben – vielleicht auch, um seinen Vater noch zu retten. »... sie, also meine Mutter«, machte er weiter, »scheint ein Verhältnis mit Rimbledon zu haben oder gehabt zu haben. Ich geh mal davon aus, dass es auch Rimbledon war, der meinen Vater als Spion angeworben hat, damals, als die Amerikaner noch in Deutschland stationiert waren, vor der Wende 1989 oder kurz danach.«

Linkohr und Christine ließen ihm Zeit.

»Mein Vater ist ein Agent, ein Spion, ja, das kann man so sagen. Er hat vermutlich vergangenen Montag in Misselbrünns Haus eine Abhöranlage installieren wollen – als getarnter Mitarbeiter eines Internet-Providers. Und dabei dürfte er auf die Leiche gestoßen sein.«

Linkohr zog die Augenbrauen zusammen. Er nickte nachdenklich, brachte dann aber trotzdem seine Bedenken vor: »Sie gehen davon aus, dass Frau Misselbrünn bereits tot war, als er eintraf?«

Ralf stutzte. »Sie müssten doch am ehesten wissen, wann ihr Todeszeitpunkt war.«

Christine bestätigte: »Wissen wir. Es war schon einige Stunden her – vorausgesetzt, Ihr Vater ist tatsächlich erst am Montagvormittag dort aufgetaucht.«

»Zweifeln Sie daran?« Ralf wurde wieder misstrauisch.

»Nein, keinesfalls«, beeilte sich Linkohr zu sagen. »Ihr

Vater war demnach im Auftrag von Rimbledon unterwegs – und welchen Zweck sollte der Lauschangriff auf Misselbrünn haben?« Er dachte nach. »Sie selbst waren doch auch auf Misselbrünn angesetzt, oder?«

»Von dessen Frau – ja, tatsächlich aus denselben Gründen, nur aus unterschiedlicher Perspektive, wenn ich das so sagen darf.« Ralf hatte wieder Vertrauen gefasst. »Mein Vater war wohl im Auftrag der NSA – oder des deutschen Geheimdienstes – unterwegs. Oder im Auftrag beider. Ich denke, dass deren Interesse Misselbrünns Waffengeschäften beziehungsweise der Bestechung korrupter Politiker gegolten hat. Misselbrünn scheint Waffen in großem Stil an Länder geliefert zu haben, die Amerika als seine Todfeinde betrachtet – mit Unterstützung der Mafia und gewiss auch mit Bestechungsgeldern eines Großindustriellen aus Mailand, der sich davon verständlicherweise eine gute Verzinsung erhofft hat.«

»Carlucci«, entfuhr es Linkohr.

»Ja«, erwiderte Ralf tonlos. »Auch Carlucci. Die treibende Kraft aber war die italienische Mafia, da bin ich mir inzwischen ganz sicher.«

»Ein Mann namens Bronso?«, erinnerte sich Linkohr an den Namen, den sie auf dem Notizzettel von Mehlfurt senior entdeckt hatten.

»Wie der heißt, weiß ich nicht. Aber ich habe Fotos von ihm – vor einigen Tagen heimlich aufgenommen.« Er berichtete kurz von seiner verdeckten Recherche im Ulmer Zunfthaus.

»Sie leben ziemlich gefährlich«, stellte Christine fest. »Wie wir wissen, waren Sie auch in Südtirol unterwegs, am Montag …«

Wieder wirkte er unschlüssig und umklammerte die Tischplatte, als wolle er verhindern, dass man seine zitternden Finger bemerkte. »Ich habe einen Tipp von Frau Misselbrünn gekriegt, dass es wohl zu einem Treffen der drei – also ihrem Mann, Carlucci und diesem Italiener – in einer Bergvilla in Sexten kommen würde.«

»Und da sind Sie hingefahren und haben observiert.«

»Observieren *wollen*. Es ist schiefgegangen, weil ich zu nah an das Haus rangefahren bin. Irgendjemand kam raus und wollte sich mit mir anlegen – da bin ich Hals über Kopf getürmt.« Ralf wollte sich offenbar nicht eingestehen, bei diesem Lauschangriff versagt zu haben.

»Dann gab es aber wohl doch eine Begegnung mit Misselbrünn«, fuhr Linkohr fort, »am Rasthaus Holzkirchen an der A8.«

»Wie kommen Sie denn ...«, versuchte Ralf abzuwiegeln, musste jedoch erkennen, dass es sinnlos war. »Okay, ich kann es mir schon denken. Handy und so. Ich hab in Sexten noch gewartet, weil ich wissen wollte, ob die drei im Haus übernachten würden. Ziemlich bald kam dann Misselbrünn runtergefahren – und ich bin ihm gefolgt. Weil ich seine Handynummer schon vor geraumer Zeit herausgefunden hatte, habe ich ihn angerufen und zu einem Stopp an diesem Rasthaus überredet.«

»Zu einer Aussprache – oder wozu?«, wollte Linkohr wissen und machte sich Notizen.

Ralf lehnte sich zurück und sah erschöpft zur Decke. »Ich wollte ihn einschüchtern, ihm klarmachen, dass wir seine Machenschaften auf dem Gebiet der Industriespionage auffliegen lassen werden.«

»Davon haben Sie gewusst?«

»Zunächst nicht. Frau Misselbrünn war lediglich von diesen Waffengeschäften ausgegangen, doch je mehr ich mich in den vergangenen Wochen mit Misselbrünn befasst habe, desto häufiger ist mir aufgefallen, dass er einige Male auch in Berichten erwähnt wurde, in denen es um Industriespionage ging.«

»Welche Branche?«

Ralf zögerte erneut. »Luft- und Raumfahrt. Ich möchte keinen Namen nennen.«

Linkohr gab sich damit zufrieden. »Darf ich fragen, auf welche Weise Sie sich mit ihm befasst haben?«

»Hm. Sie kennen meinen Job«, wich Ralf aus. »Um Cyberangriffe abwehren zu können, bedarf es auch solcher ›Kampfmittel‹, um es einmal laienhaft verständlich und ganz primitiv auszudrücken.«

Linkohr bemerkte, dass Ralf keine konkrete Antwort geben wollte, um sich möglicherweise nicht selbst einer strafbaren Handlung bezichtigen zu müssen. Das spielte jetzt aber auch keine Rolle. »Und Sie haben ihn einfach auf einem Parkplatz mitten in der Nacht angesprochen? War das nicht gefährlich?«, wich auch Linkohr dieser Thematik aus.

»In unserer Branche ist man auf alles vorbereitet. Ich habe mein Gesicht deshalb verborgen.«

»Wie?«, fragte Christine verwundert.

Ralf lächelte gequält. »Ich habe mich maskiert. Pudelmütze, Sehschlitze …«

»Ach«, entfuhr es Linkohr. »Und Misselbrünn hat so mit Ihnen geredet?«

»Ihm dürfte der Schreck gehörig in die Glieder gefahren sein, denke ich. Er hat sicher einen Überfall vermutet – und letztlich war er vermutlich froh, dass ich nur mit ihm reden wollte. Ganz offen, ganz friedlich. Natürlich war er alles andere als begeistert, das können Sie sich vorstellen. Aber ich hab ihm klargemacht, dass es nichts nützt, mich abzuknallen, da ich alle meine Daten mehrfach gesichert und an unterschiedlichen Orten deponiert habe. So macht man das heutzutage. Die ›Cloud‹ dürfte Ihnen doch auch ein Begriff sein. Oder die ›Dropbox‹ und was es da sonst noch für feine externe Speicherplätze inzwischen gibt.«

»Wie lange hat das Gespräch gedauert?«, hakte Christine nach.

»Sicher eine Stunde, es war ziemlich kalt und wir sind bei unseren Autos gestanden. Außerdem mussten wir immer mal wieder abbrechen, wenn ein Fahrzeug kam.«

»Und wie hat man sich geeinigt?«, fragte Linkohr.

»Im Prinzip gar nicht. Er hat meine Vorwürfe abgestritten – aber das war zu erwarten gewesen und mir auch egal. Wie gesagt, ich hatte ihn nur in Bezug auf seine Industriespionage einschüchtern wollen.«

»Aber nicht erpresst?«, vergewisserte sich Christine.

»Erpresst? Um Geld oder was? Wofür halten Sie mich? Erpresst vielleicht im weitesten Sinne des Wortes, mag sein. Ich habe ihm klargemacht, dass wir auch hinter seine Waffengeschäfte gekommen sind, die uns allerdings nichts angingen, die wir aber auffliegen lassen könnten, wenn er uns mit seiner Industriespionage in die Quere käme.«

»Das hat er aber wohl nicht akzeptiert?«, fragte Christine.

»Ich hab von ihm keine Antwort erwartet.«

»Dann kam aber gleich etwas, das Sie hellhörig gemacht hat«, half Linkohr ihm auf die Sprünge. »Stichwort: Frau Langbein.«

»Eva, ja«, Ralfs Tonfall ließ auf tiefe Zuneigung schließen. »Mag's Fügung oder Zufall sein, Eva – also Frau Langbein – hat mich zufällig erreicht, als ich auf dem Weg nach

Südtirol war. Ich war freudig überrascht, dass sie mich nach langer Zeit mal wieder angerufen hat. Eigentlich hatte ich so viel am Hals, dass ich mich mit ihrer ›Wanze‹ nicht auch noch belasten wollte. Deshalb hab ich gelogen …«, er wartete vergeblich auf eine Reaktion Linkohrs und ergänzte: »… was meinen augenblicklichen Standort anbelangte.«

»Aber auch gegenüber Ihrer Mutter …«, wandte Linkohr ein.

»Ja … was hätte ich denn tun sollen? Nun werden Sie sagen, ich hätte meine Fahrt nach Südtirol abbrechen müssen, wenn mich die Nachricht vom Verschwinden meines Vaters erreicht. Sie mögen aus Ihrer Sicht auch recht haben.« Ralf trank den letzten Schluck des längst erkalteten Kaffees. »Aber Sie wissen, wie das Verhältnis zu meinen Eltern war …« Er wollte nichts mehr dazu sagen.

Linkohr und Christine ließen eine halbe Minute verstreichen. Dann griff Linkohr noch einmal die Frage nach der Rolle von Ralfs Mutter auf. »Was war das große Geheimnis Ihrer Mutter?«

Ralf fuhr sich wieder über die Stirn. »Sie haben sich wohl beide etwas vorgemacht, meine Mutter und mein Vater. Er hat ihr ein Leben lang vorgespielt, Außendienstler für eine Softwarefirma zu sein – während sie durch ihren … ich will ihn mal als den Chefspion bezeichnen, diesen Rimbledon … während sie also durch ihn über all seine Aufträge informiert war.«

»Ach«, machte Christine und resümierte überrascht: »Er hält seinen wahren Job geheim und ahnt nicht, dass seine Frau alles weiß.«

»Dies erklärt auch«, bestätigte Ralf, »dass ich mich zu keiner Zeit an Gespräche erinnern kann, die sich mit den Details seiner Arbeit befasst haben. Meine Mutter hat ihn zumindest in meiner Gegenwart nie danach gefragt. Nur als es um meine Berufswahl ging, hat er dann die Vorzüge und die guten Verdienstmöglichkeiten in der IT-Branche hervorgehoben. Mittlerweile ist mir aber klar, dass er überhaupt nicht begeistert war, als ich in die Abwehr von Industriespionage eingestiegen bin.«

»Er hatte natürlich Angst, dass Sie ihm irgendwann in die Quere kommen würden«, stellte Christine klar.

»Das ist ja auch immer wieder geschehen«, zeigte sich Ralf reumütig. »Aber ich habe ihn dann immer wieder aus der Schusslinie gehalten – was mir jetzt vermutlich heftigen Ärger einbringen wird.«

»Und seine Aufträge hat er chiffriert erhalten?«, bohrte Linkohr vorsichtig weiter. Er musste an den seltsamen Code in Mehlfurts Computer und an dessen offenbar starkes Interesse an den Lottozahlen denken.

»Inzwischen hab ich mit meiner Mutter gesprochen«, begann Ralf, doch dann bat er, auf die Toilette gehen zu dürfen. Ihm sei schlecht.

»Sollen wir einen Arzt rufen?«, beeilte sich Christine zu fragen, während Linkohr ihm den Weg zur Toilette wies.

»Nein danke, es geht schon wieder.«

Christine sah ihm besorgt nach.

Linkohr rief erneut Häberle an, um ihm Ralfs Aussagen zu übermitteln.

21

»Na also, es geht doch auch ohne Häberle«, rühmte sich Bernhard Stummel, als ihm Kollegen der Spurensicherung ein Objekt überreichten, das sie am Einlaufrechen des Donaukraftwerks Böfinger Halde entdeckt hatten. Es handelte sich um eine braune völlig durchnässte Handtasche, die an einer Stelle mit dünnen Fadenalgen überzogen war und die jetzt in einen durchsichtigen Plastiksack eingetütet war. »Ist den Arbeitern dort vor einer halben Stunde aufgefallen«, erklärte der Beamte, der sie mitgebracht hatte. »Einer hat in den Nachrichten von Radio 7 vom Auffinden der Leiche gehört und vermutete einen Zusammenhang.«

Stummel beugte sich über den Plastiksack, ohne ihn anzufassen. »Was ist in der Tasche drin?«

Der Angesprochene blieb vor dem Schreibtisch des Chefs stehen. »Wohl ein Volltreffer: Zimmerschlüssel vom Hotel ›Schiefes Haus‹, Kosmetik und so weiter, was Frauen halt so mit sich rumschleppen, und ein italienischer Pass. Völlig durchnässt, aber lesbar. Ausgestellt auf Mariangela Carlucci.«

Stummel nickte zufrieden. »Damit dürfte sie eindeutig identifiziert sein.«

»Also dann doch ein Zusammenhang mit der Geislinger Geschichte?«

»Eindeutig.«

»Soll ich die Sonderkommission dort informieren?«

»Nein. Das werde ich übernehmen. Ich werde veranlassen, dass die Kommission übersiedelt. Hierher nach Ulm.

Das macht doch keinen Sinn, die in der äußersten Provinz hocken zu lassen, wenn die Musik hier spielt. Manche scheinen noch immer nicht begriffen zu haben, dass die Entscheidungen neuerdings in Ulm getroffen werden.« Allein schon der Tonfall ließ keinen Widerspruch zu.

Der Angesprochene, der schon lange darauf wartete, zum Ersten Kriminalhauptkommissar befördert zu werden, verzichtete auf eine weitere Bemerkung.

Wie tausend Diamanten glitzerte die Wasseroberfläche des Lago di Garda, als sich ihm Häberle von der sanften Anhöhe im Osten langsam annäherte. Die Sonne stand bereits weit über dem Horizont, ein sanfter Nebelschleier löste sich über dem See zusehends auf. Die verfolgten Fahrzeuge hatten nach Angaben der Lautsprecherstimme inzwischen eine Villa am Seeufer erreicht. »Zwischen Lazise und Cisano«, hörte Häberle. Von seinen ausgiebigen Wanderungen und Radtouren entlang des Sees konnte er sich den genannten Uferabschnitt lebhaft vorstellen. Er hatte sogar das halbe Dutzend Villen im Kopf, das sich dort an eine steile Böschung schmiegte – mit unverbaubarem Blick auf den Gardasee. Jedes Mal, wenn er dort mit Susanne vorbeigekommen war, hatten sie von einer solchen traumhaften Lage geschwärmt und sich ausgemalt, wie es wäre, dort das Rentenalter zu verbringen. Der Einsatzleiter gab die genaue Adresse durch und meldete: »Wir ziehen uns zurück. Kollegen aus Verona sind schon vor Ort. Und auch die Carabinieri aus Lazise.«

Häberle drückte einige Tasten und schaltete sich ein: »Frage: Sind beide Personen in das Gebäude reingegangen?«

»Ja. Sie haben geklingelt. Eine Person – vermutlich ein

Mann – hat geöffnet und sie nach kurzem Palaver eingelassen. Die Fahrzeuge stehen in der Hofeinfahrt. Zufahrt von oben. Dort führt die Durchgangsstraße vorbei.«

Häberle, der die örtlichen Gegebenheiten kannte, bedankte sich und drückte wieder eine Taste.

Und jetzt?, hallte es durch seinen Kopf. Nun kannten sie die Adresse, wussten, dass Misselbrünn hierhergekommen, oder sollte man eher sagen geflüchtet war, doch nun oblag es den Spezialeinheiten der Italiener, den Zugriff zu organisieren.

Oder sollte er einfach vorfahren, klingeln und die Herrschaften in der Villa mit seiner Anwesenheit überraschen?, grübelte Häberle. Er war unterdessen an einem Kreisverkehr abseits der Stadtmauer des historischen Lazise angelangt, wo sich schon bald das tägliche Verkehrschaos der Touristen abspielen würde.

Von hier aus steuerte er hinüber zu einem großen Parkplatz, von dem man eines der Stadttore sehen konnte, das in die reizvolle und gut erhaltene Altstadt hineinführte, durch die Tag für Tag Tausende Menschen strömten und in der es unzählige schmucke Lokale gab. Häberle musste unweigerlich an den Innenhof des ›Castello‹ denken, einer Pizzeria gleich hinter diesem Stadttor, dessen wuchtiger Turm jetzt in der Morgensonne rötlich schimmerte. Er ließ die Seitenscheiben nach unten gleiten, inhalierte die sommerliche Luft des Südens und schloss kurz die Augen, um die Anstrengung der vergangenen Nacht abzustreifen. Er brauchte ein paar ruhige Minuten. Denn nun galt es, die richtige Entscheidung zu treffen, weitab von dem Ulmer Führungs- und Lagezentrum, von dem sich die Kollegen der Quästur Verona gewiss nichts vorschreiben ließen.

Für sie waren Misselbrünn und dessen Begleiter zwei mutmaßliche Verbrecher, die des Mordes an Frau Misselbrünn verdächtigt wurden und denen möglicherweise Waffenhandel und Industriespionage vorgeworfen werden konnten.

Häberle musste an Christine denken, die als SEK-Angehörige den italienischen Kollegen hätte eher beiseitestehen können.

Er ging davon aus, dass das Führungs- und Lagezentrum in Ulm längst über die erfolgreiche Observation der beiden Zielpersonen informiert war

Es machte keinen Sinn, ausgerechnet jetzt ein Streitgespräch mit Ulm über Kompetenzen und Bürokratismus vom Zaun zu brechen. Deshalb entschied er, zunächst einnmal Linkohr über die aktuelle Situation zu unterrichten. Möglicherweise hatte es das Präsidium nicht für nötig erachtet, so einen *kleinen* Kriminalisten wie Linkohr auf dem Laufenden zu halten. Häberle atmete die Düfte des Sommers noch einmal tief ein. Ein ungutes Gefühl sagte ihm, dass die kritischen Momente unmittelbar bevorstanden.

»Seid Ihr wahnsinnig geworden, hier aufzutauchen?«, wetterte Gregori Carlucci und sah von der großen Fensterfront seiner Villa auf den morgendlichen See hinaus, der ruhig und friedlich unter ihm lag.

»Und wo ist überhaupt Mariangela? Ich kann sie seit Stunden telefonisch nicht erreichen. Sie treibt sich seit Tagen in Ulm herum, angeblich um bei dir«, er drehte sich zu Misselbrünn um, der in einem Polstersessel versunken war, »Dokumente abzuholen.«

»Keine Panik, mein lieber Gregori«, entgegnete ihm der

Banker mit gespielter Gelassenheit. »Wir sind nur gekommen, um dir den Ernst deiner Lage klarzumachen.«

Carlucci schnappte nach Luft und blieb vor Bronso und Misselbrünn stehen. In ihre unrasierten Gesichter hatte die Müdigkeit der vergangenen Nacht tiefe Falten gegraben.

»Den Ernst meiner Lage?«, echote Carlucci erschrocken. »Was soll das denn?«

Silvio Bronso hob eine Augenbraue und grinste spöttisch.

»Du bist ein Abtrünniger, mein lieber Freund.«

»Ein was?«, entfuhr es Carlucci erschrocken.

»Du weißt schon, was ich meine«, entgegnete Bronso und strich sich mit der flachen Hand über die Stoppelhaare.

»Eine erste Warnung hast du nicht verstanden …«

»Warnung?« Carlucci schluckte. Auch ohne Antwort ahnte er, was gemeint war: sein abgefackeltes Berghaus.

Bronso? War es tatsächlich Bronso gewesen?

»So ein Cocktailfläschchen kann manchmal wahre Wunder bewirken«, grinste Bronso. Er spielte bewusst auf den Molotowcocktail an, mit dem Carluccis Haus am Dienstagabend in Flammen aufgegangen war.

»Was?«, zischte Carlucci zornig und ging einen Schritt auf die beiden sitzenden Männer zu, die sich davon jedoch nicht beeindrucken ließen. »Ihr wollt damit sagen, dass Ihr …?«

»Mein lieber Gregori«, blieb Misselbrünn ruhig, obwohl er eigentlich gehofft hatte, Bronso würde so schnell wie möglich ein Taxi rufen, damit sie beide von Verona aus wie geplant ins Ausland verschwinden konnten. Aber der Flug ging erst um 15.30 Uhr. Sie hatten also noch Zeit – falls nichts Unvorhergesehenes eintrat.

Misselbrünn ließ seiner freundschaftlichen Anrede klare Worte folgen: »Gregori«, wiederholte er deshalb eine Nuance schärfer, »du weißt, wie sich die politische Situation in diesen Monaten verschärft hat. Krim, Russland, Ukraine und so. Islamischer Staat, Syrien, Irak. Es schieben sich neue Konflikte zusammen – da wird die Nachfrage enorm steigen. Du weißt, Silvio war erst kürzlich in Pretoria und hat neue Kontakte geknüpft.«

Silvio grinste überheblich. »Milliardenaufträge. Die Staaten und all die Gruppierungen, die wir bestens versorgen und ausstatten können, lechzen förmlich nach Qualitätsware. Und das in einer Zeit, in der die Rüstungskontrolle in Deutschland ziemlich lahmt.«

Carlucci drehte ihnen wieder den Rücken zu. »Ich hab euch gesagt, was ich davon halte. Ich hab mich von euch da hineinziehen lassen. Das war der größte Fehler meines Lebens.«

Kaum hatte er ausgeredet, schreckte der elektronische Signalton eines Handys die drei Männer auf. Bronso zog sein Gerät aus dem zerknitterten Jackett und meldete sich knapp auf Italienisch. Er lauschte und erwiderte dann auf Deutsch: »Gut gemacht, mein Junge.« Wieder hörte er seinem Gesprächspartner zu, um dann energisch nachzufragen: »Und du bist dir nach wie vor sicher, dass er ganz allein gefahren ist? Verstehst du, das muss absolut sicher sein!«

Carlucci erschrak und verfolgte Bronsos Reaktion.

»Okay«, sagte Bronso. »Worauf hat er dann auf dem Parkplatz gewartet?« Wieder kurze Pause. »So ganz versteh ich das nicht.« Bronsos Gesicht verzerrte sich, während sich auch Misselbrünns Miene verfinsterte. Ihn überkam die Sorge, etwas könnte schiefgelaufen sein.

»Du hast uns doch gesagt, dass der Abstand zwischen ihm und uns viele Kilometer betragen hat. Von ›auf den Fersen‹ keine Rede«, stellte Bronso vorwurfsvoll fest. »Du bist davon ausgegangen, dass er nur zu Ermittlungen hierherfährt, weil er lediglich unseren Freund Gregori in die Mangel nehmen will.«

Gregori Carlucci sah seine beiden Kompagnons entsetzt an. Hatte er richtig gehört? Hatten sie in Kauf genommen, dass es hier in seiner Wohnung zu einer Konfrontation kam? Blanke Wut und nackte Angst schienen sich seines Körpers zu bemächtigen. Wilde Gedanken jagten durch seinen Kopf. Er musste an die Pistole denken, die nur ein paar Schritte von ihm entfernt in einer Schublade lag. Sie oder ich?, sagte ihm eine innere Stimme. Oder wir alle? Und wo war Mariangela?

Bronso wiederholte offenbar das Gesagte des Anrufers leise: »Und nun hat er nur auf diesem Parkplatz da draußen geparkt? Junge, das hat doch einen Grund.« Er musste wieder auf den Anrufer lauschen, doch dann wurde er plötzlich deutlicher: »Was heißt da, ›was soll ich jetzt tun‹? Natürlich nicht Urlaub machen am Lago, verdammt noch mal. Halt ihn fest. Wir brauchen ihn. Wie besprochen. Droben im Haus. Ich melde mich.« Der Anrufer schien zu wissen, welches Haus gemeint war. Bronso beendete das Gespräch wütend. Auf seiner Stirn hatten sich plötzlich Schweißperlen gebildet. Die beiden anderen warteten gespannt auf eine Erklärung.

»Wir müssen weg«, konstatierte Bronso mit gespielter Ruhe. »Und zwar gleich. Nicht mit dem Taxi, sondern mit meinem Wagen.«

Misselbrünn wurde blass, Carlucci zeterte geradezu panisch: »Und ich? Ihr haut ab und ich sitze hier?«

»Du?«, fragte Bronso rhetorisch zurück. »Du wirst dich ruhig verhalten. Ganz ruhig. Denn du hast nur zwei Möglichkeiten: Entweder du hältst die Schnauze oder dein angeblich so guter Ruf ist beim Teufel. Oder ...« Er sprach es nicht aus, sondern deutete mit der Handkante die Geste des Halsabschneidens an.

»Du weißt: Auch wenn wir weg sind, wird dich unser langer Arm von überallher erreichen, wenn's sein muss.«

»Und Mariangela, was habt ihr mit ihr ...?« Carlucci geriet vor Aufregung ins Stottern.

»Das wirst du noch früh genug erfahren«, entgegnete ihm Bronso eiskalt.

»Und wer war jetzt dieser Anrufer?«, wagte Carlucci nachzuhaken.

»Ein guter Freund von uns«, lächelte Bronso wieder ruhig und lehnte sich in das Polster zurück, als habe er alles im Griff. »Er hat uns heute Nacht auf dem Laufenden gehalten. Ein deutscher Bulle hat nämlich auch einen kleinen Ausflug an den Lago gemacht.«

»Wie? Ihr seid verfolgt worden – und dann kommt ihr trotzdem hierher? Seid ihr vollends wahnsinnig?«

»Keine Panik. Er war immer einige Kilometer hinter uns. Er konnte uns gar nicht sehen und nicht ahnen, wohin die Reise geht. Wir waren uns sicher, dass er nur deinetwegen unterwegs ist.«

»Und jetzt, wo ist er?«

»Auf dem Parkplatz an der Via Pra del Principe, draußen vor der Altstadt«, entgegnete Bronso.

»Und was hättet ihr gemacht, wenn er gleich hierhergekommen wäre?«

»Genau das hatten wir gehofft«, lächelte Bronso und fuhr bissig fort: »Dann hätten wir hier bei dir eine gemütliche Männerrunde gehabt und die Angelegenheit vor Ort klären können.« Er wartete und fügte an: »Auf unsere Art.«

»Sag mal«, donnerte Carlucci wieder los, »seid ihr noch bei Sinnen? Glaubt ihr im Ernst, da fährt ein einzelner Bulle allein die ganze Nacht durch, um hier zu klingeln, mir ›buongiorno‹ zu sagen und mich zu … zu vernehmen? Seid ihr so naiv zu glauben, der sagt seinen Kollegen nicht, wohin er fährt – falls er denn wirklich allein unterwegs ist und nicht ein ganzes Sonderkommando mit sich hinterherzieht?«

»Erstens glaube ich kaum, dass sie unseren Freund Karl-Eugen«, er blickte den erschöpft wirkenden Misselbrünn von der Seite an, »bis hierher jagen würden, wo er doch gerade erst seine Frau verloren hat, ein sehr seriöser Mensch und eigentlich selbst ein bedauernswertes Opfer ist.« Er sah Carlucci fest in die unruhigen Augen. »Und zum anderen wäre uns dieser Commissario, wenn er hier in deiner schönen Villa aufgekreuzt wäre, ein willkommener Gast gewesen – eine Art Lebensversicherung, wenn du verstehst, was ich meine. Wir hätten ihm eine plausible Geschichte erzählen können, und falls er sie uns nicht geglaubt hätte, halt ein bisschen nachgeholfen.«

»Und jetzt? Jetzt hat ihn wohl irgendeiner deiner Idioten aufgegriffen und einen Großalarm in ganz Europa ausgelöst? Oder wie verstehe ich das?«, brüllte Carlucci unerwartet los.

»Du willst mich nicht verstehen, Gregori«, beruhigte ihn Bronso, »falls es tatsächlich so sein sollte, dass eine größere Aktion gegen uns im Gange ist, wird uns dieser Commissario noch gute Dienste erweisen.« Er sah seine beiden Freunde an. »Entweder wir können um 15.30 Uhr abfliegen – oder der Commissario fährt zur Hölle.«

Häberle hatte zu seinem Handy gegriffen, um die Nummer Linkohrs manuell einzugeben, weil die gespeicherte nicht mit deutscher Vorwahl programmiert war. Noch während er sich auf die winzigen Tasten konzentrierte, die nicht für kräftige Männerhände gedacht waren, irritierte ihn ein Schatten, der auf seinen linken Arm fiel. Häberle ließ von seinem Handy ab, drehte instinktiv den Kopf und erblickte eine schwarz gekleidete Person, die in leicht gebückter Haltung am Seitenfenster stand. Noch ehe seine Augen auf ein Gesicht trafen, jagte ihm ein kleiner schwarzer Gegenstand den Schock in alle Glieder.

Als habe ihn der Blitz getroffen, ließ er das Handy auf die Mittelkonsole fallen. Nur ein paar Zentimeter von seiner linken Wange entfernt war der Lauf einer Pistole auf ihn gerichtet.

»Das Katz- und Maus-Spiel ist vorbei«, presste eine gedämpfte Männerstimme hervor, die er noch nie zuvor gehört hatte. »Aussteigen und mitkommen, aber ganz ohne Aufsehen«, flüsterte der Mann in akzentfreiem Deutsch. »Und keinen Versuch, mich auszutricksen. Ich bin nämlich nicht allein.«

Häberle schluckte und versuchte gelassen zu bleiben. War er jetzt in einen Hinterhalt geraten? War er allzu sorglos hierhergefahren? Hatte er sich viel zu sehr darauf konzentriert, bei der Verfolgung nicht selbst aufzufallen – anstatt darauf zu achten, ob er selbst verfolgt wurde? Alle Gedanken jagten gleichzeitig durch seinen Kopf. Was blieb ihm anderes übrig, als den Anweisungen des Mannes zu folgen, der einen sportlichen, durchtrainierten Eindruck machte? Den kurzen schwarzen Haaren und dem gebräunten Gesicht zufolge konnte er italienischer Abstammung sein.

Häberle runzelte die Stirn und hatte Mühe, seine innere Unruhe zu verbergen.

»Können wir uns vielleicht für einen Moment mal in Ruhe unterhalten?«, versuchte er fragend, die Situation nicht eskalieren zu lassen. Doch seine sonore Stimme hatte ihren sanften Klang verloren.

»Die Fragen stelle ich«, kam es unwirsch zurück, während die kleine Waffe weiterhin so auf ihn gerichtet war, dass niemand, der die Szenerie von Weitem beobachten würde, einen Überfall vermuteten konnte. Womöglich hatte der Kerl Helfershelfer, hämmerte es in Häberles Kopf, Komplizen, die im Hintergrund lauerten. Falls Misselbrünn tatsächlich in mafiösen Kreisen verkehrte, musste mit dem Schlimmsten gerechnet werden. Wer sich in dieser Szene zu weit vorwagte, wurde gnadenlos liquidiert. Auch auf offener Straße und am helllichten Tag, wenn es sein musste.

Häberle dachte an Susanne. Und daran, dass er heute Nacht schon befürchtet hatte, es könnte sein letzter Tag als Kriminalist sein.

Während Ralf auf der Toilette war, hatte sich Linkohr noch kurz bei den Kollegen zeigen wollen – doch dort herrschte helle Aufregung.

»Ulm will, dass wir mit der Sonderkommission jetzt sofort übersiedeln«, empörte sich einer der altgedienten Kriminalisten. »Weißt du, was das bedeutet? Jetzt, mitten in der Arbeit, mit Sack und Pack nach Ulm.«

Linkohr stand wie vom Donner gerührt. »Wer sagt so etwas?«

»Der Stummel. Er droht Häberle ein Disziplinarverfahren an und will nun die ganzen Ermittlungen an sich reißen.«

»Dabei«, so hörte Linkohr aus den wild durcheinanderredenden Kollegen einen anderen heraus, »haben wir den Aufenthaltsort von diesem Misselbrünn ermittelt und herausgefunden, dass er in Carluccis Villa am Gardasee ist. Die Kollegen aus Verona werden zuschlagen.«

»Und der Chef?«, fragte Linkohr laut dazwischen.

»Wissen wir nicht. Hat er sich bei dir nicht wieder gemeldet?«

»Nein«, sagte Linkohr besorgt. »Versucht doch mal, ihn auf seinem Handy anzurufen. Das MEK weiß auch nichts von ihm?«

»Nein«, bekam er zur Antwort. »Sie haben ihm heute Früh noch eine letzte Standortmeldung durchgegeben, doch danach war Schluss.«

Linkohr konnte sich angesichts der vielen negativen Meldungen, die innerhalb einer Minute auf ihn nieder geprasselt waren, nicht mehr richtig auf die Vernehmung konzentrieren, die er jetzt im Besucherzimmer mit dem kreidebleich gewordenen Ralf fortsetzen wollte. Christine hatte dem jungen Mann ein Glas Wasser gebracht. Dann wandte sie sich Linkohr zu.

»Ist was mit dir?« Ihr war sofort sein veränderter Gemütszustand aufgefallen.

»Nein, nichts.« Linkohr wollte in Gegenwart des Zeugen nicht über die internen Probleme sprechen, sondern versuchte, an das unterbrochene Gespräch anzuknüpfen. »Wir waren bei den chiffrierten Aufträgen Ihres Vaters und dass Sie darüber mit Ihrer Mutter gesprochen haben.« Ralf nickte zaghaft und schwer atmend.

»Seine Aufträge wurden nie über die üblichen Telekommunikationswege erteilt, sondern ausschließlich über sogenannte ›tote Briefkästen‹, also unterschiedliche Orte, an denen die Botschaften abgelegt wurden. Wo diese sich befanden, konnte im Voraus kein Mensch wissen, weder mein Vater noch derjenige, der die Anweisungen dort ablegte. Ein todsicheres System – und ganz ohne Elektronik.«

Christine verfolgte die Schilderungen mit großem Interesse. »Da bin ich aber mal gespannt.«

»Es basiert auf den Lottozahlen, die samstagabends gezogen werden. Nach einem bestimmten Chiffriersystem, das nur Absender und Empfänger der Nachricht kennen, lassen sich aus diesen Zahlen Koordinaten ableiten, die ziemlich genau zu einem toten Briefkasten führen.«

»Eine Art Geocaching oder was?«, wusste Christine sofort den passenden Vergleich.

»Exakt«, bestätigte Ralf, »damit könnte man es vergleichen.«

Linkohr hatte zwar schon davon gehört, dass es sich dabei insbesondere unter Jugendlichen um ein beliebtes Suchspiel handelte, bei dem mithilfe von Navigationsgeräten versteckte ›Schätze‹ im Gelände aufgespürt werden mussten. Aber so genau hatte er sich damit noch nie auseinandergesetzt.

»Irre«, kommentierte Christine. »Das heißt: Der Auftraggeber deponiert irgendwann am Wochenende seine Aufgabendokumente und wenig später holt sie der Spion dort ab.«

»Und der wiederum deponiert dort seine Datensammlung. Das sind natürlich keine Papierdokumente, sondern meist kleine Speichersticks mit Verschlüsselung. Sie kleben in magnetischen, oftmals verrosteten oder künstlich lädierten Kapseln an Geländern oder an Verkehrsschildern. Der Normalmensch wird sie gar nicht zur Kenntnis nehmen.« Ralf trank wieder einen Schluck Wasser.

»Und Auftraggeber war Rimbledon, sehe ich das richtig?«, hakte Linkohr nach.

»Hauptsächlich, ja, davon gehe ich aus.«

»Und Ihre Mutter hat die ganze Zeit über die Ahnungslose gespielt. Sie hat gewusst, was ihr Mann tat, hat sich aber nichts anmerken lassen?«

»So ist es. Auch er hat sich offenbar an seine Verschwiegenheitspflicht gehalten.« Ralf lächelte süffisant. »Kein Wunder, er wurde vermutlich fürstlich honoriert.«

»Und was ist dann passiert? Warum ist er verschwunden?« Linkohr versuchte, es so harmlos wie möglich klingen zu lassen. »Musste er verschwinden? Wegen des Todes von Frau Misselbrünn?«

»Nein, ganz sicher nicht. Das heißt: Wenn man's genau nimmt, dann vielleicht doch. Ich bin davon überzeugt, dass er die Tote tatsächlich als Erster entdeckt hat. Denn noch am Nachmittag, so hat es mir meine Mutter gestern erzählt, wollte er aus seinem Job aussteigen.«

»Er wollte aussteigen?« Linkohr war verblüfft.

»Wissen Sie«, atmete Ralf wieder schwer und schluckte, als müsse er sich erneut übergeben, »meine Mutter macht sich jetzt ganz große Vorwürfe. Als wir gestern miteinander geredet haben, war sie dem Zusammenbruch nahe.« Ralf schloss die Augen, kämpfte mit seinem nervösen Magen und deutete wortlos an, dass er wieder zur Toilette müsse.

Während Christine ihn bis zur Tür begleitete, ließ sich Linkohr erneut bei den Kollegen nebenan sehen.

»Gibt es bei euch was Neues?« Er hoffte auf eine Nachricht von Häberle, bekam aber nur eine aufgeregte Stimme zu hören: »Stummel rückt an. Er will sich über den Stand der Ermittlungen persönlich informieren und hat angeordnet, dass wir ab Montag in Ulm erscheinen müssen.«

»Dass der sich sogar samstags die Mühe macht hierherzufahren …«, staunte ein anderer.

»Habt ihr den Chef erreicht?«, wollte Linkohr ungeduldig wissen.

»Nein, sein Handy schaltet auf Mailbox«, erwiderte eine Männerstimme.

»Habt ihr Stummel gesagt, dass Häberle nicht mehr erreichbar ist?«, zeigte sich Linkohr besorgt.

»Ja, aber das scheint ihn nicht sonderlich zu beunruhigen.«

Auf dem Parkplatz Piazzale Marre entlang der Via Pra del Principe, vor einem der Stadttore von Lazise, war an diesem Samstagvormittag noch wenig los. Der Ansturm erfolgte erst, wenn die Touristen in ihren Hotels, Pensionen oder auf den überfüllten Campingplätzen gefrühstückt hatten. Drüben auf einem umzäunten Areal spielten einige Rentner Boccia, nur auf der schmalen Zufahrtsstraße zum Stadttor waren schon viele Fußgänger unterwegs.

Häberle war langsam, wie von dem jungen Mann befohlen, aus dem Dienstwagen gestiegen.

»Und keine falsche Bewegung«, hörte er es neben sich flüstern. Er schätzte den Angreifer auf Mitte 20, sportlich und für solche Situationen offenbar geschult.

Er versuchte, sich das Gesicht einzuprägen, braun gebrannt, kantig, kurze schwarze Haare. Der Sprache nach ein Deutscher. Der Ermittler konnte sich nicht entsinnen, ihn jemals gesehen zu haben. Er spürte den unangenehmen Druck des Pistolenlaufs in der linken Bauchseite und befürchtete, eine einzige falsche Bewegung könnte dazu führen, dass der junge Mann die möglicherweise entsicherte Waffe nicht mehr unter Kontrolle haben würde.

»Da rüber«, befahl der Angreifer und deutete auf einen schwarzen Golf älteren Baujahrs mit Göppinger Kennzeichen.

Der Mann ging ganz dicht neben ihm, sodass die Pistole von ihrer beider Jacken verdeckt wurde. Häberle ließ die Personen, die sie in den vergangenen Tagen überprüft hatten, in rasender Folge durch sein Gehirn jagen. Rimbledon, Misselbrünn, Ralf Mehlfurt – und da war noch einer, den Linkohr erst gestern Vormittag aufgesucht hatte. Doch jetzt in dieser bedrohlichen Situation, auf dem kurzen Weg zu dem schräg gegenüber geparkten Golf, konnte er sich einfach nicht mehr an den Namen erinnern.

Häberle musterte den Mann von der Seite, prägte sich sein Profil ein, die dunkelblaue Outdoor-Jacke, die Jeans und die wuchtigen Turnschuhe mit den in Leuchtgrün umrandeten Sohlen. Während der paar Schritte zum Golf schätzte der Ermittler die Kräfte seines Gegners noch einmal ein – wie er dies in seiner Eigenschaft als langjähriger Judoka-Trainer den Mädchen der Göppinger Turnerschaft viele Male erklärt hatte. Es kam nicht auf Körperfülle und Größe an, sondern auf geschicktes Vorgehen und Kraft. In seinem Job hatte Häberle oft genug schon einen kurzen Überraschungsmoment genutzt und seinen Gegner zu Boden geworfen, zumal man ihn angesichts seines wohlbeleibten Äußeren meist unterschätzte.

Doch jetzt galt es, auch eine weitere Gefahr zu bedenken: Lauerten tatsächlich irgendwo Komplizen? Konnten es die Angreifer riskieren, auf einem öffentlichen Parkplatz am helllichten Tag eine Schießerei zu inszenieren? Eine innere Stimme mahnte ihn zur Vorsicht. Er befand sich in Italien und hatte es möglicherweise mit der Mafia zu tun. Berichte über ›Hinrichtungen‹ mitten in Neapel jagten durch seinen Kopf. Andererseits war Lazise nicht Neapel und der Gardasee nicht die Heimat mafiöser Banden.

Er traf eine Entscheidung und konzentrierte alle Sinne auf das, was er vorhatte. Beim Einsteigen in den Golf, wenn sie ganz dicht beieinanderstünden, würde er seinen Gegner blitzartig zu Boden ringen und ihm die Waffe abnehmen. So und nicht anders. Er brauchte ein geschicktes Ablenkungsmanöver. Und zwar schnell.

Noch waren sie vier, fünf Meter von dem Golf entfernt und er spürte die Waffe unterhalb des linken Rippenbogens, als sie um die Vorderseite des Fahrzeugs zur Beifahrertür gingen. Es blieb nicht mehr viel Zeit. Sekunden noch, allerhöchstens.

Während der Angreifer den linken Arm zum Türgriff streckte und sich darauf konzentrieren musste, sein schwergewichtiges Opfer in den Golf zu bugsieren, sah Häberle den erhofften Augenblick gekommen.

Urplötzlich entfuhr ihm ein undefinierbarer Schrei, der wie das Brüllen eines Monsters über den Parkplatz schallte. Gleichzeitig deutete er erschrocken hinter den jungen Mann und formte aus dem Schrei die panische Frage: »Da – was ist das?«

Der Angreifer war für den Bruchteil einer Sekunde irritiert – lange genug aber, um Häberles gezielte Attacke nicht mehr abwenden zu können. Der Kriminalist packte die Hand, in der der junge Mann die Waffe hielt, und rammte ihm mit voller Wucht ein Knie zwischen die Beine.

Doch dann fiel ein Schuss.

Linkohr war äußerst beunruhigt. Dass es kein Lebenszeichen von Häberle gab, hatte nichts Gutes zu bedeuten. Auch der Einsatzleiter des MEK, der telefonisch befragt wurde, war ratlos. Der Chefermittler sei zwar regelmäßig per Funk über den jeweiligen Standort informiert worden, doch habe man keine Rückmeldung mit ihm vereinbart.

Ein Teil der MEK-Fahrzeuge, deren Besatzungen sich auf die Rückfahrt hatten machen wollen, wurde angewiesen, den Großraum Lazise-Bardolino-Affi nach Häberles Dienstwagen abzusuchen.

Linkohr hatte unterdessen weiterhin Schwierigkeiten, sich auf die Vernehmung von Ralf zu konzentrieren.

»Ihre Mutter macht sich also große Sorgen ...«, versuchte er den jungen Mann aufzumuntern, dessen körperliche Verfassung befürchten ließ, dass er bald nicht mehr imstande sein würde, dem Gespräch zu folgen.

»Ihr hat mein Vater am Montag, nachdem er die tote Frau Misselbrünn entdeckt hatte, den Ausstieg aus seinem Job angekündigt. Der Mord hat ihm vollends den Rest gegeben. Er war vermutlich psychisch am Ende, weil er nicht mehr mitverantworten wollte, was er durch seine Aufträge angerichtet hat. Viel menschliches Leid. Irgendwie, so hat meine Mutter es geschildert, sei er zu diesem Schritt auch durch diesen Snowden animiert worden.«

Linkohr ließ das Gehörte auf sich wirken, um dann dem erschöpften Ralf weiterzuhelfen.

»Ich geh davon aus, dass Ihre Mutter diesen Ausstiegsplan an Rimbledon weitergemeldet hat.«

Ralf nickte und schloss die Augen. »Etwas, das sie jetzt zutiefst bereut. Obwohl sie es vermutlich noch immer nicht glauben mag, dass Rimbledon am Verschwinden meines Vaters schuld ist. Vielleicht ...«, er musste an den langen Spaziergang entlang der Donau denken, »weil sie dem Rimbledon auf irgendeine Weise hörig ist.«

Christine legte ihre Hand tröstend auf Ralfs Unterarm. »Wir können nachvollziehen, wie sehr Sie dies bedrückt«, flüsterte sie und versuchte, seine Gedankengänge fortzuführen: »Sie gehen davon aus, dass Rimbledon Ihren Vater entführt hat. Um zu verhindern, dass er genauso auspackt wie dieser Snowden.«

Ralf nickte schluchzend. »Natürlich war mein Vater nur ein kleines Rädchen und was er weiß, ist nur ein Bruchteil dessen, was Snowden weiß. Aber mein Vater könnte beweisen, dass die NSA bis in die tiefste Provinz hinein die Fäden zieht.«

Linkohr nickte. Der Jungkriminalist musste an eine Fernsehsendung denken, in der es vor einigen Monaten geheißen hatte, Snowden habe bisher nur einen geringen Teil seines Materials veröffentlicht. Die »bedeutendsten Enthüllungen«, so klang es Linkohr noch im Ohr, stünden noch aus. Ob sie auch zu Leuten wie Ralfs Vater führten?

»Rimbledon ist spurlos verschwunden«, warf er ein, worauf Ralf seinen Kopf wieder hob und die tränennassen Augen öffnete. Ihm war die Handynummer eingefallen, die er von Rimbledons Nachbarin erhalten hatte. Er kramte in seiner Jackentasche und legte einen zerknitterten Notizzettel auf den Tisch.

»Das ist eine Mobilfunknummer von ihm.«

Linkohr griff wortlos zum Telefon und wählte, während Ralf mit belegter Stimme weitersprach: »Wissen Sie, was ich glaube?« Er schluckte schwer. »Sie haben meinen Vater beseitigt. Als Verräter. Vermutlich von ihrer Militärbasis Ramstein aus in die USA geflogen. Und ...« Er schluchzte jetzt hemmungslos, »... und womöglich nach Guantanamo gebracht, in dieses Terroristengefängnis.« Linkohr legte den Hörer wieder auf.

»Anschluss nicht erreichbar«, kommentierte er und wollte die Vernehmung abbrechen, doch Ralf fasste sich noch einmal.

»Aber ich bin mir sicher, dass mein Vater Vorkehrungen getroffen hat, damit alles ans Tageslicht kommt, falls er gewaltsam beseitigt wird.« Er überlegte kurz. »Und vergessen Sie nicht diesen Garrett. Oliver mit Vornamen.« Ralf schämte sich seiner Tränen und wischte sie mit dem Handrücken weg.

»Frau Langbein hat Garrett als ihren engsten Mitarbeiter bezeichnet. Kennen Sie ihn?«

Linkohr musste an das gestrige Treffen mit ihm bei der Ulmer Uni denken. Er hatte dem jungen Mann sogar eine Visitenkarte gegeben. Und auf die Telefonnummer hingewiesen, durchzuckte es Linkohr. Er fragte sich, ob dieser Garrett es war, der ihn gestern Abend im unpassendsten Augenblick angerufen hatte.

Bronso hatte sich dem Fenster genähert, um aus sicherem Abstand durch den Vorhang auf den Uferweg hinabblicken zu können.

»Siehst du was?«, fragte Misselbrünn nervös hinter seinem Rücken. Carlucci war auch herangekommen.

»Da drüben am Schilf steht ein Auto«, stellte Bronso fest. »Das gefällt mir nicht.«

Carluccis Stimme bebte: »Da stehen oft welche.«

»Verdammt noch mal«, entfuhr es Bronso, »warum meldet sich der Kerl nicht mehr?«

»Ruf ihn doch an«, flehte Carlucci.

»Hab ich doch schon dreimal versucht. Der Kerl geht nicht ran.«

»Und jetzt?«, fragte Misselbrünn, der auf der Couch sitzen geblieben war. Ihn plagte der Gedanke an die Drohungen des Maskierten vom Rasthaus Holzhausen. »Können wir sicher sein, dass die uns nicht die Bude einrennen?«

Carlucci drehte sich zu ihm: »Du meinst, die schlagen uns die Tür ein? Einfach so?«

»Quatsch«, fuhr Bronso dazwischen. »Warum denn? Und wer denn? Uns kann man doch nichts vorwerfen. Karl-Eugen nicht und mir auch nicht. Und dir schon gar nicht, mein lieber Gregori. Von dem, weswegen ihr jetzt solche Angst habt, weiß doch kein Mensch was. Wenn die von uns was wollen, dann höchstens die Antwort auf ein paar Fragen. Eine Vernehmung – mehr nicht.« Er baute sich vor Misselbrünn auf: »Und du bist doch das Opfer, vergiss das nicht. Dir hat man die Frau umgebracht. Also mach dir jetzt nicht in die Hose. Außerdem traut sich doch eh keiner an dich ran. Oder glaubst du, dass so ein kleiner Commissario dir ans Bein pinkelt? Vergiss es!«

Carlucci fuhr dazwischen: »Und ich? Was ist mit Mariangela?« Seine Stimme zitterte, doch bevor jemand etwas sagen konnte, erfüllten drei elektronische Töne den Raum.

»Da kommt jemand«, stellte Carlucci erschrocken fest. »Da ist jemand an der Tür.«

»Ja und?«, keifte Bronso. »Dann geh an die Sprechanlage und frag, was los ist.«

Carlucci kämpfte mit sich, ging dann aber wie in Trance in die Diele, nahm den Hörer für die Türsprechanlage ab und sagte: »Pronto?« Er lauschte wie erstarrt.

Misselbrünn sprang auf, Bronso blieb regungslos stehen. Carlucci lauschte noch immer – bis er endlich den Hörer vom Ohr nahm, die Sprechmuschel abdeckte und entsetzt in den Raum flüsterte: »Sie kommen.«

22

Stummel war in Geislingen eingetroffen und hatte die Begrüßung als ziemlich unterkühlt empfunden. Außerdem hatte er erwartet, dass ihm ein hochrangiger Beamter aus der Kollegenschar sofort Meldung erstatten und ihn über den aktuellen Stand des MEK-Einsatzes in Italien informieren würde. Stattdessen verwies man ihn an diesen jungen Ermittler namens Linkohr, der sich offenbar anmaßte, so etwas wie Häberles Stellvertreter zu sein.

Stummel sah ihn kritisch an. »Kriminal… was?« Er spielte auf den Dienstgrad an.

»Kriminaloberkommissar«, ergänzte Linkohr pflichtgemäß die Frage.

»Oberkommissar, soso …«, stellte Kriminaldirektor Stummel fest, als sei es unter seiner Würde, mit diesem jungen Ermittler zu sprechen. »Sie sichten die Protokolle?« Linkohr nickte verunsichert, zumal er Stummel bisher nur vom Hörensagen gekannt hatte und nicht einzuschätzen vermochte, was der oberste Kripo-Chef von Ulm von ihm erwartete. Stummel sah sich um, konnte aber keinen Platz entdecken, der der Bedeutung eines Kriminaldirektors gerecht würde. Deshalb bot ihm einer der jüngeren Kollegen seinen Stuhl an, doch Stummel lehnte ab und blieb vor dem Team der Sonderkommission stehen. Die meisten erhoben sich respektvoll, während ein paar ältere demonstrativ sitzen blieben.

»Sie wissen, dass ich die Leitung übernommen habe«, sagte er bedeutungsschwanger, »nachdem Herr Hauptkommissar Häberle es vorgezogen hat, dem MEK nach Italien zu folgen.«

Linkohr hätte am liebsten dazwischengefragt, ob es denn ein Lebenszeichen von Häberle gebe, doch er merkte, dass dies jetzt von untergeordneter Bedeutung war.

»Ich will Ihnen meine Sicht der Dinge darlegen, und Sie dürfen versichert sein, dass ich mich in die Akten, soweit sie mir am Computer zur Verfügung standen, intensiv eingelesen habe. Für mich steht fest«, dozierte Stummel, »dass nach Lage der Dinge Frau Carlucci diese Bankiersfrau umgebracht hat. Punkt eins: Erste Untersuchungen haben ergeben, dass die weibliche DNA, die wir in Misselbrünns Wohnzimmer gefunden haben, vermutlich von Frau Carlucci stammt. Genaueres werden wir in ein paar Tagen wissen. Die Frau war also in Misselbrünns Wohnung – wann, das wissen wir natürlich nicht. Aber ich bin davon überzeugt, dass wir's mit einer reinen Beziehungstat zu tun haben. Mehr nicht.«

Er sah in die Runde, ohne jedoch einen Widerspruch zu erwarten. »Wir haben ihr Hotelzimmer in Ulm geöffnet und sind auf Hinweise gestoßen, die beweisen, dass Herr Misselbrünn mit dieser Italienerin Schluss machen wollte, um sich wieder seiner Ehefrau zuzuwenden.« Stummel steckte eine Hand lässig in die Hosentasche. »Er hat ihr dies per SMS noch am vergangenen Samstag mitgeteilt. Auf ihrem Handy haben wir heute den entsprechenden Text gefunden. Sinngemäß lautet er: ›Liebe Mariangela, es war schön, aber lass uns wieder getrennte Wege gehen. Hiltraud ist sehr eifersüchtig.‹ Mit ›Hiltraud‹ meint er seine Frau.«

»Sie schließen daraus, dass die Italienerin angereist ist und Frau Misselbrünn erschossen hat?«, warf ein älterer Beamter ein.

»Nun mal langsam«, fuhr ihm Stummel über den Mund.

»Ein paar Minuten nach seiner SMS hat sie ihm zurückgeschrieben, ebenfalls sinngemäß: ›Dann muss eben Hiltraud gehen.‹«

Betretenes Schweigen.

»Okay«, wagte sich der Beamte wieder aus der allgemeinen Deckung, »aber wer hat dann vergangene Nacht die Italienerin an der Donau umgebracht?«

»Vielleicht ein völlig anderer, den sie zufällig an diesem lauen Abend noch getroffen hat. Was aber eher unwahrscheinlich ist. Oder es war dieser dubiose Mann mit dem italienischen BMW, der mit Misselbrünn vergangene Nacht Deutschland verlassen hat.«

»Sie gehen also davon aus, dass Misselbrünn mit keinem der Fälle was zu tun hat?«, staunte Linkohr, der am Tonfall erkennen ließ, dass ihn das Gefühl beschlich, der Banker solle bewusst herausgehalten werden.

»Herr Linkohr«, schnitt ihm Stummel das Wort ab, »wir müssen von Fakten ausgehen, nicht von Mutmaßungen.« Er lächelte süffisant. »Aber ich hoffe natürlich, dass Herr Häberle uns den Mörder präsentieren wird.«

»Entschuldigen Sie«, meldete sich ein anderer, »aber die DNA von Frau Carlucci kann auch noch von einem früheren Besuch herrühren.«

»Das sagte ich doch«, erwiderte Stummel genervt. »Wir wissen nicht, wann die DNA an das Sofa gekommen ist – aber Tatsache ist, dass sie dort war.«

»Vergessen Sie bitte das Verschwinden von Mehlfurt senior nicht und das Abtauchen dieses Rimbledon«, zeigte sich der Beamte von Stummels Erläuterungen unbeeindruckt.

»Wie sollte ich das vergessen? Bitte keine Unterstellungen.« Die Stimme des Kriminaldirektors wurde energischer. »Das sind doch Nebenkriegsschauplätze oder zufällig zusammengetroffene Ereignisse.«

Linkohr wagte einen Vorstoß. »Da erlaube ich mir, Ihnen zu widersprechen. Wir haben in den vergangenen Stunden Ralf Mehlfurt vernommen, den Sohn des Vermissten, und da sind Zusammenhänge aufgetaucht, die nicht zufällig sein können.«

Stummel war verblüfft. »Es gibt Vernehmungen, deren Inhalt mir nicht zugänglich gemacht wurde?«, fragte er entrüstet und bediente sich einer seiner Lieblingsformulierungen: »Ich erwarte dass alles, und zwar wirklich alles, verschriftet wird.«

Nach kurzem Schweigen kam eine Männerstimme aus dem Hintergrund: »Entschuldigen Sie, aber wir können uns manchmal nicht nur mit Schreibarbeit aufhalten.«

»Solcher Kommentare bedarf es nicht«, begegnete ihm Stummel drohend, worauf sich Christine zu Wort meldete, die jetzt offenbar die Gelegenheit sah, quasi als Außenstehende, die nicht direkt Stummel unterstellt war, in die Diskussion einzugreifen: »Es gibt Spuren von Gummisohlen, die, soweit ich es mitgekriegt habe, sowohl in Misselbrünns Wohnung als auch am Tatort an der Donau gefunden wurden. Vermutlich von Turnschuhen, wie sie überwiegend von jungen Leuten getragen werden.«

Stummel reagierte unerwartet: »Wer sind Sie überhaupt, junge Dame?«

Sie erwiderte ebenso rasch: »Christine Wagenknecht, Kriminaloberkommissarin, seit vier Jahren beim SEK.«

»Oh«, entfuhr es Stummel, was er sogleich als unangemessen emotionale Reaktion empfand.

»Sie sind das – ja, hab ich gelesen«, wurde er wieder

amtlich und griff ihren Einwand auf: »Wir haben die Gummiabriebspuren aus dem Haus Misselbrünn mit den Abdrücken an der Donau verglichen. Es lässt sich nicht mit Sicherheit sagen, dass es sich um ein und dieselben Schuhe handelt. Juristisch verwertbar ist das sicher nicht.«

Linkohr durchzuckte ein Gedanke. Im Geist war er soeben alle seine Gespräche der letzten Tage noch einmal durchgegangen. Beim Namen ›Rimbledon‹ war ihm eingefallen, was er bislang nicht auf die Reihe gebracht hatte: das Porträt, das er in dessen Wohnung gesehen hatte. Es zeigte eine Frau und es war Frau Mehlfurt gewesen, natürlich. Jetzt, nachdem Ralf heute Vormittag das Verhältnis zwischen seiner Mutter und Rimbledon geschildert hatte, machte diese Beobachtung deutlich, wie innig das Verhältnis der beiden sein musste. Und jetzt das Stichwort ›Turnschuhe‹, das Stummel nicht wahrhaben wollte. Ihm waren doch erst jüngst solche Turnschuhe aufgefallen, hämmerte es in Linkohrs Kopf. Doch er entschied, sich nicht vor der ganzen Kollegenschar mit Stummel anzulegen. Und wieder wurde dem jungen Kriminalisten bewusst: Er selbst war das beste Beispiel dafür, dass verängstigte und eingeschüchterte Mitarbeiter das Gegenteil dessen bewirkten, was Vorgesetzte wollten.

Dann musste Linkohr an Häberle denken. Und fühlte sich plötzlich schlecht.

Aber die Schuhe!, mahnte ihn die innere Stimme. Die Schuhe haben etwas zu bedeuten. Linkohr konnte den langatmigen Ausführungen Stummels nicht mehr folgen. Diese wuchtigen Turnschuhe mit den in grüner Signalfarbe umrandeten Sohlen – der junge Kriminalist hatte sie noch deutlich vor Augen.

Er verließ den Raum, was der Kriminaldirektor mit

mürrischer Miene zur Kenntnis nahm, und versuchte vom Büro aus, zum wiederholten Mal Häberle zu erreichen. Wieder vergeblich. Aufgeregt tippte er eine zweite Nummer ein. Es war die des MEK-Einsatzleiters, der sich nach dem dritten Rufton meldete. Linkohr nannte seinen Namen, wurde aber sofort unterbrochen: »Gut, dass Sie anrufen«, hörte er eine Männerstimme, die völlig außer Atem zu sein schien. »Ich wollte mich soeben auch bei Ihnen melden.«

Linkohr war aufs Äußerste angespannt. Er hörte im Hintergrund Einsatzsirenen. Das verhieß nichts Gutes.

»Moment«, sagte der Mann in der Leitung und versuchte, in einem Stimmenwirrwarr jemandem, der kein Deutsch verstand, etwas verständlich zu machen. Linkohr konnte nur zwei Worte heraushören: »Commissario« und »Häberle«. Als die Stimmen lauter wurden, vernahm er drei weitere Worte, die zwar italienisch waren, ihm aber dennoch eine Gänsehaut verursachten: »Una persona morta.«

Eine Person tot.

Carlucci war mit weichen Knien zur Haustür gegangen. Er spürte, wie ihn seine Kräfte verließen, die psychischen und die physischen. Seit Tagen musste er sich mit den Folgen seiner niedergebrannten Villa in Sexten auseinandersetzen und alle Anstrengungen unternehmen, den Carabinieri die wahren Hintergründe zu verschleiern – und nun hatte soeben einer seiner beiden bisherigen »Geschäftspartner« kaltblütig gestanden, das Feuer gelegt zu haben. Doch was ihm jetzt bevorsteht, würde alles noch um ein Vielfaches übertreffen. Als er vorsichtig die Tür öffnete, blickte er in die finsteren Mienen dreier Uniformierter. Sie stellten sich auf Italienisch vor, doch Carlucci war nicht in der Lage, sich die Namen zu merken. Alle drei jedenfalls nannten sich »Commissario« und begehrten Einlass. Carlucci wollte sich ihnen nicht widersetzen und hoffte, dass es Bronso gelingen würde, das Schlimmste abzuwehren. Als die Tür vollends aufschwenkte, sah er eine ganze Reihe von Autos entlang der Straße stehen, die dort normalerweise nicht hingehörten. Einige waren mit Blaulichtern versehen. Außerem waren weitere Uniformierte aufgezogen, die wortlos ihren drei Kollegen ins Haus folgten.

Bronso und Misselbrünn standen beieinander und verzogen ihre Gesichter zu einem gequälten Lächeln.

»Commissario«, begann Bronso auf Italienisch, wandte sich an den Wortführer und machte eine abwehrende Handbewegung, »würden Sie die Freundlichkeit besitzen und uns den Grund Ihrer plötzlichen Anwesenheit erklären?« Während sich die anderen Uniformierten an unterschiedlichen Stellen platzierten und sich die Diele inzwischen mit weiteren Polizeikräften füllte, kam der Einsatzleiter, ein großer Mann mit breiten Schultern, auf Bronso zu. »Das werden wir«, erwiderte er ebenfalls auf Italienisch, weshalb Misselbrünn nichts von dem Disput verstand. »Der Deutsche neben Ihnen steht im dringenden Verdacht, seine Ehefrau umgebracht zu haben, und möglicherweise noch jemanden.« Carlucci, der sich zwischen all den Uniformierten gerade wieder ins Wohnzimmer zurückgedrängt hatte, zuckte zusammen. »Noch jemanden umgebracht?«, entfuhr es ihm. Der Einsatzleiter nickte stumm.

Carlucci jedoch verlor vollends die letzte Farbe aus dem Gesicht. »Commissario«, versuchte Bronso Haltung zu bewahren. Er schien erleichtert zu sein, dass sich die Ermittlungen nur gegen Misselbrünn richteten. Aber möglicherweise gab sich die Polizei damit nicht zufrieden, schoss es ihm durch den Kopf. Er entschied sich deshalb zu einem Frontalangriff: »Sie sollten bei allem, was Sie mit uns vorhaben, eines bedenken: Derzeit genießt ein deutscher Commissario unsere Gastfreundschaft.« Es klang überheblich und zynisch.

»Einen Toten?«, wiederholte Linkohr schockiert und spürte, wie ihm das Gehörte sämtliche Kraft entzog. Die Handyverbindung war schlecht.

»Ja«, kam es zurück, »warten Sie bitte.«

Das Gerät wurde weitergereicht. Als Linkohr die vertraute Stimme hörte, löste sich seine Anspannung.

»Häberle hier.«

»Chef«, atmete der junge Kriminalist auf, »Sie sind's wirklich?«

»Nein, ich bin mein Geist«, frotzelte Häberle, während die Tür zu Linkohrs Büro geöffnet wurde und Christine ihm mit heftigen Handbewegungen andeutete, dringend wieder rüberzukommen. Linkohr sagte kurz »Moment« zu Häberle und wandte sich fragend Christine zu.

»Stummel will, dass du kommst«, sagte sie.

»Kann jetzt nicht«, beschied er ihr, drehte sich um und telefonierte mit Häberle weiter. Jetzt gab es Wichtigeres zu tun, als die Statements des Kriminaldirektors über sich ergehen zu lassen.

»Bin wieder da«, sagte Linkohr in den Hörer, »und ich dachte schon …«

»Hätte tatsächlich dramatisch enden können«, unterbrach ihn Häberle, ohne konkret darauf einzugehen. Viel wichtiger erschien es ihm, sich die Ereignisse der vergangenen Stunden in Ulm schildern zu lassen. Denn jetzt kam es auf jede Kleinigkeit an. Linkohr hatte Mühe, alles in knappen Worten zu erklären: den Mord an Frau Carlucci und vor allem die wichtigsten Eckpunkte aus Ralfs Vernehmung.

»Der Junge hat mehr gewusst als wir«, resümierte Linkohr abschließend und ergänzte: »Jedenfalls wird daraus klar, dass unser Misselbrünn ganz dick in schmutzige Geschäfte mit Waffen, Korruption und Industriespionage verwickelt ist.« Linkohr fiel ein, dass die Frage nach Häberles Wohlbefinden ganz in den Hintergrund getreten war, weshalb er das schnell nachholte.

»Erzähl ich später«, wiegelte Häberle erneut ab. »Man hat mich als Geisel nehmen wollen. Aber Sie wissen ja: Wer sich mit mir anlegt, sollte sich das zweimal überlegen.« Linkohr sah vor seinem geistigen Auge Häberles spöttisches Grinsen. Wahrscheinlich hatte der Chef diese Bemerkung sogar auf jene Bürokraten in Ulm bezogen, die gewiss nur darauf warteten, ihm ein dienstliches Vergehen anhängen zu können.

»Misselbrünn hat sich mit Ihnen angelegt?«, hakte Linkohr nach, während Christine bereits zum zweiten Mal an der Tür erschien. Er ignorierte sie wieder.

»Nein, auf sowas lässt der sich doch nicht ein. Aber ich war vergangene Nacht nicht der Einzige, der dem MEK hinterhergefahren ist. Und ich hab's nicht bemerkt – habe aber auch nicht damit gerechnet und deshalb nicht aufgepasst.«

»Noch jemand?«

»Ja, jemand, dem ich diese Woche leider noch nicht begegnet bin. Aber Sie. Sogar mehrfach, wenn ich mich richtig entsinne.«

»Ich?« Linkohr war überrascht, aber wohl nur, weil sich sein Verdacht, den er seit einer halben Stunde hegte, nun bewahrheiten sollte. Er musste wieder an die Schuhe denken.

»Der Commissario genießt nicht Ihre sogenannte Gastfreundschaft«, trumpfte der Einsatzleiter aus Verona vor den drei Männern in Carluccis Wohnung auf. Er gab seinen Kollegen ein Zeichen, erhöhte Vorsicht walten zu lassen.

»Sie werden uns nicht daran hindern können, Herrn Misselbrünn mitzunehmen. Und Sie« – er deutete energisch auf Bronso und Carlucci – »werden sich gewiss in einem ganz anderen Verfahren verantworten müssen. In einem größeren. Hier bei uns.«

»Wollen Sie das Leben des deutschen Commissario aufs Spiel setzen?«, bellte Bronso.

Der Wortführer unter den Polizisten wollte nicht darauf eingehen: »Ihr Versuch, uns mit einer Geiselnahme zu erpressen, ist jämmerlich gescheitert.«

Carlucci und Bronso standen wie angewurzelt, während sich Misselbrünn, der nur wenig verstanden hatte, vergeblich dagegen wehrte, von drei Polizisten Handschellen angelegt zu bekommen. »Was geht hier vor?«, schrie er ihnen unbeherrscht ins Gesicht. »Ich bin deutscher Staatsbürger. Was liegt überhaupt gegen mich vor? Ich will einen Dolmetscher und einen Anwalt. Und zwar sofort.«

Der Wortführer entgegnete ruhig in Deutsch: »Reicht es Ihnen nicht, wenn ich Ihnen sage, dass es einen Toten gegeben hat? Drüben an der Via Pra del Principe. Auf dem Parkplatz.

Linkohr hatte Häberles Ausführungen aufmerksam und mit Spanung verfolgt. Er war also mit seinem Verdacht richtig gelegen.

»Oliver? Sprechen Sie von Oliver Garrett?«, fragte er nach.

»100 Punkte, Herr Kollege.«

Linkohr sah die wuchtigen Turnschuhe wieder vor sich. Die hatte Oliver getragen und diese Sohlen waren es auch, die in Misselbrünns Wohnung Abriebspuren und am Tatort an der Donau Abdrücke in der weichen Erde hinterlassen hatten.

»Dann ist er ...«

»... unser Mörder«, ergänzte Häberle den Satz. »Er war sozusagen der Gegenspieler von Ralf Mehlfurt, wenn man das so nennen will.«

Linkohr hatte in der vergangenen halben Stunde bereits kombiniert: Wenn die Schuhabdrücke von Oliver stammten, dann hatte er sowohl Frau Misselbrünn als auch Frau Carlucci umgebracht. Aber weshalb? Beides mussten Auftragsmorde gewesen sein: für Misselbrünn.

»Misselbrünn«, so zeigte sich Linkohr jetzt seinem Chef gegenüber informiert, »der hat seine Frau nicht etwa aus dem Weg räumen lassen, weil die Liebe zu Mariangela Carlucci so tief war, sondern weil sie ihm bei seinen Waffengeschäften und ähnlichen schmutzigen Machenschaften auf die Schliche gekommen ist – was ihr Hilfersuchen bei Ralf beweist. Ein ähnliches Schicksal hat Frau Carlucci ereilt. Nachdem ihm vermutlich die Beziehung zu ihr zu heiß geworden ist, hat er sich von ihr Mitte der Woche getrennt, als sie ihm noch nach Ulm hinterhergereist war. Wahrscheinlich hat sie ihn unter Druck gesetzt. Jedenfalls war das Verhältnis getrübt, nachdem auch ihr

Mann offenbar von den gemeinsamen Geschäften mit Misselbrünn und Bronso nichts mehr wissen wollte.«

»So wird's gewesen sein«, bestätigte Häberle.

»Sie haben ja Ralf Mehlfurt vernommen. Hat sich dies draus ergeben?«

»Ja, auch«, bestätigte Linkohr. »Das schmutzige Geschäft überlässt einer wie Misselbrünn immer den anderen. Wahrscheinlich hat er Garrett bestens für die Killerdienste entlohnt.«

»Davon kann man ausgehen.«

Linkohr wurde sich plötzlich bewusst, dass es in Lazise einen Toten gegeben hatte. »Und wer …?«

»Oliver«, kam ihm Häberle zuvor. »Oliver Garrett ist tot. Ich hab's nicht verhindern können.« Häberle sprach es ganz leise aus.

»Selbstmord?«

»Nein, Unfall. Ich hab ihn überwältigt, als er mich mit einer Waffe bedroht hat und in ein Auto zwingen wollte. Mir ist es zwar Gott sei Dank gelungen, seine Hand mit der Pistole hochzureißen, doch dann hat sich ein Schuss gelöst und ihn in den Unterkiefer getroffen. Tut mir leid.«

Linkohr wusste, dass Häberle solche Vorfälle nicht einfach wegsteckte, auch wenn er gar nichts dafür konnte.

Wieder tauchte Christine auf.

»Chef, ich werde drüben erwartet«, sagte Linkohr.

»Wann kommen Sie zurück?«

»Morgen. Ich werde noch einige Stunden bei der Polizia oder den Carabinieri verbringen müssen, bis alle bürokratischen Dinge erledigt sind, und mir danach in irgendeinem kleinen Hotel ein paar Stunden Schlaf gönnen. Ach ja: Sagen Sie den großen Herren in Ulm, ich werde das dann nicht als Überstunden aufschreiben.«

Linkohr legte auf und eilte in den Lehrsaal hinüber, wo die Mannschaft noch immer versammelt war und den Anweisungen Stummels lauschte.

»Schön, dass auch Herr Linkohr wieder unter uns weilt«, stellte der Kriminaldirektor süffisant fest, als der Jungkriminalist eintrat und Christine zuzwinkerte.

Linkohr erwiderte nichts, worauf sich Stummel zu einer Frage genötigt sah: »Was hat es denn so Wichtiges zu besprechen gegeben?«

Alle Augen waren auf Linkohr gerichtet, was dieser sichtlich genoss: »Der Fall scheint geklärt zu sein.«

Eine beklemmende Stille machte sich breit. Keiner im Raum wagte nachzufragen. Auch Stummel rang offensichtlich nach Worten, hatte sich aber gleich wieder unter Kontrolle: »Vielleicht hat Herr Linkohr die Güte, uns an seinen Erkenntnissen teilhaben zu lassen.«

Linkohr trat einen Schritt vor, um lauthals zu verkünden: »Unser Chef hat den Misselbrünn festnehmen lassen – wegen Anstiftung zum Mord.«

»Anstiftung?«, entfuhr es einem der Anwesenden. Auch Stummel blickte verständnislos drein, weshalb Linkohr aufklärte: »Der eigentliche Täter ist Oliver Garrett.«

Ein allgemeines Stimmengewirr erfüllte den Raum. Stummel verlangte Aufklärung, zumal er merkte, dass er mit all seinen Theorien völlig daneben gelegen war.

»Garrett war der Handlanger – wohl nicht nur von Misselbrünn, sondern auch von diesem Italiener, dem Bronso«, fasste Linkohr zusammen. »Er dürfte die Schlüsselfigur beim Ausspähen des Ulmer Forschungsinstituts gewesen sein. Garrett war als enger Vertrauter dieser Institutsleiterin Langbein über alles informiert – bis hin, dass er bei ihr sogar diese ›Wanze‹ angebracht hat, um sie auch in ihrem privaten Umfeld bespitzeln zu können. Nachdem sie das Gerät entdeckt hat, war es ganz sicher Garrett, der zusammen mit Bronso auch die Drohanrufe aus Italien inszeniert hat, um sie damit einzuschüchtern.« Linkohr ließ sich nicht unterbrechen. Er spürte, dass seine große Stunde gekommen war. »Gleichzeitig war Garrett wohl im Dienste Misselbrünns auch fürs ›Gröbere‹ zuständig. Als es voriges Wochenende darum ging, Frau Misselbrünn auszuschalten, weil sie von den Machenschaften ihres Mannes zu viel wusste, hatte Garrett vermutlich leichtes Spiel: Misselbrünn wird ihm wohl einen Hausschlüssel gegeben und zuvor auch die ohnehin desolate Überwachungsanlage ausgeschaltet haben.« Linkohr ließ den Kriminaldirektor nicht mehr zu Wort kommen. »Dass anderntags Mehlfurt senior auftauchte, um just in Misselbrünns Haus im Auftrag der NSA eine Abhörvorrichtung zu installieren – wegen Verdachts auf Waffengeschäfte und Korruption –, war ausgesprochenes Pech. Denn das Auffinden der Leiche hat Mehlfurt sozusagen den Rest gegeben – und er hat aus seinem zweifelhaften Job aussteigen wollen.« Linkohr zwinkerte wieder Christine zu, die sein stummes Signal verstand und es erwiderte. »Sein langjähriger Oberspion, wenn ich den Rimbledon mal so nennen darf, wird zwar offiziell als V-Mann der Polizei geführt – warum auch immer –, aber in Wirklichkeit ist er tief in die Geheimdienste verstrickt. Möglicherweise ein Doppelagent. Ralf Mehlfurt wird darüber noch eine Menge zu erzählen wissen.«

»Und wo ist dieser Rimbledon jetzt? Und wo ist Mehlfurt senior?«, hakte jemand nach, während Stummel sichtlich Mühe hatte, sein Erstaunen zu verbergen.

»Beide sind spurlos verschwunden«, erwiderte Linkohr so zynisch, dass jeder wusste, was er dachte. »Ich befürchte, dass auch niemand großes Interesse daran haben wird, ihn und den Rimbledon zu finden.«

Stummel unterbrach ihn verärgert: »Ich muss doch sehr bitten, Herr Linkohr. So etwas wünsche ich hier nicht zu hören.«

Linkohr sah den Kriminaldirektor ernst an. »Verzeihen Sie, es war eher flapsig gemeint.« Es wäre der weiteren Karriere nicht dienlich gewesen, die Angelegenheit zu vertiefen.

»Wann taucht Häberle wieder auf?«, wollte Stummel wissen.

»Am Montag«, berichtete Linkohr schnell und verkniff sich die Bemerkung, dass keine Überstunden zu befürchten seien.

Die hektische Woche ging für Linkohr mit einem atemberaubenden Samstagabend zu Ende. Er hatte Christines Augenzwinkern richtig gedeutet und war auf sofortige Zustimmung gestoßen, als er sie fragte, ob sie den Abschluss des Falles gemeinsam mit ihm feiern wolle. Sie verabredeten sich im ›La Bocca‹ in Göppingen, einem italienischen Restaurant, das über einen romantischen Innenhof verfügte. Linkohr reservierte dort zwei Plätze und spürte ein seit Langem nicht mehr dagewesenes Glücksgefühl. Christine war so unkompliziert, bodenständig und verantwortungsbewusst, dazu sah sie gut aus und war auch in schwierigen Situationen freundlich und ruhig. Hätte er nicht gewusst, dass sie einen der gefährlichsten Jobs bei der Polizei hatte, wäre er nie darauf gekommen, dass sie eine Kollegin vom SEK sein würde.

»Hi«, begrüßte sie ihn so frisch und voller Energie, als

seien die zurückliegenden arbeitsreichen Tage spurlos an ihr vorübergegangen.

»Du siehst super aus«, lächelte er ihr zu und zog den Stuhl für sie zurecht.

»Nettes Lokal«, erwiderte sie. »Sieht echt wie ein italienischer Hinterhof aus, richtig romantisch.« Sie hatten ein Tischchen in einer Ecke zugeteilt bekommen, wo in großen Laternen das Kerzenlicht flackerte. Der Abend war schwül, als ob noch ein Gewitter aufzöge. Sie bestellten italienischen Rotwein und Nudelgerichte. »Ich lade dich ein, Christine«, sagte Linkohr und wagte es, ihr sanft über einen ihrer schlanken Unterarme zu streicheln.

»Stürz dich mal nicht in Unkosten, Herr Oberkommissar«, frotzelte sie und stupste ihm mit dem Zeigefinger auf die Nasenspitze. »Spione verdienen jedenfalls mehr als du.«

»Dafür leben wir vielleicht auch länger – vor allem aber guten Gewissens.«

»Dieser Ralf«, resümierte sie, »der hat deutlich zu spüren bekommen, dass so ein James-Bond-Spiel ganz schön gefährlich sein kann.«

»Der ist mit sich und der Welt fertig.«

»Na ja – ist ja auch nicht einfach zu verkraften, wenn du plötzlich feststellst, dass deine Eltern sich jahrelang gegenseitig ausspioniert haben. Muss ein irres Verhältnis gewesen sein.«

»Und dann entdeckt der eigene Sohn, dass der Vater ein Spitzel ist«, führte Linkohr dieses Szenario weiter.

»Was ich noch nicht ganz verstehe, Mike …«, sie sah ihn nachdenklich an, »wieso geht der Misselbrünn das Risiko ein und trifft sich mit Eva Langbein, um Dokumente abzuholen, die ihm doch auch Oliver Garrett hätte besorgen können? Und zwar viel einfacher.«

Linkohr war diese Frage in den vergangenen Stunden auch schon durch den Kopf gegangen, weshalb er nun sofort eine Erklärung parat hatte: »Ich denke mal, dass Oliver zwar ein Vertrauter von Eva Langbein war, aber nicht zu allen Details der Forschungsergebnisse Zugang hatte. So ein Projekt ist mit Sicherheit sehr komplex und erfordert Kenntnisse aus unterschiedlichen Bereichen. Misselbrünn hat wohl gehofft, konkretes Datenmaterial zu erhalten, das seine Auftraggeber hätten verwerten können.«

»Meinst du, man wird dies jemals alles erfahren?«, zeigte sich Christine interessiert.

Linkohr zuckte mit den Schultern. »Wir werden genau so viel erfahren, wie man üblicherweise aus Geheimdienstkreisen erfährt.« Er lächelte vielsagend.

»Aber Mehlfurt senior hat doch sicher für den Fall, dass ihm etwas zustößt, Vorkehrungen getroffen, mit denen sein Wissen an die Öffentlichkeit kommt, oder?«

»Mag sein. Wenn er dem Snowden nacheifern wollte, ganz sicher. Die Frage ist nur, wem die Erkenntnisse zugespielt werden – und ob jemand den Mut findet, sie zu veröffentlichen. Eine Zeitung oder gar ein Buchverleger.«

Christine überlegte. »Du meinst, auch die Medien könnten sich zurückhalten?«

Linkohr wollte sich nicht festlegen. »Die nächsten Wochen und Monate werden's zeigen. Vielleicht hängt unser Fall ja auch direkt mit Snowdens Ankündigung zusammen, bald noch mehr Geheimes zu veröffentlichen.«

Christine lächelte, weil sie eine solche Dimension für völlig abwegig hielt. »Du glaubst also nicht, dass wir einen Einzelfall aufgedeckt haben?«

»Nein, glaub ich nicht. Schau dich doch um, Christine,

überall Korruption, Heuchelei, Schönrederei, Bluff. Nicht nur in der Wirtschaft, auch in der Politik.«

»Aber dann dürfte man ja niemandem mehr trauen«, gab Christine zu bedenken, während die Bedienung den Wein einschenkte.

»Ich tu mich damit auch schwer«, sagte Linkohr.

Christine grinste. »Dienstlich oder auch ...«, sie lächelte ihm aufmunternd zu, »... privat?«

Linkohrs Herz pochte bis zum Hals. Jetzt durfte er nichts Falsches sagen.

»Weißt du, Christine«, versuchte er es diplomatisch, »ich würde mir so sehr wünschen, dass ich jemandem trauen könnte.«

»Du hast Angst? Bindungsängste?«, vermutete sie. »Oder du hast schlechte Erfahrungen gemacht?«

Er hob sein Glas und stieß mit Christine an. »Auf uns.«

Sie reagierte schneller als er es gehofft hatte. »Auf uns.«

Sie waren noch in Linkohrs Junggesellenbude gegangen, wo sie die stressigen Tage einfach vergaßen, Rotwein tranken und durch das Dachfenster den schmalen Ausschnitt des sommerlichen Sternenhimmels bestaunten, der sich vom Bett aus bot.

Sie waren sich so nah gekommen, wie es Linkohr an diesem Tage nie für möglich gehalten hatte. Seit Christine aufgetaucht war, so plötzlich und unerwartet, hatten sich seine Gedanken nur um sie gedreht. Doch nach all den schlechten Erfahrungen der vergangenen Jahre, den vielen Enttäuschungen und Kränkungen schien ihm inzwischen die Energie zu fehlen, immer wieder neue Anläufe zu unternehmen – um sich dann doch wieder einen Korb zu holen. Jetzt, mit Christine, schien dies alles anders zu werden. Sie kannte auch die Unwägbarkeiten des Polizeijobs, sie hatte Verständnis für Überstunden und Wochenendarbeit.

In Linkohr vermischten sich Glücksgefühle und eine bereits wieder aufflammende Angst, dies alles würde schon bald genauso schnell vorbei sein wie bei den vorigen Malen.

Als sie erwachten, eng umschlungen und in sommerlicher Schwüle, Haut an Haut, schien bereits die Sonne durch das Dachfenster.

Nach einer gemeinsamen Dusche hätte sich Linkohr gewünscht, Christine würde ihren schlanken Körper nicht wieder in diese engen Jeans und die schlabbrige Bluse hüllen. Ein Sommertag wie dieser war dazu angetan, frech und luftig übers Land zu ziehen. Aber Christine hatte natürlich nichts anderes zum Anziehen dabei. Schön wäre es, wenn sie schon bald einige Kleider bei ihm hätte, dachte Linkohr und spürte, wie sehr er sich dies wünschte. Seine Junggesellenbude war zwar klein, aber für sie beide würde der Platz ausreichen, vor allem, wenn sie sich nahe sein wollten.

Linkohr richtete ein spärliches Frühstück her, an dem Christine nichts auszusetzen hatte. Doch dann war es der Ton des Handys, der das morgendliche Idyll störte. Linkohr griff es von einem Regal und erkannte auf dem Display sofort Häberles Nummer.

»Buongiorno«, begrüßte er ihn.

Nach einigen flapsigen Bemerkungen über den Aufklärungserfolg kündigte Häberle an, jetzt von Lazise Richtung Heimat aufzubrechen. »Werde bis zum späten Nachmittag da sein.«

»Ich schlage vor, wir treffen uns zum Essen«, erwiderte Linkohr und zwinkerte Christine zu, die so eifrig nickte, dass ihre zum Pferdeschwanz gebundenen Haare lustig wippten.

»Ich bringe meine Frau Susanne auch mit«, sagte Häberle, der an Linkohrs Vorschlag gemerkt hatte, dass er nicht allein kommen würde.

»Okay, im ›La Bocca‹ in Göppingen, 18 Uhr.«

»Aber bitte nicht später. Denken Sie an das Endspiel heute Abend. Gegen die Gauchos. Die Argentinier.«

Linkohr sah auf die Uhr. Christine und ihm blieben noch traumhafte sieben Stunden bis dahin.

Häberle war frisch geduscht, doch waren seinem Gesicht die Spuren der vergangenen Tage deutlich anzusehen. Susanne, seine Frau, hatte die letzten beiden Nächte ebenfalls schlecht geschlafen. Zwar hatte ihr Mann mehrfach angerufen, auch während der Verfolgungsfahrt nach Lazise, doch wusste sie, dass er sich bei solchen Einsätzen keine Ruhe gönnte und oft bis an die Grenzen seiner Belastbarkeit ging.

Sie begrüßten sich an dem Vierertisch, den Linkohr wieder bestellt hatte. »Eigentlich kann ich meinen Geburtstag feiern«, grinste Häberle, der seiner Frau bislang die kritischste Situation des gestrigen Tages auf dem Parkplatz in Lazise verschwiegen hatte.

Susanne sah ihn deshalb verwundert an.

»Erklär ich dir später«, sagte er und lächelte Linkohr und Christine zu. »Ihr seid meine Gäste. Sucht euch was aus.«

Häberle bestellte eine Flasche Rotwein und begann, seine Eindrücke zu schildern – vor allem auch seine Zweifel, die ihn geplagt hatten, weil der Einsatz des MEK ziemlich kühn gewesen war.« »Aber nur so konnten wir rauskriegen, wo die beiden hinwollten. Zunächst hatte ich noch gedacht, ihr Ziel sei Sexten, aber dann wurde mir klar, dass es an den Gardasee gehen würde.«

Die Bedienung nahm die Bestellung auf.

»Um ehrlich zu sein«, Häberle nickte bedächtig, »eine Zeit lang war ich mir nicht sicher, ob sich der Misselbrünn nicht doch selbst die Hände schmutzig gemacht hat. Aber Leute wie der lassen das andere erledigen.«

»Die Italiener werden ihn aber ausliefern?«, wollte Susanne wissen.

»Davon ist auszugehen, natürlich. Aber was ihm die Justiz nachweisen kann, darauf darf man gespannt sein. Wir haben ja mit seinem Anwalt bereits einen Vorgeschmack darauf bekommen.« Häberle grinste: »Und was mit dem Bronso geschieht, bleibt den Italienern überlassen. Man wird versuchen, ihm wenigstens die Brandstiftung in Sexten anzuhängen – als Racheakt gegen seinen Kompagnon Carlucci. Aber was Korruption anbelangt, na ja ...«, er sah seine Gegenüber schmunzelnd an, »wir haben ja kürzlich gesehen, was mit Berlusconi passiert ist: Ein Jahr soziale Arbeit soll der ehemalige Staatspräsident ableisten. Da bin ich mal gespannt. Soweit ich gehört habe, beschränkt sich das ja auch nur auf Freitagvormittage.«

Sie nickten und stimmten Häberles Zweifel zu, wonach die ganz Großen immer einen Weg fanden, ihren Kopf aus der Schlinge zu ziehen. »Nur der geborene Ulmer Hoeneß hat's nicht ganz geschafft«, wandte Linkohr ein und fragte den Chefermittler: »Aber mit Ulm könnten jetzt Sie ziemlichen Ärger kriegen.«

Häberle hob das Glas und prostete den dreien zu: »Ich hab schon ganz andere Dinge durchgestanden. Wenn sie mir jetzt ans Bein pinkeln wollen, schmeiß ich den Job hin. In meinem Alter ja wohl kein Problem mehr.«

»Und dann?«, fragte Christine überrascht.

Häberle setzte sein väterliches Lächeln auf, beugte sich zu den beiden jungen Kollegen und flüsterte: »Dann organisier ich eure Hochzeit.« Er sah auf die Uhr und drängte zur Eile. »Wenn jetzt nachher noch unsere Kicker Fußballweltmeister werden, ist die Welt wieder in Ordnung. Stimmt's?« Häberle grinste. »Falls mich am Montag dann die Ulmer rauswerfen, könnt ihr's euch wenigstens am Datum gut merken: das war an jenem Tag, als Deutschland Fußballweltmeister in Brasilien geworden ist.«

Christine vermochte nicht einzuschätzen, ob Häberle dies ernst oder flapsig gemeint hatte. Jedenfalls würde auch sie diesen Tag nie in ihrem Leben vergessen. Egal, wie das Spiel nachher ausging.

ENDE

DANKE

Mein Dank gilt allen, die mich bei der Recherche unterstützt haben. Ohne diese wertvollen Tipps und Hinweise könnte ich meinem journalistischen Anspruch, die Geschichte so realitätsnah wie möglich zu schreiben, nicht gerecht werden. Dies gilt insbesondere für die Szenen in Österreich und Italien. Deshalb habe ich mich sehr über die unbürokratische Unterstützung durch Bezirksinspektor Paul Rimml vom Bezirkspolizeikommando Reutte/Tirol sowie durch Dietmar Angerer, dem stellvertretenden Kommissar des Amtes für kriminalpolizeiliche Ermittlungen (Squadra Mobile) der Quästur Bozen gefreut.

Ebenso gilt mein Dank meiner langjährigen Lektorin Claudia Senghaas, die mit großer Geduld und viel Einfühlungsvermögen nun schon den 15. Häberle-Krimi bearbeitet hat.

Was die Arbeit von Polizei und Justiz in Deutschland anbelangt, darf ich mir als Journalist und Buchautor seit Langem von zwei beruflichen Weggefährten fachkundigen Rat einholen. Sie sind gerade dabei, mir und meinem Roman-Journalisten Georg Sander nachzueifern – indem sie nämlich in den Ruhestand treten, zu dem ich ihnen alles Gute wünsche: dem Ersten Polizeihauptkommissar Manfred Malchow, Leiter des Polizeireviers Geislingen/Steige, sowie Reinhard Wenger, Richter am Amtsgericht Geislingen/Steige.

*Weitere Krimis finden Sie auf den
folgenden Seiten und im Internet:*

WWW.GMEINER-SPANNUNG.DE

MANFRED BOMM
Machtkampf
....
978-3-8392-1515-9 (Paperback)
978-3-8392-4325-1 (pdf)
978-3-8392-4324-4 (epub)

»Kriminalkommissar Häberle ermittelt im ländlichen Idyll.«

Das ländliche Idyll wird jäh zerstört: Der rätselhafte Selbstmord eines Viehhändlers erschüttert ein Dorf auf der Alb. Dass es sich um den besten Freund eines Großgrundbesitzers handelt, der nach den Hofgütern der kleinen Bauern trachtet, erweckt sofort den Argwohn von Kommissar August Häberle. Und als gegen den neuen örtlichen Pfarrer eine schwerwiegende Anschuldigung erhoben wird, tun sich menschliche Abgründe auf …

GMEINER SPANNUNG

WWW.GMEINER-VERLAG.DE
Wir machen's spannend

MANFRED BOMM
Grauzone
....
978-3-8392-1385-8 (Paperback)
978-3-8392-4091-5 (pdf)
978-3-8392-4090-8 (epub)

»Kommissar Häberle in seinem 13. Fall«

Gibt es einen Zusammenhang zwischen einem lange zurückliegenden Flugzeugabsturz und dem angekündigten Weltuntergang? Von Zweifeln geplagt, schließt sich eine Frau einer Gruppe Gleichgesinnter an, die diesen Fragen nachgeht. Der schwäbische Kommissar August Häberle und sein Assistent Mike Linkohr treffen bei der Suche nach einem Mörder Menschen, die an den baldigen Weltuntergang glauben – oder davon profitieren wollen. Und alle scheint ein Geheimnis zu verbinden …

MANFRED BOMM
Mundtot
....
978-3-8392-1247-9 (Paperback)
978-3-8392-3825-7 (pdf)
978-3-8392-3824-0 (epub)

»Im schmutzigen Geschäft der Politik trifft Häberle auf Neid, Verleumdung und Korruption. Spannend und absolut authentisch!«

Eine allgemeine Unzufriedenheit greift um sich. In der deutschen Politik fehlen visionäre und charismatische Köpfe, als ein Mann auftaucht, der durch Ausstrahlung und Optimismus sehr schnell die Herzen der Menschen gewinnt. Die Schar seiner Anhänger wächst explosionsartig. Doch mit zunehmendem Erfolg sieht sich der gebürtige Hohenstaufer Attacken und Verleumdungen der Medien ausgesetzt. Der Politiker soll zum Schweigen gebracht werden, sogar sein Leben gerät in Gefahr. Als dann noch seine engste Mitarbeiterin verschwindet, nimmt Kommissar August Häberle die Ermittlungen auf …

WWW.GMEINER-VERLAG.DE
Wir machen's spannend

Das Neueste aus der Gmeiner-Bibliothek

Unsere Lesermagazine

Bestellen Sie das kostenlose KrimiJournal in Ihrer Buchhandlung oder unter www.gmeiner-verlag.de

Informieren Sie sich ...

www ... auf unserer Homepage:
www.gmeiner-verlag.de

@ ... über unseren Newsletter:
Melden Sie sich für unseren Newsletter an
unter www.gmeiner-verlag.de/newsletter

f ... werden Sie Fan auf Facebook:
www.facebook.com/gmeiner.verlag

Mitmachen und gewinnen!

Schicken Sie uns Ihre Meinung zu unseren Büchern per Mail an gewinnspiel@gmeiner-verlag.de und nehmen Sie automatisch an unserem Jahresgewinnspiel mit »mörderisch guten« Preisen teil!

WWW.GMEINER-VERLAG.DE
Wir machen's spannend